Mutual internal migration has been an age-long feature of interaction among the various groups not only of West Africa, but other parts of Africa. The economic situation in Africa has also given rise of late to migration beyond the African continent by asylum seekers to Europe. All these migration trends have also had serious impact both positive and negative not only on the African continent, but on its citizens. It therefore, becomes imperative that scholars and those interested in the well-being of the African continent and its citizens should focus on these developments. This publication is, therefore, most welcome in focusing attention on this significant development. **Bolanle Awe**—*Professor of History; Former Director, Institute of African Studies, University of Ibadan, Nigeria; Pioneer Country Director (Nigeria), John D. & Catherine T. MacArthur Foundation, USA; Former Pro-Chancellor, University of Nigeria, Nsukka.*

Although much of the public discourse concerning African migration concerns the attempted movement to other parts of the world, academic writing has repeatedly noted that most migration takes place within the continent. However, it has tended to focus on the same sets of familiar cases and issues. These companion volumes are refreshing because they introduce us to many less well-known instances which amply illustrate just how mobile African populations really are at the regional, intra-regional and global scales. The focus on the ways in which migrants carve out livelihoods in liminal urban and border settings; seek to maximize their educational options; and relate to the structures of neighbouring states offers much that is new. Other contributions which address so-called international migration shed interesting light on questions of the family in migration, the formation of diasporas and the central role of remittances for sending communities. The various contributions, emanating from younger scholars who are often researching countries other than their own, are both empirically rich and informed by larger comparative literatures on mobility. These collections, which are clearly framed by the editors, deserve a wide readership. **Paul Nugent**—*Professor of Comparative African History, University of Edinburgh, UK*

Un ouvrage d'une grande actualité qui aborde la question des migrations sous un angle radicalement nouveau et original : l'articulation dynamique entre la migration, la mobilité et le développement en Afrique de l'Ouest. L'ouvrage transcende les discours habituels sur les "vagues migratoires" Sud-Nord pour réfléchir aux apports considérables des mobilités intra-africaines, à la fois sociaux, économiques et culturels. Grâce à des enquêtes de terrain passionnantes, menées par des acteurs engagés de la recherche et de la société civile, ces deux volumes bilingues (français-anglais) renouvellent le débat sur les migrations : de quoi faire réfléchir ensemble l'Afrique et l'Europe. **Marie-Caroline Saglio-Yatzimirsky**—*Professeure, Anthropologie des migrations et du développement, INALCO, CESSMA, Paris*

In times of fear of a so-said 'mass exodus' from Africa to Europe, it is a priority to bring nuance through sound empirical analyses. African migrants predominantly move within the continent. The two volumes edited by Elieth P. Eyebiyi and Angèle F. Mendy present rich empirical case-studies on intra-regional mobility patterns and its consequences. They offer inedited reflections on the relations between migration, mobility and development in Africa. The in-depth knowledge of the mostly African authors adds to the quality of a research field, which was for long far too Eurocentric. **Ilke Adam** —*Political Science Professor Migration and Diversity, Vrije Universiteit Brussel (Belgium)*

Cet ouvrage collectif est à la fois remarquable et salutaire. A l'heure où les sciences sociales occidentales, – influencées par l'agenda politique des bailleurs de la recherche en Europe -, restent braqués sur un épiphénomène requalifié de 'crise migratoire', il était temps de mettre en lumière ce que *migration* et *mobilité* représentent en Afrique. L'ouvrage offre une perspective originale et décoloniale sur le sujet de la mobilité et des migrations africaines, avec une focale géographique sur l'Afrique de l'Ouest tant anglophone que francophone. Ces textes sont le produit d'une recherche indépendante. Ensemble, ils constituent une contribution importante, non seulement à la connaissance générale sur les phénomènes migratoires et leur relation aux dynamiques de développement, mais aussi au désenclavement tant de la recherche africaine que de la recherche européenne. **Eric Hahonou** — *maître de conférences, Université de Roskilde, Danemark*

In this double-volume on *Migration, Mobilities, and Development in Africa*, Elieth P. Eyebiyi and Angele F. Mendy, have successful assembled not only competent team of researchers but also opened intellectual canvas to reflect on often ignored dynamics of intra-African migrations mediated by rhizomatic social relationships while refreshingly distancing their work from common developmentalist perspectives with their predictable focus on poverty and crimes alluded to migrants. **Sabelo J. Ndlovu-Gatsheni**—*University of South Africa (UNISA), author of* **Epistemic Freedom in Africa: Deprovincialization and Decolonization** *(Routledge, 2018)*

Migrations, Mobilities and Developments in Africa Vols 1 & II are a seminal contribution to international literature and research. Scholars will find contemporary tropes problematised and nuanced prisms adopted to illuminate the researched local realities. The themes of the books are comprehensively and expansively examined from the stand points of multiple actors/families engaged in mobility. The chapters are authored and located in Africa but the grounded approach to research and the findings offer insights into human resilience that should be of great relevance to migration/mobility scholars around the world. **Olga Bursian** (PhD) – Author of **Migrant Women Act** 2011, Champaign, Illinois: Common Ground.

STRATÉGIES FAMILIALES, DIASPORAS ET INVESTISSEMENTS

STRATÉGIES FAMILIALES, DIASPORAS ET INVESTISSEMENTS

MIGRATIONS, MOBILITES ET DEVELOPPEMENT EN AFRIQUE
TOME II

ELIETH P. EYEBIYI ET ANGÈLE FLORA MENDY

DARAJA PRESS & LASDEL

Publié par Daraja Press
(https://darajapress.com)
pour
LASDEL/MIGDEVRI
BP 12 901, Niamey, Niger
BP 1 383, Parakou, Bénin
www.lasdel.net, lasdel@lasdel.net
© LASDEL/MIGDEVRI 2019
Tous droits réservés

Illustration de couverture: Kate McDonnell
© Photographie prise par Lotte Pelckmans, www.rivernomads.dk

Edité avec le soutien financier de la Coopération Suisse au Bénin

Catalogage avant publication de Bibliothèque et Archives Canada
Titre: Migrations, mobilités et développement en Afrique / sous la direction d'Elieth P. Eyebiyi et Angèle Flora Mendy.
Noms: Eyebiyi, Elieth P., 1985- éditeur intellectuel. | Mendy, Angèle Flora, 1974- éditeur intellectuel.
Description: Comprend des références bibliographiques. | Sommaire: vol. 1. Mobilités, circulations et frontières -- vol. 2. Stratégies familiales, diasporas et investissements. | Textes en français et en anglais.
Identifiants: Canadiana (livre imprimé) 20190180137F | Canadiana (livre numérique) 20190180420F | ISBN 9781988832432 (vol. 1 ; couverture souple) | ISBN 9781988832456 (vol. 2 ; couverture souple) | ISBN 9781988832449 (vol. 1 ; livre numérique) | ISBN 9781988832463 (vol. 2 ; livre numérique)
Vedettes-matière: RVM: Afrique occidentale—Émigration et immigration—Aspect économique. | RVM: Afrique occidentale—Émigration et immigration—Aspect social. | RVM: Main-d'oeuvre—Mobilité—Afrique occidentale. | RVM: Étudiants—Mobilité—Afrique occidentale. | RVM: Afrique occidentale—Émigration et immigration.
Classification: LCC JV9020 .M54 2019 | CDD 325/.266—dc23

Library and Archives Canada Cataloguing in Publication
© Photographs taken from the film *River Nomads* of Eric Hahonou & Lotte Pelckmans
Title: Migrations, mobilités et développement en Afrique / sous la direction d'Elieth P. Eyebiyi et Angèle Flora Mendy.
Names: Éyébiyi, Élieth P., editor. | Mendy, Angèle Flora, editor.
Description: Includes bibliographical references. | Contents: v. 1. Mobilités, circulations et frontières -- v. 2. Stratégies familiales, diasporas et investissements. | Text in French and English.
Identifiers: Canadiana (print) 20190180137E | Canadiana (ebook) 20190180420E | ISBN 9781988832432 (v. 1 ; softcover) | ISBN 9781988832456 (v. 2 ; softcover) | ISBN 9781988832449 (v. 1 ; ebook) | ISBN 9781988832463 (v. 2 ; ebook)
Subjects: LCSH: Africa, West—Emigration and immigration—Economic aspects. | LCSH: Africa, West—Emigration and immigration—Social aspects. | LCSH: Labor mobility—Africa, West. | LCSH: Student mobility—Africa, West. | LCSH: Africa, West—Emigration and immigration.
Classification: LCC JV9020 .M54 2019 | DDC 325/.266—dc23

Table des matières

Remerciements — ix

Avant-propos : MIGDEVRI, un programme de recherche novateur — xi
Elieth P. EYEBIYI

Foreword — xiii
MIGDEVRI, an innovative research program
Elieth P. EYEBIYI

Préface — xv
Oliver BAKEWELL

Preface — xix
Oliver BAKEWELL

INTRODUCTION

Introduction : Familles en mobilité et diasporas dans les processus de développement — 3
Elieth P. EYEBIYI et Angèle Flora MENDY

Introduction : Families in mobility and diasporas in the development processes — 19
Elieth P. EYEBIYI & Angèle Flora MENDY

STRATÉGIES FAMILIALES / FAMILIAL STRATEGIES

1. Care-giving et solidité de la "famille à distance" : La migration capverdienne (Fogo) à Boston aux États-Unis — 35
Pierre-Joseph LAURENT

2. Espaces et liens de la migration: Figures de la famille sénégalaise à Barcelone — 73
Marème NIANG NDIAYE

3. La famille en migration : Marginalisation des vieux migrants mossé au Ghana — 97
Saydou KOUDOUGOU

4. La féminisation des flux migratoires du Centre-Est du Niger vers l'Algérie   119
Bassirou MALAM SOULEY

5. Critique de l'approche des processus migratoires : Louga, un contexte révélateur   137
Amadou Sarr DIOP

DIASPORAS ET INVESTISSEMENTS POUR LE DÉVELOPPEMENT / DIASPORAS AND INVESTMENTS FOR DEVELOPMENT

6. Diaspora béninoise et développement national   155
John O. IGUE

7. Gouvernance locale au Mali et participation des migrants à la coopération décentralisée   185
Sadio SOUKOUNA

8. Professional integration of African migrant doctors in France   203
Angèle Flora MENDY

9. Transferts de fonds des migrants et dynamiques socioéconomiques dans la communauté urbaine de Tchintabaraden (Niger)   227
Hamidou MANOU NABARA

10. Envois de fonds des migrations à destination du Cameroun : Profil des acteurs et conséquences sur le bien-être des bénéficiaires   247
Eric Stève TAMO MBOUYOU et Astadjam YAOUBA

Résumés / Abstracts   269

Les contributeurs / Contributors   281

Remerciements

Initié par la coordination du programme « Migration, Development, and Regional Integration » (MIGDEVRI), cet ouvrage en deux tomes est un produit des quatre ateliers du cycle de conférences MIGDEVRI, tenus au Bénin, au Nigeria, au Burkina-Faso et au Niger, de 2015 à 2017. Si le présent tome traite des « Mobilités, circulations et frontières », le tome 2 s'intitule pour sa part « Stratégies familiales, diasporas et investissements ».

À ce titre, le Laboratoire d'études et de recherches sur les dynamiques sociales et le développement local (LASDEL) et les coordinateurs de l'ouvrage, et plus largement du programme MIGDEVRI, sont redevables au comité scientifique du programme, aux différents comités de sélection, à l'International Migration Institute (IMI) d'Oxford, au Laboratoire méditerranéen de sociologie (LAMES) à Marseille, au Groupe interdisciplinaire de recherche sur l'éducation et les savoirs (GIRES) de l'Université Cheikh Anta Diop de Dakar, à Covenant University – Ota Ogun State, Nigeria, au Laboratoire d'analyse quantitative appliquée au développement – Sahel (LAQAD-S) à l'Université Ouaga II, au Burkina Faso, et à toutes les institutions ayant collaboré par la suite. Une mention spéciale doit être faite aux organes de presse impliqués dans le programme : Radio Soleil FM, Radio Chine International (bureau de Dakar), le quotidien béninois *L'Événement Précis* et l'hebdomadaire burkinabè *Le Reporter*.

Les auteurs expriment leur gratitude à Sylvie Mazzella pour ses conseils à l'amorce de cette initiative ; à Adjaratou Aminou pour sa grande contribution au travail de traduction, ainsi qu'à Romain Dampi Somoko, pour la traduction de la préface et de l'introduction de ce livre ; à Oliver Bakewell, Sylvie Bredeloup, Eric Hahonou, Marie-Laurence Flahaux, Eugène Allossoukpo, Boubacar Niane, Abou-Bakari Imorou, Abdoua El Hadji Dagobi, Cather Nansounon, Hamani Oumarou et à l'ensemble des chercheurs du LASDEL tant au Bénin qu'au Niger.

Les auteurs remercient Charles Becker pour ses commentaires et l'accompagnement fourni aux auteurs sur les versions antérieures du manuscrit. Leur reconnaissance va également à Eric Hahonou et à Lotte Pelckmans, pour leur autorisation de reproduire à titre gracieux une photographie tirée de leur film *River Nomads*, qui illustre la couverture de ce livre. Leurs vifs remerciements s'adressent à Jean-Pierre Olivier de Sardan, qui a accepté de rédiger la préface de ce livre, et à Nassirou Bako Arifari : ils ont tous deux apporté leurs conseils scientifiques constants. La grande détermination de Serge Oumow, Odile Inauen, Fabrice Fretz, Anicette Djokpe Savoedo, ainsi que l'efficacité de Siddo Moumouni et de Claude Houinato, ont facilité grandement l'aboutissement de MIGDEVRI. Cet ouvrage leur est dédié.

L'Institut des sciences sociales de l'Université de Lausanne a financé la traduction de l'introduction et de la préface du présent tome.

Enfin, ce livre n'aurait pu exister sans l'appui financier du Programme Global Migration et Développement de la Coopération suisse.

Avant-propos : MIGDEVRI, un programme de recherche novateur

ELIETH P. EYEBIYI

Cet ouvrage s'achèvait au moment où, fin 2017 la chaîne de télévision CNN a diffusé un reportage consacré à la vente de migrants sur des marchés aux esclaves en Libye. L'émotion a été mondiale et la polémique forte : le rapatriement des "migrants" a commencé pour certains pays et les discours d'appel à la jeunesse se sont multipliés pour ne plus tenter l'aventure, quitte à réfuter tout droit à la mobilité. Les médias ont évoqué la résurgence d'un phénomène historique douloureux, la traite négrière, souvent méconnue dans sa dimension transsaharienne.

En 2015 naissait au sein du LASDEL le Programme "Migration, Development, and Regional Integration" (ou "Migration, développement et intégration régionale"), de son acronyme "MIGDEVRI". Son ambition était de « créer un espace de discussions scientifiques et professionnelles autour des thématiques fortes que constituent la migration, la mobilité et le développement [...] dans le contexte sous régional ouest-africain. Au-delà des préjugés, il entend ouvrir de nouvelles pistes de réflexion pour comprendre sur la base de recherches empiriques les liens entre la migration/mobilité, ses différentes formes et les défis contemporains qui se posent aux États ouest-africains ».

Porté par le LASDEL-Bénin et soutenu par une forte contribution de la Coopération suisse, ce programme de recherche innovait en tentant de réunir à la fois de jeunes chercheurs encadrés par des seniors et des intervenants issus de la société civile, du monde politique et des ONG travaillant sur la thématique des migrations, ainsi que des journalistes conviés non pas pour "couvrir" un événement, mais pour prendre part activement et de bout en bout aux activités.

L'activité phare a été un cycle de quatre ateliers bilingues français-anglais tenus respectivement à Ouidah (Bénin), ancien port négrier du golfe de Guinée, Ota (Nigeria) à quelques encablures de la mégalopole Lagos, Niamey (Niger) au cœur du Sahel dans un pays aux prises avec le passage massif des migrants, et Ouagadougou (Burkina-Faso) terre d'émigration historique en direction notamment des plantations de café et de cacao de la Côte d'Ivoire et du Ghana. MIGDEVRI a aussi organisé des ateliers d'écriture scientifique durant les ateliers bilingues du Programme pour développer les capacités des jeunes chercheurs du continent ; tenu des cafés-livres avec divers auteurs ; offert des bourses de résidence à des jeunes chercheurs pour accéder à d'importantes ressources bibliographiques actualisées, sur le site du LASDEL à Parakou (Bénin), et travailler sur leurs propres projets en lien avec les thématiques du programme (articles ou projets de thèse notamment). Quelques-uns de ces résidents contribuent d'ailleurs au présent ouvrage. Le programme a aussi édité la lettre semestrielle *Migrations & Mobilities*, également bilingue, et développé un ensemble de capsules audio et d'articles de presse permettant aux chercheurs de communiquer leurs résultats dans des formats adaptés aux médias de la sous-région. MIGDEVRI a enfin promu la diffusion de résultats de recherches à travers des approches filmiques.

Le présent ouvrage en deux tomes vise d'une part à capitaliser une partie des réflexions issues du programme de 2015 à 2017 et d'autre part à fournir une lecture critique et diversifiée des liens *entre les migrations, les mobilités et le développement*. Ce triptyque s'est rapidement imposé au plan conceptuel afin de dépasser le piège des lectures réductionnistes du concept de *migration* où les préoccupations sécuritaires et économiques des uns tendent à dénier aux autres tout droit à la mobilité ; et bien souvent oublient l'apport pourtant inestimable des migrants tant pour leurs pays de départ que pour leurs pays d'adoption et même de transit. Traiter des migrations sans parti pris théorique ou disciplinaire en intégrant sociologues, démographes, anthropologues, politistes, et historiens ; favoriser des échanges autour des liens entre migrations, mobilités et développement ; établir une passerelle entre pays anglophones et francophones de la région qui jusque-là collaboraient très peu au plan scientifique : ce sont les objectifs qui ont guidé ce programme.

Le programme a accueilli des chercheurs venus de l'Afrique de l'ouest, mais aussi d'ailleurs : Ouganda, Maroc, Suisse, France, Norvège. MIGDEVRI a permis de produire des connaissances nouvelles sur les liens entre migrations, mobilités et développement, dans la sous-région ouest-africaine, mais également sur plusieurs pays d'Afrique centrale et du Nord. Ce livre en témoigne.

Elieth P. Eyebiyi, *Coordonnateur*

Foreword

MIGDEVRI, an innovative research program

ELIETH P. EYEBIYI

This book was conceived when, at the end of 2017, CNN television channel broadcasted a report on migrants sold in slave markets in Libya, an event that provoked strong emotion and controversy worldwide. Some countries began repatriation of « migrants ». Many voices were raised to call the young people not to attempt this adventure, in effect refuting all rights to mobility. The media spoke of the resurgence of the slave trade, a painful historical phenomenon, frequently overlooked in its trans-Saharan dimension.

In 2015 the Program "Migration, Development, and Regional Integration" known as *MIGDEVRI* was born within LASDEL. Its ambition was to « create a space for scientific and professional discussions around the strong themes of migration, mobility and development [...] in the West African sub-regional context. It intends to open new avenues of reflection that goes beyond prejudice in order to understand the links between migration / mobility, its different forms and the contemporary challenges facing West African states on the basis of empirical research « .

Supported by the LASDEL Bénin, with a strong contribution from Swiss Cooperation, this research program brought together young researchers supervised by senior researchers and stakeholders from civil society, politics and NGOs as well as journalists working on the theme of migration who were invited not to « cover » an event, but to take an active and full part in our activities.

The flagship activity was a cycle of four bilingual French-English workshops held respectively in Ouidah (Bénin), the former slave port of the Gulf of Guinea; in Ota (Nigeria), not far from the Lagos megacity; in Niamey (Niger), a country in the heart of Sahel grappling with the massive passage of migrants; and in Ouagadougou (Burkina-Faso), a land of historical emigration towards the coffee and cocoa plantations of Côte d'Ivoire and Ghana.

MIGDEVRI also organized scientific writing sessions during the program's bilingual workshops to empower young researchers on the continent; book-readings were held with various authors. We also provided residency grants to young researchers to assist them to access important updated bibliographic resources on the LASDEL site in Parakou (Bénin) as well as to work on their own projects related to the themes of the program (articles or thesis projects in particular). Some of these residents in contributing to this book. The program also arranged to publish the biannual and bilingual newsletter *Migrations & Mobilities*, and developed a set of audio clips and press articles allowing researchers to communicate their results in formats adapted to the media of the sub-region. And finally, MIGDEVRI has promoted the dissemination of research results through visual anthropology approaches using movies broadcasting.

This two-volume book aims to capitalize on some of the reflections from the 2015-2017 program and to provide a critical and diversified reading of the links between migration, mobility and development. This aim was to overcome the reductionist considerations of the concept of migration which highlight the security and economic concerns of some by denying others the right to mobility, and which often forget the inestimable contribution of migrants both in their countries of departure, their countries of adoption and even during transit. We sought to discuss migrations without any theoretical or disciplinary bias, by involving sociologists, demographers, anthropologists, political scientists, and historians, fostering exchanges about the links between migration, mobility and development. One of the goals of the program was to bridge the gap between anglophone and francophone countries in the region that previously had previously had little scientific collaboration.

The program welcomed researchers not only from West Africa, but also from: Uganda, Morocco, Switzerland, France, Norway. MIGDEVRI has produced new knowledge on the links between migration, mobility and development, in the West African sub-region, and on several countries of Central and North Africa, as this book testifies.

Elieth P. Eyebiyi, *Coordinator,* MIGDEVRI

Translated from French by **Adjaratou Aminou**

Préface

OLIVER BAKEWELL

Les liens entre la migration et le développement sont devenus un cliché ordinaire dans de nombreux débats contemporains sur le développement. Ces liens ont généralement été analysés selon deux perspectives contrastées. D'une part, la migration peut contribuer au développement, notamment en stimulant le flux des envois de fonds vers le pays d'origine. D'autre part, la croissance des mouvements « irréguliers » des régions les plus pauvres du monde vers l'Europe et l'Amérique du Nord est souvent considérée comme une réponse à la pauvreté et au manque de moyens de subsistance disponibles dans les pays d'origine des migrants ; en d'autres termes, la migration serait stimulée par le manque de développement. La première analyse a donné lieu à une pléthore d'études et d'initiatives qui examinent les modalités de faire de la migration un facteur de développement. La seconde soutient qu'un investissement croissant dans le développement permettrait de combattre les « causes profondes » de la migration (irrégulière). Ce livre – à la suite du premier tome intitulé *Migrations, mobilités et développement en Afrique. Mobilités, circulations et frontières* – marque une rupture tonifiante avec les récits standards trop répandus dans la littérature toujours plus abondante sur la migration et le développement en Afrique.

Premièrement, il partage avec le premier volume un intérêt manifeste pour la plus grande part des mouvements migratoires africains internationaux : celle des Africains à l'intérieur du continent. Cependant, cela n'est pas exclusif et le volume prend en compte à la fois les migrations et la formation de diasporas au-delà des frontières continentales. Cette considération conjointe des migrations dites « Sud-Sud » et « Sud-Nord » est utile, car elle nous encourage à adopter une approche comparative et à remettre en cause l'hypothèse selon laquelle il existe des différences fondamentales entre elles.

Deuxièmement, ce volume attire en particulier l'attention sur la manière dont la mobilité est imbriquée dans les relations sociales, spécialement au sein de la famille. Les différents chapitres explorent la manière dont les relations s'étirent dans l'espace et le temps, et comment elles sont entretenues et reproduites, en particulier grâce aux envois de fonds. Ainsi, il rassemble par exemple des études sur l'émergence et le fonctionnement des pratiques familiales transnationales entre le Burkina Faso et le Ghana, le Sénégal et l'Espagne, et nous invite à voir ce qu'elles ont en commun.

L'ouvrage explore les processus de développement, mais à une étape (très importante) où ils restent loin du domaine des interventions qui entendent mettre la migration au service du développement. En revanche, nous voyons ici le processus social ordinaire de la migration et ses interactions diverses avec le développement, avant qu'en soient démêlés les fils. Il s'agit de la migration loin des gros titres de la pauvreté, du déplacement, de la contrebande, du trafic et de l'exploitation. Cela ne veut pas dire que ces facettes misérabilistes ne constituent pas des domaines de recherche d'importance critique. Cependant, je pense que l'on rencontre des problèmes si elles deviennent le principal domaine de recherche. En conséquence, la migration et la mobilité sont trop aisément présentées comme un problème nécessitant une solution – ce qui déclenche la recherche de « causes fondamentales » et de « solutions durables », approche qui prévaut dans le monde des interventions des donateurs et de l'aide humanitaire. S'il est admis en général que les conditions comme la pauvreté, l'oppression, la violation des droits, susceptibles de contraindre les gens à prendre des risques épouvantables et à souffrir considérablement, constituent un problème majeur, dans la pratique, l'objectif ultime de beaucoup de ces programmes d'aide est de réduire le volume de la migration. Il est aussi trop souvent oublié que la migration fait partie de la vie dans toutes les sociétés et qu'elle continuera – et pourrait bien augmenter – à mesure que les conditions s'amélioreront.

Ce livre sert de correctif important à cet état de choses, en attirant l'attention sur les fluctuations ordinaires des mouvements de populations à travers l'Afrique (comme dans le reste du monde), qui étendent les familles, génèrent de nouvelles relations, reconfigurent les connexions économiques et politiques, et sont intégrées dans l'expérience quotidienne de millions de personnes. Devrait ainsi être l'objet principal d'étude, la migration régulière – dans le sens d'habituelle, constante, routinière, cohérente et même régulée par des arrangements institutionnels, plutôt qu'au sens étroit de la migration qui satisfait aux exigences bureaucratiques de l'État. En ouvrant plus largement cet horizon de la migration, ce volume offre de nouvelles perspectives et indique des pistes pour une réflexion critique sur les récits dominants dans la littérature sur la question.

Enfin, ce volume constitue un renouveau en réunissant un groupe de chercheurs qui transcendent les frontières. La majorité des auteurs sont basés en Afrique de l'Ouest et se trouvent à des étapes différentes dans leur carrière académique. Il comprend des contributions en français et en anglais, ce qui contribue à réduire la fracture francophone / anglophone qui continue de préoccuper les intellectuels dans une grande partie du continent. Il est le résultat d'un ensemble de quatre ateliers internationaux organisés en deux ans seulement, dans quatre pays différents de la région. Ceux-ci ont été remarquables à la fois pour avoir eu lieu (grâce à l'approche imaginative et à une prise de risque de la Coopération suisse au développement, pour en assurer le financement) et parce qu'ils ont permis d'obtenir une gamme d'articles précieux qui mettent en évidence des aspects peu explorés des liens entre migration et développement en Afrique. Les intenses discussions, débats et échanges d'idées suscités au cours de ces ateliers ont été extrêmement productifs et il est réjouissant de les voir distillés dans cet ouvrage en deux tomes afin d'atteindre un public encore plus large.

Juillet 2018

OLIVER BAKEWELL est *Senior Lecturer en études sur la migration au Global Development Institute de l'Université de Manchester* et a*ncien directeur de l'Institut international de la migration (IMI) de l'Université d'Oxford.*

§

Traduit de l'anglais par **Elieth P. Eyebiyi**

Preface

OLIVER BAKEWELL

The connections between migration and development have become a routine trope of many contemporary development debates. These links have tended to be cast in two contrasting moulds. On the one hand, there is the way that migration can contribute to development, in particular by stimulating the flow of remittances directed towards the country of origin. On the other hand, the growth in 'irregular' movement from poorer regions of the world towards Europe and North America is often seen as a response to poverty and the paucity of livelihood options available in migrants' home countries; in other words, migration is stimulated by the lack of development. The former analysis has given rise to a plethora of studies and initiatives that examine how to make migration work for development. The latter has resulted in a growing concern about investing in development to tackle the 'root causes' of (irregular) migration.

This book (along with the companion volume *Migrations, Mobilities, and Development in Africa: Mobilities, Circulations, and Borders*, marks a refreshing break with these standard narratives that are all too prevalent within the ever growing literature on migration and development in Africa.

First, it shares with the first volume a clear focus on the majority of African international migration: that is movement of Africans to other parts of the continent. However, this is not exclusive and the volume also takes accounts of migration and diaspora formation beyond the boundaries of the continent. This mixing of so-called 'South-South' and 'South-North' migration is helpful as it encourages us to take a comparative approach and challenge the assumption that there are fundamental differences between them.

Second, this volume draws particular attention to the way that mobility is embedded in social relationships, especially the family. The chapters explore how relationships are stretched over space and time and the ways in which they are maintained and reproduced especially through remittances. Hence, for example, it brings together studies of the emergence and workings of transnational family practices between Burkina Faso and Ghana, and Senegal and Spain, and invites us to see what they share in common.

The volume explores processes of development but at one (very important) step removed from the realm of interventions that seek to make migration work for development. Instead, here we see the mundane social process of migration and its interactions with development unpicked. This is migration away from the headlines of poverty, displacement, smuggling, trafficking and exploitation. This is not to say that these misery facets are not critically important areas of research. However, I think we run into trouble if they become the primary area of research. This results in migration and mobility being too readily portrayed as a problem requiring a solution – this triggers the search for 'root causes' and 'durable solutions' which is prevalent in the world of donor interventions and humanitarian aid. While most would agree that the conditions – the poverty, oppression, violation of rights –that may force people to take appalling risks and suffer greatly as they move are a major problem, in practice, the ultimate aim of many of these programmes is to reduce the scale of migration. It is too often forgotten that migration is part of life in all societies and will continue –and may likely increase– as conditions improve.

This book serves as important corrective by drawing attention to the ordinary ebb and flow of movements of people across Africa (as in the rest of the world), which stretches families, generates new relationships, reconfigures economic and political connections, and is embedded in the day to day experience of millions of people. This is the regular migration that should be the primary focus of study – regular in the sense of usual, steady, routine, consistent and even ordered by institutional arrangements, rather than the narrow sense of migration that satisfies the bureaucratic demands of the state. By opening up this broader landscape of migration, this volume helps to bring new perspectives and point to avenues for critical reflection on the narratives that dominate much of the literature.

Finally, this volume is refreshing in bringing together a group of scholars that bridge boundaries. The majority of the authors are based in West Africa and cover a range of career stages. It includes contributions in both French and English, which helps to break down the Francophone/Anglophone divide which continues to dog scholarship across much of the continent.

It is the outcome of a set of four international workshops organised over just two years in four different countries in the region. These were remarkable both for the fact that they happened at all (which is thanks to the imaginative and risk-taking approach to funding by the Swiss Development Cooperation) and also they elicited such a range of valuable papers that brought to light little-explored aspects of the links between migration and development in Africa. The intense bursts of discussion, debate and sharing of ideas provided by these workshops were extremely productive, and it is excellent to see these distilled into these two volumes that can now reach a wider audience.

July 2018

Oliver Bakewell is *Senior Lecturer in Migration Studies at the Global Development Institute, University of Manchester* and Former Director of the *International Migration Institute (IMI), University of Oxford.*

INTRODUCTION

Introduction : Familles en mobilité et diasporas dans les processus de développement

ELIETH P. EYEBIYI ET ANGÈLE FLORA MENDY

Cet ouvrage fait suite à la publication d'un premier tome, intitulé « Migrations, mobilités et développement en Afrique », qui regroupe des contributions de chercheurs juniors et seniors ayant pris part aux activités scientifiques organisées dans le cadre du programme Migdevri du Lasdel. En traitant essentiellement des migrations et des mobilités africaines dans leurs dynamiques internes et externes, ainsi que des défis qu'elles imposent en termes de développement, il montre que dans un contexte résolument marqué par la mondialisation et les circulations, les enjeux qui se posent en Occident et ailleurs sont ceux-là même qui concernent le continent africain (Eyebiyi & Mendy 2018a). De ce point de vue, l'apport de la recherche académique est de ne pas traiter spécifiquement les mobilités africaines comme un phénomène à part, sous le feu de l'actualité, mais comme faisant partie du processus de développement international auquel participent les sociétés contemporaines (Castles *et al.* 2014). Sans verser dans une analyse simpliste, les éditeurs soulignent la nécessité de questionner la complexité des migrations africaines et de lever le voile sur les mythes jusque-là tenaces (Bakewell 2007b ; 2009 ; de Haas 2003 ; 2006 ; Ozden 2014 ; Clemens 2007), tout en soulignant comment ces mobilités participent du développement.

En réalité, il s'avère que l'Europe n'est pas la seule destination pour les migrations internationales (Withol de Wenden & Tinguy 1995 ; Withol de Wenden 2002 ; Salazar 2010). Les restrictions de visa n'arrêteront pas les migrations (Czaika & de Haas 2011). Plus tenace encore, le développement de l'Afrique ne constitue pas une solution magique susceptible de tarir les migrations vers l'Occident (de Haas 2005). Le processus de migration ne disparaît-il pas une fois l'équilibre entre l'offre et la demande atteint et le développement économique ne réduit pas nécessairement la pression sur la migration internationale (de Haas 2003, 2005). Au contraire, l'accroissement des retombées, notamment financières, sur les activités économiques locales a tendance à rendre la migration plus attractive grâce aux succès des investissements financés par les transferts de fonds (Mendy 2010). Ceux-ci représentent un volume d'argent important et bénéfique pour tous les pays en développement (Maimbo & Ratha 2005). Aujourd'hui, il dépasse l'aide au développement accordée aux pays pauvres et fait l'objet de convoitises de la part des agences de transferts de fonds mais aussi des gouvernements des pays du Sud. Les perspectives théoriques susceptibles de rendre compte des migrations sont multiples (Massey *et al.* 1993 ; Gemenne & Polet 2015). Comme le soulignent Massey et al. (1993), la meilleure posture théorique pour appréhender cette multiplicité consisterait à poser l'hypothèse que les individus visent, à travers leurs actes, à maximiser leurs revenus tandis que les familles cherchent à réduire les risques du ménage. Par ailleurs, le contexte à l'intérieur duquel les décisions de la migration sont prises, peut être conditionné par les forces structurelles agissant au niveau national et international (Mendy 2010, 2016). De ce point de vue, les migrations ne sont qu'une dimension des mobilités, un concept plus englobant et préféré dans des analyses pluridisciplinaires (Levy & Lussault 2003 ; Boudon & Bourricaud 1982 ; George 1990 ; Eyebiyi & Mazzella 2014)) et englobantes (Bakewell 2007a ; Brachet 2010 ; Olivier de Sardan 2017 ; Bayart 2017 ; Castles *et al.* 2014 ; Zongo 2003 ; Vertovec & Cohen 1999 ; Keely & Nga Tran 1989 ; Cohen 1996 ; Skinner 1993). C'est précisément la principale perspective des contributions du premier tome de cet ouvrage, qui ont interrogé au final, les migrations et les mobilités intra-africaines à travers leurs dynamiques transfrontalières, les enjeux sécuritaires et réglementaires, ainsi que le respect des droits des personnes.

La famille au cœur des migrations et des mobilités

Ce second tome, intitulé « Stratégies familiales, diasporas et investissements », est un prolongement du précédent, en ce qu'il s'intéresse cette fois-ci aux réflexions autour des *outputs* des migrations africaines, à savoir ce qui se passe durant le processus de migrations et/ou une fois la migration choisie. Les formes de familles ainsi que les stratégies transnationales, le rôle des diasporas et des investissements des migrants dans le développement socio-économique, politique et culturel de leurs pays d'origine respectifs, sont autant de sujets abordés par les auteurs. Articuler des contributions d'auteurs de traditions disciplinaires et de spécialisations différentes est un exercice scientifique périlleux du point de vue théorique et méthodologique. Toutefois, il ne suggère que le choix d'un cadre de référence théorique susceptible de n'être qu'un « miroir » afin que toute réalité étudiée y trouve un reflet. C'est précisément ce cadre qu'offrent les travaux récents de Pierre-Joseph Laurent (2018) traitant de la migration capverdienne vers les États-Unis et où l'on aborde les thèmes essentiels de ce tome à savoir les migrations, les familles transnationales et les diasporas ainsi que l'importance du capital de toutes sortes.

Même si les migrations africaines ont leurs spécificités régionales et nationales, l'ouvrage de Pierre-Joseph Laurent (2018) ainsi que sa contribution dans ce livre sont une référence pour aborder toute la complexité des stratégies familiales dans le processus de migration africaine voire au-delà (Bruneau 2004). Ses analyses qui reposent sur une dizaine d'années de recherche ethnographique au Cap-Vert et aux États-Unis sont inédites comme le confirme le préfacier Clàudio Alves Furtado (Laurent 2018 : 11-14). On apprend dès lors des logiques diverses et multiples du processus de migration des Capverdiens vers les États Unis. De manière générale, celles-ci rendent intelligibles, au-delà du seul cas capverdien, le projet de migration qui ne saurait se concevoir en dehors d'une entreprise sociétale plus particulièrement familiale. Ce projet de migration a une histoire et devient intemporel dans la mesure où il se distingue de toute fixation dans la durée. Il se déroule sur une longue durée, qui irait de la volonté de vouloir partir et de la prise de décision initiale à l'installation des familles, en passant par les alliances et les stratégies de captation et de pérennisation du capital social et économique au sein de cette communauté (Laurent 2018). Celle-ci n'est toutefois pas recluse : elle est ouverte aux opportunités du contexte d'accueil qui renouvèlent sans cesse les « fibres nutritives » de ce qui pourrait à juste titre être perçu comme un projet de toute une vie, se renouvelant de génération en génération. La dialectique entre les « préalables requis » dans le pays de départ – Cap-Vert – et l'évolution des « opportunités » souvent en lien avec les politique d'immigration dans les pays de destination – ici les États-Unis – devient alors un des conditions pour démarrer ledit projet.

Les contributions de cet ouvrage font écho aux analyses de Pierre-Joseph Laurent dans son dernier livre (Laurent 2018) et ses contributions plus anciennes, tout en gardant les spécificités des contextes abordés. Les familles transnationales, la quête d'une nouvelle identité, à savoir cette forme d'hybridation culturelle (Pieterse 2009) qui naît des interconnexions entre les lieux d'origine et de destinations, ne sont-elles pas les spécificités des mobilités dans ces nombreuses variantes telle que le phénomène de migration ? Les implications des diasporas ainsi que les investissements de toutes sortes de personnes en situation de migration, n'est-ce pas à la fois ce lien virtuel et concret entre les « territoires de la mobilité » (Bruneau 2004 : 232). Enfin, l'enrichissement des notions de « familles transnationales » et de « diasporas » sans cesse renouvelées (Laurent 2018) et « qui permettent le mieux de comprendre le maintien d'un lien entre des populations de migrants, dispersées dans le monde, et leurs lieux ou territoires d'origine et d'installation » (Bruneau 2004), constitue un argument majeur justifiant la référence à une telle perspective dynamique. Celle-ci couvre en effet dans une grande mesure les spécificités des différentes contributions des auteurs sans tomber dans le piège de la rigidité définitionnelle. Comme le soulignent Vertovec et Cohen (1999), l'un des changements majeurs dans les modèles de migration est la croissance des populations diasporiques qui n'ont pas d'ancrages social, culturel et physique dans les pays d'origine et encore moins dans ceux de départ.

En prenant, l'exemple de la diaspora, concept à multiples significations (Vertovec & Cohen 1999 : xvii), Bruneau (2004) suggère à juste titre une certaine précaution méthodologique :

« la notion ancienne de diaspora, récemment remise à l'honneur et élargie, a toujours une utilité à condition qu'elle soit définie le plus rigoureusement possible. Il s'agit d'un groupe social qui se pense comme tel, en fonction d'une identité qui se définit par rapport à des liens familiaux, communautaires, religieux, linguistiques et économiques, mais aussi par rapport à un arrachement au lieu ou territoire d'origine à la suite d'un traumatisme plus ou moins brutal (…). La diaspora suppose un ancrage très fort dans le territoire d'installation et une coupure très nette avec le territoire d'origine, qui est le plus souvent compensée par la création dans le premier de marqueurs territoriaux, de lieux de mémoire à l'aide d'une iconographie assurant le lien avec le second. Dans les espaces transnationaux et les territoires de la mobilité, cette coupure n'existe plus, ni le besoin de se ré-enraciner ailleurs sur un lieu d'accueil ou d'installation. La famille mène une existence dans deux ou plusieurs États-nations » (Bruneau 2004 : 232-233).

De ce point de vue et selon Vertovec (1998) le terme de diaspora est le plus couramment utilisé à ce jour pour qualifier toute population considérée comme « déterritorialisée » ou « transnationale », qui à la base se trouve ailleurs que dans son pays d'origine et dont les réseaux sociaux, culturels, économiques traversent les frontières des États-nations et du globe.

Cet ouvrage fait le choix de combiner plusieurs approches définitionnelles susceptibles de se compléter et de rendre compte des phénomènes étudiés. Il s'agit précisément de comprendre diverses formes de réalités durant le processus de mobilités – concept englobant – et une fois la migration choisie. Les mobilités se déclinant ici dans leurs nombreuses variantes, à savoir les circulations, les migrations, et les installations de longue et de courte durée sans toutefois que le cordon avec les origines ne soit rompu (*cf.* Bruneau 2004 : 232). On parlera ici de familles transnationales menant une existence parallèle dans deux ou plusieurs espaces nationaux. On abordera les défis de l'exil (Fouquet 2007) sous toutes ses formes en lien avec l'aventure migratoire et parfois les « faux espoirs » qu'elle nourrit (Mendy 2014). Enfin, il sera question de la contribution des personnes en mobilité et de la diaspora dans le développement des pays d'origine au travers des *remittances* (Maimbo & Ratha 2005).

Le monde en interconnexions tel que le présentent les spécialistes de la globalisation et des migrations est sujet à des transferts de toutes sortes dont les plus en vue demeurent les transferts de savoir-faire, de connaissances, de technologies et plus encore les transferts de fonds. Avec les migrations internationales, les transferts de fonds jouent un rôle important dans la majorité des pays en développement (Kelly & Nga Tram 1989 ; Stahl & Arnold 1986 ; Hatzipanayotou 1991). Les envois de fonds constituent une source importante de recettes en devises dans de nombreux pays en développement et, dans certains cas, peuvent dépasser les recettes financières tirées des exportations de marchandises). Les effets positifs des transferts de fonds sur les populations des pays d'où sont originaires les migrants et les diasporas sont attestés par de nombreuses études empiriques. Sans en nier parfois les effets pervers – dépendance accrue des familles par rapport aux *remittances* – lorsque les envois de fonds des émigrés permanents dépassent un niveau critique, même les non-migrants non apparentés qui ne reçoivent pas d'envois de fonds bénéficient de la migration en ce qu'ils créent des échanges entre émigrants et non émigrants dans les pays d'origine (Vertovec & Cohen 1999). Ces analyses rejoignent notamment les conclusions de l'étude de Hamidou Manou Nabara sur le Niger. Il faut cependant modérer le discours positif sur les transferts de fonds, car les effets pervers induits sous le vocable d'aléa moral demeurent vivaces dans certaines régions où ces transferts désorganisent les systèmes de production, notamment agraires.

Les migrations et les mobilités internationales créent sans cesse de nouvelles formes de réalités sociétales. En Afrique comme ailleurs, et dans un contexte marqué par des interconnexions entre le local et le global, celles-ci prennent notamment la forme de sentiers historiques (Merrien 1990) de dépendance (Blanchard *et al.* 2005), de mutations sociales et d'hybridation culturelle (Pieterse 2009), d'influence historique et politique (Apadurai 2005), participant ainsi à un processus de transformations des sociétés contemporaines (Castles *et al.* 2014). Ce tome II s'inscrit donc dans cette perspective dynamique qui met en exergue le rôle des mobilités et des migrations dans le processus de développement des sociétés africaines. Les familles y jouent un rôle primordial puisque les transformations auxquelles elles sont soumises, président les mutations sociétales. Par ailleurs, avec les communautés transnationales, les sociétés ne se définissent pas uniquement à l'intérieur des espaces nationaux (Bruneau 2004 : 231 ; Laurent 2018). Elles les transcendent de par l'existence et la présence des communautés diasporiques ou de migrants au-delà des frontières nationales (Cohen 1996). Les diasporas connues pour leur contribution et leur lien avec les pays d'origine (Vertovec & Cohen 1999 ; Fibbi & Meyer 2002 ; Bruneau 2004 ; Berthomière & Chivallon 2006 ; Maggi *et al.* 2013) représentent indéniablement un « pan » d'une société donnée, à l'interconnexion entre le global et le local (Cohen 1996).

L'ouvrage est structuré en deux parties. La première traite des familles transnationales et des stratégies familiales à l'œuvre dans les processus de mobilités, et plus particulièrement les migrations, en mettant en lumière les nouveaux enjeux ainsi que les défis liés d'une part à la féminisation de la migration et d'autre part à la construction de la famille à distance. La seconde partie analyse les contributions des migrants au développement de leurs pays d'origine à travers des réflexions sur la diaspora d'une part, et d'autre part, sur les apports économiques que représentent les transferts de fonds. Elle met également en lumière divers contrastes en termes de participation politique à l'échelle locale. Si une telle articulation relève de choix subjectifs faits par les éditeurs, elle répond toutefois à une logique permettant de poser à la fois une réflexion théorique et d'agencer au mieux les contributions des auteurs.

Ce volume n'entend pas proposer une synthèse définitive des analyses sur les stratégies familiales et les diasporas africaines. Il tente seulement d'esquisser une réflexion théorique en prélude de la présentation des analyses des auteurs qui viennent enrichir l'état des connaissances sur les *outputs* des migrations africaines. Les contributions qu'il rassemble proposent des études de cas et des analyses inédites apportant chacune une compréhension fine du sujet de recherche dans ses contextes spécifiques.

Stratégies familiales

La contribution de Pierre-Joseph Laurent, porte sur « *Care giving* et solidité de la "famille à distance". La migration capverdienne (Fogo) à Boston aux États-Unis », fait écho à son ouvrage récemment paru. Elle repose sur l'étude d'une famille impliquée dans la migration depuis trois générations. Ce cas emblématique de la famille capverdienne montre comment, en relation avec la politique migratoire américaine et plus particulièrement la loi du regroupement familial, ces familles parviennent à s'adapter au cadre juridique américain en vue d'une installation aux États-Unis. Selon l'auteur, la « famille à distance » repose sur un projet solide, cohérent et de long terme. Il équivaut à la possession d'un « capital migratoire » entretenu entre ses membres, qui doivent se le transmettre, d'une génération à l'autre, au regard de lois migratoires variant entre les pays d'accueil et de pratiques imbriquées entre l'officiel et l'officieux. Hautement désirable, une fois acquis, ce capital devient le bien le plus précieux d'une famille. Cependant, cette étude relève certaines limites de la notion de "soin à distance" (*care*) pour rendre pleinement compte des pratiques qui unissent, dans le temps et l'espace, les membres dispersés d'une famille.

Dans un autre contexte, Marème Niang Ndiaye, s'intéresse aux *Figures de la famille sénégalaise à Barcelone*, en s'inscrivant dans un débat général sur les tensions existant entre l'identité familiale et les mutations sociales et sociétales engendrées par la migration internationale. Sa contribution explore ce qu'elle qualifie de la manière de "faire famille" au regard de l'éclatement et de l'éparpillement des lieux de vie des migrants. Fondée sur l'analyse de trajectoires de vie de Sénégalais résidant dans la Région Métropolitaine de Barcelone, et l'exploitation de vidéos et de la presse, l'auteure choisit dans son analyse de mettre en relief l'effet des contextes sur les trajectoires migratoires et les recompositions des rapports de parenté dans une perspective transnationale. Elle examine la manière dont les familles transnationales sénégalaises réagissent face aux réalités structurelles et socio-économiques qui caractérisent les espaces migratoires.

Les expériences des migrants, et plus largement de la diaspora, ne sont pas exemptes de nombreux défis, en particulier pour les personnes qui entreprennent des parcours migratoires. C'est ce que montrent les trois cas suivants, en faisant le lien entre les contributions des individus en mobilité et de la diaspora dans leur pays d'origine et les enjeux politiques et économiques que ces investissements peuvent susciter en retour.

Ainsi Saydou Koudougou montre, à travers son étude portant sur les migrations burkinabè, une autre facette de la *famille en migration* : il s'agit d'une double *marginalisation des vieux migrants mossé* suite à des stratégies d'intégration dans leur pays d'accueil, le Ghana. Selon l'auteur, au cours de la transformation de leur migration saisonnière en immigration de longue durée ou définitive, les immigrés mossé ont historiquement eu recours aux mariages mixtes, à la conversion à l'islam et à l'identification comme citoyen ghanéen pour leur insertion au Ghana. Leur vie d'adulte est caractérisée cependant par des pratiques familiales transnationales, à savoir une circulation des parents et des biens entre fragments de la famille au Ghana et au Burkina Faso malgré des emplois subalternes dans le pays d'accueil. Toutefois, les crises économiques vont entraîner une détérioration du statut social et économique des immigrés et un resserrement des liens de famille et des pratiques familiales de la solidarité autour des épouses à qui les enfants s'identifient au détriment de leurs pères qualifiés de "vieux" pour leur attachement à des systèmes de valeurs dits "dépassés". Il en résulte des processus de marginalisation familiale du "vieux" migrant mossé au Ghana et au Burkina Faso où ce dernier va faire l'expérience de la disqualification sociale à son retour. Il en résulte ainsi un sentiment transnational d'inutilité sociale de vieux migrant et un double désenchantement. L'auteur explique comment le vieux migrant incarne aujourd'hui la figure de « l'homme marginal », tant dans sa famille au Ghana qu'au Burkina-Faso, son pays d'origine.

Si la figure du migrant africain s'assimile généralement à celle du genre masculin, Bassirou Malam Souley quant à lui s'intéresse à *la féminisation des flux migratoires en particulier du Centre-est du Niger vers l'Algérie*. En s'intéressant au département de Kantché au Niger, l'auteur montre que la migration des femmes accompagnées d'enfants vers l'Algérie prend une ampleur sans cesse croissante. Les raisons sont nombreuses et évoluent suivant les années et les circonstances. Toutefois elles sont essentiellement liées à certains facteurs déterminants, au nombre desquels la forte pression démographique, l'insécurité alimentaire, le déclin des anciennes destinations migratoires ou encore l'effet d'entrainement. Ainsi, depuis plusieurs décennies la population de Kantché connaît une augmentation sans cesse croissante qui entraîne une importante pression sur les ressources disponibles. Un tel phénomène s'explique notamment par la surexploitation des terres cultivables poussant les populations confrontées à une insécurité alimentaire chronique à se déplacer vers d'autres horizons plus prometteurs. En raison de la proximité géographique et culturelle, le Nigeria constituait leur première destination migratoire. Toutefois, depuis quelques années, l'avènement de la secte islamique Boko Haram au Nord de ce pays affecte profondément cet équilibre et oblige les femmes accompagnées d'enfants à s'aventurer en masse vers l'Algérie. Pour ces dernières, il s'agit de trouver de nouvelles opportunités afin d'aider leurs parents et réaliser les rêves de leurs vies. L'image que véhiculent les anciennes migrantes à leur retour est intéressante à prendre en compte : celles-ci peuvent en effet être perçues comme des modèles de réussite et influencer la décision de partir. Mais le voyage vers l'Algérie est long, difficile et souvent tragique. Une fois à destination, la majorité d'entre elles s'adonnent à la mendicité. Certaines sont employées comme domestiques dans les concessions, tandis que d'autres se prostituent. Ces différents métiers leur permettent de survivre et de réaliser des petites économies qu'elles envoient périodiquement à leurs familles en attendant leur retour ou leur rapatriement.

Questionnant aussi les processus migratoires, Amadou Sarr Diop étudie une région emblématique de l'émigration sénégalaise, la région de Louga, en proposant une réflexion critique. Selon l'auteur, la plupart des modèles d'analyse des dynamiques migratoires en Afrique se polarisent sur les déterminants économiques, souvent appréhendés comme les véritables facteurs explicatifs du phénomène. Son analyse consiste donc à réévaluer les postures courantes pour proposer une approche des dynamiques migratoires sous un angle multifactoriel comme un processus où se déclinent des initiatives populaires et solidaires, impliquant plusieurs acteurs dans des contextes différents. Sa recherche sur les impacts de l'émigration dans la région de Louga aboutit à proposer une approche des dynamiques migratoires sous le prisme des logiques communautaires, parentales, pour mettre en exergue la conjonction de facteurs qui y interagissent. Il s'agit donc pour lui de voir comment, à partir des constructions et des (re)constructions identitaires, naissent des formes de solidarité sur lesquelles se développent des types de réseaux villageois, confrériques, ethniques, familiaux qui contribuent à favoriser et à faciliter l'émigration, dont les dividendes sont doublement réinvestis dans les dynamiques solidaires, tant à l'échelle familiale que communautaire.

Diasporas, investissements et défis

Les cinq textes regroupés dans la seconde partie s'intéressent plus particulièrement à diverses formes de migrations et de mobilités, parfois fort anciennes, comme le souligne John O. Igue, Ils remarquent que les migrants parviennent non seulement à vivre dans les pays de leur exil, mais à rassembler des fonds qui peuvent servir à préparer leur retour ou contribuer à améliorer les conditions de vie de leurs parents restés au pays. Au-delà de la description des transferts de fonds, il y est question d'évaluer la contribution de ceux-ci au développement.

John O. Igue analyse d'abord la contribution de la diaspora béninoise au développement national. Pour ce faire, l'auteur illustre, à l'aide de multiples exemples, comment la migration au Bénin relève d'une préoccupation ancienne en raison du rôle que ce pays a joué dans la traite des esclaves d'une part, et dans la consolidation de la colonisation française en Afrique de l'Ouest et du Centre d'autre part. De ces deux phénomènes, qui déterminent la structure actuelle des pays francophones africains, a résulté une importante implantation béninoise dans le monde. Celle-ci constitue un atout considérable pour le pays en raison du manque de ressources naturelles de développement. Comment cette ressource est-elle exploitée pour devenir un véritable levier de développement ? Telle est la question à laquelle l'auteur tente de répondre dans sa contribution. Afin d'y parvenir, il interroge respectivement l'importance de la diaspora béninoise dans le monde, son niveau organisationnel, ses principaux secteurs d'activités et les mesures prises pour sa meilleure participation au développement.

Sadio Soukouna s'intéresse ensuite au cas du Mali en étudiant le lien entre la gouvernance locale et la participation politique et économique des migrants à la coopération décentralisée. L'auteure montre avec finesse comment les associations de migrants ont influencé le processus de la décentralisation, malgré des réticences avérées de la part des élus locaux qui ne mènent pas de politique spécifique en faveur des migrants. Toutefois, sa contribution analyse les différents modes de prise en compte des migrants par les régimes politiques maliens en montrant comment le contexte particulier de Kayes éclaire l'évolution des politiques administrées en direction des migrants au Mali et leurs répercussions à l'échelle locale. L'auteur questionne également les oppositions des autorités régionales maliennes quant à la participation politique des migrants et montre comment celles-ci génèrent des difficultés d'inclusion des migrants dans des dispositifs politiques à l'échelle locale.

Angèle Flora Mendy étudie pour sa part la migration d'une catégorie de professionnels de santé migrants, à savoir les médecins, dite hautement qualifiée et dont on supposerait une intégration "réussie" dans les pays de destination. Les analyses de l'auteure amènent à relativiser toutefois cette hypothèse et révèlent les difficultés d'intégration professionnelle rencontrées par ces médecins migrants africains en France. À travers son étude, l'auteure montre que la profession médicale en France, faisant partie des professions fermées, et de ce point de vue, doublement protégée par la loi sur la santé publique et la corporation médicale, demeure très difficile d'accès pour les médecins migrants étrangers non membres de l'Union européenne, en l'occurrence africains. Son analyse révèle que les contraintes institutionnelles à l'origine de cette intégration difficile, résultent d'un processus historique complexe d'interaction entre les normes établies dans le passé, en particulier le pouvoir historique du corporatisme médical, les effets inattendus à long terme des réformes hospitalières françaises de 1958 et les pressions budgétaires. Elle arrive même à la conclusion que l'ouverture de l'Union européenne, en termes de possibilités de recrutement de personnel de santé européen, tend à restreindre l'accès et l'intégration de ces médecins dans le système de santé français et donc à ne leur accorder qu'une place résiduelle.

Par ailleurs, les défis de l'exil et les contraintes liées à l'intégration des migrants africains dans les pays de destination contrastent toutefois avec l'important volume de transferts de fonds *"remittances"* effectués par les diasporas et les migrants vers le continent. En étudiant les transferts de fonds des migrants en relation avec les dynamiques socio-économiques dans la communauté urbaine de Tchintabaraden (Niger), Hamidou Manou Nabara revient sur la manière dont les migrations et les transferts de fonds qui les accompagnent suscitent depuis quelques années, un intérêt particulier auprès des institutions internationales, des chercheurs et les décideurs politiques qui cherchent à en cerner les contours pour une meilleure contribution des migrants au développement des pays d'origine. À partir du cas de la commune de Tchintabaraden, sujette à d'importants flux migratoires vers la Libye et qui reçoit d'importantes sommes d'argent transférées par les migrants, l'auteur explique comment ces transferts sont saisis comme domaine d'affaire par des commerçants et favorisent l'émergence d'autres acteurs informels qui s'y investissent. D'après ses analyses, les transferts monétaires ont renforcé les liens entre les commerçants et les familles des migrants en suscitant la création de nouveaux modes de solvabilité dans le système d'échanges commerciaux. En conséquence, le fait de compter un migrant dans sa famille ou parmi ses proches est considéré comme « gage » de solvabilité pour les ménages, ainsi que comme garantie pour les commerçants qui offrent plus facilement des produits à crédit ou des prêts d'argent à ces ménages.

Dans le même ordre d'idées et cette fois-ci dans le contexte de l'Afrique centrale, Eric Stève Tamo Mbouyou et Astadjam Yaouba dressent au Cameroun le profil des acteurs expéditeurs de fonds, les conséquences de ces envois sur le bien-être des bénéficiaires, ainsi que les principales raisons de ces transferts. En effet, les envois de fonds représentent des substituts potentiels des gains produits localement par le ménage en absence de migration. Ces fonds améliorent significativement le bien-être des bénéficiaires, grâce notamment aux gains de consommation qu'ils génèrent. Ils permettent également une réduction de l'incidence de la pauvreté. Cependant, comme seuls les ménages les plus aisés en bénéficient le plus, l'auteur conclut que les transferts de fonds peuvent également renforcer les inégalités sociales.

Migrations, mobilités et mutations sociétales en Afrique : quel devenir ?

Les sociétés africaines se caractérisent par des mobilités anciennes, dont il importe de saisir la profondeur historique, la complexité et la diversité. La perspective dynamique adoptée dans ce livre autorise une mise en lien objective entre les migrations africaines contemporaines et les mutations sociales qu'elles engendrent. Celles-ci font aujourd'hui partie des réalités sociales qui redessinent les nouvelles figures de l'Afrique du XXIe siècle.

Dans cette « Afrique en devenir », la famille devient un facteur clé du changement social (Forsé 2001). Cet ouvrage essaie de démontrer en particulier comment les familles perçoivent et vivent les migrations et les mobilités, mais aussi de quelle manière elles participent au développement à travers des initiatives individuelles et collectives. Si les déplacements humains font partie des comportements sociaux et culturels habituels dans toutes les sociétés, ils sont appréciés au plan international à l'aide de lunettes généralement en porte à faux avec la réalité, en ce qui concerne notamment le continent noir.

Les différents cas présentés dans ce tome s'inscrivent largement dans la volonté du Programme Migdevri de renouveler les schèmes d'analyse qui prévalent autour des questions relatives aux migrations, aux mobilités et au développement, tout en soulignant les spécificités de dynamiques anciennes où se trouvent engagés ensemble l'Afrique et ses citoyens. Les mobilités humaines sont sujettes dorénavant à des mutations du fait de la globalisation des échanges, de la démocratisation des technologies de l'information et de la communication, mais aussi de la montée en force de la *sécuritisation* des migrations voulue par l'Occident. Cependant, et les réalités le confirment sur le terrain, tout ce nouveau contexte ne semble nullement mettre en cause le rôle prépondérant de la famille, tant dans le projet migratoire que dans les bénéfices qu'il peut apporter et des risques qu'il comporte.

Si la famille, qu'elle soit transnationale ou non, reste le socle des sociétés en Afrique, elle est en même temps un laboratoire où s'opère aussi bien la disqualification de certaines figures de la migration que de la valorisation d'autres. Le cas des *vieux Mosse* partagés entre le Ghana et le Burkina Faso, ou même des résidents sénégalais partagés entre leur pays d'origine et les réalités de l'Espagne, notamment la région métropolitaine de Barcelone, sont ici des exemples illustratifs, que viennent renforcer les stratégies familiales davantage structurées et patiemment construites dans le cas du Cap-Vert.

Le lien entre migrations, mobilités et développement s'articule avec celui entre les individus, les familles et les sociétés. La lecture de toutes ces relations, tenant compte des ancrages historiques et des changements accélérés du présent, peut permettre de comprendre l'ampleur des mutations qui affectent des sociétés africaines et révèlent les nouvelles modalités du "faire famille" à distance, mais aussi la complexité des stratégies mises en œuvre à la fois dans les pays d'origine, de transit et d'accueil.

Bibliographie

Audebert Cédric, Doraï Mohamed Kamel (eds), 2010. *Migration in a Globalised World. New Research Issues and Prospects*, Amsterdam, Amsterdam University Press, 215 p.

Appadurai Arjun, 2005, *Après le colonialisme. Les conséquences culturelles de la mondialisation*, Paris, Payot, 322 p.

Bakewell Oliver, 2007a, *"Keeping Them In Their Place": The Ambivalent Relationship between Development and Migration in Africa*, University of Oxford, International Migration Institute, IMI Working Papers n° 8, 44 p.

Bakewell Oliver, de Haas Hein, Castles Stephen, Vezzoli Simona, Jónsson Gunvor, 2009, *South-South Migration and Human Development Reflections on African Experiences*, University of Oxford, International Migration Institute, IMI Working Papers n° 15, 46 p.

Bayart Jean-François, 2017, *De quoi Boko Haram est-il le nom ?*, En ligne : https://blogs.mediapart.fr/jean-francois-bayart/blog/180817/de-quoi-boko-haram-est-il-le-nom.

Berthomière William, Chivallon Christine (dir.), 2006, *Les diasporas dans le monde contemporain*, Paris, Karthala, 420 p.

Blanchard Pascal, Bancel Nicolas, Lemaire Sandrine (éds.), 2005, *La fracture coloniale. La société française au prisme des héritages coloniaux*, Paris, La Découverte, 312 p.

Boulay Sébastien, Freire Franscisco (dir.), 2017, *Culture et politiques dans l'Ouest Saharien. Arts, Activisme et état dans un espace de conflits*, Paris, éditions de l'étrave – La Talbotière, 490 p.

Boudon Raymond, Bourricaud François (dir.), 1982, *Dictionnaire critique de la sociologie*, Paris, PUF, xvi-653 p.

Bruneau Michel, 2004, *Diasporas et espaces transnationaux*, Paris, Anthropos, 249 p.

Castles Stephen, de Haas Hein, Miller Mark J., 2013, *The Age of Migration. International Population Movements in the Modern World* (Fifth Edition), London, Palgrave Macmillan, 420 p.

Clemens Michael, 2007, *Do Visas Kill? Health Effects of African Health Professional Emigration*, Washington, Center for Global Development Working Paper n° 114, 58 p.

Cohen Robin, 1996, "Diasporas and the Nations-State: From Victims to Challenges," *International Affairs*, 72, 3, pp. 507-520.

—, 1997, *Global Diaporas. An Introduction*, Seattle, University of Washington Press, 241 p.

Cohen Robin (ed.), 1996a, *Theories of Migration*, Cheltenham (UK), Brookfield (USA), Edward Elgar Publishing, 512 p.

—, 1996b, *The Sociology of Migration*, Cheltenham (UK), Brookfield (USA), Edward Elgar Publishing, 544 p.

Coquery-Vidrovitch Catherine, 2016, « Les Africains, de la traite atlantique des esclaves aux migrations contemporaines », Introduction au Colloque international « Les mobilités internationales et le changement au niveau global », Université de Lausanne, 15-16 novembre 2016.

Czaika Mathias, de Haas Hein, 2011, *The Effectiveness of Immigration Policies: A Conceptual Review of Empirical Evidence*, University of Oxford, International Migration Institute, IMI Working Papers n° 33, 26 p.

de Haas Hein, 2003, *Migration and Development in Southern Morocco. The Disparate Socio-Economic Impacts of Out-Migration on the Todgha Oasis Valley*, Rotterdam, Grafische Communicatie, 448 p.

—, 2005, "International Migration, Remittances and Development: Myths and Facts," *Third World Quarterly* 26, 8, pp. 1269-1284.

—, 2006, *"Turning the Tide"? Why 'Development Instead of Migration' Policies Are Bound to Fail*, University of Oxford, International Migration Institute, IMI Working Papers n° 2, 38 p.

de Haas Hein, 2009, *Mobility and Human Development*, University of Oxford, International Migration Institute, Working Papers 14, 70 p.

de Haas H., Vezzoli S., 2010, *Migration and Development Lessons from the Mexico-US and Morocco-EU Experiences*, University of Oxford, International Migration Institute, IMI Working Papers 22, 35 p

Dufoix Stéphane, 2003, *Les diasporas*, Paris, PUF, 127 p.

Eyebiyi P., Mazzella S., 2014, « Introduction : observer les mobilités étudiantes Sud-Sud dans l'internationalisation de l'enseignement supérieur », *Cahiers de la recherche sur l'éducation et les savoirs*, 13, pp. 7-24. Consulté le 23 mai 2018. URL : http://journals.openedition.org/cres/2558.

Eyebiyi P., Mendy A., (dir.), 2019, *Migrations, mobilités et développement en Afrique / Migrations, Mobilities, and Development in Africa*. Tome I, *Mobilités, circulations et frontières / Mobilities, Circulations, and Borders*, Montréal & Cotonou, Daraja Press & Lasdel, 284 p.

Fibbi Rosita, Meyer Jean-Baptiste (éds.), 2002, *Diaporas, développements et mondialisations*, N° spécial de la revue *Autrepart*, n° 22, Bondy – La Tour d'Aigues, IRD – éditions de l'Aube, 193 p.

Forsé Michel, 2001, « Sept dimensions du changement social », *L'Année sociologique*, 51, 2001/1, pp. 51-101. DOI : 10.3917/anso.011.0051. URL : https://www.cairn.info/revue-l-annee-sociologique-2001-1-page-51.htm

Fouquet Thomas, 2007, « Imaginaires migratoires et expériences multiples de l'altérité : une dialectique actuelle du proche et du lointain », *Autrepart 41*, 1, pp. 83-98.

Gemenne François, Polet François (éds.), 2015, Migrations internationales : un enjeu Nord-Sud, Paris, Cetri-Syllepse, 192 p.

George Pierre, 1990. *Dictionnaire de la géographie*, Paris, PUF, 510 p.

Hatzipanayotou Panos, 1991, "International Migration and Remittances in Two-Country Temporary Equilibrium Model," *Journal of Economic Studies*, 18, 2, pp. 49-62.

Keely Charles B., Nga Tran Bao, 1989, "Remittances from Labor Migration: Evaluation, Performance and Implications," *International Migration Review*, XXIII, 3, pp. 500-525.

Lansford Jennifer E., Deater-Deckard Kirby, Bornstein Marc H., 2007, *Immigrant Families in Contemporary Society*, New York, London, Guilford Press (The Duke Series in Child Development and Public Policy), New York – London, Guilford Press, 336 p.

Laurent Pierre-Joseph, 2018, *Amours pragmatiques. Familles, migrations et sexualité au Cap-Vert aujourd'hui*, Paris, Karthala, 455 p.

Libercier Marie-Hélène, Schneider Hartmut, 1996, *Les migrants : partenaires pour le développement*, Paris, OCDE, 81 p.

Leboutte René (éd.) 2000. *Migrations et migrants dans une perspective historique : permanences et innovations*, Bruxelles, Bern, Berlin, Franksfurt/M, New York, Oxford, Wien, PIE – Peter Lang, 346 p.

Lévy Jacques, Lussault Michel, (éds), 2003, *Dictionnaire de la géographie et de l'espace des sociétés*, Paris, Belin, 1034 p.

Iosifides Theodoros, 2011, *Qualitative Methods in Migration Studies: A Critical Realist Perspective*, London, Routledge, 278 p.

Maimbo S.M., Ratha D., 2005, *Remittances. Development Impact and Future Prospects*, Washington DC, International Bank for Reconstruction and Development / The World Bank, 402 p.

Massey D., 1993, "Theories of International Migration: A Review and Appraisal," *Population and Development Review*, 19, 3, pp. 431-466.

Mendy Angèle Flora, 2010, Les migrations internationales des médecins d'Afrique : entre stratégies d'acteurs, politiques nationales et débats internationaux. Les cas du Royaume-Uni, de la France et de la Suisse, Thèse de doctorat, Université de Lausanne.

—, 2014, "La carrière du médecin africain en Europe : être médecin avec un diplôme africain au Royaume-Uni, en France et en Suisse," *Swiss Journal of Sociology*, *40*, 1, pp. 47-71.

Merrien François-Xavier, 1990, « État et politiques sociales : contribution à une théorie néo-institutionnaliste », *Sociologie du travail*, *32*, 3, pp. 267-294.

Olivier de Sardan Jean-Pierre, 2017, "Rivalries of Proximity Beyond the Household in Niger: Political Elites and the Baab-izey Pattern," *Africa*, *87*, 1, pp. 120-136.

Özden Çaglar, Philipps David, 2014, What Really is Brain Drain? Location of Birth, Education and Migration Dynamics of African Doctors. Workshop on "The Drivers and Dynamics of High-Skilled Migration," University of Oxford, Oxford Martin School, 42 p.

Pieterse Jan Nedeerveen, 2009. *Globalization and Culture: Global Melange*, Lanham (USA) – Plymouth (UK), Rowman & Littlefield Publishers, 236 p.

Powel Benjamin (ed), 2015, *The Economics of Immigration. Market-Based Approaches, Social Science, and Public Policy*, Oxford, Oxford University Press, 272 p.

Robertson Roland, 1994, "Globalisation or Glocalisation ?," *Journal of International Communication*, *1*, 1, pp. 33-52, DOI: 10.1080/13216597.1994.9751780

Salazar Noel B., 2010, *Tanzanian Migration Imaginaries*, University of Oxford, International Migration Institute, IMI Working Papers n° 20.

Stahl Charles W., Fred Arnold, 1986, " 'Overseas Workers' Remittances in Asian Development," *International Migration Review*, *XX*, 4, pp. 899-925.

Sayad Abdelmalek, 1991, *L'immigration ou les paradoxes de l'altérité*, Bruxelles, de Boeck – éditions universitaires, 345 p.

Sindjoun Luc, 2004, *État, individus et réseaux dans les migrations africaines*, Paris, Karthala, 358 p.

Skinner Elliott P., 1993, "The Dialectic between Diasporas and Homelands," *in* Joseph E. Harris (ed.), *Global Dimensions of the African Diaspora*, Second Edition, Chapter 1, Washington DC, Howard University Press, pp. 11-40.

Vertovec Steven, Cohen Robin (dir.), 1999, *Migration, Diasporas, and Transnationalism*, Cheltenham, Northampton, Edward Elgar Publishing, 794 p.

Wihtol de Wenden, de Tinguy Anne (dir.), 1995, *L'Europe et toutes ses migrations*, Bruxelles éditions Complexe, 176 p.

Willis Katie, Yeoh Brenda (eds.), 2000, *Gender and Migration*, Cheltenham (UK), Brookfield (USA), Edward Elgar Publishing, 535 p.

Zongo Mahamadou, 2003, « La diaspora burkinabè en Côte d'Ivoire. Trajectoire historique, recomposition des dynamiques migratoires et rapport avec le pays d'origine », *Politique africaine*, *90*, 2, pp. 113-126.

Introduction : Families in mobility and diasporas in the development processes

ELIETH P. EYEBIYI & ANGÈLE FLORA MENDY

This book follows the publication of a first volume entitled " Migration, Mobility and Development in Africa", which brings together contributions from junior and senior researchers who took part in the scientific activities organized under the Lasdel Migdevri program. Focusing mainly on African migration and mobility in their internal and external dynamics as well as some challenges they impose in terms of development, it shows that in a context marked by globalization and circulations, the challenges facing the West and elsewhere are those that concern the African continent (Eyebiyi & Mendy 2018a). From this point of view, the contribution of academic research is not to specifically treat African mobility as a separate phenomenon, under the fire of the news, but as a part of the process of international development in which contemporary societies participate. (Castles et al. 2014). Without going into a simplistic analysis, the editors emphasize the need to question the complexity of African migration and to lift the veil on myths that were previously stubborn (Bakewell 2007b, 2009; de Haas 2003, 2006; Ozden 2014; Clemens 2007), while highlighting how these mobilities contribute to development.

In fact, it turns out that Europe is not the only destination for international migration (Withol de Wenden & Tinguy 1995; Withol de Wenden 2002; Salazar 2010). Visa restrictions will not stop migrations (Czaika & de Haas 2011). Even more stubbornly, the development of Africa is not a magic solution that can dry up migration to the West (de Haas 2005). The migration process does not disappear once the balance between supply and demand has been reached and economic development does not necessarily reduce the pressure on international migration (de Haas 2003, 2005). On the contrary, the increase in financial and other benefits to local economic activities tends to make migration more attractive thanks to the success of investments financed by remittances (Mendy 2010). These represent a significant volume of money and beneficial for all developing countries (Maimbo & Ratha 2005). Moreover, it exceeds the development aid granted to poor countries and is coveted by the remittance agencies but also by the governments of the South. The theoretical perspectives that can account for migration are manifold (Massey *et al.* 1993, Gemenne & Polet 2015). As Massey *et al.* (1993) point out, the best theoretical position to grasp this multiplicity is to hypothesize that individuals aim, through their actions, to maximize their income while families seek to reduce household risks.

In addition, the context within which migration decisions are made can be conditioned by structural forces acting at the national and international levels (Mendy 2010, 2016). From this point of view, migration is only one dimension of mobility, a concept that is more encompassing and preferred in multidisciplinary analyzes (Levy & Lussault 2003; Boudon & Bourricaud 1982; George 1990; Eyebiyi & Mazzella 2014) and encompassing (Bakewell 2007a; Brachet 2010; Olivier de Sardan 2017; Bayart 2017; Castles *et al.* 2014; Zongo 2003; Vertovec & Cohen 1999; Keely & Nga Tran 1989; Cohen 1996; Skinner 1993). This is precisely the main perspective of the contributions of the first volume of this book, which in the end questioned intra-African migration and mobility through their cross-border dynamics, security and regulatory issues, and respect for the rights of individuals.

Family at the heart of migration and mobility

This second volume, entitled "Family Strategies, Diasporas and Investments", is an extension of the previous one, in that it is interested this time in the reflections around the *"outputs"* of African migrations, namely what happens during the migration process and / or once the migration has been chosen. Family forms and transnational strategies, the role of diasporas and migrants' investments in the socio-economic, political and cultural development of their respective countries of origin are all topics addressed by the authors. Articulating contributions from authors of different disciplinary traditions and specializations is a perilous scientific exercise from a theoretical and methodological point of view. However, it suggests the choice of a theoretical frame of reference likely to be no more than a "mirror" so that every studied reality finds a reflection there. This is precisely the framework offered by the recent work of Pierre-Joseph Laurent (2018) dealing with Cape Verdean migration to the United States and where we address the essential themes of this volume namely migration, transnational families and the diasporas as well as the importance of capital of all kinds.

Even if African migrations have their regional and national specificities, the work of Pierre-Joseph Laurent (2018) and his contribution in this book are a reference to address the complexity of family strategies in the African migration process, and even beyond (Bruneau 2004). His analyses, which are based on ten years of ethnographic research in Cape Verde and the United States, are unpublished as confirmed by the prefacer Clàudio Alves Furtado (Laurent 2018: 11-14). We learn from the different logics of the process of migration of Cape Verdeans to the United States. In a general way, these make clear, beyond the only Cape Verdian case, the project of migration which cannot be conceived outside of a societal enterprise more particularly family. This migration project has a history and becomes timeless insofar as it differs from any fixation in the long term. It takes place over a long period of time, from willingness to leave and from initial decision-making to setting up families through alliances and strategies for capturing and sustaining social and economic capital within this community (Laurent 2018). However, it is not secluded: it is open to the opportunities of the welcoming context which constantly renew the "nutritive fibers" of what could rightly be perceived as a project of a whole life renewing itself from generation to generation. The dialectic between the "required prerequisites" in the country of departure – Cape Verde – and the evolution of the "opportunities" often related to the immigration policy in the countries of destination – here the United States – then becomes one of the conditions to start the project.

The contributions of this book echo the analyses of Pierre Joseph Laurent in his latest book (Laurent 2018) and his older contributions, while keeping the specificities of the contexts addressed. Are transnational families, the quest for a new identity to know this form of cultural hybridization (Pieterse 2009) that arises from the interconnections between places of origin and destinations, are they not the specificities of mobility in these many variants such as the phenomenon of migration? The implications of the diasporas as well as the investments of all kinds of people in a situation of migration, is this not at the same time this virtual and concrete link between the "territories of mobility" (Bruneau 2004: 232)? Finally, the enrichment of the notions of "transnational families" and "diasporas" constantly renewed (Laurent 2018) and "which best allow to understand the maintenance of a link between populations of migrants, scattered throughout the world, and their places or territories of origin and installation" (Bruneau 2004), constitutes a major argument justifying the reference to such a dynamic perspective. In fact, it covers to a large extent the specificities of the various authors' contributions without falling into the trap of definitional rigidity. As Vertovec & Cohen (1999) point out, one of the major changes in migration patterns is the growth of diasporic populations that have no anchorages (social, cultural and physical) in countries of origin and even less in the countries of departure.

Taking the example of the diaspora, a concept with multiple meanings (Vertovec & Cohen 1999: xvii), Bruneau (2004) rightly suggests a certain methodological precaution:

> "The old concept of the diaspora, recently restored and extended, is always useful if it is defined as strictly as possible. It is a social group that thinks of itself as such, according to an identity that is defined in relation to links with family, community, religious, linguistic and economic ties, but also with respect to a tearing away from the place or territory of origin following a more or less brutal trauma (…). The diaspora supposes a very strong

anchoring in the territory of installation and a very clear cut with the territory of origin, which is most often compensated by the creation in the first of territorial markers, places of memory with the help of an iconography ensuring the link with the second. In transnational spaces and mobility territories, this break no longer exists, nor the need to re-root elsewhere in a place of reception or installation. The family lives in two or more State-Nations "(Bruneau 2004: 232-233).

From this point of view, and according to Vertovec (1998), the term diaspora is the term most commonly used today to describe any population considered as "deterritorialized" or "transnational" which is basically located elsewhere than in its native country and whose social, cultural and economic networks cross the borders of nation states and the globe.

This book makes the choice to combine several definitional approaches that can complement each other and account for the phenomena studied. It is precisely to understand various forms of reality during the process of mobilities – encompassing concept – and once the migration chosen. The mobilities are unfolded here in their numerous variants, namely circulations, migrations, and installations of long and short duration without however cutting ties with the origins (see Bruneau 2004: 232). We will deal with transnational families leading a parallel existence in two or more national spaces. We will discuss the challenges of exile (Fouquet 2007) in all its forms in connection with the migratory adventure and sometimes the "false hopes" it nourishes (Mendy 2014). Finally, we will discuss the contribution of people in mobility and the diaspora in the development of native countries through *remittances* (Maimbo & Ratha 2005).

The world of interconnections, as presented by globalization and migration specialists, is subject to transfers of all kinds, the most prominent of which remain the transfer of know-how, knowledge, technology and even more the transfer of funds. With international migration, remittances play an important role in the majority of developing countries (Kelly & Nga Tram 1989; Stahl & Arnold 1986, Hatzipanayotou 1991). Remittances are an important source of foreign exchange earnings in many developing countries and in some cases may exceed foreign exchange earnings from merchandise exports. The positive effects of remittances on the populations of migrant and diaspora home countries are evidenced by numerous empirical studies. Without denying sometimes the perverse effects, when the remittances of permanent emigrants exceed a critical level, even unrelated non-migrants who do not receive remittances benefit from migration in that they create exchanges between emigrants and non-emigrants in the countries of origin (Vertovec & Cohen 1999). These analyses are in line with the conclusions of Hamidou Manou Nabara's study on Niger. However, we must moderate the positive impacts of remittances, because the perverse effects remain alive in some regions where these transfers disrupt the production systems, including agrarian.

Migration and international mobility are constantly creating new forms of societal realities. In Africa as elsewhere, and in a context marked by interconnections between the local and the global, these take the form of historical paths (Merrien 1990) dependency (Blanchard *et al.* 2005), social mutations and cultural hybridization (Pieterse 2009), of historical and political influence (Apadurai 2005), thus participating in a process of transformations of contemporary societies (Castles *et al.* 2014). This volume II is therefore part of this dynamic perspective that highlights the role of mobility and migration in the process of development of African societies. The families play a key role, since the transformations to which they are subjected preside over societal mutations. In addition, with transnational communities, societies are not defined solely within national spaces (Bruneau 2004: 231; Laurent 2018). They transcend them by the existence and presence of diasporic communities or migrants across national boundaries (Cohen 1996). Diasporas known for their contribution and their link with home countries (Vertovec & Cohen 1999; Fibbi & Meyer 2002; Bruneau 2004; Berthomiere & Chivallon 2006; Maggi *et al.* 2013) undeniably represent a "pan" of a society at the interconnection between the global and the local (Cohen 1996).

The book is structured in two parts. The first deals with transnational families and family strategies at work in mobility processes, and more specifically migration, highlighting new challenges and tests related to the feminization of migration and poverty. On the other hand, the construction of the family from a distance. The second part analyzes migrants' contributions to the development of their home countries through diaspora reflections on the one hand, and the economic contributions of remittances on the other. It also highlights various contrasts in terms of political participation at the local level. Although such articulation is the subjective choice made by the publishers, it nevertheless responds to a logic that makes it possible to pose both a theoretical reflection and to best match the contributions of the authors.

This volume does not intend to propose a final synthesis of the analyzes on the family strategies and the African diasporas. It attempts only to sketch a theoretical reflection as a prelude to the presentation of the authors' analyzes that enrich the state of knowledge on the *outputs* of African migration. The contributions thus brought together offer case studies and novel analyzes, each providing a detailed understanding of the research topic in its specific contexts.

Family strategies

Pierre-Joseph Laurent's contribution on "Care giving and strength of the *remote family*. The Cape Verdean (Fogo) migration to Boston in the United States" echoes his recently published book. It is based on the study of a family involved in migration for three generations. This emblematic case of the Cape Verdean family shows how, in relation to American migration policy and, more particularly, the law of family reunification, these families manage to adapt to the US legal framework for an installation in the United States. According to the author, the "remote family" is based on a solid, coherent and long-term project. It is equivalent to the possession of a "migratory capital" maintained between its members, who must transmit it, from one generation to the next, in the light of migratory laws varying between host countries and practices intertwined between official and unofficial. Highly desirable, once acquired, this capital becomes the most valuable asset of a family. However, this study identifies some limitations of the concept of "care at a distance" (*care*) to fully reflect the practices that unite scattered members of a family, in time and space.

In another context, Marème Niang Ndiaye, is interested in *the Figures of the Senegalese family in Barcelona* by entering into a general debate on the tensions between the family identity and the social and societal changes brought about by international migration. Her contribution explores what she describes as "making family" with regard to the bursting and scattering of migrants' places of life. Based on the analysis of life trajectories of Senegalese residing in the Barcelona Metropolitan Region, and the exploitation of videos and the press, the author in her analysis, chooses to highlight the effect of the contexts on the migration trajectories and recompositions of kinship relations in a transnational perspective. She examines how Senegalese transnational families react to the structural and socio-economic realities that characterize migratory spaces.

The experiences of migrants, and more broadly of the diaspora, are not without many challenges, especially for those who undertake migration routes. This is illustrated by the following three cases, linking the contributions of individuals in mobility and the diaspora in their country of origin to the political and economic challenges that these investments can generate in return.

Thus Saydou Koudougou shows, through his study on Burkinabe migrations, another facet of *the family in migration: it is a double marginalization of the old Mosse following strategies of integration in Ghana their host country*. According to the author, during the transformation of their seasonal migration into long-term or permanent immigration, the Mosse immigrants have historically resorted to mixed marriages, conversion to Islam and identification as a Ghanaian citizen for their insertion in Ghana. However, their adult life is characterized by transnational family practices, namely a movement of parents and goods between family fragments in Ghana and Burkina Faso, despite sub-standard employment in the host country. However, the economic crises will lead to a deterioration of the social and economic status of immigrants and a strengthening of family ties and family practices of solidarity around the wives to whom children identify with to the detriment of their fathers described as "old" for their attachment to so-called "outdated" value systems. The result is the process of family marginalization of the "old" mossé migrant in Ghana and Burkina Faso where he will experience social disqualification upon his return. The result is a transnational sense of social uselessness of an old migrant and a double disenchantment. The author explains how the old migrant today embodies the figure of "the marginal man", both in his family in Ghana and in Burkina Faso, his country of origin.

If the image of the African migrant is generally similar to that of the male gender, Bassirou Malam Souley meanwhile lifts the veil on the feminization of migratory flows especially in Central-East of Niger to Algeria. By focusing on the Kantché department in Niger, the author shows that the migration of women with children to Algeria is becoming increasingly important. The reasons are numerous and change according to the years and the circumstances. However, they are essentially linked to certain determining factors among which the strong demographic pressure, the food insecurity, the decline of the old migratory destinations or the training effect. Thus, for several decades, the population of Kantché has been experiencing an ever-growing increase which is putting significant pressure on available resources. One of the reasons for this phenomenon is the over-exploitation of cultivable land, pushing people facing chronic food insecurity to move to other, more promising horizons. Because of the geographical and cultural proximity, Nigeria was their first migratory destination. However, in recent years, the advent of the Islamic sect Boko Haram in the north of this country profoundly affects this balance and requires women with children to venture massively to Algeria. For them, it is about finding new opportunities to help their parents and realize the dreams of their lives. The image conveyed by former migrant women on their return is interesting to take into account: they can indeed be seen as models of success and influence the decision to leave. But the trip to Algeria is long, difficult and often tragic. Once at their destination, the majority of them engage in begging. Some are employed as servants in the concessions, while others are prostitutes. These different trades allow them to survive and make small savings that they periodically send to their families while awaiting their return or repatriation.

Questioning also the migratory processes, Amadou Sarr Diop studies the region of Louga, emblematic of Senegalese emigration, by proposing a critical reflection. According to the author, most models of analysis of migration dynamics in Africa focus on economic determinants, often understood as the real explanatory factors of the phenomenon. His analysis therefore consists of reassessing current postures to propose an approach to migration dynamics from a multifactorial angle as a process in which popular and solidarity-based initiatives, involving several actors in different contexts, are emerging. His research on the impacts of emigration in the Louga region results in proposing an approach to migratory dynamics under the prism of community and parental logic, to highlight the conjunction of factors that interact with it. It is therefore for him to see how, starting from identity constructions and (re) constructions, some forms of solidarity are generated and from which emerge some types of village, brotherhood, ethnic, family networks that contribute to promote and facilitate emigration, whose dividends are doubly reinvested in solidarity dynamics, both at family and community level.

Diasporas, investments and challenges

The five texts gathered in the second part focus more particularly on various forms of migrations and mobilities, sometimes very old, as John O. Igue points out. In those texts it is noted that the migrants manage not only to live in the countries of their exile but also to raise funds that can be used to prepare for their return or to help improve the living conditions of their remaining parents. Beyond the description of remittances, it is a question of assessing the contribution of these transfers to development.

John O. Igue first analyzes the contribution of the Beninese diaspora to national development. To do this, the author illustrates, with multiple examples, how migration in Benin is an old concern because of the role that this country played in the slave trade on the one hand, and in the consolidation of French colonization in West and Central Africa on the other hand. Of these two phenomena that determine the current structure of French-speaking African countries, has resulted in an important Beninese presence in the world. This constitutes a considerable asset for the country because of the lack of natural resources for development. How is this resource exploited to become a real lever for development? This is the question the author attempts to answer in his contribution. In order to achieve this, he questions respectively the importance of the Beninese diaspora in the world, its organizational level, its main sectors of activity and the measures taken for its better participation in development.

Then, Sadio Soukouna is interested in the case of Mali by studying the link between local governance and the political and economic participation of migrants in decentralized cooperation. The author's analyzes show how migrant associations have influenced the process of decentralization, despite some proven reluctance of local elected officials who do not pursue a specific policy for migrants. However, his contribution analyzes the different modes of taking into account migrants by Malian political regimes by showing how the particular context of Kayes illustrates the evolution of the policies administered towards migrants in Mali and their outcomes on the local scale. The author also questions the opposition of the Malian regional authorities to the political participation of migrants, and shows how they generate difficulties in the inclusion of migrants in political arrangements at the local level.

As for Angèle Flora Mendy, she studies the migration of a category of health professionals namely physicians, so-called highly qualified and which would be supposed a "successful" integration in the countries of destination. The author's analyzes bring this hypothesis into perspective, however, and reveal the difficulties of professional integration encountered by these African migrant doctors in France. Through this study, the author shows that the medical profession in France, which is part of the closed professions, and from this point of view, doubly protected by the law on public health and the medical corporation, remains very difficult to access for foreign migrant doctors who are not citizens of the European Union, such as Africans. Her analysis reveals that the institutional constraints to this difficult integration result from a complex historical process of interaction between the norms established in the past, particularly the historical power of medical corporatism, the long-term unexpected effects of French hospital reforms of 1958 and budgetary pressures. It even comes to the conclusion that the opening up of the European Union, in terms of the possibilities of recruiting European health personnel, tends to restrict the access and integration of these doctors in the French health system and therefore to give them only a residual place.

Moreover, the challenges of exile and the constraints related to the integration of African migrants in the countries of destination contrast with the large volume of "*remittances*" made by diasporas and migrants to the continent. By studying migrant remittances in relation to socio-economic dynamics in the urban community of Tchintabaraden (Niger), Hamidou Manou Nabara looks back at the way in which migrations and the remittances that accompany them have aroused in recent years, a particular interest to international institutions, researchers and policy makers who seek to define the outlines for a better contribution of migrants to the development of their home countries. Starting from the case of the municipality of Tchintabaraden, subject to significant migratory flows to Libya and receiving large amounts of money transferred by migrants, the author explains how these transfers are seized as a business area by traders and encourage the emergence of other informal actors who invest in them. According to his analyzes, cash transfers have strengthened the links between traders and the families of migrants by creating new ways of solvency in the trading system. As a result, counting a migrant in one's family or among one's relatives is considered a "pledge" of solvency for households, as well as a guarantee for traders who offer credit products or money loans more easily to these households.

In the same vein, and this time in the context of Central Africa, Eric Stève Tamo Mbouyou and Astadjam Yaouba draw up in Cameroon the profile of funds senders, the consequences of these sendings on the welfare of beneficiaries, as well as the main reasons for these transfers. Indeed, remittances represent potential substitutes for gains generated locally by the household in the absence of migration. These funds significantly improve the well-being of the beneficiaries, thanks in particular to the consumption gains they generate. They also reduce the incidence of poverty. However, since only the wealthiest households benefit the most, the author concludes that remittances can also reinforce social inequalities.

Migration, Mobility and Societal Change in Africa: What next?

African societies are characterized by ancient mobilities, whose historical depth, complexity and diversity are important. The dynamic perspective adopted in this book authorizes an objective link between contemporary African migrations and the social changes they engender. These are today part of social realities that reshape the new faces of Africa in the twenty-first century.

In this "Africa in the making", the family becomes a key factor of social change (Forse 2001). This book tries to demonstrate in particular how families perceive and experience migration and mobility, but also how they participate in development through individual and collective initiatives. While human displacements are part of the usual social and cultural behaviours in all societies, they are appreciated internationally with the help of glasses that are generally cantilevered with reality, especially with regard to the black continent.

The different cases presented in this volume are largely in line with the Migdevri Program's desire to renew the analysis patterns that prevail around questions relating to migration, mobility and development, while highlighting the specificities of ancient dynamics in which Africa and its citizens find themselves committed. Human mobility is now subject to change due to the globalization of trade, the democratization of information and communication technologies, but also the rise in security of migration required by the West. However, and realities confirm it on the ground, all this new context does not seem to question the preponderant role of the family, both in the migration project and in the benefits it can bring and the risks it entails.

If family, whether transnational or not, remains the bedrock of societies in Africa, it is at the same time a laboratory where the disqualification of some figures of migration as well as the valorisation of others takes place. The case of the old Mosse shared between Ghana and Burkina Faso, or even Senegalese residents shared between their country of origin and the realities of Spain, in particular the metropolitan region of Barcelona, are illustrative examples, which are reinforced by the more structured and patiently constructed family strategies in the case of Cape Verde.

The link between migration, mobility and development is articulated with the one between individuals, families and societies. Reading all these relationships, taking into account the historical roots and the accelerated changes of the present, can help to understand the extent of the changes that affect African societies and reveal the new modalities of "doing family" at a distance, but also the complexity of strategies implemented in the countries of origin, transit and reception.

Bibliography

Audebert Cédric, Doraï Mohamed Kamel (eds), 2010. *Migration in a Globalised World. New Research Issues and Prospects*, Amsterdam, Amsterdam University Press, 215 p.

Appadurai Arjun, 2005, *Après le colonialisme. Les conséquences culturelles de la mondialisation*, Paris, Payot, 322 p.

Bakewell Oliver, 2007a, *"Keeping Them In Their Place": The Ambivalent Relationship between Development and Migration in Africa*, University of Oxford, International Migration Institute, IMI Working Papers n° 8, 44 p.

Bakewell Oliver, de Haas Hein, Castles Stephen, Vezzoli Simona, Jónsson Gunvor, 2009, *South-South Migration and Human Development Reflections on African Experiences*, University of Oxford, International Migration Institute, IMI Working Papers n° 15, 46 p.

Bayart Jean-François, 2017, *De quoi Boko Haram est-il le nom ?*, En ligne : https://blogs.mediapart.fr/jean-francois-bayart/blog/180817/de-quoi-boko-haram-est-il-le-nom.

Berthomière William, Chivallon Christine (dir.), 2006, *Les diasporas dans le monde contemporain*, Paris, Karthala, 420 p.

Blanchard Pascal, Bancel Nicolas, Lemaire Sandrine (éds.), 2005, *La fracture coloniale. La société française au prisme des héritages coloniaux*, Paris, La Découverte, 312 p.

Boulay Sébastien, Freire Franscisco (dir.), 2017, *Culture et politiques dans l'Ouest Saharien. Arts, Activisme et état dans un espace de conflits*, Paris, éditions de l'étrave – La Talbotière, 490 p.

Boudon Raymond, Bourricaud François (dir.), 1982, *Dictionnaire critique de la sociologie*, Paris, PUF, xvi-653 p.

Bruneau Michel, 2004, *Diasporas et espaces transnationaux*, Paris, Anthropos, 249 p.

Castles Stephen, de Haas Hein, Miller Mark J., 2013, *The Age of Migration. International Population Movements in the Modern World* (Fifth Edition), London, Palgrave Macmillan, 420 p.

Clemens Michael, 2007, *Do Visas Kill? Health Effects of African Health Professional Emigration*, Washington, Center for Global Development Working Paper n° 114, 58 p.

Cohen Robin, 1996, "Diasporas and the Nations-State: From Victims to Challenges," *International Affairs*, 72, 3, pp. 507-520.

—, 1997, *Global Diaporas. An Introduction*, Seattle, University of Washington Press, 241 p.

Cohen Robin (ed.), 1996a, *Theories of Migration*, Cheltenham (UK), Brookfield (USA), Edward Elgar Publishing, 512 p.

—, 1996b, *The Sociology of Migration*, Cheltenham (UK), Brookfield (USA), Edward Elgar Publishing, 544 p.

Coquery-Vidrovitch Catherine, 2016, « Les Africains, de la traite atlantique des esclaves aux migrations contemporaines », Introduction au Colloque international « Les mobilités internationales et le changement au niveau global », Université de Lausanne, 15-16 novembre 2016.

Czaika Mathias, de Haas Hein, 2011, *The Effectiveness of Immigration Policies: A Conceptual Review of Empirical Evidence*, University of Oxford, International Migration Institute, IMI Working Papers n° 33, 26 p.

de Haas Hein, 2003, *Migration and Development in Southern Morocco. The Disparate Socio-Economic Impacts of Out-Migration on the Todgha Oasis Valley*, Rotterdam, Grafische Communicatie, 448 p.

—, 2005, "International Migration, Remittances and Development: Myths and Facts," *Third World Quarterly 26*, 8, pp. 1269-1284.

—, 2006, *"Turning the Tide"? Why 'Development Instead of Migration' Policies Are Bound to Fail*, University of Oxford, International Migration Institute, IMI Working Papers n° 2, 38 p.

de Haas Hein, 2009, *Mobility and Human Development*, University of Oxford, International Migration Institute, Working Papers 14, 70 p.

de Haas H., Vezzoli S., 2010, *Migration and Development Lessons from the Mexico-US and Morocco-EU Experiences*, University of Oxford, International Migration Institute, IMI Working Papers 22, 35 p

Dufoix Stéphane, 2003, *Les diasporas*, Paris, PUF, 127 p.

Eyebiyi P., Mazzella S., 2014, « Introduction : observer les mobilités étudiantes Sud-Sud dans l'internationalisation de l'enseignement supérieur », *Cahiers de la recherche sur l'éducation et les savoirs*, 13, pp. 7-24. Consulté le 23 mai 2018. URL : http://journals.openedition.org/cres/2558.

Eyebiyi P., Mendy A.F., (dir.), 2019, *Migrations, mobilités et développement en Afrique / Migrations, Mobilities, and Development in Africa*. Tome I, *Mobilités, circulations et frontières / Mobilities, Circulations, and Borders*, Montréal -Cotonou, Daraja Press-Lasdel, 284 p.

Fibbi Rosita, Meyer Jean-Baptiste (éds.), 2002, *Diaporas, développements et mondialisations*, N° spécial de la revue *Autrepart*, n° 22, Bondy – La Tour d'Aigues, IRD – éditions de l'Aube, 193 p.

Forsé Michel, 2001, « Sept dimensions du changement social », *L'Année sociologique*, 51, 2001/1, pp. 51-101. DOI : 10.3917/anso.011.0051. URL : https://www.cairn.info/revue-l-annee-sociologique-2001-1-page-51.htm

Fouquet Thomas, 2007, « Imaginaires migratoires et expériences multiples de l'altérité : une dialectique actuelle du proche et du lointain », *Autrepart 41*, 1, pp. 83-98.

Gemenne François, Polet François (éds.), 2015, *Migrations internationales : un enjeu Nord-Sud*, Paris, Cetri-Syllepse, 192 p.

George Pierre, 1990. *Dictionnaire de la géographie*, Paris, PUF, 510 p.

Hatzipanayotou Panos, 1991, "International Migration and Remittances in Two-Country Temporary Equilibrium Model," *Journal of Economic Studies*, 18, 2, pp. 49-62.

Keely Charles B., Nga Tran Bao, 1989, "Remittances from Labor Migration: Evaluation, Performance and Implications," *International Migration Review*, XXIII, 3, pp. 500-525.

Lansford Jennifer E., Deater-Deckard Kirby, Bornstein Marc H., 2007, *Immigrant Families in Contemporary Society*, New York, London, Guilford Press (The Duke Series in Child Develpment and Public Policy), New York – London, Guilford Press, 336 p.

Laurent Pierre-Joseph, 2018, *Amours pragmatiques. Familles, migrations et sexualité au Cap-Vert aujourd'hui*, Paris, Karthala, 455 p.

Libercier Marie-Hélène, Schneider Hartmut, 1996, *Les migrants : partenaires pour le développement*, Paris, OCDE, 81 p.

Leboutte René (éd.) 2000. *Migrations et migrants dans une perspective historique : permanences et innovations*, Bruxelles, Bern, Berlin, Franksfurt/M, New York, Oxford, Wien, PIE – Peter Lang, 346 p.

Lévy Jacques, Lussault Michel, (éds), 2003, *Dictionnaire de la géographie et de l'espace des sociétés*, Paris, Belin, 1034 p.

Iosifides Theodoros, 2011, *Qualitative Methods in Migration Studies: A Critical Realist Perspective*, London, Routledge, 278 p.

Maimbo S.M., Ratha D., 2005, *Remittances. Development Impact and Future Prospects*, Washington DC, International Bank for Reconstruction and Development / The World Bank, 402 p.

Massey D., 1993, "Theories of International Migration: A Review and Appraisal," *Population and Development Review*, 19, 3, pp. 431-466.

Mendy Angèle Flora, 2010, Les migrations internationales des médecins d'Afrique : entre stratégies d'acteurs, politiques nationales et débats internationaux. Les cas du Royaume-Uni, de la France et de la Suisse, Thèse de doctorat, Université de Lausanne.

–, 2014, "La carrière du médecin africain en Europe : être médecin avec un diplôme africain au Royaume-Uni, en France et en Suisse," *Swiss Journal of Sociology*, 40, 1, pp. 47-71.

Merrien François-Xavier, 1990, « État et politiques sociales : contribution à une théorie néo-institutionnaliste », *Sociologie du travail*, 32, 3, pp. 267-294.

Olivier de Sardan Jean-Pierre, 2017, "Rivalries of Proximity Beyond the Household in Niger: Political Elites and the Baab-izey Pattern," *Africa*, 87, 1, pp. 120-136.

Özden çaglar, Philipps David, 2014, What Really is Brain Drain? Location of Birth, Education and Migration Dynamics of African Doctors. Workshop on "The Drivers and Dynamics of High-Skilled Migration," University of Oxford, Oxford Martin School, 42 p.

Pieterse Jan Nedeerveen, 2009. *Globalization and Culture: Global Melange*, Lanham (USA) – Plymouth (UK), Rowman & Littlefield Publishers, 236 p.

Powel Benjamin (ed), 2015, *The Economics of Immigration. Market-Based Approaches, Social Science, and Public Policy*, Oxford, Oxford University Press, 272 p.

Robertson Roland, 1994, "Globalisation or Glocalisation ?," *Journal of Inter-national Communication*, 1, 1, pp. 33-52, DOI: 10.1080/13216597.1994.9751780

Salazar Noel B., 2010, *Tanzanian Migration Imaginaries*, University of Oxford, International Migration Institute, IMI Working Papers n° 20.

Stahl Charles W., Fred Arnold, 1986, " 'Overseas Workers' Remittances in Asian Development," *International Migration Review*, XX, 4, pp. 899-925.

Sayad Abdelmalek, 1991, *L'immigration ou les paradoxes de l'altérité*, Bruxelles, de Boeck – éditions universitaires, 345 p.

Sindjoun Luc, 2004, *État, individus et réseaux dans les migrations africaines*, Paris, Karthala, 358 p.

Skinner Elliott P., 1993, "The Dialectic between Diasporas and Homelands," *in* Joseph E. Harris (ed.), *Global Dimensions of the African Diaspora*, Second Edition, Chapter 1, Washington DC, Howard University Press, pp. 11-40.

Vertovec Steven, Cohen Robin (dir.), 1999, *Migration, Diasporas, and Transnationalism*, Cheltenham, Northampton, Edward Elgar Publishing, 794 p.

Wihtol de Wenden, de Tinguy Anne (dir.), 1995, *L'Europe et toutes ses migrations*, Bruxelles éditions Complexe, 176 p.

Willis Katie, Yeoh Brenda (eds.), 2000, *Gender and Migration*, Cheltenham (UK), Brookfield (USA), Edward Elgar Publishing, 535 p.

Zongo Mahamadou, 2003, « La diaspora burkinabè en Côte d'Ivoire. Trajectoire historique, recomposition des dynamiques migratoires et rapport avec le pays d'origine », *Politique africaine*, *90*, 2, pp. 113-126.

§

Translated by Romain Dampi SOMOKO.

STRATÉGIES FAMILIALES / FAMILIAL STRATEGIES

1. Care-giving et solidité de la "famille à distance" : La migration capverdienne (Fogo) à Boston aux États-Unis

PIERRE-JOSEPH LAURENT

Le projet migratoire et la solidité de la famille à distance

La famille à distance existe tant qu'elle dispose d'un capital migratoire entretenu entre ses membres. Ceux-ci doivent, pour cela, se le transmettre au regard des lois migratoires qui varient d'un pays d'accueil à l'autre et de pratiques imbriquées entre l'officiel et l'officieux. Hautement désirable, une fois acquis, il devient le bien le plus précieux d'une famille qui mettra tout en œuvre pour le préserver. La seule manière de le conserver consiste à le faire circuler entre les membres de la famille. La notion de projet rend compte de ce processus de transmission du capital migratoire au sein de la famille à distance. Pour y parvenir, tout se passe comme si les membres d'une famille se mettaient au service de ce capital pour le transmettre intact d'une génération à l'autre. Concrètement, toutes les composantes de la parenté (séduction, sexualité, grossesse, mariage, divorce, adoption, confiage d'enfants, etc.) sont mises au service de ce dessein. À la faveur de la présentation des pratiques d'une famille, étendue sur près de quarante ans, je montrerai que ce projet est cohérent, évident et limpide pour tous les membres de la famille, socialisés depuis l'enfance pour s'y soumettre. Ce projet rend largement compte de la cohérence des liens qui unissent les membres de la famille à distance sur le long terme.

Le Cap-Vert est un archipel volcanique, situé à 700 kilomètres des côtes sénégalaises. Ce pays compte neuf îles habitées et 545 000 habitants (Instituto Nacional de Estatística 2015). La diaspora disséminée aux États-Unis, au Portugal, au Sénégal, en Angola, au Luxembourg, en Italie, à São Tomé et Principe, au Mozambique, aux Pays-Bas, en France, en Belgique, au Brésil, est estimée à près d'un million de personnes (Batalha & Carling 2008). En dépit des efforts des gouvernements successifs, les inégalités restent criantes et la redistribution des fruits de la croissance reste insuffisante pour les juguler[1].

Par leur situation géographique, à la croisée des routes maritimes entre l'Europe, l'Afrique et les Amériques, ces îles jouèrent un rôle stratégique dans la traite atlantique. Vouées à la production du coton et de la viande séchée surtout, utilisées dans le troc d'esclaves avec les ports d'Afrique, elles servirent également « d'îles entrepôts » pour les esclaves en transit vers d'autres lieux. Dès la moitié du XVe siècle, date de la découverte de l'archipel inhabité par les navigateurs portugais, la société capverdienne se structura sur des bases inégalitaires, entre maîtres et esclaves, Blancs et Noirs, dans un contexte de déficit de femmes blanches et de domination des maîtres blancs. Cette situation conduira rapidement au métissage et à l'invention du créole. L'histoire du pays est rythmée par les sécheresses corrélées à d'impitoyables famines ; les unes et les autres alimentent toujours la mémoire collective. À ces latitudes sahariennes, la saison des pluies est courte et l'agriculture, installée sur des diguettes parfois édifiées sur des pentes vertigineuses, repose sur la culture associée du maïs et de multiples variétés de légumineuses. Lorsque l'irrigation est possible, on y trouve la banane et la canne à sucre produite pour la fabrication du rhum. Les besoins alimentaires du pays sont couverts à hauteur de 50 %, le reste étant importé. Dans ce contexte, la migration s'impose comme une alternative de survie (Meintel 2002). Elle débute dès la fin du XVIIe siècle dans le sillage de la pêche à la baleine atlantique organisée par des compagnies américaines du Massachussetts. Des migrants pionniers parvinrent à se rendre aux États-Unis et ouvrirent cet important chemin migratoire (Carreira 1983 : 82). Aujourd'hui la diaspora capverdienne aux États-Unis, essentiellement dans le Massachussetts, rassemble plus de 260 000 personnes[2].

Cette contribution repose sur une familiarité progressivement acquise avec le Cap-Vert où j'ai débuté mes recherches en 2003[3]. Depuis des années, je me consacre à l'étude des transformations de systèmes de parenté en Afrique (Burkina Faso) et à des travaux d'anthropologie fondamentale sur la parenté (Laurent 2003 [2009 2e éd.] ; Laurent 2010 ; Laurent 2013 ; Dassetto, Laurent, Ouédraogo 2013), j'ai donc abordé la « famille à distance » capverdienne fort de ces compétences.

---

1. .Le PIB par habitant était de 200 US en 1975 ; il passe à 1 219 US en 2000, pour atteindre 3 767 US en 2013. Cependant, cette croissance s'accompagna au Cap-Vert d'une augmentation des inégalités, comme l'indique l'indice de Gini : 0,38 en 1980 ; 0,57 en 2000 ; 0,6 en 2005 ; 0,646 en 2014. En conséquence, l'impact de la croissance sur la réduction de la pauvreté reste relatif. En 2013, le PNUD estime que 20 % de la population vit sous le seuil de pauvreté, avec moins de 1,25 USD par jour. Le taux de chômage représente 17 % de la population active en 2013, 27 % des chômeurs ont de 15 à 24 ans.
2. *Sources* : Instituto das Comunidades 2014.
3. .Ce travail repose sur l'organisation de 25 missions ethnographiques menées dans toutes les îles et des collaborations à la faveur de différents projets universitaires avec des collègues de l'Université du Cap-Vert (UNI/CV).

Des études de spécialistes des migrations capverdiennes (Åkeson 2004 ; Dias 2000 ; Drotbohm 2009 ; Monteiro 1997 ; Solomon 1992), je retiens surtout que les familles capverdiennes qui suivent les réseaux migratoires sont ancrées, en même temps, en plusieurs lieux particuliers. Elles sont ainsi l'expression même d'un monde globalisé (Åkesson 2004 ; Levin 2002). Le Cap-Vert est un des lieux où se donne bien à voir et à comprendre la « famille transnationale », largement discutée aujourd'hui dans les études sur la migration (Ambrosini 2008 ; Baldassar, Vellekoop Baldock & Wilding 2007 ; Bryceson & Vuorela 2002 ; Razy & Baby-Collin 2011).

Sur la base de ma discussion détaillée de la circulation du capital migratoire dans la famille de Maïsa et Camilo, je voudrais discuter la vision de la famille à distance véhiculée par les notions de *circulation of care,* de *caregiving*, de *care* transnational, c'est-à-dire de « soin à distance », dans le cadre ici de la « *transnational family* » liée à la migration, une notion utilisée par des chercheurs pour rendre compte, notamment, des pratiques qui unissent les membres dispersés d'une famille dans le temps et dans l'espace : ainsi Loretta Baldassar, spécialiste de ces questions, précise :

> « Thus, the ability to be co-present across distance is important in sustaining transnational family relations » (Baldassar 2016 : 145). Il est surtout question d'une *coprésence*, malgré la distance, qui s'amenuise à la faveur d'une articulation entre le *care circulation* (Baldassar 2016 : 2008) et aujourd'hui l'avènement des *polymedia* (Madianou & Miller 2012). Dans le cadre de la famille à distance, ce courant de pensée analyse notamment l'impact des ICTs (Information and Communications Technology) sur le *Living Apart Together* (LAT) : « Most of the articles draw on Madianou and Miller's notion of polymedia environment as the key concept to examine contemporary migration and media » (Baldassar 2016 : 142). Deux citations relèvent bien l'ambition de ce courant de pensée : « Ainsi, les technologies de la communication permettent aux familles transnationales, aujourd'hui plus que jamais, de garder un sens de la collectivité, de se considérer et de fonctionner comme des familles » (Besure *et al.* 2014 : 77). « Family members use ubiquitous ICT-based co-presence regimes to manage their multiple belongings... » (Baldassar, Nedelcu *et al.*, 2016 : 136-137).

Dans ce texte, j'indiquerai comment le *care circulation* ou les « préoccupations de l'autre à distance » constituent des évidences qui saturent la vie des membres de la « famille en mouvement » ; il est question de mouvements incessants et inégaux de personnes, d'objets, de paroles (via l'internet) ou d'argent, ou encore de dons et des formes prises par l'entraide, sans parler des *remessas, encomandas* qui peuvent notamment transiter par l'envoi par bateau de fûts de 200 litres, appelés « bidons » au Cap-Vert, et remplis de divers produits (chaussures, vêtements, cosmétiques, denrées alimentaires, ustensiles de cuisine, etc.), et les *recordações da terra*, ces denrées agricoles qui voyagent, deviennent pour les migrants rentrés au pays d'accueil autant de souvenirs (reliques) des îles. Ces mouvements doivent être soutenus, car de leur nature et de leur intensité dépendent la force des liens et surtout le recours potentiel à un parent (ou à un ami) dans l'adversité ; néanmoins, si ces mouvements s'avèrent omniprésents et s'ils saturent la vie quotidienne des migrants, je montrerai qu'ils ne constituent pas le ciment à long terme de la famille à distance.Ces pratiques, rassemblées sous le vocable de *care*, constituent l'arbre qui cache la forêt. À la différence, je montrerai que les liens unissant les noyaux dispersés de la famille à distance reposent surtout sur le « projet migratoire familial », un projet très variable d'un flux migratoire à l'autre, un projet de long terme, solide et cohérent à leurs yeux.

Ce projet, puissant, coercitif et cohérent se nourrit de calculs, de dons et de dettes, contractés dès le plus jeune âge, transmis par les mères surtout à leurs enfants, et maintenus actifs sur le long terme. Ce « projet migratoire familial » consiste à faire circuler entre les membres de la famille qui en disposent le capital migratoire considéré comme un bien précieux. C'est à la lumière des actes des uns et des autres, confrontés à cet impératif de circulation du capital migratoire (au regard des lois du regroupement familial, très variables d'un pays d'accueil à l'autre), que chacun est jugé comme digne ou indigne, prompt à l'entraide ou égoïste, au prorata des dettes qui pèsent sur lui (du fait qu'il a pu migrer) et de ce qu'il a consenti à rendre (du fait qu'il a aidé quelqu'un à migrer, par exemple) ; c'est dans ce sens que je montrerai que la soumission des membres de la famille à distance à son propre projet migratoire fonctionne comme une idéologie à laquelle, par sa naissance, aucun membre ne peut aisément se soustraire.

Je fais l'hypothèse que le projet de la famille à distance, entretenu dès le plus jeune âge par une éducation entièrement consacrée à son respect, consiste, par exemple, à transmettre, de génération en génération, tel un patrimoine, le capital migratoire considéré comme le bien le plus précieux d'une famille. Dès lors, le *care circulation* renvoie à un phénomène intense, visible, évident, qui reste cependant un phénomène secondaire, dans la mesure où il participe activement à l'entretien et à la reproduction d'injonctions inhérentes à ce projet global de la famille.

1. La circulation du « capital migratoire » au sein d'une famille immigrée aux USA

Sur base de l'hypothèse énoncée, je voudrais contribuer à esquisser des contours du « faire famille à distance » au Cap-Vert, problème complexe s'il en est. La notion de « famille à distance » rend compte d'une famille affectée par la migration. En relation avec mon terrain, j'utilise cette expression pour caractériser les relations qui s'établissent entre des membres séparés d'une même famille. La « famille à distance » se compose d'au moins deux « noyaux », séparés notoirement, dans le temps et l'espace, durablement ou provisoirement.

La « famille à distance » s'initie lorsque le ou la « pionnier(ère) », c'est-à-dire le premier membre de la famille parvenu à migrer, parvient, par exemple, à « appeler » d'autres membres à la faveur des lois du regroupement familial du pays d'accueil et peut s'éteindre, parfois des décennies, voire des générations plus tard, lorsque le dernier parent, en ordre utile pour migrer, parvient à son tour à quitter le Cap-Vert, ou encore, lorsque celui (celle) qui est parti rentre définitivement au Cap-Vert. En fonction des lois migratoires des pays d'accueil et surtout les lois relatives au regroupement familial, la « famille à distance » qui possède donc un début et une fin, existe tant qu'elle dispose d'un capital migratoire entretenu entre ses membres dispersés, mais se déclinant différemment selon les flux migratoires.

Les lois migratoires et le marché du travail des pays d'accueil influencent la morphologie de la famille capverdienne. Ce texte est traversé par une seconde hypothèse [4]. Elle porte sur le fait que les lois migratoires – surtout celles du regroupement familial— et le marché du travail des pays d'accueil détermineraient, assez largement, la morphologie de la famille en migration. Pour démontrer cette hypothèse, l'idéal serait de pouvoir comparer différents flux migratoires [5]. Relevons qu'en raison de l'insularité, le Cap-Vert présente un atout majeur : les îles sont globalement spécialisées entre différents flux migratoires. Suivant cette hypothèse, nous devrions en conséquence, rencontrer, selon les îles, différents types de « famille à distance ». Je présenterai seulement quelques aspects de mes résultats d'enquêtes, concernant l'articulation entre les lois migratoires des pays d'accueil et la morphologie de la « famille à distance », pour les flux migratoires de Fogo (Mosteiros) vers les USA (Boston). J'utilise les notions de « famille à distance », de « famille par filiation » et de « famille par alliance », mais aussi celles de « faire famille » pour souligner le processus de circulation du « capital migratoire », et, enfin, de noyau, de projet et de pionnier. En relation au contexte de la « famille à distance » capverdienne, la « famille par filiation » peut se définir par : 1) la centralité de la mère ; 2) l'importance du lien mère – enfants ; 3) une nature centripète, mais aussi endogame et « incestuel ». Pour sa part, la « famille par alliance » peut se définir ici par quatre traits : 1) un type de relations entre hommes et femmes issues du système « machi-matricentré » ; 2) l'alliance ne peut réellement advenir qu'une fois soldées les dettes des enfants vis-à-vis de leur mère et, plus globalement, envers la « famille par filiation » ; 3) la migration sépare durablement les membres du noyau familial ; chacun sait qu'il doit se tenir à disposition de sa propre « famille à distance » afin de pouvoir saisir le moment opportun du départ, n'hésitant pas à hypothéquer lorsque c'est nécessaire la « famille par alliance » ; 4) sachant que le plus souvent la « famille par filiation » est de loin la plus impliquée dans le « faire famille à distance », la « famille par alliance » intervient lorsque la « famille par filiation » fait défaut et qu'il devient nécessaire de se tourner vers des étrangers

---

4. .Cette hypothèse constitue le fil conducteur de l'ouvrage de Pierre-Joseph Laurent, *Amours pragmatiques. Familles, migrations et sexualité au Cap-Vert aujourd'hui* (Paris, Karthala, 2018).
5. .*Cf.* P.-J. Laurent, *Amours pragmatiques...*, *op. cit.*

et de faire confiance à des inconnus ; dans ce sens, la « famille par alliance » est centrifuge, puisqu'elle est censée disperser le capital (migratoire) de la « famille par filiation ».

Le cas de la famille de Maïsa et de Camilo présente une « famille à distance » entre Fogo, Praia et Boston, comme une variation parmi d'autres de la manière de faire famille au Cap-Vert. Comme ce cas est devenu ainsi un cas à part, s'entrouvre alors la possibilité de discuter cette qualité essentielle, préalablement repérée, à savoir la plasticité évolutive de la « famille à distance » capverdienne en fonction du contexte migratoire.

À la faveur de quelques éléments saillants du récit de la famille de Maïsa et Camilo, il sera question de pointer les stratégies mises en œuvre par la famille à distance. Le recours à quelques schémas de parenté devrait faciliter cette relecture diachronique et synthétique d'un récit se déployant sur près de quarante ans entre 1976, date du départ du « pionnier », Tio Mac, et 2013, qui a connu le rassemblement à Boston d'un segment de la famille séparée depuis vingt-sept ans[6].

Éléments saillants des lois migratoires américainesPour comprendre comment les lois migratoires américaines ont un impact sur les familles capverdiennes concernées par la migration vers ce pays, partons de la proposition selon laquelle il existe globalement cinq manières, légales ou illégales, pour les migrants d'arriver aux USA. Au regard de la législation américaine en matière d'immigration, ces cinq façons de débarquer sur le territoire américain fixent d'emblée les contours des trajectoires spécifiques dont il sera ensuite difficile de s'extraire, en raison des contraintes juridiques qui pèsent sur chacun de ces parcours. Il m'est impossible dans le cadre de cet article de détailler les cinq manières d'arriver aux États-Unis ; elles s'articulent toutefois entre elles pour entretenir le flux migratoire. Pour débarquer aux États-Unis, il est exigé de remplir une des cinq conditions suivantes : avoir un visa de visiteur ; être muni du titre de migrant ; avoir contracté une alliance (un mariage légal) avec un citoyen américain ; avoir eu recours à une filière clandestine ; bénéficier du droit du sol (accouchement aux USA). M'intéressant ici particulièrement aux lois migratoires, je les présenterai de manière très succincte, renvoyant à mon ouvrage *Amours pragmatiques*, pour en comprendre l'articulation complexe avec les autres manières d'arriver aux États-Unis.

Avec l'obtention d'un visa de visiteur (d'une durée variable), la manière la plus courante pour les Capverdiens d'arriver aux États-Unis consiste à débarquer muni du titre de migrant, c'est-à-dire du statut légal donnant lieu à la *Green Card*, à savoir au titre très envié de migrant, avec à terme un numéro de sécurité sociale, sans parler de l'obtention de la nationalité américaine en cinq ans maximum à condition de se soumettre à des examens portant sur la connaissance de l'anglais et l'histoire des USA.

En 2013, les 990 000 titres de migrants légaux accordés (obtention de la *Green Card*) se répartissent comme suit : 1) la politique de migration familiale (le regroupement familial) :

---

6. .Pour une analyse détaillée de ce récit, voir P.-J. Laurent, *Amours pragmatiques…, op. cit.*

650 000 ; 2) la migration sur base d'un contrat d'emploi : 161 000 ; 3) les visas accordés sur la base d'une loterie (*Diversity Visa Lottery*) : 46 000 ; 4) réfugiés : 77 000 ; 5) asile politique : 42 000 ; 6) autres : 14 000.

La migration capverdienne aux USA concerne majoritairement la politique de migration familiale. En conséquence, à suivre la loi, seules les familles disposant préalablement en leur sein d'un « capital migratoire » à faire valoir pourraient prétendre aux lois du regroupement familial. Il serait alors question d'un droit hérité d'une histoire ancienne, remontant parfois au XIXe siècle, où une famille ayant eu par exemple un aïeul embauché comme matelot à bord d'un baleinier américain, pêchant dans les eaux capverdiennes, se serait finalement installé aux USA. Après avoir obtenu la nationalité américaine, ce marin aurait alors transmis ce droit à certains membres de sa famille, à la faveur des lois du regroupement familial, un droit ensuite entretenu au sein de la famille et transmis comme un bien précieux de génération en génération.

Concernant la politique de migration familiale, en fonction de plusieurs paramètres, une loi est votée annuellement par le Congrès. Elle fixe le seuil de la *Politique de migration familiale*, par exemple 650 000 personnes pour 2013. Sur base de calculs assez complexes en raison des paramètres mobilisés [7], ce seuil se divise en deux catégories. Le premier groupe s'appelle les *Immediate Relatives* (IRs) pour lesquels le statut de migrant légal (avec à la clé l'octroi de la *Green Card*) est d'office attribué.

Le second groupe dénommé *Preference Allocation* (PA), ou encore, the *Family Preference Immigrant Visa*, constitue un groupe pour lequel le statut de migrant légal est attribué sous condition. Cette condition est la durée possible d'appel qui peut varier, en fonction de plusieurs paramètres. Il se subdivise en cinq sous-groupes (F1, F2a, F2b, F3, F4), détaillés dans le tableau suivant. Cet ensemble constitue la variable d'ajustement nécessaire pour respecter le seuil annuel fixé par la *Politique de migration familiale*.

---

7. Pour une description de ces calculs, voir P.-J. Laurent, 2018.

Tableau 1. Regroupement familial, Immediate Relatives (IRs)

1) *Immediate Relatives* (IRs) catégories de personnes pour qui le regroupement familial est d'emblée acquis

1.	Pour les enfants mineurs (- 18 ans) non mariés	Appelé par un citoyen américain adulte
2.	Pour les conjoints	(plus de 21 ans),
3.	Pour les parents	disposant de garanties financières

Ce mécanisme annuel de gestion du flux migratoire présente l'avantage d'établir des règles claires pour tous les candidats au regroupement familial ; les démarches s'avèrent toutefois coûteuses et nécessitent le plus souvent le recours à des avocats spécialisés. Les candidats doivent être officiellement inscrits auprès de l'administration par un parent américain de plus de vingt et un ans et disposant de garanties financières. Cette procédure est appelée *pétition*. L'ambassade des États-Unis située dans le pays d'origine du candidat l'informe par courrier de son inscription sur la liste du regroupement familial. Ce courrier précise aussi la catégorie et le numéro d'ordre permettant de se tenir informé de l'évolution du dossier et de connaître, à titre indicatif, la période où la lettre tant attendue, connue au Cap-Vert sous le nom de *chamada* (l'appel), lui parviendra l'informant de l'autorisation de migrer.

À bien y regarder, à la faveur de ces lois, la famille devient une « unité migratoire », c'est-à-dire l'espace à l'intérieur duquel circule le « capital migratoire ». C'est dans ce sens que j'évoquais l'idée d'un facteur externe qui conditionne, partiellement, la structure familiale de la société insulaire, vivant, en quelque sorte, sous l'influence, malgré un océan qui sépare les deux sociétés, de règles promulguées par un autre Etat.

Je rappelle que ces délais sont au fondement de la gestion américaine des flux migratoires ; ils varient selon les catégories de parents concernés par le regroupement familial et les circonstances (ajustement mensuel, dans les marges prévues par la loi, de la durée en fonction des flux réels par catégorie), deux variables qui permettent à l'administration américaine d'ajuster annuellement la migration légale. Ces délais ont un impact sur les pays de départ : ils déclenchent, ce que j'ai appelé, le « faire famille à distance » qui exprime le devenir de la famille durant la période du regroupement familial, période où la famille se trouve durablement séparée entre différents noyaux (*cf.* le récit de la « famille à distance » de Maïsa et de Camilo, présenté ci-dessous). Hormis les éventuelles périodes de clandestinité, ces calculs peuvent être globalement préétablis, les durées d'attente sont donc prévisibles et orientent durant des décennies les choix et les stratégies des uns et des autres en matière de partenaires, d'alliance, d'enfants, par exemple.

En résumé, si les lois du regroupement familial tiennent un rôle important dans la structuration de la « famille à distance » capverdienne, elles ne suffisent toutefois pas à elles seules pour alimenter ce flux migratoire et donc le processus du « faire famille à distance » et surtout sa reproduction transgénérationnelle. Celle-ci repose, au sein d'une même famille, sur une articulation complexe entre l'officiel et l'officieux, le migrant légal et le clandestin, à la faveur de la mobilisation de toutes les ressources disponibles pour migrer, des ressources certes complémentaires, mais de nature différente.

Tableau 2. Regroupement familial, Préference allocation (PA)

Catégoiries officielles	Qui peut appeler un parent	Catégories de parents appelables	Quotas accordés par catégories en 2013 (pour un total de 210 303)	Durée _possible de l'appel	Durée réelle de l'appe; en 2014
Fi	Citoyen américain adulte	Enfants adultes non mariés	24 358	6 -20 ans	8 ans
F2 A	Law Ful Permanent Resident (migrants légaux)	Epouses époux et enfants mineurs (- 18 ans)	99 115	0 - 1 an	1 an
F2 B	Law Ful Permanent Resident (migrants légaux)	Enfants adultes non mariés		6 - 19 ans	11 ans
F3	Citoyen américain adulte	Enfants mariés adultes	21 294	10 -20 ans	11 ans
F4	Citoyen américain adulte	Frères et soeurs	65 536	10 -20 ans	13 ans

2) *Preference Allocation* (PA) catégorie de personnes poux qui le regroupement familial est acquis sous conditions (variable d'ajustement de la Politique de migration familiale)

De cela, il sera abondamment question dans l'exemple qui suit, car si les lois du regroupement familial tiennent un rôle important dans la structuration de la « famille à distance » capverdienne, elles n'expliquent pas à elles seules le « faire famille à distance » et surtout sa solidité sur le long terme. Ce faire famille se déploie indistinctement dans l'officiel et l'officieux, en regroupant en son sein des membres munis de la citoyenneté américaine, du statut de migrant légal ou de clandestin, tous préoccupés à maximiser entre eux le capital migratoire de la famille.

2. L'exemple de la « famille à distance » de Maïsa et de Camilo entre Praia, Fogo et Boston

L'ouverture du chemin migratoire vers la côte est des États-Unis, lieu privilégié de migration des habitants de Mosteiros (Fogo), remonte à l'époque déjà lointaine de la pêche baleinière. Il est difficile de croiser des familles qui n'aient pas de parents installés aux États-Unis. Près de 260 000 personnes d'origine capverdienne y résident, ce qui en fait la plus grande colonie en dehors de l'archipel, principalement rassemblée dans les villes de Barnstable, Boston, Brockton, Newbedford, Pawtucket, dans les États de Rhode Island et du Massachusetts. La plupart des aînés peuvent retracer l'histoire de leurs lointains parents qui ont su ouvrir le chemin de la migration. Certains étaient de simples matelots embarqués à bord de bateaux de pêche américains qui se trouvaient au mouillage au large du Cap-Vert. Quelques-uns ont pu s'installer aux États-Unis et aider leur famille, tandis que d'autres, mieux nantis, des commerçants surtout, s'y sont installés durablement pour commercer. Les récits de l'ouverture de ces chemins migratoires que j'ai rassemblés relèvent de l'épopée et remontent parfois à quatre, voire cinq générations. La mémoire de mes interlocuteurs se fait précise lorsqu'il est question de relater comment eux-mêmes ont acquis le droit d'immigrer, me détaillant si nécessaire comment, de génération en génération, ce droit a été conservé pour leur être transmis, tel un bien précieux qu'on garde pour le donner à la génération suivante.

À la faveur de l'exposé synthétique du récit de Maïsa et Camilo, repris ici de manière schématique, il s'agit de proposer un regard sur la « famille à distance » en relation aux lois américaines du regroupement familial.

La geste du pionnier

En 1976, grâce à un mariage arrangé avec une américaine d'origine capverdienne en vacance au Cap-Vert et de trente-trois ans son aînée, Tio Mac parvient à débarquer aux USA. Il obtient un permis de séjour permanent (la *Green Card*) et cinq ans plus tard la nationalité américaine. C'est le « pionnier », l'ouvreur du chemin migratoire pour la famille. Il divorcera ensuite de sa femme américaine pour se marier avec son ancienne compagne capverdienne afin de pouvoir « l'appeler » légalement aux États-Unis.

Départ du père et institution d'une famille matricentrée

Maïsa et Camilo se marient en 1974. Originaire de l'île de Fogo, le couple s'installe à Praia. Camilo est ouvrier dans la construction. En 1986, dix ans après son installation aux USA, le « pionnier » soutient financièrement le projet migratoire de Camilo, son beau-frère, le mari d'une de ses sœurs, Maïsa. Camilo débarque avec un visa de visiteur, acquis avec beaucoup de difficultés, et devient rapidement clandestin. À son départ, Maïsa et Camilo ont quatre enfants, dont les trois derniers ont respectivement, deux ans, un an et quelques mois. Maïsa se débrouille pour les élever seule ; elle y parvient en ouvrant un « bar-boutique » dans un quartier de la capitale.

Maïsa, en femme certes mariée, mais seule depuis treize ans à Praia, n'a eu d'autre choix que de se débrouiller pour élever ses enfants, son mari ne la soutenant pas vraiment financièrement. Elle n'a cesse de répéter qu'elle a élevé seule ses enfants qui lui appartiennent, estime-t-elle.

Aidée par le frère de sa mère, Maïsa achète un terrain dans un secteur informel de la capitale. En trois ans, elle parviendra à édifier le rez-de-chaussée de sa propre maison. Rapidement, elle aménage et ouvre, peu après, une « boutique-bar », lieu de convivialité par excellence au Cap-Vert. La boutique est agréable. Elle sert aussi des repas, de la bière froide et de l'alcool. Elle installe une télévision et les jours de football, la boutique est comble. C'est un succès.

En 1999, treize ans après son départ, Camilo, toujours clandestin aux USA, reviendra au Cap-Vert sous une fausse identité ; il y restera deux mois. Pour les trois plus jeunes enfants qui n'ont pas vraiment connu leur père, ce retour fut un choc.

Figure 1. Départ du pionnier (1976) rejoint par Camilo (1986)

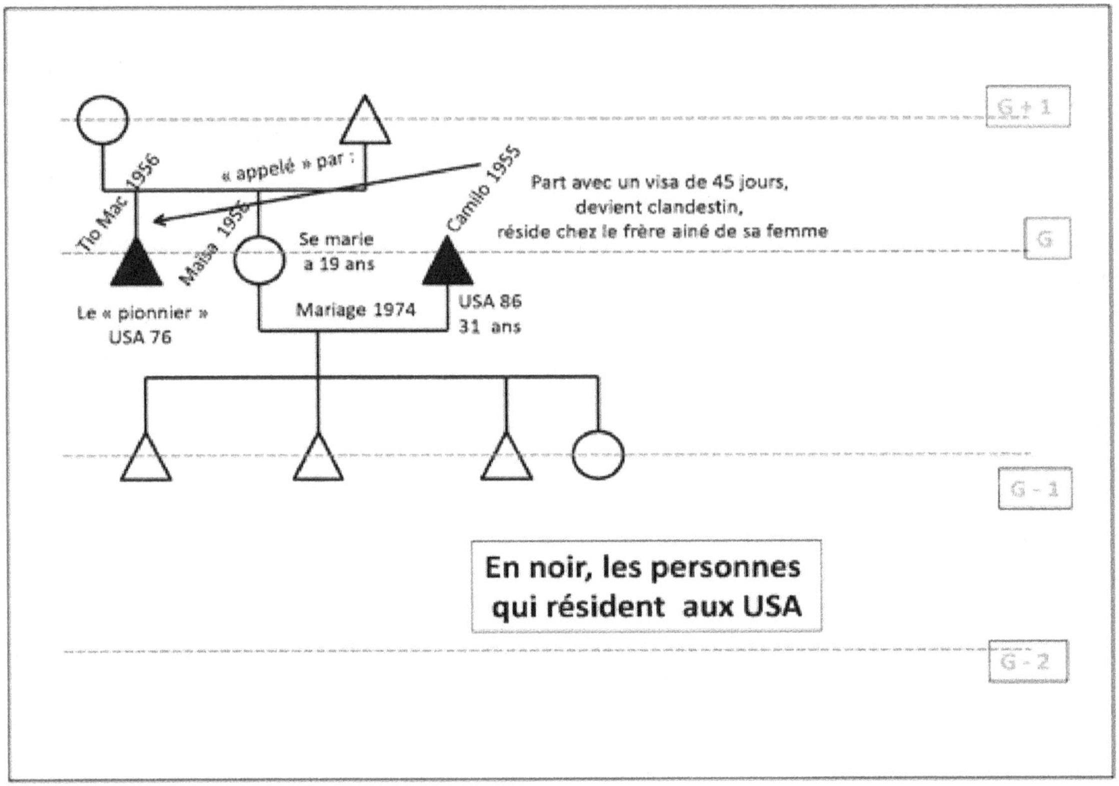

Figure: Généalogie montrant Tio Mac 1956, Maïsa 1955, Camilo 1955. « appelé » par. Part avec un visa de 45 jours, devient clandestin, réside chez le frère aîné de sa femme. Le « pionnier » USA 76. Se marie à 19 ans. Mariage 1974. USA 86, 31 ans. En noir, les personnes qui résident aux USA. Niveaux générationnels G+1, G, G-1, G-2.

Accès à la nationalité américaine

Camilo reste clandestin aux États-Unis de 1986 à 2001. Durant cette période, il occupe des emplois peu rémunérateurs dans la région de Boston. Il consacre ses temps libres à des sorties entre amis de la communauté, il se préoccupe peu de sa famille au Cap-Vert. Il boit et tombe progressivement dans l'alcoolisme, ce qu'il convient de relier à quinze années de clandestinité, de séparation avec sa famille. En 2001, après un premier grave accident de moto, il est victime d'une attaque cérébrale qui le handicapera à vie. Maïsa parvient à envoyer à son chevet son fils aîné, Lucas, qui était fonctionnaire à Praia. Celui-ci devient à son tour clandestin.

En 2001, Maïsa songe à interrompre son commerce pourtant florissant. Lorsque son père sort de l'hôpital, ils emménagent ensemble dans un appartement. À la fin de la même année, Camilo divorce de Maïsa et se remarie aux États-Unis avec Teresa, une américaine d'origine capverdienne. Pour Camilo, ce remariage est la seule manière de sortir de la clandestinité et d'obtenir à terme la citoyenneté américaine ; le nouveau couple attend rapidement un enfant. Maïsa, l'ex-femme de Camilo, choisit ce moment pour révéler à ses enfants à Praia qu'ils ont une autre sœur au Cap-Vert, une fille que Camilo a eue avant son départ pour les USA, à la suite d'une relation avec une autre femme (Estrela).

Figure 2. La 'famille à distance' se dote d'un 'capital migratoire' formel (2001)

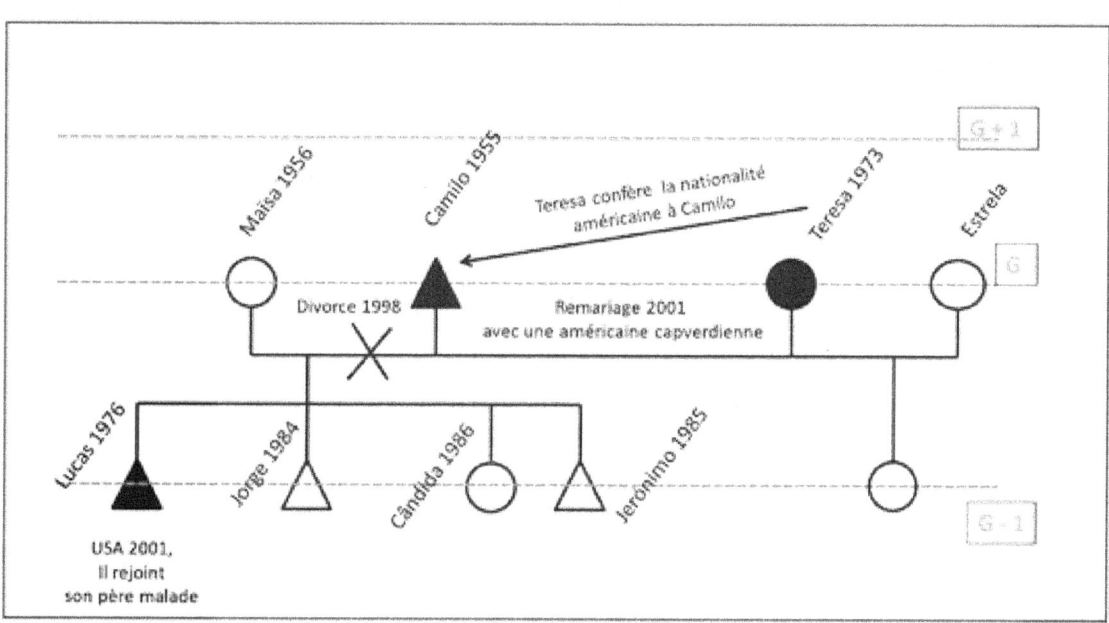

Pour comprendre cette décision, un retour en arrière s'impose. En 2000, Maïsa décide de construire un appartement au-dessus de sa boutique. La construction avance rapidement et, à la fin de l'année, elle s'apprête à emménager. Selon Maïsa, sa réussite déclenchera des rumeurs (*fofocas*) qu'elle interprétera selon un schème persécutif, convaincue des intentions négatives de personnes jalouses du voisinage, désireuses d'entraver son ascension sociale.

Progressivement, Maïsa porte un autre regard sur sa boutique, la construction de son appartement du premier étage, le dévouement de sa fille et l'inscription à l'université de son fils. Ses peurs redoublent lorsque des États-Unis, souvenons-nous, pour se légaliser, Camilo lui demande de divorcer : aux yeux du quartier, elle n'est plus la femme certes seule, mais mariée à un migrant, pleinement dévouée à ses enfants, mais une femme divorcée, potentiellement rivale des autres femmes, lesquelles, jalouses, alimenteraient les rumeurs (*fococa*) à son égard. Elle serait victime du mauvais œil (*mau olha*), ou encore de la sorcellerie (*bruxaria*). Forte, Maïsa peut se défendre, elle ne craint pas les jaloux qui se seraient alors déchaînés sur sa fille, moins expérimentée et donc plus fragile. Depuis cette révélation, Maïsa vit dans la suspicion, le doute, la peur. Néanmoins, Maïsa et sa fille trouveront la force d'affronter leurs tourments dans la fréquentation assidue d'une Église pentecôtiste (l'Église universelle du royaume du Dieu).

À la suite du diagnostic d'une attaque en sorcellerie, la crainte d'une rechute de Cândida (la fille de Maïsa) reste vive. Pour faire taire les jaloux et protéger sa famille à Praia, Maïsa décide d'arrêter son commerce. Elle déménage au premier étage de sa maison et s'y enferme avec sa fille et son fils Jorge. Pour vivre, elle transforme sa « boutique-bar » en trois petits appartements qu'elle loue.

Solidarité entre femmes pour l'accès au capital migratoire

Le regroupement familial autorise Teresa, la femme américaine de Camilo, « d'appeler » les enfants mineurs, non mariés, de son conjoint. Seul, le cadet, Jerónimo réunit les conditions légales pour immigrer. En 2003, à dix-sept ans, il débarque à Boston avec le statut d'immigrant (muni de la *Green Card*). Par ce geste, Teresa débloque la situation migratoire précaire de la « famille à distance » de Maïsa et Camilo. En effet, avant le remariage de Camilo avec Teresa, le projet de la « famille à distance » de Maïsa et Camilo était ténu et aléatoire.

Paradoxalement, c'est le divorce de Camilo suivi de son remariage avec Teresa qui renforce le projet de la « famille à distance ». Ce remariage constitue une étape cruciale d'un vaste projet migratoire, planifié sur le long terme. Un projet jusque-là fragile, dans la mesure où Camilo, clandestin depuis quinze ans, ainsi que Lucas, le fils aîné, ne peuvent pas réellement soutenir leur famille restée à Praia, autrement que par quelques mandats et l'envoi de « bidons ». En effet, avant le remariage de Teresa avec Camilo, la « famille à distance » ne dispose pas de « capital migratoire » à faire circuler pour solidifier ses liens. Cette situation fragilise son projet et affaiblit la cohésion entre ses noyaux de Boston et de Praia. Par le truchement d'une alliance, c'est-à-dire par l'inclusion d'une étrangère – d'une alliée, d'une affine –, la « famille à distance » se dote d'un réel « capital migratoire ». Autrement dit, par son mariage, Teresa transmet sa nationalité américaine à son conjoint ; elle confère à la « famille à distance » à laquelle ne cesse d'appartenir Camilo, un « capital migratoire ». Une fois acquis, ce capital devient le bien le plus précieux d'une « famille à distance », à la transmission duquel chaque membre collabore sans rechigner, mais pas toujours sans conséquences psychiques et sociales.

Teresa ne se contente toutefois pas d'épouser Camilo : elle redoublera le « capital migratoire » de la « famille à distance » de son mari en « appelant » Jerónimo, le fils cadet de son conjoint qui à son tour, pourra « appeler » Maïsa, sa mère. Par ce geste élégant, elle débloque la situation de Maïsa qui n'a personne pour « l'appeler » : elle est divorcée de Camilo et son aîné, Lucas, clandestin, ne peut y songer. Sans la double démarche de Teresa, les deux noyaux de la « famille à distance », que ne cessent d'incarner Maïsa et Camilo, risquaient de rester durablement séparés et à terme de se distendre. On comprend pourquoi Maïsa considère Teresa « comme une Sainte ». Cette étape du récit indique bien la nature centripète de la « famille à distance », dans le sens où, s'il existe bien d'une concurrence pour chaque membre de la famille entre ses consanguins et ses affins, cette concurrence est ici exacerbée par la nécessité pour la famille de se mouler dans le cadre des lois du regroupement familial.

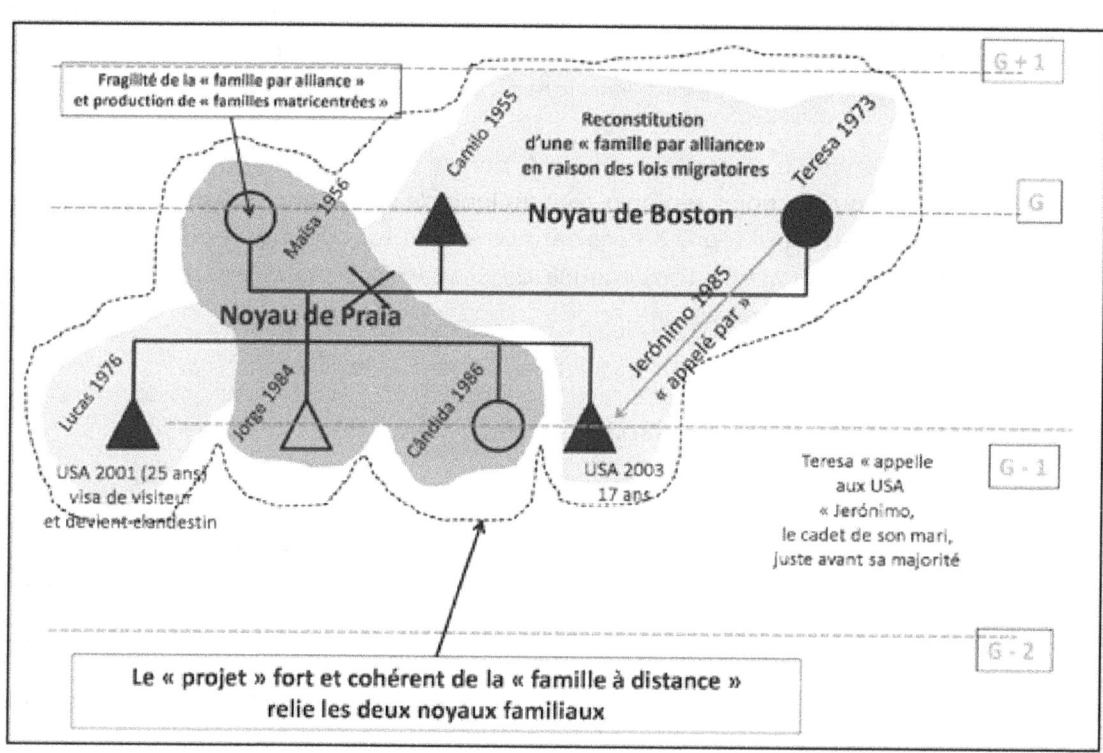

Figure 3. Noyaux de Praia et de Boston de la "famille à distance", 2003

Pour leur part, Cândida et Jorge sont les deux derniers enfants de Maïsa et Camilo à résider au Cap-Vert. Cândida a un enfant, mais elle ne vit pas avec le père (*pae de filho*) préférant rester avec sa mère. Jorge a un enfant, mais ne vit pas avec la mère de sa première fille. Le fait de ne pas se marier permet à Cândida et à Jorge, de s'ajuster aux lois du regroupement familial, en réduisant considérablement le délai d'attente pour migrer aux USA, au cas où ils seraient appelés un jour par leur père en vertu des lois du regroupement familial.

En 2007, Jorge s'installe à Mosteiros où il rencontre Carlota. Le couple bâtit ensemble leur maison et a son premier enfant en 2009.

Cândida continue de fréquenter le père de son fils (*pae de filho*), une relation *sim compromisson* (les amants n'habitent pas ensemble). Quatre années après la naissance de son premier enfant, elle attend le second. L'accouchement se déroulera dans des conditions dramatiques. À la même époque, son amant qui décroche un emploi au Portugal la quitte. Elle ne travaille pas et, à l'idée de se sentir abandonnée par ses proches – elle n'avait qu'un an lorsque son père a immigré aux USA, deux de ses trois frères, Lucas et Jerónimo, résident également aux États-Unis, Jorge s'est installé dans l'île de Fogo et le départ de sa mère, Maïsa, ne fait plus guère de doute –, Cândida s'enferme dans la maison déserte du père de ses enfants. Repliée sur elle-même, sa grossesse resta longtemps inaperçue. Début 2010, elle accouche seule dans la maison vide de son amant. Immigré au Portugal, le père refusera de reconnaître l'enfant.

Le projet de la « famille à distance », renforcé par ce que j'appelle le système « machi-matricentré », secrète ou du moins renforce, tout au long de son épanouissement, des familles matricentrées, dont quatre sont représentées dans ce récit autour des figures de Maïsa, Justina, Cândida et Estrela. Les raisons de l'émergence de ces familles matricentrées divergent, de même que la situation de ces mères.

Reconstitution du couple initial

Huit ans après son arrivée aux USA et peu de temps après l'obtention de la nationalité américaine, Jerónimo peut « appeler » sa mère aux USA. À son tour, en 2011, vingt-cinq ans après Camilo, Maïsa embarque pour Boston avec le statut légal d'immigrante. Parallèlement, démontrant ainsi la force des liens qui instituent le projet de la « famille à distance » dans la longue durée, Camilo divorce de son épouse américaine. Teresa emménage dans un appartement situé dans le même immeuble que celui de son ex-mari. Maïsa retrouve ses deux fils et sa place aux côtés de Camilo. Celui-ci ne se remarie pas officiellement avec Maïsa, mais il organise pour leurs retrouvailles un véritable voyage de noces. Le couple se reforme et une entente cordiale s'instaure entre Maïsa et Teresa, avec qui Camilo garde des relations.

Solitude et souffrance psychique

Revenons en arrière : par son mariage avec Teresa, Camilo obtient la nationalité américaine. À partir de ce moment, il peut inscrire sur la liste du regroupement familial ses deux derniers enfants majeurs, légalement reconnus et non mariés (selon les lois de regroupement familial, à partir de ce moment, il faudra plus de dix ans dans ce cas pour que les enfants soient « appelés »).

En 2012, après le départ de Maïsa, Cândida s'installe avec ses deux enfants chez son frère, dans l'île de Fogo. Cândida aide son frère durant l'absence de sa compagne, Carlota, qui a obtenu un visa de visiteur, très envié, d'une validité de cinq ans pour les États-Unis (un voyage par an d'une durée maximale de six mois et cela durant cinq ans). Enceinte d'un deuxième enfant, Carlota accouchera à Boston où elle est accueillie par Maïsa et Camilo. En référence au droit du sol, l'enfant obtient la nationalité américaine, mais Jorge ne le reconnaît pas (à ce moment) pour ne pas hypothéquer ses chances d'immigrer. Carlota rentre au Cap-Vert après six mois, respectant ainsi la validité de son visa (six mois par an durant cinq ans).

Figure 4. Trois noyaux de la « famille à distance » après le départ de Maïsa, 2011

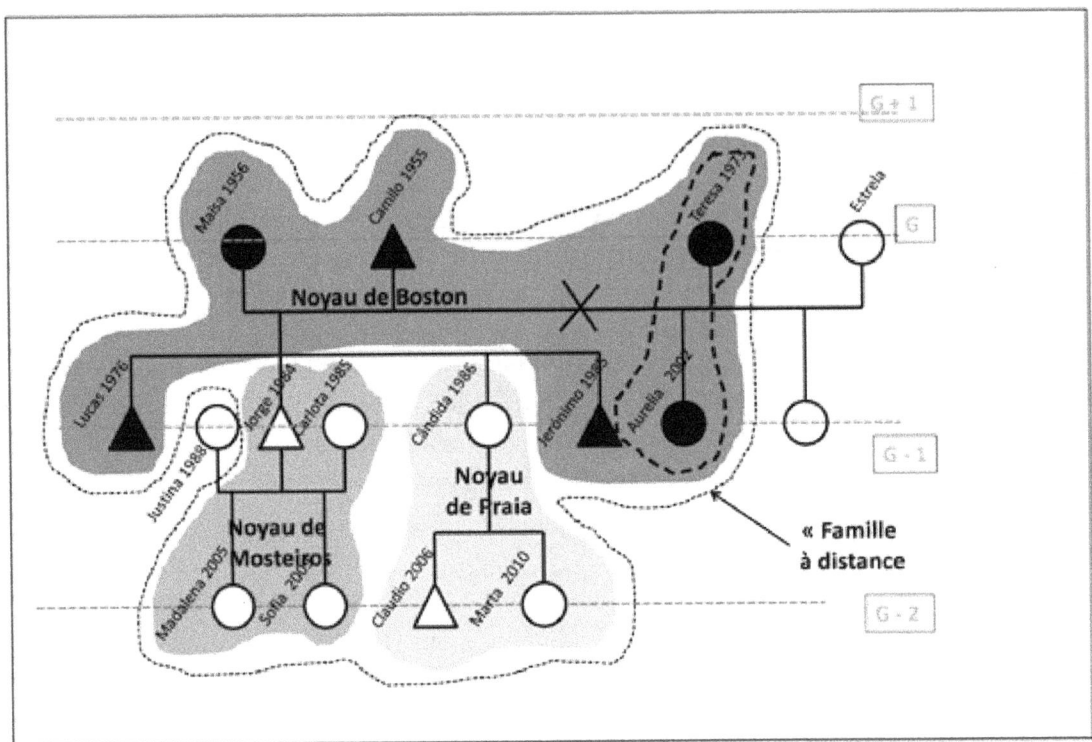

Par cette naissance, non mariée officiellement avec Jorge – qui entend ainsi rester disponible à « l'appel » de son père pour immigrer aux États-Unis –, Carlota se dote, elle-même en quelque sorte, de son propre « capital migratoire », car à sa majorité, son fils pourra lui transmettre la citoyenneté américaine ; il s'agit d'une anticipation au cas où son compagnon, une fois parti aux USA, venait à l'abandonner. Une fois encore, cet épisode, indique bien la nature centripète de la « famille à distance », c'est-à-dire la concurrence pour chaque membre d'une famille entre ses consanguins et ses affins, cette concurrence étant ici exacerbée par les lois du regroupement familial.

Figure 5. Deuxième période de mouvements entre 2011 et 2013

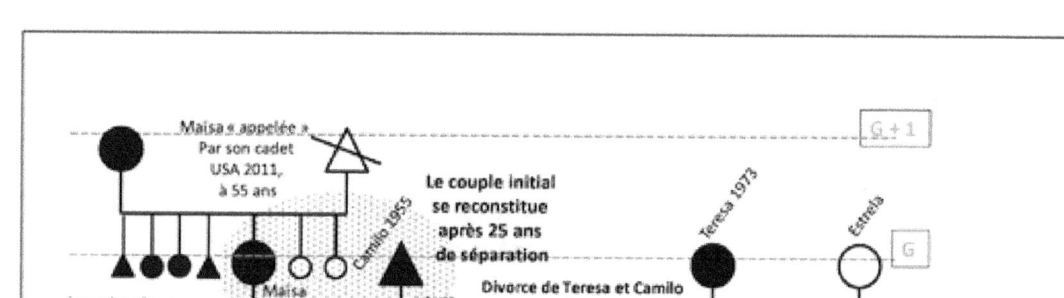

Cândida avait connu une amélioration de son état de santé à l'issue d'un exorcisme et à sa fréquentation de l'église Universelle du Royaume de Dieu. Cependant, depuis le départ de Maïsa pour Boston, en 2011, la santé mentale de Cândida se détériore progressivement, avec un épisode critique à Mosteiros durant son séjour chez son frère. Entre-temps, elle avait arrêté de fréquenter les néo-pentecôtistes. Maïsa reste convaincue d'une possession par un esprit malfaisant (*finado*) envoyé (*fazer um mal fetu* : jeter un sort) par un tiers jaloux (*inveja* ou *maldade* : jalousie ou la méchanceté). Disposant de la *Green Card* (du statut de migrante légale) Maïsa est autorisée à quitter le territoire américain. En 2013, après deux ans, elle revient à Praia.

Accompagnée de Cândida, Maïsa se rend chez un *korderus* (guérisseur). Sans hésiter, il diagnostic une possession causée par un mauvais esprit (*o mal feito* : un mauvais sort) manipulé par une personne mal intentionnée (*maldade*). Le *mestre* (*korderus*) leur propose d'organiser un nouvel exorcisme, suivi de la confection d'une ceinture protectrice (un talisman) pour Cândida, conviée à la porter en permanence pour éloigner l'esprit malfaisant.

Regroupement de la fratrie

Onze ans après l'inscription par leur père sur la liste du regroupement familial, Cândida et Jorge reçoivent le courrier les autorisant à migrer officiellement aux USA. En septembre 2013, Cândida embarque avec ses deux enfants, tandis que Jorge voyage avec Madalena, la fille qu'il a eue avec Justina, et Sofia, celle qu'il a eue avec Carlota. Carlota reste seule à Mosteiros avec leur fils Jorgeson, déjà citoyen américain.

Fin 2013, pour la première fois depuis 1986, date du départ de Camilo comme clandestin aux États-Unis, soit après vingt-sept ans de péripéties, le projet de la famille à distance, formée par Maïsa et Camilo et leurs quatre enfants, de se réunir un jour à Boston a abouti. Par *Facebook*, je découvre une photo où ils sont rassemblés dans leur appartement de Boston pour fêter la Noël : le père, la mère et leurs quatre enfants ; Cândida avait un an au départ de son père pour les États-Unis et sur cette photo, fraîchement débarquée aux USA, elle est déguisée en petite fille, entourée de ses parents et de ses trois frères ! Il est ici question de la famille par filiation, sachant que les *mães et pais de filhos* des quatre enfants du couple ne sont pas, directement, concernés par ces retrouvailles.

Avec l'exemple de Jorge et de Carlota, la famille par alliance qu'il commence à former vient se greffer sur celle par filiation de Maïsa et Camilo, à laquelle Jorge appartient. Ainsi, en décembre 2013, à l'occasion d'un second voyage à Boston, Carlota se marie officiellement avec Jorge qui l'inscrit à son tour sur la liste du regroupement familial. À son retour des États-Unis, mariée officiellement, il reste à Carlota à attendre à Fogo la lettre officielle qui l'informera de sa possibilité de migrer. L'attente durera plus de deux ans. Elle recevra le courrier l'autorisant à rejoindre son mari, dotée du statut de migrante, en février 2016 ; elle embarquera à son tour avec son fils Jorgeson pour Boston deux mois plus tard.

Avec ces deux derniers paragraphes en mémoire et au-delà l'histoire de la famille à distance formée par Maïsa et Camilo, il est crucial de noter comment à la fois le projet migratoire de la famille et les lois migratoires du pays d'accueil influencent les pratiques familiales, mais surtout la structure de la famille. Chacun, selon la place qu'il occupe dans la circulation du capital migratoire, tente d'optimiser ses chances de migrer à son tour. Pour cela, il se confrontera à la fois aux lois du regroupement familial du pays d'accueil et à son marché du travail. La nature centripète de la famille à distance et, plus particulièrement de la famille par filiation qui l'alimente, est portée à son comble dans cette septième étape (intitulée « Le regroupement de la fratrie »), là où la tension pour chaque membre de la famille entre ses consanguins et ses « affins » est particulièrement forte, renforcée encore par le processus du regroupement familial.

Conclusion de l'étude de cas

Pour conclure ce récit du « faire famille à distance » de Maïsa et de Camilo, relevons qu'en relation à la politique migratoire américaine et plus particulièrement de la loi du regroupement familial, cette étude de cas montre clairement comment cette famille parvient à s'adapter au cadre juridique américain en vue d'une installation finale aux États-Unis. Comprenons bien que la famille se disperse pour se transformer, dans l'expérience migratoire, en une « famille à distance ». Une famille en tant que telle (père, mère, enfants, grands-parents) n'est pas autorisée à migrer. Toutefois, à bien y regarder, c'est bien le détournement de la loi à leurs propres fins migratoires qui accentue plus encore cette situation, dès lors que coexistent des périodes de clandestinité et de légalisation à la faveur d'un mariage arrangé. La dispersion de la famille est donc une étape incontournable de la migration, et, dans ce cas, se retrouver ensemble de l'autre côté de l'Atlantique demandera des années et impliquera de multiples péripéties. La migration sépare durablement les familles, notamment les conjoints, mais écarte aussi les enfants des parents, les frères des sœurs. Certains ne se joindront pas au processus migratoire : une fille s'occupant de ses parents âgés restés au pays, des enfants déjà trop grands pour être autorisés à rejoindre leurs parents, des enfants issus des différentes épouses du père, des frères et des sœurs dispersés entre les continents. J'ai montré dans ce cas que les stratégies s'élaborent dans le huis clos de la « famille à distance ». Il est question de filiation, d'alliances conclues au sein de la parenté élargie et enfin, lorsqu'on est confronté à un déficit de « capitaux migratoires », il peut être question d'arrangements matrimoniaux contractés au sein de la communauté capverdienne installée aux USA où, contre rétribution, le conjoint disposant de la nationalité américaine la transmet à l'autre et, au-delà, à ses consanguins.

Dans ce cas (entre Fogo et Boston), le « faire famille à distance » équivaut à un projet qui accorde à chaque membre de la famille proche (essentiellement les parents, enfants et grands-parents, et parfois les oncles, tantes et cousins) une place imaginée en fonction du potentiel à appeler l'autre du pays d'origine, ou à être « appelé » soi-même (pour reprendre une formule capverdienne). Ce processus maximise d'abord la mobilisation du réseau intrafamilial, avec l'intention de garder entre-soi le « capital migratoire », si celui-ci préexiste, c'est-à-dire lorsque la route de la migration a été préalablement ouverte par un ascendant qui a ensuite pu transmettre à ses proches un droit acquis à migrer. Le « faire famille à distance » assigne ainsi à chaque membre, parfois dès avant sa naissance (lorsqu'on projette l'arrivée de l'enfant en fonction d'une stratégie particulière), un rôle dans la transmission de ce capital. Les alliances interviennent soit en amont, soit en aval de ce processus, c'est-à-dire lorsque le « capital migratoire » fait défaut : la famille doit alors s'ouvrir aux étrangers, c'est-à-dire aux alliés. Autrement dit, pour renouer avec le débat énoncé en introduction et relatif à la théorie du *care*, on est loin ici des relations polymorphes d'échanges, aussi complexes soient-elles, désignées par cette théorie, qui expliqueraient la cohésion de la famille en migration ; à l'opposé, par cet exemple, j'ai voulu mettre lumière des stratégies, souvent tenues secrètes et élaborées sur le long terme, qui mobilisent, en les obligeant, tous les membres de la « famille à distance » parfois durant des décennies.

Le cas de la famille de Maïsa et de Camilo indique comment ce processus migratoire confère à la « famille à distance » sa qualité de système, dès lors que le « capital migratoire » incarne le bien collectif d'une famille, possédé individuellement par chacun de ses membres. Ces derniers sont interdépendants, car ils demeurent tributaires d'un capital qui s'actualise via chaque membre, en fonction de sa position au sein de la parentèle. Cette position se mue en responsabilité de chacun lorsqu'il est question de la transmission de ce capital aux éléments de la famille qui n'en ont pas encore joui. La transmission assigne donc des responsabilités. Autrement dit, ce processus fait système, car il confère des droits et des devoirs, il génère des dettes et des attentes. À ce jeu, chacun semble pris dans une double fidélité, entre ses responsabilités envers les consanguins et les nouvelles responsabilités contractées envers les alliés, lorsque, par exemple, un membre s'est marié à l'extérieur, c'est-à-dire à un degré éloigné (sachant que des formes d'endogamie sont fréquentes). Confinée autant que possible à la famille, la transmission du droit à migrer implique un dosage inédit entre o lado da mãe et o lado do pãe (le côté de la mère et du père), exogamie et endogamie – une transmission pour laquelle chaque membre a sa partition à jouer. À ce vaste projet sont subordonnées sexualité, parentalité, alliances et filiation. Il en résulte que chacun bricole entre ses devoirs de transmission du droit à immigrer à ses consanguins et ses propres désirs, parmi lesquels celui de fonder sa propre famille – un désir qui devra parfois être reporté, et même être abandonné, après des années de vie commune et la naisssance de plusieurs enfants. En conclusion de ce premier point, c'est bien dans ce sens que je parlais d'une famille capverdienne sous l'emprise de la loi américaine.

Pour conclure ce point, je relève que les notions de sacrifice, de don, de dette et de remboursement appartiennent en propre au sens pratique du faire famille à distance. Par ailleurs, les principes éducatifs participent pleinement au projet de circulation du capital migratoire. Ils contribuent à la création de liens solides dans le temps, fondés sur des dettes et des devoirs transgénérationnels contractés dès l'enfance ; ces liens et ces principes éducatifs instituent la cohérence de ce que j'ai appelé le projet de la famille à distance et en expliquent la stabilité à long terme.

Figure 6. Troisième période de circulation du capital migratoire 2011-2013

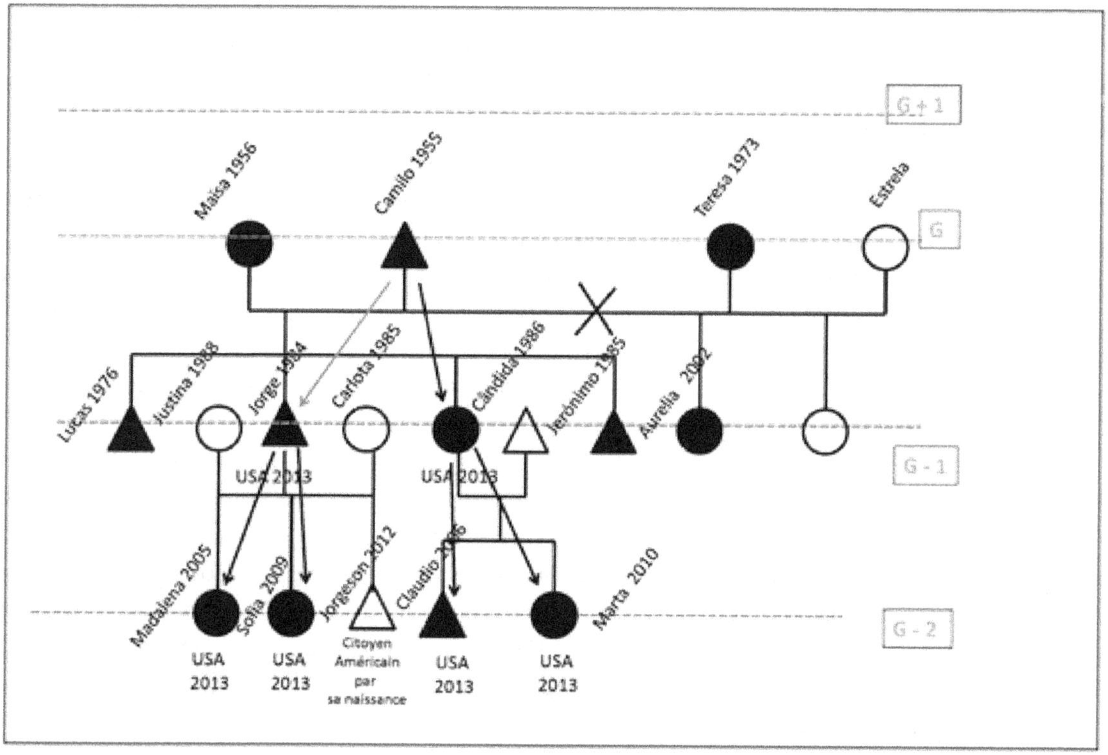

3. Éléments pour une schématisation de la famille à distance

Des études traitent des migrations capverdiennes et de leurs diasporas, essentiellement dans la région de Boston aux USA (Hily & Meintel 2000) ou en Europe et Amérique latine- Bathala & Carling 2008 ; Gois 2008). Certaines parlent de « non-migrants » tant les migrations capverdiennes s'inscrivent dans le mouvement (Åkesson 2009, 2004 ; Carling & Åkesson 2009), ou encore décrivent les pratiques transnationales des groupes de migrants (Andall 1999 ; Carling 2003 ; Grassi 2003 ; Marques & Gois 2007). Heike Drotbohm utilise la notion de « foyer transnational » (Drotbohm 2009) à laquelle il convient d'ajouter celle de « famille élargie » (Carsten 2000). Il est également question de traiter da la grande mobilité transnationale des individus, et notamment des jeunes-femmes qui peuvent migrer seules (Åkesson et al. 2012

; Beck & Beck-Gernsheim 2012, Grasssi 2007 ; Lobo 2012), mais également de la plasticité et de la fluidité de la famille capverdienne qui semble sans cesse se transformer (Rodrigues 2007) au gré des opportunités de voyages. Le cœur de la famille repose essentiellement sur la relation privilégiée entre la mère et ses enfants (Drotbohm 2012 ; Gracchus 1986), et cela dans un contexte patriarcal prégnant hérité d'une influence historique déterminante de l'Église catholique (Laurent & Plaideau 2010).

D'une partie de ces travaux, je retire que la nature les données produites diffère pour partie de celles mobilisées dans mes recherches, pour trois raisons principales : 1) ma porte d'entrée sur le terrain n'est pas la migration, mais avant tout la famille et ses principes de transformation sur le long terme, lorsque pour migrer ces familles cherchent à s'adapter aux lois migratoires et au marché du travail des pays d'accueil ; 2) j'utilise peu l'entretien, ayant plutôt travaillé sur des données produites en vivant avec des familles durant plus d'une décennie, un temps long indispensable pour comprendre des stratégies élaborées sur le long terme, fréquemment sur plusieurs générations ; 3) j'ai mené des recherches multi situées selon une logique temporelle précise : je me suis d'abord attelé à comprendre les lieux de départ afin de décrire le contexte de la décision migratoire, pour ensuite me consacrer aux pays d'accueil. Ma connaissance préalable de la société capverdienne, avant de me lancer dans l'analyse de la « famille à distance », acquise de multiples enquêtes (sur les systèmes fonciers, la gestion des ressources naturelles, le système agraire, les mouvements religieux, la sorcellerie, le système éducatif) menées sur toutes les îles de l'archipel, m'a outillé pour aborder ces questions. Ce n'est que récemment que je me suis rendu à Boston pour poursuivre le travail auprès des familles rencontrées au Cap-Vert. J'ai dû me rendre à l'évidence que le respect de ces trois principes ethnographiques limitait ma possibilité d'utilisation de travaux consacrés aux migrations capverdiennes, en raison surtout de mon intention de décrire la capacité d'adaptation des familles en fonction du contexte migratoire des pays d'accueil.

Il m'importe à présent de relever la manière dont ce type des « familles à distance » s'ajuste, par leur plasticité, à la fois aux politiques migratoires et au marché du travail des pays d'accueil, afin de mettre en évidence, par-delà les ajustements spécifiques à un pays en particulier, les principaux traits de structure de cette famille capverdienne. Je soulignerai que les principes de fonctionnement de la famille capverdienne, sans en faire un cas à part (car certains de ces traits se retrouvent ailleurs de par le monde), donnent de précieuses indications sur les métamorphoses contemporaines de la famille confrontée aux effets de la globalisation, dont la migration.

Pour comprendre cette plasticité, il convient, à la faveur d'un enracinement dans des ethnographies solides, de tordre le cou à des clichés et des paradigmes en cours concernant la famille, le genre, l'amour, le père, la mère, le patriarcat, l'enfant, la fidélité, autant de non-lieux absolus lorsque ces notions sont décontextualisées, c'est-à-dire utilisées d'un lieu à l'autre et d'une époque à une autre, sans autre forme de procès. Autrement dit, les valeurs normatives en matière de parenté qui animent le chercheur sont ses pires ennemis. Non pas que ces notions n'existent pas, bien au contraire, et c'est là le problème, car les mêmes mots peuvent en « cacher d'autres », porteurs de significations toutes autres. Ce que nous ont appris nos terrains et surtout la familiarité acquise dans la longue durée avec les gens qui m'ont accueilli, c'est que, sans compter les problèmes de traduction (même si on parle la langue), la surface sémantique des mots change. Autrement dit, sans y prendre garde, on pourrait s'imaginer que les choses sont proches, qu'il y a des airs de famille et, à partir de quelques ressemblances, échafauder des interprétations, fausses bien sûr. Là se niche l'erreur fatale : une théorisation résiste à la condition qu'elle repose sur un inventaire des situations concrètes et sur l'analyse précise de « particuliers provisoires », pour le dire à la manière de Mike Singleton (1998 ; 2004).

Fort de cela et sur la base de mes recherches [8], je présente ici une schématisation de la famille capverdienne sur la base de deux systèmes articulés. Le premier serait le système « machi-matricentré », véritable idiosyncrasie, résultant de l'histoire particulière du Cap-Vert dont je retiendrai trois composantes majeures. Le second, que je qualifierais de « système des lois migratoires et de la plasticité de la parenté », résulte du premier et consiste dans le recyclage de traits apparus à la faveur du premier système, qui favorisent une adaptation à la globalisation du XXIe siècle.

---

8. .*Cf.* P.-J. Laurent, *Amours pragmatiques. Familles, migrations et sexualité au Cap-Vert aujourd'hui* (Paris, Karthala, 2018).

Figure 7. Présentation schématique de la morphologie du « faire famille » au Cap-Vert

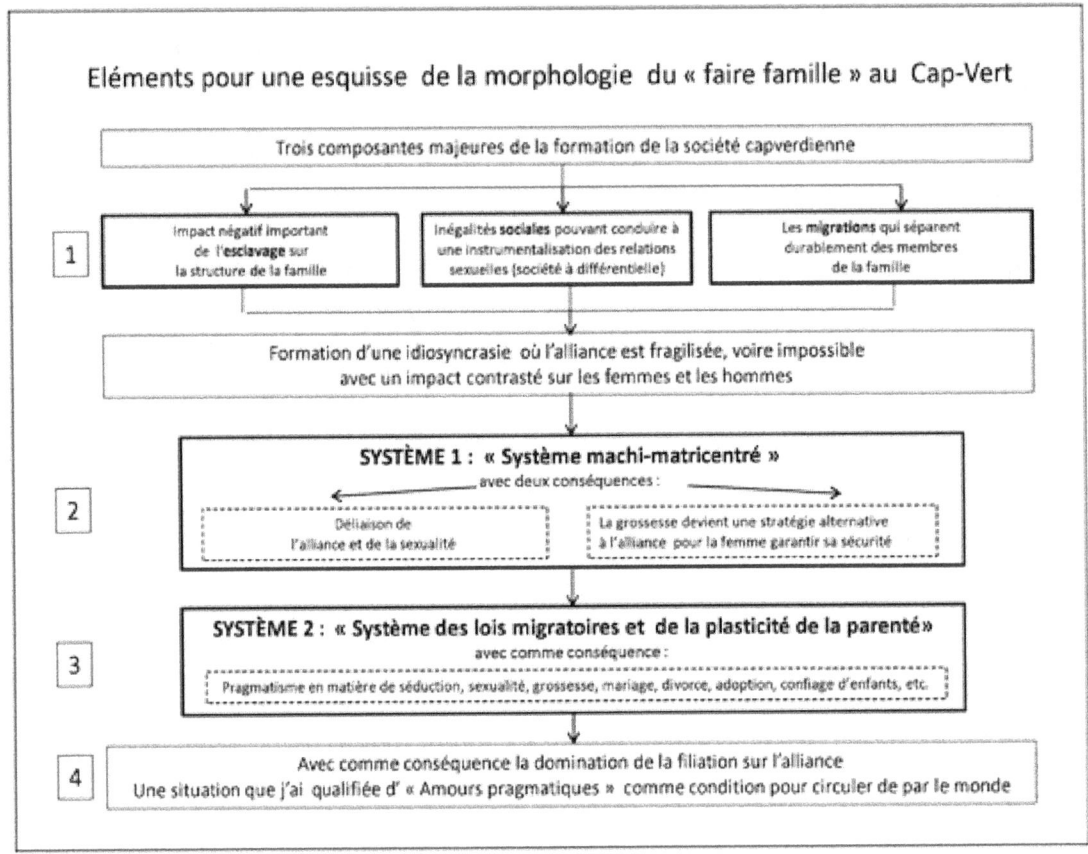

Le système « machi-matricentré »

La famille à distance capverdienne contemporaine, repose sur trois composantes historiques de la formation de la société capverdienne – l'esclavage ; les inégalités ; les migrations – qui conduisent à une idiosyncrasie, laquelle modèle la famille. Les éléments constitutifs de ce contexte concourent à l'institution du système «machi-matricentré ».

L'esclavage

En raison des conditions d'instabilité propres à la société esclavagiste, l'homme noir avait peu de possibilités d'établir des liens stables avec une femme noire : « ce qui prédominait en vérité, dans l'esclavage, étaient les unions relativement transitoires, souvent sans cohabitation, avec des femmes qui avaient des enfants avec différents hommes » (Correira e Silva 2013 : 101), et l'historien Correira e Silva de préciser que la cellule familiale est constituée de la mère et de ses enfants, sans référence explicite au père, peu capable d'aider concrètement dans la vie quotidienne de la femme et des enfants. Par ailleurs, « les conditions de vie de l'esclave – sujet à la vente, à la donation et au prêt, potentiellement porteur de séparation – ne stimulent pas les liens maritaux durables » (Correira e Silva 2013 : 102). Certains traits de ce modèle de famille existent toujours aujourd'hui, comme : « [...] la prérogative pour l'homme de pouvoir avoir des relations sexuelles, tant avant que durant le mariage, avec des femmes considérées comme socialement inférieures, sans que cela fasse l'objet de pénalisations sociales, avec ou non, la reconnaissance de la paternité » (Correira e Silva 2013 : 105). La paternité est sélective dans la mesure où, selon ses désirs, l'homme reconnaît ou non l'enfant. Comme signe de distinction sociale, la société capverdienne accorde aujourd'hui encore de l'importance au fait de pouvoir compter sur un père qui aide et soutient ses enfants (même s'il est absent).

La « société à différentiel »

Les inégalités intrinsèques de la société capverdienne conduisent à ce que je propose de nommer la « société à différentiel ». Cette notion qualifie la mobilisation – à l'intérieur même de la société – d'une rente inhérente à des conditions statutaires contrastées. Dans une « société à différentiel », les inégalités restent difficiles à juguler, car cette rente s'ancre au cœur de la société. Schématiquement, on rencontre ceux qui accèdent à un emploi salarié fixe, et donc à la sécurité sociale, et puis les autres, vivant de l'économie populaire et le plus souvent contraints à l'informalité. Le différentiel se donne à voir lorsque les premiers, vivant dans l'univers formel, tirent avantage à embaucher et à rémunérer les seconds, selon des modalités en vigueur dans leur univers informel. Le différentiel repose sur ce jeu entre formel et informel lequel dégage une rente, c'est-à-dire un avantage tiré non pas d'un travail, mais d'une position dominante. La société à différentiel se reproduit de deux manières : par l'endogamie des élites (politiques, administratives et économiques) surtout, mais aussi à la faveur de l'enrichissement de certains migrants rentrés au Cap-Vert.

Sous un plan autre qu'économique, la « société à différentiel » renforce les rencontres inégalitaires, avec des conséquences sur la structure de la famille. Ces inégalités permettent à ceux situés du côté favorable de tirer avantage de la situation, par exemple en accédant aux corps de jeunes filles vulnérables, souvent sans compagnon fixe ni emploi. En quête d'ascension sociale, elles recherchent des opportunités pour quitter leur condition et leur île. Cette situation altère des relations sociales qui n'ont de cordiales que l'apparence, lorsqu'elles voilent des stratifications sociales rigides.

À l'instar de la période esclavagiste, la « société à différentiel » fragilise l'alliance, voire la rend tout simplement impossible. Si l'homme dominé est malmené dans cette histoire singulière, il n'en reste pas moins que la femme doit élever seule ses enfants, garantir sa sécurité et celle de ses enfants.

Les flux migratoires

La majorité de ces flux migratoires capverdiens sont aujourd'hui bien documentés, de même que les modes de vie des communautés réparties de par le monde et composant l'importante diaspora capverdienne (*cf.* les innombrables travaux universitaires spécialisés en portugais, anglais, français, italien, espagnol, allemand pour la grande majorité). Certains chiffres, difficiles à vérifier [9], donnent entre 1 à 1,5 Capverdiens, selon les sources, en migration pour 1 résidant dans les îles. C'est dire combien l'identité du pays s'est constituée sur la migration et bien entendu l'esclavage, c'est-à-dire aussi sur le mouvement, la séparation et les inégalités.

Les formes multiples et variées prises par les migrations ont un impact sur la société capverdienne, et notamment sur la famille. Une des conséquences de la migration consiste à introduire des séparations durables entre les membres d'une famille. La définition du faire famille à distance renvoie à l'idée de garder « l'esprit de famille », malgré sa répartition en différents noyaux installés le plus souvent sur différents continents : une mère peut partir et laisser ses enfants confiés à des tiers, de même qu'un homme peut quitter sa compagne pour de longues années ; un couple peut partir et laisser ses enfants à la garde de plusieurs parents, des enfants peuvent partir s'ils sont confiés à un parent résidant à l'étranger, etc.

Cette troisième composante majeure propre à l'histoire de la formation de la société capverdienne – les formes multiples et historiques prises par les migrations – participe, avec

---

9. .Cf. Instituto das Comunidades, voir aussi Instituto Nacional de Estatística de Cabo Verde-INECV

l'esclavage et les inégalités (cf. « société à différentiel ») à l'institution du système « machi-matricentré ».

Ces trois composantes majeures propres à l'histoire de la formation de la société capverdienne concourent à instituer le système « machi-matricentré », avec des conséquences majeures directes sur la famille : 1) l'impact négatif important de l'esclavage sur la structure familiale ; 2) les inégalités sociales pouvant conduire à une instrumentalisation des relations sexuelles ; 3) les migrations qui séparent durablement des membres de la famille. Les conséquences sur la famille de ces trois composantes majeures de l'histoire du Cap-Vert affectent directement, mais différemment, les femmes et les hommes. Pour bien prendre la mesure de ce fait, il convient de garder en mémoire l'évidence que ce sont les femmes qui font les enfants pour les deux sexes. Si cette histoire singulière concourt à un certain éloignement des hommes, des femmes et de leurs enfants, les femmes ont bien dû prendre en charge, seules, leurs enfants lorsque c'était nécessaire. Dans cette histoire contingente, c'est bien l'alliance (le mariage) qui est fragilisée, voire tout simplement impossible, avec des conséquences multiples. La conséquence majeure de ce système « machi-matricentré » est la déliaison de la sexualité et de l'alliance avec l'objectif central de garantir dans la longueur (une fois celle-ci devenue vieille) la sécurité de la mère (dans un contexte où la sécurité sociale étatique accessible aux seuls salariés est en voie de constitution) laquelle n'est pas vraiment garantie dans le cadre de l'alliance[10].

Ainsi, l'articulation du premier élément du système, le machisme – au Cap-Vert, un homme peut vivre avec une compagne, sans forcément être marié (união de facto), avoir des enfants et s'intéresser à d'autres femmes –, avec le second – la famille matricentrée, conduit à la formation du système « machi-matricentré », lequel produit la déliaison entre l'alliance et la sexualité. Le machisme permet à un homme nanti, s'il le désire, en plus de son éventuelle compagne attitrée et la famille qu'il forme avec elle, de cumuler une ou plusieurs *mães de filhos*, le plus souvent des femmes considérées comme socialement inférieures. Cet homme participe ainsi à la reproduction de familles matricentrées. Plus encore, comme substitut à l'alliance qui ne sécurise pas ici la femme, ces dernières, tenteront d'utiliser la grossesse pour inscrire cet enfant dans la filiation de cet homme[11]. Et par l'éducation, elle transmettra à cet enfant le devoir de leur venir en aide lorsqu'elle sera âgée. On le comprend ici, la famille matricentrée ne concerne pas uniquement des femmes pauvres de la société, car d'abord ce ne sont pas uniquement les femmes les plus pauvres qui sont concernées par ce type d'organisation familiale, et ensuite,

---

10. .Voir l'hypothèse centrale de mon ouvrage intitulé *Beautés imaginaires*.. (Laurent 2010).
11. .« Dans ce sens, le fonctionnement de la famille matricentrée vient renforcer l'hypothèse centrale de *Beautés imaginaires* où il était question de montrer que l'alliance était surtout une invention des plus faibles d'un groupe, dont les femmes, pour se garantir une forme de sécurité, en restant accrochées à la société, via la famille, quel que soit son âge ou sa condition [...] » (cf. *Beautés imaginaires*).

parce que ce sont en général des hommes dominants qui participent à la reproduction de ce type de famille. La famille matricentrée concerne bien l'ensemble de la société capverdienne [12].

Le type de relation de parenté produit par le système « machi-matricentré » peut s'énoncer à partir de quatre éléments de base : 1) un père physiquement et psychiquement absent entraîne la fragilisation du rôle du père », dans le sens ici restreint que ce père n'assure pas le rôle, largement répandu dans les sociétés à alliance et à filiation indifférenciée, de séparer la mère de ses enfants et surtout de séparer la mère du fils ; 2) une mère se dévoue pour élever seule ses enfants ; 3) à la faveur d'une éducation transmise par la mère, les enfants se retrouvent psychiquement endettés envers elle quant à la garantie de sa sécurité ; 4) plus que la fille qui pourra être retenue par la prise en charge de ses propres enfants, le fils devra pourvoir à la sécurité de sa mère ; il sera confronté à un dilemme de fidélité entre sa mère et la ou les *mães de filhos*.

Ces quatre éléments agissent conjointement pour pointer sans équivoque le poids prépondérant des relations de filiation, en mesure de maintenir dans l'ombre l'alliance, lorsque la mère, tournée sur elle-même, retient captifs ses enfants. En conclusion, le système « machi-matricentré » valorise les liens de filiation au détriment des liens d'alliance, perçus d'emblée par la mère comme une concurrence à sa propre quête de sécurité.

Système des lois migratoires et de la plasticité de la parenté

Le système « machi-matricentré » porte en son sein les éléments indispensables à la fabrication du second système. Il consiste en une maximisation des qualités inhérentes au premier système, à la faveur de la confrontation de la famille capverdienne aux aléas des formes prises par les migrations contemporaines (dont la confrontation aux lois du regroupement familial des pays d'accueil et au marché du travail de ces mêmes pays). Cette confrontation conduit à favoriser la plasticité des composantes de la parenté [13], avec la conséquence qu'en matière de

---

12. .Comme me le rappelait dans un courrier Celso Furtado : « même dans les familles où les hommes sont présents (comme pères, maris, compagnons), la famille reste matricentrée. Ce qui renvoie à la relation privilégiée mère-enfants ». L'argument selon lequel la famille matricentrée concerne toute la société capverdienne est central. Il est question d'insister sur un mode de fonctionnement transversal, dans un sens ici plutôt culturel. Dès lors, la matrificocalité concerne tous les groupes sociaux et pas uniquement les familles populaires. Une piste qu'avait déjà empruntée Guy Dubreuil (1965) en parlant de la famille martiniquaise ; voir aussi l'étude de L. Vallée (1965), propos de la légitimité et de la matrofocalité, et l'ouvrage de M. Chamberlain (2006)

13. .Pour une première utilisation de la notion de plasticité pour qualifier la parenté au Cap-Vert, voir Fêo Rodrigues (2007), qui propose une relation entre la plasticité de la parenté et la sécurité (de la mère surtout).

séduction, de sexualité, de grossesse, de mariage, de divorce, d'adoption, ou encore de confiage d'enfants, etc., le pragmatisme peut prévaloir. Autrement dit, le second système n'existe pas en soi, puisqu'il résulte d'une adaptation opportune du premier lequel est déjà porteur de tous les ingrédients qui le conduiront à s'adapter aux conditions de la globalisation du XXIe siècle, via la promotion de la famille à distance capverdienne.

Une autre précision concerne ce second système, dit des « lois migratoires et de la plasticité de la parenté ». J'ai indiqué qu'il résulte du recyclage des acquis inhérents au système « machi-matricentré ». Il est question d'une plasticité acquise des différentes composantes de la parenté et permettant de se mouler dans les lois du regroupement familial, afin de maximiser l'entretien, entre les membres de la famille surtout, du capital migratoire, une fois celui-ci acquis.

Au regard de l'étude de cas présentée dans ce texte, j'utilise l'idée de circulation du capital migratoire pour qualifier de manière générale le projet migratoire lequel garantit la cohérence de la famille à distance dans le long terme. Bien entendu ce projet se module selon les pays d'accueil.

C'est dans ce sens que la migration concerne plus particulièrement une famille et non prioritairement un individu.

Conclusion : le *care* ne peut pas être la cause première de la famille à distance

Je voudrais pour conclure, revenir sur la vision de la famille à distance véhiculée par les notions de *circulation of care,* de *caregiving,* de *care* transnational, c'est-à-dire de « soin à distance », dans le cadre ici de la *« Transnational Family »* liée à la migration, une notion utilisée par des chercheurs pour rendre compte des pratiques qui unissent les membres dispersés d'une famille dans le temps et dans l'espace.

La théorie du *care circulation* repose sur la proposition selon laquelle la famille est décrite comme « [...] a process based on face-to-face routines and interactions » (Baldassar, Nedelcu *et al.* 2016 : 142). Dès lors, confrontée à la migration, la famille devenue transnationale, par la notion de *care circulation,* aujourd'hui renforcée par celle de *polymedia environment,* peut se maintenir en tant que famille. Pour ce faire, différents types d'entraide, renforcés par les Information and Communications Technology (ICT), atténuent la distance en instituant des formes de co-présence (déclinées selon quatre ou cinq types : *physical, virtual, proxy and imagined*). La coprésence sauvegarde, en dépit de sa confrontation à la migration, une définition classique de la famille qui se normalise lorsqu'elle s'incarne dans l'avatar de la famille transnationale. La distance devient « presque un » leurre puisqu'elle ne sépare plus vraiment :

par l'ubiquité, le « faire famille » est sauvegardé à la faveur de « all the forms of "staying in touch" across distance... »[14].

Dans l'introduction, j'ai proposé comme hypothèse que, plus que de *care circulation*, il est question de la soumission de tous les membres d'une famille à l'entretien du capital migratoire ou à son obtention, qui garantit à long terme les liens entre les membres dispersés de la famille. Autrement dit, le *care circulation* représente le processus qui, dans le cadre restreint de la famille à distance, alimente la soumission de ses membres au projet familial. Ce sont bien toutes les composantes de la parenté qui se trouvent convoquées et doivent se soumettre, le plus souvent, quel qu'en soit le prix pour les membres d'une famille, au projet migratoire, avec les conséquences individuelles et parfois psychiques.

Toutefois, pour rendre compte de ces pratiques et plus encore pour simplement apercevoir ce processus, il est indispensable, pour chaque cas étudié, de détailler le « projet migratoire familial », sachant qu'il court généralement sur plusieurs générations, ancré dans les mémoires, l'inconscient et transmis dès le plus jeune âge dans l'éducation des enfants surtout, ici, par les mères. En conséquence, le *care circulation* ne vient pas de nulle part ; il résulte d'une injonction, dans la mesure où les membres d'une famille à distance ne sont pas libres de leurs actions : c'est le projet migratoire familial qui conditionne dans la longue durée les actes de chacun et notamment ceux regroupés sous la notion plurivoque de « soin à distance » (dans le sens, ici surtout, de faire circuler dans un sens et dans l'autre, les paroles, les choses, l'argent, les personnes et les sentiments[15]).

À la lumière de cela, il devient évident que le « soin à distance » s'inscrit dans le cadre contraint des dettes et des devoirs accumulés par les uns et les autres envers chaque membre de la famille, en fonction de la place qui lui est attribuée dans le mouvement migratoire (ainsi, quel enfant aura la charge de ses parents restés au pays ou la charge de les appeler en migration ? Laquelle partira et lesquelles garderont ses enfants s'ils ne peuvent pas l'accompagner ? Quels cousins seront mariés afin de garder le capital migratoire entre soi, etc. ?). Par un travail ethnographique de longue haleine, on peut montrer comment la soumission des membres de la famille à son projet migratoire se trouve facilitée par la plasticité de la famille capverdienne. Cette plasticité devient toutefois une qualité paradoxale quand elle se mue en contrainte dès lors que la famille y recourt pour se mouler dans les lois migratoires des pays d'accueil, et surtout celles du regroupement familial, avec l'obligation de subir la temporalité longue qui en découle, c'est-à-dire le mouvement et la séparation de ses membres

---

14. .Voir Baldassar, Nedelcu *et al.* 2016 : 141 ; voir aussi Drotbohm (2009), « Horizons of Long-Distance Intimacies...
15. .Voir, à ce propos, la recherche doctorale d'É. Defreyne, *Au rythme des tambor. Ethnographie des mobilités des « gens de Santa Antão » (Cap-Vert, Belgique, Luxembourg)*, présentée en 2016.

sur le long terme. La prise en considération de ce cadre très contraignant ouvre la voie à un autre regard sur le *care circulation*.

Je propose de considérer la soumission des composantes de la parenté au « projet migratoire familial » comme étant le processus qui entretient le *Living Apart Together* (LAT) ; ce processus de soumission n'est pas vraiment envisagé par la notion du *care circulation* qui, à mon sens, gagnerait à être comprise comme un produit de cette soumission et non la cause de la famille à distance.

Dans le cas de la famille de Maïsa et de Camilo, j'ai voulu montrer comment la stabilité de la famille à distance résulte de la soumission de ses membres à des stratégies complexes et planifiées sur plusieurs générations. Ces stratégies découlent d'un projet vécu comme une évidence indiscutée : celle de vouloir à tout prix migrer pour accéder à un mieux-être, surtout. Ce projet renvoie à la capacité de la famille à distance, en raison de spécificités structurales, de se mouler dans les lois du regroupement familial des pays d'accueil (et donc dans la perception que ces pays ont de la famille), avec l'objectif de maximiser les chances de migrer d'un plus grand nombre. Le « projet migratoire familial » est cohérent et prospectif puisqu'il s'appuie sur des calculs pragmatiques planifiés sur des décennies lorsqu'il implique plusieurs générations. À mon sens, le *Transnational Kinship Network* évoque avant tout la soumission des membres des différents noyaux composant une famille à distance à son propre projet migratoire. Cette soumission équivaut à l'idéologie qui anime ce type de famille (dans le sens ici d'une représentation idéelle) ; la soumission de tous constitue la condition englobante qui rend compte du faire famille à distance. Avec cette conclusion forte, je me distancie de la notion de *care circulation*, car, si elle est d'une évidence incontestable au sein des familles, elle rend insuffisamment compte du fonctionnement du *Living Apart Together*. Entendons-nous bien, par cette critique, je ne sous-estime pas le *care circulation*, omniprésent dans la famille à distance ; je voudrais plus modestement placer la notion à sa juste place dans la compréhension de ce type de famille.

Du *care circulation*, je retiens donc que les pratiques quotidiennes ainsi désignées sont déterminantes dans l'activation et la reproduction quotidienne des liens ; ces pratiques ne constituent cependant pas la cause première des liens intenses qui structurent la famille à distance sur plusieurs générations ; autrement dit, ces pratiques ne constituent pas le phénomène premier, englobant, capable d'orienter les décisions des membres d'une famille sur le long terme. Le phénomène premier est bien la soumission de tous à l'enjeu de la transmission, et les pratiques multiples du *care circulation* s'y insèrent habilement, au prorata de la nature de chaque relation entre parents (amis ou voisins) pour reproduire cette dépendance, cette soumission et, donc, pour rappeler les dettes et les devoirs de chacun vis-à-vis des autres.

Bibliographie

Abelès M., 2008, *Anthropologie de la globalisation*, Paris, Payot.

Åkesson L., 2004, *Making a Life. Meanings of Migration in Cape Verde*, Goteborg, Goteborg University.

—, 2009, « Remittances and Inequality in Cape Verde : The Impact of Changing Family Organization », *Global Networks*, 9, 3, pp. 381-398.

Åkesson L., Carling J., 2009, "Mobility at the Heart of a Nation: Patterns and Meanings of Cape Verdean Migration," *International Migration*, 47, 3, pp. 123-157.

Åkesson L., Carling J., Drotbohm H., 2012, "Mobility, Moralities and Motherhood: Navigating the Contingencies of Cape Verdean Lives," *Journal of Ethnic and Migration Studies*, 38, 2, pp. 237-260.

Almeida G, 2000, *A Ilha Fantástica*, Lisboa, Editora Caminho.

Ambrosini M., 2008, « Séparées et réunies : familles migrantes et liens transnationaux », *Revue européenne des migrations internationales*, 24, 3, pp. 76-106.

Andall J., 1999, "Cape Verdean Women on the Move: Immigration Shopping in Italy and Europe," *Modern Italy*, 4, 2, pp. 241-257.

Andrade E., 1996, *Les îles du Cap Vert de la "découverte" à l'indépendance (1460-1975)*, Paris, L'Harmattan.

Baldassar L., 2008, "Missing Kin and Longing to Be Toghether: Emotions and the Construction of Co-presence in Transnational Relationships," *Journal of Intercultural Studies*, 29, 3, pp. 247-266.

—, 2016, "De-demonizing Distance in Mobile Family Lives: Co-presence, Care Circulation and Polymedia as Vibrant Matter," *Global Networks*, 16, 2, pp. 145-163.

Baldassar, L., Merla, L. (eds.), 2014, *Transnational Families, Migration and Circulation of Care*, London, Routledge.

Baldassar L., Nedelcu M., Merla L., Wilding R., 2016, "ICT-based Co-presence in Transnational Families and Communities: Challenging the Premise of Face-to-Face Proximity in Sustaining Relationships," *Global Networks*, 16, 2, pp. 133-144.

Baldassar L., Vellekoop Baldock C., Wilding R., 2007, *Families Caring Across Broders. Migration, Ageing and Transnational Caregiving*, New York, Palgrave Macmillan.

Bathala L., Carling J., 2008, *Transnational Archipelago. Perspectives on Cape Verdean Migration and Diaspora*, Amsterdam, Amsterdam University Press.

Beck U., Beck-Gernsheim E., 2012, *Amor a distancia*, Buenos Aires, Paidos.

Besure C., de Stexhe Y., Druant C., Rinschbergh F., Merla L., De Mol J., 2014, « Coprésence physique, coprésence virtuelle et liens familiaux en situation migratoire », *in* L. Merla & A. François (dir.) *Distances et liens,* Louvain-la-Neuve, Academia L'Harmattan, chap. 3, pp. 63-81..

Bonte P., Oorques I Gene E., Wilgaux J (dir.), 2011, *L'argument de la filiation. Aux fondements des sociétés européennes et méditerranéennes*, Paris, éditions de la Maison des sciences de l'homme.

Brede C., Deridder M., Laurent P-J. (dir.), 2012, *Modernité insécurisée. Les conséquences de la globalisation*, Louvain-la-Neuve, Académia [collec. *Investigation d'anthropologie prospective*].

Brette C., 2003, *Anthropology and Migration. Essays on Transnationalism, Ethnicity and Identity*, New York, Altamira Press.

Bryceson D., Vuorela U., 2002, *The Transnational Family. New European Frontiers and Global Networks*, Oxford & New York, Berg.

Bryceson D., Vuorela U., 2002, "Transnational Families in the Twenty-first Century," *in* D. Bryceson & U. Vuorela (eds.), *The Transnational Family: New European Frontiers and Global Networks*, New York, Berg, 2002, pp. 3-30.

Campani G., "Donne immigrate in Italia," *in* G. Cocchi (ed.), *Stranieri in Italia. Caratteri e tendenze dei paesi estra-comunitari*, Bologno, Istitutu Cattaneo.

Carling J.,2003, "Cartographies of Cape Verdean Transnationalism," *Global Networks*, 3, 4, pp. 335-340.

Carreira A., 1984, *Cabo Verde. Aspectos sociais, secas e fomes do século XX*, Lisboa, Ulmeiro.

—, 2000, *Cabo Verde. Formaçao e extincao de uma sociedade escravocrata (1460-1878)*, 3e éd., Praia, IPC.

Carsten J., 2000, *Cultures of Relatedness: New Approaches to the Study of Kinship,* Cambridge, Cambridge University Press.

Chamberlain M., 2006, *Family Love in the Diaspora. Migration and the Anglo-Caribbean Experience*, New Brunswick, Transaction Publishers.

Chamberlain M., Leydesdorff S., 2004, "Transnational Families: Memories and Narratives," *Global Networks*, 4, 3, pp. 227-241.

Correia E Silva A., 1995, *Historias de um Sahel insular*, Praia, Spleen.

—, 2013, *Dilemas de poder na história de Cabo Verde*, Praia, ed. Roso de porcelana,

Defreyne É., 2016, *Au rythme des tambor. Ethnographie des mobilités des "gens de Santa Antão" (Cap-Vert, Belgique, Luxembourg)*, Louvain-la-Neuve, Université catholique de Louvain.

Dias J.B., 2000, *Entre Partidas e Regressos : tecendo relações familiares em Cabo Verde*, Universidade de Brasilia, Brasília, Departamento de Anthropologie, Dissertação de Mestrado.

Drotbohm H., 2009, "Horizons of Long-Distance Intimacies. Reciprocity, Contribution and Disjuncture in Cape Verde," *History of the Family*, 14, 2, pp. 132-149.

—, 2012, "Gossip and Social Control across the Seas: Targeting Gender, Resource Inequalities and Support in Cape Verdean Transnational Families," *African and Black Diaspora: An International Journal*, 3, 1, pp. 51-68.

Dubreuil G., 1965, « La famille martiniquaise : analyse et dynamique », *Anthropologica,* 7, 1, pp. 103-129).

Ehrenreich B., Russell Hochschild A. (eds.), 2002, *Global Woman, Nannies, Maids, and Sex Workers in the New Economy*, New-York, Henry Holt.

Fêo Rodrigues I., 2007, « As mães e os seus filhos dentro da plasticidade parental : reconsiderarando o patriarcado na teoria e na prática », in M. Grassi & I. Évora
(dir.), *Género e Migrações Cabo-Verdianas, 43 – Estudos e Investigacões*, Lisboa, Universidade de Lisboa, pp. 123-146.

Fog Olwig K., 2007, *Caribbean Journeys. An Ethnography of Migration and Home in Three Family Networks*, Durham, Duke, University Press.

Gois P., 2008, *Comunidade(s) cabo-verdiana(s) : as mùltiplas faces da imigraçao caboverdiana*, Lisboa, Alto Comissariado para a Imigraçao e Dialogo Intercultural.

Gracchus F., 1987, *Les lieux de la mère dans les sociétés afro-américaines*, Paris, Éditions caribéennes.

Grassi M., 2003, *Rabidantes. Comércio Espontâneo Transnacional em Cabo Verde*, Liboa, Imprensa de Ciencias Sociais e Spleen Ediçoes.

Hily M.-A., Meintel D., 1977, *Migraçoes nas ilhas do Cabo Verde*, Lisbonne, Universidade Nova de Lisboa.

—, 2000, « Transnationalité et renouveau de la vie festive capverdienne aux États-Unis », *Revue européenne des migrations internationales*, 16, 2, pp. 77-90.

Instituto Nacional de Estatística, 2015, III *Inquérito às Despesa e Receitas Familiares.*

Laurent P.-J., 2003 (2009 2e éd.), *Les pentecôtistes du Burkina Faso, mariage, pouvoir et guérison*, Paris, Karthala.

—, 2010, *Beautés imaginaires. Anthropologie du corps et de la parenté*, Louvain-la-Neuve, Academia.

—, 2018, *Amours pragmatiques. Familles, migrations et sexualité au Cap-Vert aujourd'hui*, Paris, Karthala, 456 p.

Laurent P.-J., Dassetto F., Ouedraogo T., 2013, *Un islam confrérique au Burkina Faso. Actualité et mémoire d'une branche de la Tijâniyya*, Paris, Karthala.

Laurent P.-J., Plaideau C, 2010, « Esprits sans patrie. Une analyse de la transnationalisation des spiritualités dans les îles du Cap-Vert », *Autrepart*, 56, pp. 39-55

Lesourd M., 2005, « La diaspora capverdienne et son rôle dans l'archipel du Cap-Vert. Développement, politique, identité », *Hommes et migrations, 1256, Les migrants et la démocratie dans les pays d'origine,* http://www.hommes-et-migrations.fr/index.php?/numeros/les-migrants-et-la-democratie-dans-les-pays-d-origine/1232-la-diaspora-capverdienne-et-son-role-dans-l-archipel-du-cap-vert, 29/07/2009,

Levin M., 2002, « Flux et lieu : transnationalisme / Quatre cas », *Anthropologica, XLIV*, 1, pp. 13-23.

Lobo A., 2012, *Tão longe, tão perto. Famílías e "movimentos" na ilha da Boa Vista de Cabo Verde, Praia*, UNI/CV, 269 p.

Lopes Filho J., 2007, *Immigrantes in terra de emigrantes*, Praia, Instituto da Biblioteca Nacional e do Livro.

Madianou M., Miller D., 2012, *Migration and the New Media: Transnational Families and Polymedia*, London, Routledge.

Marques J.C., Gois P., 2007, *Praticas transnacionais dos imigrantes cabo-verdianos em Portugal e dos emigrantes portuguese na Suiça : Para além dos conceitos,* Lisboa, Centro de Estudos Sociais.

Meintel D., 2002, "Cape Verdean Transnationality, Old and New," *Anthropologica, XLIV*, 1, pp. 25-42.

Monteiro C.A., 1997, *Comunidade Imigrada. Visão sociológica. Ocaso da Itália*, Praia, Edição do autor.

Razy É., Baby-Collin V., 2011, « Introduction », *Autrepart, 57-58, La famille transnationale dans tous ses états*, pp. 7-22

Rodrigues I., 2007, « As maes e seus filhos dentro da plasticidade parental : reconsidenrando o patriarcado na teoria e na pratica », *in* M. Grassi & I. Évora (dir.), *Género e Migrações Cabo-Verdianas, 43 – Estidos e Insvestigacões*, Lisboa, Universidade de Lisboa, pp. 123-146.

Savi C., 2010, « Le regroupement familial en Italie. Une législation de plus en plus restrictive qui s'inscrit dans un contexte plus général de fermeture des frontières européennes », *Les politiques migratoires*, n° 14, pp. 249-262.

Singleton M., 2004, *Amateurs de chiens à Dakar : plaidoyer pour un interprétariat anthropologique*, Louvain-la-Neuve/Paris, Academia/L'Harmattan, 1998, 150 p.

—, 2004, *Critique de l'ethnocentrisme*, Paris, Parangon, 255 p.

—, 2015, *Confessions d'un anthropologue*, Paris, L'Harmattan, 306 p.

Solomon M.J., 1992, *"We Can Even Feel that We Are Poor, but We Have a Strong and Rich Spirit": Learning from the Lives and Organization of the Women of Tira Chapéu, Cape Verde*, Graduate School of The University of Massachusetts, Disseratção de Mestrado. Educação.

Vallée L., 1965, « À propos de la légitimité et de la matrifocalité. Tentative de réinterprétation », *Anthropologica, 7*, 2, pp. 163-177.

Varela Tavares P., 2010, *Remessas dos trabalhadores emigrantes e impactos econômicos : evidencias para Cabo Verde*, Universidade de Porto Alegre, Brasil, Tesis de doutoramente.

Veiga Miranda J.M., 2013, *Constituição de masculinidades num contexto de crise do pescado : uma abordagem ethnográfica em Rinçáo, Santiago, Cabo Verde*, Praia, UNI/CV, Mestrado em ciências sociais.

Vicente Rocha E., 2014, *Feitiçaria e Mobilidade na África Ocidental : uma ethnografia da circulação de Kórda, mùéstris e korderus*, Praia, UNI/CV, Doutoramento em ciências sociais.

Vieira F., 1998, « La "caboverdianidade" entre mythe et réalité. Destruction identitaire ou condition minoritaire parmi les migrants capverdiens en Europe ? », *Lusotopie*, p. 55-65.

2. Espaces et liens de la migration: Figures de la famille sénégalaise à Barcelone

MARÈME NIANG NDIAYE

Au cours des vingt dernières années, les mouvements migratoires ont connu d'importantes mutations et transformations qui recomposent très fortement les dynamiques familiales. Leur augmentation, intensification, rajeunissement et féminisation croissante ont donné lieu à une nouvelle figure de la famille marquée par le fractionnement de ses membres, disséminés dans plusieurs espaces ; des modes de vie qui subsistent grâce à la force des liens de parenté et à l'importance des réseaux migratoires. Cette nouvelle figure, appelée « famille transnationale »[1], impulsée par la perspective transnationale (Basch et al. 1994) est révélatrice de la manière dont les liens familiaux s'accommodent aujourd'hui des formes contemporaines de la migration. La littérature sur les familles transnationales s'est beaucoup intéressée aux liens maintenus sur la distance et à la production des dispositifs transnationaux. Les enjeux de la dispersion géographique (Faist 2000 ; Ariza 2002 ; Bryceson & Vuorela 2002 ; Audebert 2004 ; 2006 ; Levitt 2001 ; Ariza & Portes 2007) et de l'absence souvent parentale (Hondagneu-Sotelo & Avila 1997 ; Olwig 1999 ; Dreby 2006) sur la nature et le maintien des liens familiaux en contexte migratoire, ont constitué l'essentiel des études. D'autres travaux ont montré que les membres de la famille, quand ils sont éparpillés et dispersés, continuent à consolider leurs liens par diverses stratégies d'échanges, de solidarité, de don, d'information ou tout simplement à travers des visites ou des relations grandement facilitées par le recours aux technologies de communication (Baldassar 2007 ; Baldassar et al. 2007).

---

1. .Selon Bryceson & Vuorela [2002 : 18], une famille transnationale se caractérise par le fait que ses membres vivent séparés tout le temps ou de manière partielle, mais tiennent ensemble et créent ce qui peut être considéré comme un sentiment de bien-être collectif et d'unité familiale, même au-delà des frontières nationales.

Si la fécondité de ces analyses [2] a permis d'opérer un important changement de paradigme dans la « transnationalité » des dispositifs familiaux, il apparaît pertinent de ne pas faire l'impasse sur les contextes migratoires, en particulier quand ceux-ci deviennent spécifiquement contraignants ou soumis à de fortes tensions (politiques, économiques, sécuritaires, sociales et identitaires). Cela se justifie dans la mesure où ces situations peuvent influencer aussi bien les pratiques et arbitrages des familles transnationales que les liens intra- et intergénérationnels. Dans l'espace communautaire européen, le durcissement actuel des conditions d'entrée et de séjour, les restrictions de circulation de migrants, les conditions complexifiées de regroupement familial [3], l'accès à un marché du travail européen soumis à des réglementations strictes, les politiques draconiennes de demande d'asile dans un contexte sécuritaire, constituent autant de contraintes économiques, sociales, structurelles et institutionnelles qui s'imposent aux familles migrantes. Par ailleurs, la rencontre entre les réalités de l'espace et les pratiques transnationales des familles peut conduire à des tensions fortes et cela même au sein de groupes où les traditions et croyances culturelles représentent des socles d'harmonisation et d'institutionnalisation de la famille. L'objectif de cette contribution est donc de mettre en relief l'effet des contextes de la migration sur les trajectoires migratoires et les recompositions des rapports de parenté – en particulier sur les liens familiaux transnationaux. L'hypothèse de départ est que, si le contexte sociostructurel catalan, ne constitue guère un frein au maintien des liens et aux pratiques transnationales, il peut néanmoins générer des situations d'insécurité et /ou de fragilisation de certaines familles sénégalaises. Les rapports entre conjoints ou entre membres de familles peuvent particulièrement en être bouleversés.

---

2. .À propos des travaux sur la famille transnationale, voir le numéro de la revue *Autrepart, 57-58*, 2011/1, codirigé par Virginie Baby-Collin et élodie Razy et intitulé *La famille transnationale dans tous ses états*.
3. .Les procédures de regroupement familial dans l'espace européen sont strictement réglementées. Les accords sont obtenus moyennant la preuve de liens maritaux, de consanguinité et de minorité pour les enfants. Il est obligatoire de disposer d'un logement et de revenus suffisants.

Ce chapitre s'appuie sur des données de terrain issues de ma recherche doctorale dans la Région métropolitaine de Barcelone [4] et concerne onze migrants sénégalais sur les 45 enquêtés dans différents lieux (résidence, travail, sociabilités).

La première partie met en évidence la place de la famille en considérant les configurations de mobilité des Sénégalais dès les années 1970. La deuxième pose le cadre spatio-temporel de cette migration sénégalaise en Espagne et particulièrement dans la région métropolitaine de Barcelone. La dernière analyse les arbitrages familiaux des Sénégalais à Barcelone.

1. La question de la famille dans les migrations sénégalaises

Si la migration représente de plus en plus, pour de nombreux Africains de l'Ouest, une entreprise individuelle et parfois solitaire, la décision de migrer est toujours liée à la « configuration sociale » (Elias 1991) de départ (famille, voisinage, foyer, parentèle). Souvent considérée comme la cellule de base de la société, la famille [5] se trouve en amont et en aval du processus migratoire en Afrique. Les réseaux familiaux constituent dès lors des supports

---

4. .La région métropolitaine de Barcelone (RMB) s'étend sur 3 236 kms, avec une population de 4 392 393 habitants répartie dans 164 municipalités et structurées en sept comarques (Barcelone, Garraf, Alt Penedès, Baix Llobregat, Vallès Occidental et Vallès Oriental Maresme). Les données recueillies dans 22 communes barcelonaises, qui sont des lieux de résidence, de sociabilité ou de travail des migrants, montrent que le cadre familial dans lequel évoluent les Sénégalais interviewés est transnational. Pour près d'un tiers, une partie de leur famille se trouve hors du Sénégal, en Afrique, en Europe ou en Amérique du Nord. Les onze migrants rencontrés (neuf hommes et deux femmes) ont des profils quasi homogènes : tous mariés, âgés de plus de 18 ans, ils ont leurs conjoints au Sénégal et au moins un enfant en bas âge resté au pays. Les données sur la dimension familiale ont été recueillies au cours de l'analyse de leur trajectoire de vie. Cette dimension de la famille éclaire différentes pratiques liées au don et au contre-don au sein du réseau familial et la manière dont ces pratiques transnationales se répercutent aussi bien dans les modes d'habiter de ces migrants, leurs lieux d'origine. Cela a permis de constater l'épaisseur des stratégies et arbitrages familiaux transnationaux, mais aussi de noter d'éventuels ajustements, négociations, tensions, effritements et souffrances, accompagnant l'expérience migratoire et rythmant les jeux d'intérêts, d'autorité et parfois de domination qui caractérisent les rapports de parenté et les relations matrimoniales.
5. Dans plusieurs sociétés ouest-africaines, la définition de la famille est loin de constituer une réalité fixe et unique. Il s'agit davantage d'une entité aux multiples ramifications impliquant une parentèle élargie. La société sénégalaise se structure en système de stratification complexe où se croisent des hiérarchies multiples en interaction les unes avec les autres (Guigou 1992 ; Faye 2004). Aussi, le couple issu de ce système s'applique à cette réalité.

en migration, mais aussi des vecteurs d'organisation socioculturelle et d'identification dans les espaces d'immigration. Repères relativement stables et sécurisants, ils sont capables d'apporter non seulement un soutien matériel, mais aussi psychologique aux migrants.

Les premiers travaux sur le sujet se sont d'abord intéressés à la migration comme stratégie familiale de survie et de reconnaissance au sein de la parentèle. Le départ des hommes seuls (époux, pères, fils) était particulièrement lié à la gestion de la famille, car dans ces groupes en majorité gérontocratiques, l'homme a le devoir matériel d'assurer la subsistance de sa famille. L'acte migratoire est donc chargé de sens et respecte les valeurs au sein de la famille dans la mesure où le migrant pouvait être considéré comme un bon père, un bon mari, un bon chef de ménage et acquérir un statut social reconnu au sein de la communauté. Le système de la *noria*[6] permettait au cadet de la famille ou un cousin de relayer un aîné immigré. Ainsi chez les Soninké – notamment du Sénégal et du Mali –, les Mossi, les Dogon, la migration était souvent interprétée comme un rite de passage important dans le cursus de l'individu (Fall 1998). C. Quiminal (1991) a montré, à travers une ethnographie fine de la société soninké, l'importance des valeurs culturelles associées au respect de la tradition familiale patrilignagère et patriarcale, comme facteur déterminant des migrations soninké vers la France. Selon elle, les hommes migrent non seulement pour se forger en homme, mais aussi pour détenir un statut social et obtenir une reconnaissance. Partir devient alors un moyen pour des cadets, avant leur accès à certaines responsabilités, de s'affranchir des dépendances à l'égard des anciens et un espoir de prospérer pour acquérir au retour un statut plus valorisant. L'opportunité d'enrichissement n'implique pas pour autant une soustraction à l'ordre familial et social qui détermine la place de chacun, manifestée et rappelée par le nom du lignage (Quiminal 1991 : 34). Cette thèse a aussi été démontrée dans les travaux de M. Timera, sur le même groupe. Les relations de dons et de contre-dons, le respect de la tradition, le maintien des femmes au pays d'origine, représentent pour les familles soninkés de solides "garanties" de stabilisation et de transmission intergénérationnelle en contexte migratoire :

> « [...] La force de la structure familiale locale a su maintenir le but de l'émigration en mettant en place un dispositif social et coercitif qui a traversé [...] l'évolution des différents âges » (Timera 1996 : 90).

Les mutations produites par les migrations ouest-africaines et sénégalaises dans les années 1990 ont conduit à s'interroger sur le maintien des liens qui sous-tendent les figures de la

---

6. .D'après Patrick Gonin (1997), le système de *noria* permettait aux migrants de retourner au pays pour un séjour plus ou moins long, tout en se faisant remplacer par un proche qu'ils faisaient venir en France. Ainsi, les migrants pouvaient non seulement retourner tous les deux ou trois ans au Sénégal, mais aussi participer à la vie communautaire et retourner définitivement chez eux, une fois leurs objectifs migratoires atteints.

famille dans des contextes de migration. La fin du système de la *noria*, le durcissement des conditions d'entrée en France, la migration de longue durée, ont conduit à des bouleversements importants de leurs dynamiques familiales (Ba & Bredeloup 1997 ; Barou 2001). Par ailleurs, les obstacles créés par l'administration française en matière de regroupement familial, les difficultés matérielles et immatérielles (accès au logement, au travail, rapport avec la société française) rencontrées par les migrants sur place et l'émergence de problèmes relationnels et conflictuels entre les migrants et leur progéniture née en France ont transformé en profondeur la figure même de ces familles africaines (Barou 2001 ; Timera 1996 ; Ba 1996 ; Ba & Bredeloup 1997).

Les bouleversements se manifestent dans les pays d'origine par les changements des rapports entre les sexes lorsque les femmes décident de migrer seules, ou pour rejoindre leur mari (Barou 2001). L'absence prolongée des hommes favorise une certaine autonomisation des femmes dans la gestion du foyer, de l'éducation des enfants (Sow 1991 ; Antoine & Sow 2000 ; Tandian 2003) et une redéfinition de la nature de leurs liens sociaux (Barou 2001).

Au Sénégal, la féminisation croissante de la migration a provoqué des processus de « négociation des places » dans de nombreuses familles transnationales (Tandian 2003 ; Sow 1991). Cette situation a stimulé des perceptions socioculturelles négatives faisant parfois considérer la migration comme une voie de prostitution pour les femmes (Ba 1996 ; Antoine & Sow 2000).

Les dynamiques en lien avec les procédures et les processus de réunification familiale ont aussi fait l'objet d'analyses plus récentes. Des recherches quantitatives ont permis de comprendre la complexité des formes et types de familles transnationales sénégalaises, mais aussi les logiques et dynamiques qui sous-tendent les processus de réunification familiale en Europe (Baizan *et al.* 2014 ; Beauchemin *et al.* 2015).

Des analyses sociodémographiques sur des Africains résidant en Europe élaborées à partir des données de l'enquête MAFE[7] proposent une typologie des couples transnationaux sénégalais, congolais et ghanéens, appelés « *LATAB* » ("Living Apart Together Accross Borders"). Cette classification révèle la pertinence de la corrélation entre le niveau d'instruction du migrant et les facteurs socioculturels (religion, ethnie, groupe d'appartenance), surtout chez les Sénégalais. Ces recherches ont mis en évidence le dynamisme de la formation de ces couples transnationaux, ne coïncidant pas toujours avec celle des modèles européo-centrés.

Si l'ensemble de ces productions scientifiques éclaire la place et le rôle important de la famille dans les dynamiques migratoires ouest-africaines et notamment sénégalaises, le matériau empirique manque pour suivre la "reconstitution" des familles dans les divers espaces de vie.

---

7. .Acronyme de Migration entre l'Afrique et l'Europe, l'enquête MAFE a été coordonnée par l'INED en 2009, sur les dynamiques familiales.

Peu de travaux portent sur les transformations et recompositions des familles en lien avec les politiques migratoires (Mazzocchetti 2011).

2. Présence sénégalaise en Espagne

Au début de la seconde moitié du XXe siècle, l'Espagne était un pays d'émigration. De 1960 à 1973, plus de 100 000 travailleurs espagnols ont émigré chaque année vers l'Allemagne, la France et la Suisse (Eurostat 2000). À cette époque, l'émigration constituait une source de revenus pour l'Espagne et y soulageait la pression sur le marché du travail. Elle a commencé à décliner à partir de 1973 et nombre d'Espagnols sont rentrés chez eux. Parallèlement, des migrants en provenance d'autres pays commençaient à entrer en Espagne (Colectivo IOE 1992 ; 2004). Vers la fin des années 1970 et au début des années 1980, l'Espagne a cessé d'être un pays d'émigration pour devenir une destination migratoire. À partir de 1986, son adhésion à la communauté européenne a permis de relancer l'économie et d'engager de grands travaux d'infrastructures. Sa position géographique aux portes de l'Afrique et du monde arabe a suscité un afflux important de migrants. Cette période coïncide aussi avec la crise pétrolière consécutive au conflit israélo-arabe de 1973, qui a provoqué une profonde crise économique dans les pays occidentaux (Fall 1998 ; 2008). En Grande Bretagne, en France, en Allemagne et en Belgique, une des réponses à cette crise a été la fermeture des frontières à la migration de travail. Ces mesures ont fortement remodelé les champs migratoires pour de nombreux pays africains, dont le Sénégal, et ont redéfini les profils des migrants (Ndiaye 2008).

Au Sénégal où la migration était essentiellement orientée depuis la Première Guerre mondiale vers la France et vers les pays de la sous-région africaine, cette période marque une « turbulence » dans les flux et mouvements migratoires. Les crises et les difficultés rencontrées lors de migrations vers des destinations africaines[8], mais aussi l'instauration du visa en France en 1974 et son corollaire ont modifié les trajectoires migratoires des Sénégalais. Une des premières conséquences de cette situation a été la fin du « système de la *noria* » : les titulaires d'un permis de séjour et d'une autorisation de travail se trouvaient dans l'obligation de

---

8. .Durant la décennie 1990 les mouvements migratoires des Sénégalais ont été affectés d'abord a été le conflit sénégalo-mauritanien, survenu en 1989, dont les répercussions se firent sentir au niveau de la Vallée du fleuve Sénégal et des capitales mauritanienne et sénégalaise. Des spoliations, des émeutes et des rapatriements en groupes provoquèrent des mouvements importants de population vers d'autres pays africains et des localités différentes au Sénégal et en Mauritanie. Ensuite, la fin de la Confédération sénégambienne en 1989 a conduit à un blocus économique aux conséquences dramatiques sur le plan social, en contribuant à une « montée des nationalismes » et, sur le plan politique, à un renforcement des contrôles aux frontières du Sénégal et de la Gambie.

prolonger leur séjour et de gérer à distance leur famille, faute de pouvoir se faire remplacer par un parent. Par ailleurs, la fermeture des frontières a stimulé le recours au regroupement familial ainsi que la féminisation progressive des migrations sénégalaises en France (Tandian *et al.* 2008). Face à l'impossibilité de circuler comme auparavant, un redéploiement des flux migratoires vers d'autres itinéraires s'est opéré, alors que d'autres migrants ont adopté de nouvelles stratégies d'insertion et d'installation. De nouvelles destinations comme l'Italie et l'Espagne voient le jour.

Considérée au début comme un espace de transit, l'Espagne est devenue un véritable pays d'immigration et d'installation (Sow 2004 ; Niang Ndiaye 2014). Elle s'est progressivement affirmée comme la « nouvelle destination » des migrations africaines [9] et particulièrement sénégalaises en Europe grâce aux opportunités d'insertion sur le marché du travail, aux régularisations massives des migrants. Une politique inédite du fait que le pays n'accueillait que des populations en provenance de pays « lusophones » [10] et de ses deux anciennes colonies en Afrique : la Guinée Équatoriale et l'actuel Sahara Occidental.

3. La Région métropolitaine de Barcelone : une destination de choix des Sénégalais

Si la Catalogne est aujourd'hui reconnue comme la première terre d'immigration en Espagne, c'est surtout le poids de la métropole barcelonaise [11] qui change la donne. Forte de plus de plus de cinq millions d'habitants, Barcelone, qui constitue une des plaques tournantes sur l'arc méditerranéen, a acquis ce statut grâce aux migrations internes et à des migrations internationales amorcées vers les années 1970, mais aussi d'importants réaménagements urbains entrepris lors des Jeux olympiques de 1992 et de l'Exposition universelle de 2004. Barcelone est ainsi devenue, comme Milan, Lisbonne et Madrid, un des pôles majeurs dans l'espace migratoire euro-méditerranéen (Miret 1998).

Les politiques de restrictions mises en place dans la plupart des destinations classiques migratoires européennes, au milieu des années 1980, n'a fait que renforcer ce dispositif, faisant de Barcelone une "porte d'entrée" au sein de l'espace Schengen. La métropole attire ainsi de

---

9. .Cap-Vert, Ghana, Guinée Bissau, Guinée Conakry, Mali, Niger, Nigeria.
10. .Angola, Mozambique, Guinée Bissau et Cap-Vert.
11. .La Catalogne – première région industrielle et touristique de l'Espagne – et plus particulièrement la RMB ont été les premières à accueillir de nombreux de migrants venus des pays africains et ont constitué, pour l'essentiel d'entre eux, la dernière étape avant de parvenir à entrer dans l'« Hexagone » (Sow 2004).

plus en plus de migrants venant de divers horizons aussi bien géographiques que culturels, installés, en transit ou de passage temporaire dans la ville.

Dans cette région, la migration sénégalaise a été pendant longtemps appréhendée à partir de petits groupes minoritaires, alors même que le changement contextuel en Espagne mobilisait déjà de nombreux chercheurs universitaires, des organismes de recherche spécialisés et des organismes publics sur la question de l'immigration étrangère (Sow 2004). Peu étudiée dans les années 1990, la migration sénégalaise en Catalogne et dans la RMB a commencé à l'être réellement vers les années 2000 (Jabardo Velasco 2001; Rodríguez Garcia 2002 ; Sow 2004). Au cours de cette période, les effectifs des Sénégalais ont connu une nette augmentation suite à la formation de différentes associations présentes essentiellement dans la comarque de Maresme.

Depuis les années 1970, la migration sénégalaise en Catalogne a longtemps été reliée aux flux migratoires gambiens (Gabrielli 2011). Qualifiés de "sénégambiens", ces mouvements étaient essentiellement composés de personnes appartenant aux groupes ethno-linguistiques *peul, manding* et *soninké*, présents en Gambie et au Sénégal (Sow 2004 ; Kaplan 1991), en particulier dans la région sud de la Casamance. La deuxième vague migratoire est composé de jeunes issus des zones rurales de Kolda et de Vélingara en Casamance, puis de Wolofs appartenant à la confrérie mouride, traditionnellement présente dans d'autres champs migratoires et connue pour son système d'organisation fondé sur les réseaux et les structures d'entraide et de solidarité très actifs (Fall 1998 ; Sow 2004 ; Gabrielli 2011). Dans les années 1990-2000, on assiste au renforcement de ce flux.

Les mouvements migratoires sénégalais au cours de la dernière décennie sont l'œuvre des réseaux migratoires. Bien qu'ils restent encore peu connus, ces réseaux individuels ou collectifs (surtout dans le cadre de groupement familial) représentent une composante majeure des migrations sénégalaises vers la Catalogne.

Toutefois, à la fin des années 2000, l'Espagne ainsi que la Catalogne ont commencé à durcir les conditions d'entrée et de séjour des migrants. L'instauration du visa pour nombre de ressortissants africains dès 1991 a participé activement à ce processus. Pour contourner ces obstacles, les migrants emprunteront désormais les voies transsahariennes pour rejoindre l'Espagne. Ainsi voit-on émerger de nouvelles voies terrestres (le désert) et maritimes (l'Océan atlantique et la mer Méditerranée transformant certains pays du Maghreb et d'Afrique subsaharienne en de nouveaux espaces de transit (Sinatti 2009). L'arrivée de nombreux Sénégalais par pirogue, à partir de 2005, a renforcé leur présence en Espagne ainsi que dans la RMB [12].

---

12. .Ainsi, l'État sénégalais, pour lutter contre cette immigration clandestine, a favorisé, de concert avec l'état espagnol, la mise en place de contrats en origine, qui sont des stratégies de recrutements des travailleurs agricoles permettant aux employeurs, organisés en fédérations, de sélectionner une main-d'œuvre

La Catalogne et la RMB ont offert pendant trois décennies des opportunités et constitué des lieux de vie pour les Sénégalais à la recherche de meilleures conditions d'existence. Des communautés sénégalaises, unies du fait de liens créés par une même provenance géographique ou par des liens familiaux et communautaires ont vu le jour (Sow 2004).

Cependant depuis les années 2000, le renforcement et le durcissement des politiques migratoires espagnoles, la précarité du marché du travail catalan, conjugués à une récession économique et financière sans précédent après 2008, ont changé la donne. Quelles sont aujourd'hui les répercussions de ce contexte espagnol et notamment barcelonais sur les migrants et leurs familles ?

4. "Faire famille" à Barcelone : quels arbitrages pour les Sénégalais ?

Quels que soient les moyens par lesquels la majorité des Sénégalais sont arrivés et se sont établis dans la RMB, le travail demeure un objectif, voire un aboutissement dans leur expérience migratoire. La décision migratoire a été le plus souvent motivée par une volonté d'améliorer les conditions de vie de toute la famille élargie, que ce soient des parents proches ou lointains, et d'offrir un avenir meilleur aux enfants. Si, dans l'esprit populaire, presque tous les migrants sénégalais ont "réussi" bien mieux que leurs compatriotes qui n'ont jamais migré, l'acquisition de ce statut de migrants se mérite et a un prix : l'absence, la séparation, la distance, l'altérité et parfois la responsabilité souvent matérielle et financière à l'égard des membres de la famille restés au pays. L'acquisition d'un permis de séjour régulier, d'un emploi stable dans l'espace d'accueil, les envois de fonds et les visites récurrentes au Sénégal figurent parmi les signes de la réussite sociale réelle ou supposée du migrant et de toute sa famille, permettant dès lors au migrant de contribuer également à la reproduction et à l'économie familiale, de poursuivre son projet migratoire et de circuler à travers les lieux de la migration.

agricole directement dans les pays avec lesquels l'Espagne a établi des accords bilatéraux. Dans ce type de contrat, c'est l'employeur qui prend en charge le voyage (les billets d'avion aller-retour) et fournit le logement. Ainsi des accords bilatéraux ont été signés avec le Sénégal et l'Espagne dès 2007. Cela a permis aux jeunes et surtout à des femmes sénégalaises d'entrer légalement sur le territoire espagnol. Dans le même temps, depuis 2009, ces arrivées par pirogues ont drastiquement diminué, consécutivement à la mise en place de dispositifs de contrôle et d'accords bilatéraux de rapatriement des nouveaux arrivants, établis entre ces deux pays. Aussi, dans la pratique, ces nouveaux arrivants n'ont pas toujours un accès direct à un réseau dès leur arrivée en Catalogne.

4.1. L'enjeu des politiques migratoires espagnoles dans la gestion de la famille sénégalaise

La Catalogne et, de manière générale, l'Espagne ne pratiquent pas directement de "politique de quotas" en matière d'immigration, mais l'octroi du permis de séjour et de travail aux étrangers extracommunautaires repose sur certaines conditions (Gabrielli 2011). Il dépend d'abord du contexte économique espagnol, mais la procédure de délivrance peut aussi varier en fonction de l'origine du demandeur (Gabrielli 2011). Même s'il est vrai que le pays a procédé à six régularisations massives d'étrangers depuis les années 1980 et que les procédés d'obtention d'un séjour régulier sont moins draconiens que dans d'autres pays communautaires (notamment en France, et en Allemagne), le renforcement et le durcissement de la législation sur les étrangers sont devenus une réalité depuis l'entrée en vigueur de la loi *Arraigo social* (Loi 4/2000 du 11 janvier)[13]. Cette législation plus axée sur la personne migrante et ses caractéristiques spécifiques (revenus, statut, attaches) ne reflète pas la dimension familiale de l'immigration. En effet, la conception nucléaire de la famille définie par la législation espagnole diverge beaucoup de celle des Sénégalais. Fondamentalement patrilocale, patrilignagère et régie par des valeurs de solidarité et de respect, de contrôle et de droit d'aînesse, la structure familiale sénégalaise intègre les parents proches et lointains, les grands parents, les aïeuls, les enfants du lignage, les amis proches, les voisins d'enfance. C'est souvent au sein de cette famille élargie que se jouent les mécanismes de la migration et de l'installation des Sénégalais en Catalogne, indépendamment des dispositions prévues par la législation migratoire espagnole. Cette structuration de la famille sénégalaise inscrit en contrepartie le migrant dans des systèmes d'aide, mais aussi de dépendance à l'égard du réseau familial (prise en charge

---

13. .L'étranger en situation irrégulière a la possibilité de demander sa régularisation en prouvant sa situation d'intégration totale après avoir trouvé un emploi (*situación de arraigo laboral*), s'il prouve qu'il a séjourné de manière continue depuis au moins deux ans et démontre l'existence d'une relation de travail en Espagne d'au moins six mois. Par ailleurs, il existe la possibilité de demander une régularisation en invoquant une situation d'intégration totale dans la société espagnole (*situación de arraigo social*) du fait de vivre depuis plus de trois ans en Espagne. Dans ce cas, il faudra apporter un contrat de travail conclu pour une durée d'au moins un an. Il faudra aussi démontrer des liens familiaux avec d'autres étrangers séjournant en Espagne ou présenter un rapport d'intégration rédigé par la Communauté Autonome du domicile. Enfin, l'intéressé peut demander ce titre exceptionnel de séjour en démontrant une situation d'intégration totale pour raisons familiales (*situación de arraigo familiar*), en tant que parent ayant en Espagne un enfant mineur de nationalité espagnole ou en tant qu'individu ayant eu un père ou une mère né de nationalité espagnole. Dans les trois cas de figure, l'intéressé devra avoir un casier judiciaire vierge. *Ley Orgánica 4/2000, de 11 de enero, sobre Derechos y Libertades de los Extranjeros en España y su Integración Social*. http://blogs.u-paris10.fr/article/la-legislation-espagnole-en-matiere-dimmigration-depuis-la-fin-du-xxeme-siecle-0

matérielle et financière, prise en compte de l'autorité parentale au-delà des frontières, visites et retours au pays). Si beaucoup mettent en œuvre des démarches, souvent très longues, d'obtention des titres requis pour une entrée et un séjour selon les conditions légales en Catalogne, d'autres Sénégalais déploient des pratiques de contournement par la production et/ou l'usage de documents contrefaits.

Ce contexte de durcissement de la législation influe grandement sur l'accès au travail des migrants. Nos données de terrain (2011-2013) montrent que les Sénégalais résidant dans l'espace métropolitain exercent des métiers parmi les plus précaires du marché du travail catalan. Le pourcentage de migrants instruits est faible, la plupart n'ont pas de qualification et ont rarement une expérience professionnelle spécialisée antérieure. Positionnés en majorité au bas de la hiérarchie sociale, ils sont confrontés à la précarité et à la flexibilisation du marché du travail catalan : taux de chômage élevé, contrats de travail à durée limitée, travail non déclaré, etc. À cela s'ajoute une concentration sectorielle dans des branches d'activité caractérisées par des conditions de travail précaires, comme le bâtiment, l'agriculture, l'hôtellerie et les services [14]. Cette situation s'explique en partie par un marché du travail catalan très réglementaire et "utilitariste", limitant souvent les possibilités d'amélioration des conditions d'emploi des migrants. Bien que de nombreux employeurs catalans, pour contrecarrer cette législation, aient misé sur le travail temporaire, circulaire et saisonnier dans des secteurs comme l'agriculture et l'élevage, cela n'a point amélioré la situation économique des travailleurs migrants. Il est aujourd'hui très difficile pour un migrant de passer du statut de travailleur temporaire à celui de travailleur à long terme. Par conséquent, si l'irrégularité du séjour pousse des Sénégalais à travailler au noir, sans protection sociale ni assurance, des stratégies d'adaptation comme la pratique du commerce ambulant sont mises en œuvre à la périphérie du marché de travail formel catalan (enquêtes personnelles, 2011-2013).

---

14. .D'après nos données de terrain (2011-2013) recueillies par questionnaires auprès de 180 migrants, 63 d'entre eux occupent des activités formelles dans diverses branches d'activité, 54 exercent une activité informelle, 23 sont inactifs (femmes au foyer, migrants sans activité, étudiants et retraités), tandis que 40 sont au chômage. Les données révèlent l'hétérogénéité des emplois formels exercés, qui correspondent à quelques branches d'activité seulement, que l'on retrouve dans les villes de fortes concentrations de ce groupe comme Terrassa, Granollers, Premia de Mar, Sabadell, Mataró, Pineda de Mar, et qui offrent un très grand éventail de métiers liés aux services, à la construction et à l'agriculture.

Pape Ousmane : entre irrégularité du séjour et solidarité familiale

Aîné d'une fratrie de quatre membres, dont une sœur réside à Louga et deux frères, sont respectivement à Bergame et à Gênes en Italie, Pape Ousmane est originaire de la région de Louga du Sénégal. Il était commerçant ambulant à Dakar avant son émigration à Barcelone. Marié depuis l'âge de 23 ans et père de deux filles (deux ans et six ans), Pape Ousmane alors âgé de 36 ans, achète, auprès d'un commerçant originaire de la région de Louga au Sénégal, un visa pour l'Espagne en 2003, avec l'aide de ses deux frères. En transit en Italie, il reste un an à Bergame chez son plus jeune frère avant de se rendre en 2004 dans la région barcelonaise, à Granollers, chez un ami d'enfance. Profitant de la période de régularisation massive des étrangers en Espagne, il dépose une demande de permis de séjour, que lui refusent les autorités catalanes, car il n'avait pas résidé une année sur le territoire espagnol. Aidé financièrement par son ami, Pape Ousmane se lance quelques semaines après son arrivée dans la vente ambulante de CD. Après une année d'activité à Barcelone, il est arrêté par la police en janvier 2006 pour piraterie. C'est le début d'une période difficile, sans travail et sans envoi d'argent à sa famille. En 2009, ne voyant aucune issue, il renoue avec le commerce ambulant, mais cette fois-ci, de lunettes et de ceintures, sur la plage de Badalona. Durant l'été 2009, il est de nouveau arrêté par la police qui lui confisque ses marchandises. En 2010, avec un prêt de 2 500 euros de la part d'un de ses frères, il achète un contrat de travail et demande à nouveau un permis de séjour. Deux mois plus tard, la demande est rejetée par la mairie pour cause de faillite de la société.

Au moment de l'enquête, Pape Ousmane, toujours en situation irrégulière, n'est pas retourné au Sénégal et n'a plus revu sa femme et ses deux filles depuis presque 8 ans. En revanche, il se dit soutenu par sa famille qui lui manifeste sa solidarité. Sa mère et sa femme le comprennent parfaitement, même si parfois sa femme s'interroge encore sur son choix de vouloir rester en Europe loin des siens. Ses deux frères envoient chaque mois de l'argent à leur mère pour assurer la dépense quotidienne de toute la famille, y compris la sienne.

La trajectoire de Pape Ousmane illustre une construction de formes originales du "capital familial", faite d'un mélange de liens parentaux, de droit d'aînesse, de liens matrimoniaux, mais aussi d'autres liens communautaires (avec son ami d'enfance), qui apparaît comme un élément essentiel des stratégies migratoires. Sa trajectoire montre que la fonction de la famille élargie s'exerce bien au-delà du processus migratoire et joue un rôle déterminant dans l'insertion résidentielle et professionnelle dans la société d'accueil. La détention de ce "capital familial" est révélatrice de la vivacité du réseau familial, plus que jamais réitérée dans des moments de précarité de l'emploi et de difficultés administratives. Il a ainsi sollicité à plusieurs reprises sa famille dans ses démarches et recherches d'emploi et a aussi réclamé d'elle, compréhension et soutien psychologique dans des moments difficiles. Dans de nombreuses familles sénégalaises, cette vivacité des liens est maintenue par le chef de ménage, et particulièrement par la mère du migrant, pivot relationnel de la famille. Tant qu'elle est en vie, elle reste le référent obligé pour sa fratrie. Elle gère à distance l'économie familiale ainsi que les compromis nécessaires à la pérennisation de l'unité de la famille transnationale. Elle fait le lien avec les autres membres de la famille soit par le biais de mécanismes de rétribution de biens et/ou de fonds envoyés par le migrant, soit par les flux communicationnels véhiculés (mariages, décès ou naissance) aux autres membres du réseau familial. La situation d'irrégularité et de précarité de Pape Ousmane est ainsi rendue acceptable par les autres membres de la famille en raison du rôle central de sa mère, qui le soutient et entretient sa famille avec l'argent envoyé par les autres membres de la fratrie. Les pratiques de la mère influent donc sur la position sociale acquise par le migrant au sein de la famille élargie et même dans la société d'origine.

Au rôle de pivot joué par la mère, s'ajoute celui des autres membres de la famille élargie, alors que la contribution des autres membres-migrants à la reproduction de la famille facilite la prise en charge matérielle du foyer élargi. Quand l'un des membres n'est plus en mesure d'assurer le soutien financier, c'est aux autres de prendre le relais. De ce fait, le "capital familial" devient *a priori* une ressource grâce à la dispersion de plusieurs membres de la famille, qui en retour participent à l'économie familiale par le biais d'envois et de transferts de fonds et parfois de biens. Pour nombre d'interviewés, une condition nécessaire à l'envoi de fonds est le statut administratif, étroitement lié au statut économique acquis dans les lieux de la migration. Plus que le travail, le fait que le migrant ait par exemple la nationalité du pays d'accueil ou dispose de papiers en règle lui confère souvent, dans l'esprit des autres membres de la famille, un devoir de prise en charge matérielle de ceux qui restent au pays et ne peuvent partir. Dans le cas d'une situation d'irrégularité du séjour, celle-ci implique une compréhension et une acceptation plus aisées par les autres membres du foyer élargi. Ici, les étapes de la situation administrative de Pape Ousmane, loin de marquer une rupture de l'unité familiale, constituent des jalons de son histoire familiale dont la dispersion sur plusieurs espaces de ses frères représente, un moyen de contourner les dures épreuves de la migration, mais aussi un vecteur de solidarité transnationale. En dépit de cette solidarité, Pape Ousmane, éprouve un sentiment de dette envers sa famille et perçoit sa situation comme un manquement à son devoir familial. De plus, la chance supposée d'être à Barcelone et les sacrifices accomplis, sur le plan matériel ou humain par ses frères, le renvoient toujours à une dette morale qui empêche tout manquement ou faute à l'égard de sa famille. Ce qui renvoie à une perception de la migration non seulement en termes de "façons d'être" et de "façons d'appartenir à distance" *(ways of being* et *ways of belonging)*, comme le rappellent les travaux de N. Glick Schiller (2006), mais aussi de "façons de participer" à distance. La famille fonctionne dès lors comme un principe formel de dons et de contre-dons, dont la validité est indépendante des positions sociales des différents membres.

4.2. Crise économique et précarité de l'emploi : vers une fragilisation et un bouleversement des liens

L'analyse de la trajectoire de Pape Ousmane coïncide avec l'une des postures fortes des études récentes sur les dynamiques familiales, selon laquelle la distance géographique ne nuit pas au maintien des liens. Ces études postulent aussi que les transferts de fonds constituent un des « ponts ethniques » (Audebert 2004) majeurs de ces liens. En ce sens, si l'on part de l'hypothèse que la disponibilité en ressources économiques constitue une dimension importante dans la capacité des migrants à redistribuer, il serait pertinent de voir comment les familles sénégalaises réagissent en cas de non-rétribution ou de non-transfert de fonds ?

La crise économique et financière des années 2008 questionne le devenir des populations immigrées sur le marché du travail en Espagne. Cette crise s'est traduite en Catalogne par un taux de chômage en constante augmentation, passant de 8,2 % en 2007 à 18 % en 2010 (Idescat 2011)[15]. Cette situation a beaucoup affecté les travailleurs étrangers, dont le taux de chômage est de 37 % contre 15,1 % pour les Espagnols en 2012 (Idescat 2011). Selon l'Annuaire statistique d'extranéité du Secrétariat général de l'immigration et de l'émigration de l'Espagne, le nombre de travailleurs étrangers affiliés à la sécurité sociale, qui s'élevait au 31 décembre 2007 à 434 518 personnes, est passé à 397 823 en 2009. Cette baisse relative des affiliations à la sécurité sociale s'explique en partie par la concentration de la population étrangère dans les secteurs les plus affectés par la crise et dans les catégories de travailleurs les moins qualifiés (Pajares 2010). De plus, les stratégies des entreprises catalanes consistent à réduire les coûts du travail, en procédant à une diminution des salaires (Pajares 2010). En clair, jusqu'à la récession de 2008, seuls les immigrés acceptaient les travaux les plus pénibles, nécessitant une faible qualification et mal rémunérés. Mais, avec la crise et l'explosion du chômage, toute la population espagnole est touchée (Pellistrandi 2016)[16]. Au moment de nos enquêtes, plusieurs Sénégalais se sont retrouvés au chômage et ont éprouvé des difficultés à trouver du travail ; d'autres ont eu du mal à régulariser leur statut administratif du fait de l'absence ou du non-renouvellement de leur contrat de travail, au moment même où les procédures de regroupement familial, de même que les possibilités d'entrée et de régularisation du séjour étaient devenues plus sévères (enquêtes personnelles, 2011). Comment ces situations se sont-elles répercutées sur le quotidien des migrants et leurs arbitrages familiaux ?

---

15. .Données de l'Institut des statistiques de la Catalogne (IDESCAT), sur les taux d'activité, d'emploi et de chômage en Espagne et en Catalogne en 2011.
16. .Pour plus d'informations sur la crise, lire l'article de Benoît Pellistrandi (2016), « Crise en Espagne et crise espagnole ».

Cheikh ou mise en suspens du projet migratoire et attentes familiales

Cheikh est un Sénégalais originaire de Tivaouane, dans la région de Thiès. Cadet d'une famille de sept personnes, dont cinq sœurs et un frère : deux de ses sœurs sont mariées et vivent à Dakar et à Kaolack ; célibataires, les trois autres sœurs habitent dans la maison familiale à Tivaouane avec ses deux parents et deux de ses oncles paternels. Son grand-frère, lui vit avec sa femme et ses quatre enfants à Bamako depuis 1990.

La migration de Cheikh a toujours été un souhait de son père, car il est considéré par ses parents comme plus débrouillard que son frère aîné, qui ne participe plus à l'entretien de la maison familiale depuis la naissance de son deuxième enfant en 1995. En juin 2001, son père vend une de ses parcelles de terrain pour lui acheter un visa-tourisme pour la France à 2 000 euros.

Arrivé à Paris en septembre 2001, il est hébergé chez une cousine germaine de son père pendant six mois avant de se rendre à Valence, où il séjourne deux mois, puis à Barcelone en juin 2002 chez une connaissance. Dès son arrivée dans la capitale catalane, il côtoie les membres de l'association des Sénégalais, qui lui trouvent quelques mois après, un travail de gardiennage dans une maison de retraite. Employé au noir pendant un an, il bénéficie ensuite d'un contrat de travail à temps plein. Cela lui permet de régulariser sa situation administrative en mars 2004. Durant ses quatre années d'activité à la maison de retraite, où il gagne bien sa vie, Cheikh envoie mensuellement 450 euros à son père, pour assurer les dépenses de la famille. Durant cette période, il retourne trois fois au Sénégal et se marie en 2007 avec une fille de son quartier, qui emménage dans la maison familiale dès le lendemain de leur union. Licencié de son travail de gardiennage en 2009, il trouve un emploi de magasinier dans un supermarché à Montornès, en octobre 2009. En août 2010, l'enseigne ferme ses portes et Cheikh se retrouve à nouveau au chômage avec douze de ses collègues. À partir de ce moment, ses envois d'argent vers le Sénégal se raréfient considérablement.

Au moment de l'enquête, Cheikh vit mal sa situation et considère sa migration comme une demi-mort. Au chômage depuis plusieurs mois, il n'envoie plus d'argent à sa famille. Comme son père est à la retraite depuis deux années, cette situation a provoqué la dégradation des conditions de vie de sa famille, car c'est lui seul qui assurait la nourriture et l'entretien du foyer. En conflit permanent avec son père, qui lui reproche comme à son frère leur manque de responsabilité, Cheikh se sent incompris et non soutenu par sa famille, notamment par sa femme. Il regrette amèrement d'être venu avec l'argent de son père car, même s'il n'a plus de travail, son père le considère comme chanceux et prodige par rapport aux autres membres de sa famille.

Dans le contexte sénégalais, il est de première importance pour un migrant de subvenir aux besoins des membres de sa famille restés au pays. En ce sens, le statut de migrant appelle de nombreuses sollicitations à l'intérieur de la famille élargie comme à l'extérieur, que ce soit le quartier d'habitation, le village de résidence ou la confrérie. Cette situation s'explique par la structuration de la société wolof, qui présente des groupes statutaires d'appartenance liés soit au lieu d'origine, à la caste ou à l'affiliation confrérique. Certains statuts induisent parfois des devoirs communautaires envers le groupe d'appartenance. Comme l'affirme Cheikh :

> [...] en dehors de ma famille, certains talibés mourides me sollicitaient aussi par le biais de ma mère ou de ma femme ... Ils m'appellent rarement, car ma mère ne donne jamais mon numéro d'Espagne [...].

Dans ce contexte, les sollicitations passent généralement par les femmes qui jouent le rôle de liaison du circuit. Le statut social acquis par Cheikh en migration lui impose donc une redistribution à ses dépendants et plus encore à son groupe d'appartenance. Ainsi, en contexte de crise économique, marqué souvent par une précarisation croissante des ressources économiques, due au chômage ou à la perte d'un emploi, l'absence ou la raréfaction des envois, sont susceptibles de briser ce pseudo-circuit de dépendance. Cheikh, contrairement à Pape Ousmane, est le principal contributeur au sein de sa fratrie. Comme il l'affirme de manière répétitive :

> « [...] C'est quelque chose que la famille attendait, mon frère ne pouvant le faire et mon père étant à la retraite [...] ».

Cela veut dire qu'en cas de non-rétribution, c'est généralement tout le réseau familial et même communautaire de Cheikh qui est concerné. Il n'est alors pas étonnant de voir les conflits se cristalliser autour de la reproduction familiale et des tensions s'afficher entre des intérêts communautaires et des capacités individuelles.

À cette perte de la position sociale du migrant, s'ajoutent pour d'autres, des discours récurrents, tenus par certains membres de leur famille à leur endroit, qui prennent les tons du déshonneur, du manque de respect et de dignité. La posture du père de Cheikh est très significative. Clef de voûte dans une société sénégalaise patriarcale, ses positions extrêmes vis-à-vis de ses deux fils qui n'envoient plus d'argent, alors qu'il est à la retraite, en disent long sur l'enjeu des transferts de fonds au sein de la famille sénégalaise. Certes la migration a propulsé nombre de familles sénégalaises dans une réussite sociale supposée par rapport à d'autres ne possédant pas de membres à l'étranger. En ce sens, si le migrant qui envoyait pendant longtemps n'envoie plus d'argent, cela pourrait se répercuter sur l'image et le prestige de la famille, mais surtout sur sa position hiérarchique acquise au sein du groupe. On comprend dès lors pourquoi les liens de parenté peuvent être fortement fragilisés et bousculés en l'absence de rétribution. Cela confirme également que la répartition des charges entre membres dispersés à l'étranger participe activement du maintien des rapports de parenté. En revanche, si la solidarité transnationale continue de jouer en faveur des migrants en situation d'irrégularité administrative, comme dans le cas de Pape Ousmane, une autre réalité ressort de l'analyse de la trajectoire de Cheikh. Les attentes familiales peuvent prendre le dessus en cas d'absence de rétribution de fonds étroitement associée à la dispersion ou non des autres membres, susceptibles de participer à la reproduction familiale.

Parallèlement, le cas de Demba, un entrepreneur en faillite, permet de relever un autre point de vue, partagé par certains migrants : celui d'un projet de rupture des liens familiaux, ne serait-ce que temporairement, afin de résorber certaines phases douloureuses de l'expérience migratoire. En proie à des sollicitations tous azimuts, Demba, ne pouvant plus satisfaire les attentes de sa famille, décide de rompre les liens afin de suspendre les sollicitations. Comme Demba, beaucoup de migrants restent toujours fidèles aux valeurs familiales dans ces situations. En revanche, la mise en suspens temporaire des liens transnationaux leur ouvre un champ de possibles, susceptible d'aboutir à de probables formes de négociation au sein de leur famille dès que leur situation économique sera « rétablie ».

L'approfondissement de la réflexion demanderait une approche longitudinale des trajectoires migratoires et des pratiques transnationales que nos données d'enquête ne permettent pas encore d'approfondir.

4.3. Mariage à distance : les procédés de regroupement familial et leurs impacts sur les liens familiaux

Outre les retours et visites au pays d'origine et les envois de fonds, les mariages à distance, sont aussi révélateurs de la force des dispositifs transnationaux en migration.

Si pour la plupart des migrants interviewés, le mariage à distance relève d'un choix stratégique en vue de maximiser l'économie familiale et de satisfaire aux besoins des conjoints et membres laissés au pays d'origine, les mesures complexifiées du regroupement familial dans le contexte espagnol, constituent une donne non négligeable dans ce choix. Les procédés de regroupement familial représentent pour nombre de migrants des dispositifs parsemés d'obstacles juridiques, économiques et sociaux. Pour amener son conjoint, le migrant doit non seulement avoir un permis de séjour régulier supérieur à deux ans, mais justifier de ressources économiques suffisantes prouvant sa capacité d'accueil (conditions matérielles et de logement, stabilité de l'emploi, etc.). Or, pour ceux qui sont en situation irrégulière ou qui connaissent une précarité de l'emploi (commerçants ambulants, agriculteurs etc.), le regroupement familial devient quasiment improbable.

Les *Modou-Modou*[17] constituent le groupe qui se retrouve le plus dans cette posture. Généralement commerçants ambulants, leurs pratiques liées au travail les inscrivent souvent dans une mobilité entre différents espaces au gré des opportunités de vente. Dans leurs discours, hormis les contraintes réglementaires auxquelles ils doivent faire face, la réticence au regroupement familial se justifie par des choix résidentiels marqués par la colocation ou l'hébergement. Cette stratégie leur permet dès lors de dégager une épargne substantielle destinée à l'entretien des autres membres de la famille restés au pays.

Au-delà du seul cadre juridique et réglementaire de la procédure de regroupement familial, cette mesure, même toutefois effective, fait écho à d'autres contraintes dans le discours des migrants. Dans leur calcul des *avantages comparatifs* en contexte migratoire, le regroupement familial n'est point rentable et génère même des coûts supplémentaires qui supplantent de loin les envois mensuels d'argent au Sénégal. En premier, la prise en charge de la famille *sur place* n'exclut pas celle des autres membres de la famille au pays. Cela constitue une double charge qu'ils doivent assumer. Ensuite, l'insertion professionnelle des femmes est jugée difficile sur le marché du travail catalan. Les analyses à ce sujet attirent l'attention sur le fait que la faible participation des femmes africaines au marché du travail catalan ne peut pas être analysée uniquement en termes de position sociale dans les cultures et sociétés d'origine, mais doit aussi intégrer leur statut, notamment légal, à destination et l'accès à l'emploi des femmes en général, qui affichent toujours des taux d'activité et des salaires plus faibles que les hommes (Sow 2004 ; Niang Ndiaye 2014). Enfin, d'autres facteurs limitant l'insertion de ces femmes sont devenus une réalité depuis la crise : la structure du marché de l'emploi, l'accès au système de sécurité sociale ou les possibilités de garde des enfants. La plupart des mesures d'intégration à l'image des cours de langue (l'espagnol et le catalan) restent également fondées sur une approche individuelle avec parfois des horaires et obligations de fréquentation pour l'essentiel contraignantes (Niang Ndiaye 2014).

L'analyse des arbitrages familiaux des Sénégalais à Barcelone, au prisme des enjeux liés aux politiques migratoires espagnoles, à la crise économique de 2008, et aux procédés de regroupement familial, a montré d'une part, la manière dont la famille sénégalaise et les espaces investis par ses membres peuvent être l'enjeu de contraintes, de stratégies ou de ressources activées différemment en fonction de différentes temporalités de la migration. D'autre part, la migration reste un élément important des processus de recompositions et de

---

17. .Le terme *Modou-modou* a été utilisé pour la première fois en France, au début de l'immigration africaine. À l'époque, Serigne Moustapha Bassirou était le Khalif de Touba et la plupart des familles mourides donnaient à leurs fils son prénom, qui était porté par la plupart des personnes venant en France. C'est pourquoi les Français donnaient à tout Sénégalais le nom Modou. L'appellation *Modou-Modou* a servi dès lors à désigner tout originaire du Sénégal venu pour une immigration économique en France, puis plus tard dans le monde entier.

mutations des familles sénégalaises de manière générale. Car si l'appartenance socioculturelle constitue un vecteur notable de ces mutations, surtout au sein des rapports de parenté, les enjeux spatiaux, économiques et temporels inhérents au contexte sénégalais et espagnols doivent conjointement être pris en compte pour comprendre la complexité des arbitrages familiaux.

Conclusion

La gestion de la famille à distance par les migrants sénégalais résidant à Barcelone constitue un défi complexe et incertain, avec son lot de bouleversements, de retrouvailles, de solidarité, d'attentes, d'obstacles imprévus et parfois de souffrances. Les histoires de vie recueillies font apparaître le poids des attentes différenciées exprimées par la famille élargie. Quels que soient son projet migratoire, ses ressources et les contraintes rencontrées dans l'espace d'accueil, le migrant ne peut décevoir et se doit de participer à la reproduction familiale et à la transmission générationnelle. Les enquêtes et observations de terrain mettent en évidence l'aspect "contradictoire" et "utilitariste" des politiques migratoires espagnoles, qui excluent le plus souvent la dimension familiale de la migration. La législation espagnole sur les étrangers, dans le cadre de la procédure de régularisation du séjour ou du regroupement familial, la précarité de l'emploi renforcée par une crise économique et financière à partir de 2008, s'opposent, dans bien des situations, aux dispositifs transnationaux des familles sénégalaises. Les envois de fonds, les visites, les unions à distance qui constituent les socles de la transnationalité se heurtent aux contraintes normatives du marché de travail et de la politique espagnole. Dans cet enchevêtrement de situations, les pratiques et exigences familiales peuvent être bouleversées ou fragilisées et sont souvent sources de conflits. Elles sont parfois réactivées et vivifiées par le *capital familial* et la dispersion des membres, qui constituent de solides ressources de l'identité familiale. Ainsi, un dilemme permanent, oscillant entre le contexte d'origine et familial, d'une part, et le contexte d'accueil, d'autre part, se pose aux familles des Sénégalais.

Remerciements

L'auteure tient à remercier vivement les éditeurs, Elieth Eyebiyi et Angèle Mendy, pour leur appui constant durant toute la préparation de ce texte.

Bibliographie

Antoine P., Sow O., 2000, « Rapport de genre et dynamiques migratoires : le cas de l'Afrique de l'ouest », in Michel Bozon &Thérèse Locoh (dir.), *Rapports de genre et questions de population*, Paris, INED, pp. 143-160.

Ariza M., 2002, « Migración, familia y transnacionalidad en el contexto de la globalización: algunos puntos de reflexión », *Revista Mexicana de Sociología* (Universidad Autónoma de México) 64, 4, pp. 53-84.

Ariza M., Portes A. (eds.) [2007], *El pais transnacional: migración mexicana y cambio social a través de la frontera*, México, UNAM-IIS, 712 p.

Audebert C., 2004, « Immigration et insertion dans les départements français d'Amérique : une mise en perspective régionale », *Espace Populations Sociétés*, 2, pp. 253-264.

—, 2006, *L'insertion sociospatiale des Haïtiens à Miami*, Paris, L'Harmattan, 297 p.

Ba A., 2008, « Les femmes mourides à New York. Une renégociation de l'identité musulmane en migration », in Momar-Coumba Diop (dir.), *Le Sénégal des migrations. Mobilités, identités et sociétés*, Paris, Karthala, pp. 389-408

Ba C.-O., 1996, *Dynamiques migratoires et changements sociaux au sein des relations de genre et des rapports jeunes/vieux des originaires de la moyenne vallée du Fleuve*, Université Cheikh Anta Diop de Dakar, thèse de doctorat de 3ème cycle, 295 p.

Ba C.-O., Bredeloup S., 1997, « Migrations interafricaines des femmes de la vallée du fleuve Sénégal », in Jeanne Bisilliat (dir.), *Face aux changements, les femmes du sud*. Paris, L'Harmattan, pp. 61-86.

Babou C.A., 2008, "Migration and Cultural Change: Money, 'Caste' and Social Status Among Senegalese Female Hair Braiders in the United States," *Africa Today*, 55, 2, pp. 3-22.

Baizan P., Beauchemin C., Gonzalez-Ferrer A, 2014, "An Origin and Destination Perspective on Family Reunification: The Case of Senegalese Couples," *European Journal of Population*, 30, pp. 65-87.

Baldassar L., 2007, « L'aide transnationale au sein des familles d'immigrés qualifiés établis en Australie : une comparaison entre les immigrés italiens et les réfugiés afghans », *Enfances, familles, générations*, 6, pp. 93-109, http://www.erudit.org/revue/efg/2007/v/n6/index.html

Baldassar L., Baldock C., Wilding R., 2007, *Families Caring Across Borders : Migration, Ageing and Transnational Caregiving*, Basingstoke, Palgrave Macmillan, 259 p.

Barou J., 2001, « La famille à distance. Nouvelles stratégies familiales chez les immigrés d'Afrique sahélienne », *Hommes et migrations*, 1232, pp. 16-25.

Basch L., Glick Schiller N., Blanc-Szanton C., 1994, *Nations Unbound: Transnational Projects, Postcolonial Predicaments, and Deterritorialized Nation-States*, Amsterdam, Gordon and Breach, 344 p.

Beauchemin C., Nappa J., Schoumaker B., Baizan P., Gonzalez-Ferrer A., Caarls K., Mazzucato V., 2015, "Reunifying Versus Living ApartTogether Across Borders : A Comparative Analysis of Sub-Saharan Migration to Europe," *International Migration Review, 49*, 1, pp. 173-199.

Bryceson D., Vuorela U., 2002, *Transnational Families: New European and Global Networks*, New York, Berg, 276 p.

Colectivo IOE, 1992, *La immigracio estrangera a Catalunya, balanç i perpectives* ». Institut Català d'Estudis Mediterranis, Barcelona, 152 p.

—, 2004, *Inmigración y vivienda en España* », Observatorio Permanente de la Inmigración, MTAS.

Derby J.,2006, "Honor and Virtue: Mexican Parenting in the Transnational Context," *Gender and Society* (Sage Publications), 20, 1, pp. 32-59.

Diop M.-C. (dir.), 2008, *Le Sénégal des migrations. Mobilités, identités et sociétés*, Dakar-Paris-Dakar, Crepos Karthala-ONU Habitat.

DPS [Direction de la Prévision et de la Statistique, 2000, *Rapport de synthèse de la Deuxième enquête sénégalaise auprès des ménages (ESAM 2)*, Dakar, DPS.

Faist T., 2000. "Transnationalism in International Migration: Implication for the Study of Citizenship and Culture," *Ethnic and Racial Studies* (iFirst), 23, 2, pp. 189-222.

Fall P.D., 1998, « Stratégies et implications fonctionnelles de la migration sénégalaise vers l'Italie », *Migrations – Société, 10*, 60, novembre-décembre, pp. 7-33.

—, 2008, « Migration internationale et développement dans le Nguénar sénégalais », *in* M.-C. Diop (dir), *Le Sénégal des migrations. Mobilités, identités et sociétés*, Dakar-Paris-Dakar, Crepos Karthala-ONU Habitat, pp. 195-210.

Faye S, 2004, *Savoirs et pratiques thérapeutiques liés au paludisme infantile : changements et permanences chez les migrants urbains (Mbour) originaires de Niakhar, Sénégal*, thèse de doctorat d'anthropologie, Université Victor Segalen Bordeaux 2, Département d'Anthropologie Sociale, Ethnologie 451 p annexes.

Gabrielli, 2011, *La construction de la politique d'immigration espagnole: ambiguïtés et ambivalences à travers le cas des migrations ouest-africaines*, Thèse pour le Doctorat en Science politique, Université de Bordeaux.

Glick-Schiller N., Caglar A., Guldbrandsen T.C., 2006 "Beyond the Ethnic Lens: Locality, Globality, and Born-again Incorporation,' *American Ethnologist, 33* , 4 , pp. 612-633 [CrossRef], [Web of Science ®], [Google Scholar].

Gonin P., 1997, *D'entre deux territoires. Circulations migratoires et développement entre le bassin du fleuve Sénégal et la France*, Lille, Université des Sciences et Technologies, Habilitation à diriger des recherches, 384p.

Guigou B, 1992, *Les changements du système familial et matrimonial : les Sérères Sine (Sénégal)*, Thèse de doctorat en sociologie, Paris, EHESS, 548 p.

Hondagneu Sotelo P., Avila E., 1997, "'I'm Here, but I'm There': The Meanings of Latina Transnational Motherhood," *Gender and Society*, 11, 5, pp. 548-571.

IDESCAT, (Institut catalan de statistique) 2011. Projeccions de població de Catalunya 2010-2030 (base 2002). Barcelona.

INE, (Institut national de Statistique) 2011. Données relatives au Padrón municipal 2010 ? Accessibles en ligne à l'adresse http//:www.ine.es/.

Jabardo Velasco M, 2001, *Ser Africano en el Maresme. Migración, Trabajo y Etnicidaden la formación de un enclave étnico*, Departamento de antropología social y pensamiento filosófico español, Madrid, Universidad Autónoma de Madrid, thèse doctorale 2001.

—, 2004, "Culturas del trabajo y trabajo de las culturas. Unamirada a los senegambianos del Maresme", *Studia Africana*, 15, pp. 7-15.

—, 2006, « Senegaleses en España. Conexiones entre origen y destino ». Madrid, Observatorio Permanente de l'Inmigracion.

Kaplan Marcusan A., 1991, « Trabajo de campo en Senegambia: aproximación aalgunos aspectos etnográficos de la región,», *Revista de Trabajo Social*, 123, pp. 81-100.

Mazzocchetti J., 2011, « Fermeture des frontières et liens transnationaux : un terrain auprès de primo-migrants africains en Belgique », *Autrepart*, 57-58, 2011-1, pp. 263-279.

Miret N., 1998, *Métropolisation et recomposition d'un espace d'immigration méditerranéen : le cas de Barcelone*, Poitiers, Thèse de doctorat de géographie, 500 p.

Ndiaye A.I., 2008. « Dakar et ses étrangers. La construction politique et sociale de la cohabitation communautaire », *in* M.-C. Diop (dir), *Le Sénégal des migrations. Mobilités, identités et sociétés*, Dakar-Paris-Dakar, Crepos Karthala-ONU Habitat, pp 409-430.

Niang Ndiaye M., 2014, *Habiter en migration : Sénégalais et Gambiens dans la Région Métropolitaine de Barcelone*, Montpellier 3, Université Paul Valéry, thèse de doctorat de géographie, 559 p.

Elias N., 1991. *La société des individus*. Avant-propos de Roger Chartier, trad. de l'allemand par Jeanne Étoré, Paris, Fayard.

Olwig K., 1999, "Narratives of the Children Left Behind: Home and Identity in Globalised Caribbean Families," *Journal of Ethnic and Migration Studies*, 25, 2, pp. 267-284.

Pajares M., 2010, *Inserción laboral de la población inmigrada en Cataluña. (Con análisis de datos de España y Cataluña)*, Informe 2006, Centre d'estudis i recerca sindicals (CERES) / Observatoriio Permanente de la Inmigración, 108 p.

Pellistrandi B., 2016, « Crise en Espagne et crise espagnole », *Cahiers de civilisation espagnole contemporaine*, mis en ligne le 16 janvier 2016, consulté le 12 juin 2017. URL : http://ccec.revues.org/5936.

Quiminal C., 1991, *Gens d'ici, gens d'ailleurs. Migration soninké et transformations villageoises*, Paris, Christian Bourgois.

Razy É, Baby-Collin V., 2011, « La famille transnationale dans tous ses états », *Autrepart 57-58*, 2011-1, pp. 7-22, URL : http://www.cairn.info/revue-autrepart-2011-1-page-7.htm.

Sinatti G., 2009, "Home is Where the Heart Abides. Migration, Return and Housing in Dakar, Senegal," *Open House International*, Special Issue 'Home, Migration, and The City: Spatial Forms and Practices in a Globalising World', 34, 3, pp. 49-56.

Sow F., 1991, *Le pouvoir économique des femmes dans le département de Podor*, Dakar, IFAN/UCAD.

Sow P., 2004, *Sénégalais et Gambiens en Catalogne (Espagne). Analyse géo-sociologique de leurs réseaux spatiaux et sociaux*, Universitat Autònoma de Barcelona, thèse en sociologie.

Tandian A., 2003, *Des migrations internationales à la question identitaire. Redéfinition de statuts des migrants et évolution des identités féminines dans la moyenne vallée du fleuve Sénégal*, Université de Toulouse-le-Mirail et Gaston Berger de Saint-Louis, thèse de doctorat en sociologie, 423 p.

—, 2008, « Des migrants sénégalais qualifiés en Italie : entre regrets et résignation », *in* M.-C. Diop (dir), *Le Sénégal des migrations. Mobilités, identités et sociétés*, Dakar-Paris-Dakar, Crepos Karthala-ONU Habitat, pp. 365-388.

Timera M., 1996, *Les Soninké en France. D'une histoire à l'autre*, Paris, Karthala, 244 p.

3. La famille en migration : Marginalisation des vieux migrants mossé au Ghana

SAYDOU KOUDOUGOU

Les migrations burkinabè vers le Ghana constituent les plus anciennes migrations de travail de Burkinabè vers l'extérieur. Contrairement à ce que certains travaux affirment, comme celui de V. Piché et *al.* (1981), qui lient leurs origines au fait colonial, les migrations voltaïques de travail remontent au temps des royaumes et des empires akan, entre le XIVe et le début du XIXe siècle. Le travail de l'or et le commerce caravanier de sel, d'indigo, de cotonnades, de kola ou de bétail attiraient des Mossé, des Diula, des Gurunsi vers l'actuel Ghana (Arhin 1978 ; Duperray 1985 ; Sudarkasa 1979 ; Marguerat 1988 ; Weiss 2008). Au commerce caravanier florissant se sont ajoutés, à l'époque coloniale, l'intensification et la modernisation de l'exploitation aurifère, la culture de cacao, l'exploitation du bois et le développement des voies de communication. La *Gold Coast* devient un *Eldorado* et nourrit chez les populations de l'hinterland ouest-africain un "*Gold Coast Dream*".

À l'époque coloniale, la création en 1895 d'un impôt *per capita* au montant sans cesse croissant, les réquisitions et travaux forcés à partir de 1910, les enrôlements militaires et autres exactions de l'administration française contribuent en Haute-Volta à intensifier les flux migratoires vers la Gold Coast, qui devient la première destination des migrations voltaïques jusqu'en 1932. Entre 1923 et 1932, elle a accueilli plus de 27 % des migrants, contre 12 % environ pour la Côte d'Ivoire, selon les données de l'enquête démographique de 1960-1961.

La fin des réquisitions et l'abolition du travail forcé en 1946 redonnent aux flux vers la Gold Coast leur caractère plutôt libre et volontaire. Toutefois, les politiques coloniales de canalisation de la main-d'œuvre voltaïque vers la Côte d'Ivoire, ainsi que le boom économique ivoirien des années 1970 et 1980, conjugués aux crises qui ont touché le Ghana pendant la même période, détournent les émigrants burkinabè du Ghana. En 2000, ce pays n'en accueillait plus que 6,6 %, alors que la Côte d'Ivoire en recevait plus de 90 %.

Dans cette immigration massive entre 1920 et 1940 (plus de 287 000 Voltaïques auraient immigré en Gold Coast entre 1921 et 1931 selon J. Anarfi & S. Kwankye (2003), la place des

Mossé, groupe ethnique majoritairement installé au centre et au nord du Burkina Faso, a été particulièrement importante. Sur un total estimé à 195 000 immigrés voltaïques au Ghana en 1960, le nombre des Mossé atteignait 106 000, soit plus de 54 % du total (Schildkrout 1978).

L'immigration mossé au Ghana se distingue ainsi par son volume et ses orientations d'abord rurales (vers les zones cacaoyères, minières et forestières) et les processus de sa transformation en immigration définitive. Au départ individuelles et saisonnières, ces migrations se sont progressivement transformées en migrations familiales de longue durée ou définitives. Les migrants ont fondé des familles au fil du séjour que les opportunités ou les insuccès prolongeaient. Ils ont procédé soit par regroupement familial ou par alliance dans la société d'accueil en épousant des filles d'origine ghanéenne ou immigrée.

Ces familles constituées au Ghana ont connu de profondes mutations au fil des générations. Elles sont surtout passées de leur forme patrilinéaire étendue, dans laquelle tous les migrants d'une même ethnie ou d'une même provenance géographique se réclamaient « être une même famille », à des formes plus variées, mais matricentrées et plus restreintes. La famille se définit désormais sur des bases plus réelles de sang ou d'alliance, et au sein des cellules familiales, les pratiques de solidarité s'organisent et se resserrent autour des mères, tandis que les enfants se définissent comme Ghanéens (Koudougou 2010 et 2016).

Au regard de ces mutations de la structure familiale et de l'appartenance nationale, les immigrés avant les années 1990 sont qualifiés chez les Mossé de *mo koda* (pluriel de *mo kodré*), c'est-à-dire "vieux Mossé" par leurs descendants et les immigrés à partir de 2000. Ce qui est mis en avant, ce n'est pas forcément leur âge avancé (ils sont au moins septuagénaires pour la plupart). C'est plutôt leur attachement à des valeurs dites "anciennes" importées de leur milieu d'origine, leur vision jugée "déphasée" ou "rétrograde". Ils sont des *yir-mossé* (pluriel de *yir-moaga*), c'est-à-dire des "Mossé de la maison", *yiri* ayant le sens de "concession", "maison" ou "domicile". Contrairement à l'acception couramment admise de la maison comme premier lieu de la socialisation, voire de la "civilisation", dans l'expression *yir-moaga*, il y a inversion et péjoration de sens : *yir-moaga* est plutôt synonyme de "rustre", de "non éveillé", de "qui manque de citadinité".

Ces "vieux" migrants vivent une double marginalisation : dans leur famille au Ghana, où ils ne trouvent pas la reconnaissance attendue de leur progéniture, et vis-à-vis de leur famille d'origine au Burkina Faso qui leur dénie la plénitude de leur appartenance.

Les rapports entre les jeunes et leurs parents âgés, la prise en charge des personnes âgée par leurs familles au Ghana ont été analysés (Ardayfio-Schandorf 2006 ; Boon 2007 ; Mba, Addico & Adanu 2007), tout comme les mutations dans les familles d'origine burkinabè au Ghana (Koudougou 2016) et les liens que les migrants burkinabè et leur descendants au Ghana entretiennent avec le Burkina Faso (Bouda 2009 ; Koudougou 2010 ; 2014). La marginalité des "vieux" migrants mossé reste par contre peu analysée (Koudougou 2016).

La famille est présentée comme un lieu d'entraides et de solidarité subie, à travers un contrat tacite intergénérationnel par lequel ceux qui produisent (les adultes) prennent en charge ceux qui ne produisent plus (les vieillards) ou ne produisent pas encore (les enfants) (Goudineau 1989 ; Locoh 1991 ; Roth 2010). La famille (restreinte ou large au sens de la parenté) serait ainsi le lieu d'un cercle vertueux de dettes et de créances sociales entre générations d'actifs et de non-actifs. Cette conception de la famille est présentée comme un mythe (Vidal 1994), car la solidarité a toujours été sélective. Elle a toujours été davantage orientée vers ceux qui ont les moyens d'être solidaires. Moins on donne, moins on reçoit. En outre, la famille est un lieu de compétitions et de conflits ouverts ou larvés. Dans cette perspective, la marginalisation, que des auteurs de l'École de Chicago présentent comme un processus normal et transitoire de l'assimilation (Cuche 2009) est la résultante de rapports de force symboliques (Bourdieu 1980) et des rapports de production (Meillassoux 1975 ; Marie 1981). L'intensité, voire la survie de l'obligation de réciprocité dépend des capacités de production des acteurs.

Ce chapitre propose une analyse de la marginalité des "vieux" migrants mossé dans leurs familles au Ghana et au Burkina Faso à partir de données qualitatives produites dans le cadre du projet *Jeune Équipe Associée- Diaspo* de l'Institut de recherche pour le développement (IRD) et du Laboratoire *Société et Environnement* (ex LERDYS) de l'université Ouaga I – Professeur Joseph Ki-Zerbo.

Les entretiens ont été menés au Ghana en juillet et août 2009, puis en juillet-octobre 2010, et au Burkina Faso d'octobre 2009 à décembre 2010. Des enquêtes complémentaires ont été conduites au Burkina Faso en août 2014 dans le cadre d'un mémoire de master. Des épouses et enfants des "vieux" et les "vieux" eux-mêmes ont été interviewés dans leurs familles à Accra, Kumasi et Takoradi. Au Burkina Faso, des "vieux" migrants de retour du Ghana et des non-migrants ont aussi été enquêtés. Au total, 52 entretiens ont été réalisés, dont une partie des données est utilisée dans cette contribution.

L'analyse se structure autour de trois points. Il s'agit d'abord d'examiner les modalités d'insertion des "vieux" migrants mossé au Ghana, avant de porter ensuite l'attention sur la vie d'adulte de ces "vieux" mossé au Ghana. Enfin, seront analysés les rapports des "vieux" avec leurs enfants et épouses au Ghana, leurs liens avec le Burkina Faso et les membres de leur famille à leur retour.

1. Les modalités d'insertion des migrants mossé dans leurs sociétés d'accueil au Ghana

Elles ont fortement varié d'un migrant à l'autre selon leurs ressources personnelles et les sociétés d'accueil, des centres urbains au milieu rural. Mais globalement on peut distinguer des modalités majeures d'insertion avant et après les expulsions de 1969.

1.1. Avant les expulsions : avoir un tuteur, se marier et se convertir pour s'intégrer à sa société d'accueil

Avant les expulsions des non-Ghanéens du territoire en 1969, trois principales modalités d'insertion ont prévalu chez les Mossé au Ghana. Il s'agit de l'insertion par l'institution du tutorat, la stratégie de la filiation et la conversion à l'islam.

1.1.1. L'insertion par le tutorat

Pour leur insertion dans leurs sociétés d'accueil, les immigrants mossé se sont largement servi d'une pratique ancestrale dans les mobilités à long cours (voyages, migrations) : le tutorat ou *gansobendo* en mooré, langue parlée des Mossé. *Gansobendo* désigne le recours à un logeur ou *gansoba*[1] (littéralement traduit : "propriétaire de couchette", *gansoba* étant constitué du verbe *ganndé* qui signifie "se coucher" ou "passer la nuit à un endroit") et *soaba* ou *soba* qui signifie "propriétaire".

Le recours à cette pratique, existant depuis l'époque du commerce caravanier, a permis aux Mossé de constituer au Ghana de solides réseaux sociaux, qui se sont maintenus d'une génération à l'autre.

Le long des corridors caravaniers d'abord et des routes ensuite existait un maillage de *gasonbendamba* ou *gansobennamma* (pluriel de *gansoba*). Ils pouvaient être des autochtones, inconnus (du migrant ou du voyageur), investis d'une autorité ou simples citoyens, ou un "parent" au sens anthropologique du terme : un primo-migrant du même groupe ethnique, d'une même provenance, du même lignage (paternel ou maternel), etc. Dans tous les cas, le *gansoba* a essentiellement une fonction d'accueil, d'hébergement et d'intermédiaire (avec les autorités locales auprès desquelles il introduit son logé). Il joue de ce fait, un rôle majeur dans la socialisation et l'insertion du nouveau migrant. Il l'accompagne dans son apprentissage des règles et coutumes de son milieu d'accueil et dans son installation (recherche d'un emploi ou d'une terre dans le cas des migrations agricoles).

Entre le *gansoba* et son "logé" s'instaure ainsi une relation de tutelle qui confère au logé une position de "protégé", renouvelée par des pratiques d'allégeance et de reconnaissance. Deux pratiques ont eu cours dans l'immigration des Mossé au Ghana avant les expulsions de 1969.

Il y avait d'abord la pratique du *naboa* ("journée de travail commun" en ashanti) qui consistait pour les "protégés" à travailler une journée par campagne dans les plantations du chef du

---

[1]. .Le même terme est utilisé pour le tuteur, le logeur et le logé : au Ghana, c'est *mifihéwura* en ashanti et *minguida* en hausa, qui sont les traductions locales de cette notion.

village et de leur tuteur (pour ceux qui avaient en commun un tuteur autre que le chef de village).

« Il n'était pas obligatoire. Mais quand vous le faisiez, le chef ne quittait pas derrière vous si vous avez un problème ». (Chef de Moshi Zongo, Kumasi, entretien du 14 juillet 2010.

Il y avait ensuite, le *kobokoano* qui consistait pour le chef ashanti, à convoquer tous les ressortissants de son territoire au sarclage des routes principales. Contrairement au *naboa*, la participation au *kobokoano* était obligatoire et constituait, par ailleurs, la seule occasion pour le chef des immigrés d'exercer l'autorité à l'égard des autres membres de son groupe en dénonçant et infligeant une amende (5 *pongo*[2]) à celui qui n'y participait pas.

Le recours au *gansobendo*, dans un contexte de boom économique et immobilier dans la Gold Coast des années 1930 à 1950, a facilité l'émergence d'un système résidentiel qui reproduisait, dans une certaine mesure, les familles élargies du pays d'origine.

Le tuteur, notable coutumier ou simple citoyen, était aussi parfois propriétaire de logements qui louait ses cours inhabitées aux migrants ou servait d'intermédiaire dans un réseau clientéliste d'accès au logement. Comme le migrant installé et protégé amenait à son tuteur les "parents" qui le rejoignaient, il s'est formé progressivement un mode d'habitation par affinité. Des cours entières, voir des grappes de plusieurs cours étaient habitées par des "parents" : migrants mossé d'une même famille (par liens de consanguinité ou d'alliance) ou d'une même localité, constituant ainsi des *yiya* (pluriel de *yiri* ou cours, concession en mooré), voir des *saksé* (pluriel de *saka* ou quartier en mooré) dans les *zongo*. Le partage des repas, des terrasses dans ces cours d'habitation commune, le partage des chambres par des enfants de ménages sans lien de consanguinité et la reconnaissance d'une autorité au plus âgé (*kasma*) des chefs de ménage entretenaient un véritable esprit de famille dans ces cours mossé dont le regroupement créait dans les *zongo* de véritables communautés mossé.

Le développement de ces communautés et l'érection à leur tête de chefs mossé (ou *mosnaaba*) facilitent encore davantage l'accueil et l'insertion des migrants mossé. Ceux qui débarquaient nouvellement cherchaient les membres de leur *buudu* (littéralement « leur famille », leurs « parents » ou ethnie) et étaient conduits chez le *mosnaaba* quand ils n'avaient pas de "parent direct" (membre de sa famille en ligne directe ou collatérale ou de sa localité d'origine) dans le *buudu* (ici au sens d'« ethnie »).

Au fur et à mesure que leur nombre augmentait et que se renforçait leur enracinement, les communautés mossé et leur chefferie prenaient le relais des autochtones avec lesquels la relation de tutorat devenait de plus en plus symbolique.

Outre l'insertion résidentielle, le *gansobendo* a joué un rôle important dans l'accès à un premier emploi ou dans l'acquisition des terres agricoles par les migrants mossé en milieu rural. Les tuteurs servaient aussi d'intermédiaires dans le recrutement de la main-d'œuvre subalterne

---

2. .Déformation de *pound*, le nom anglais de la livre sterling.

(manœuvre dans l'agriculture, les mines, ou le commerce, gardien, etc.), comme l'illustrent les propos suivants.

> « Quand notre père est arrivé [à Kumasi], il est tombé sur la maison du chef de Tafo notre grand-père maternel. L'oncle du chef était en ce moment cultivateur de cacao dans la région de Brong Ahafo. Donc, il a embauché notre père pour aller travailler dans son champ pendant deux ans. Et après les deux ans il [le père] est revenu à Tafo dans la maison de l'oncle du chef ». (Alaji Seidu Kibsa, Moaga, chef du zongo de Old Tafo, entretien du 18 juillet 2010).

Les ouvriers agricoles plus ambitieux qui voulaient accéder au statut d'exploitants agricoles évoluaient vers le métayage ou le *boussan* (contrat d'exploitation aux récoltes partagées), dont les économies leur servaient à acheter des parcelles de terre et à devenir planteurs. D'autres aussi ont utilisé le mariage avec les femmes d'origine ghanéenne comme moyen d'accès à la terre et comme instrument d'insertion dans leur société d'accueil.

1.1.2. L'insertion par le mariage

Le mariage a été l'autre élément important de l'insertion des immigrants mossé au Ghana avant les expulsions de 1969. Il a consisté, pour les immigrants, jeunes (pour la grande majorité) et seuls, à faire venir leurs épouses ou à contracter des mariages mixtes avec des filles d'origine étrangère, notamment ghanéenne. Dans le premier cas, il s'agissait de migrants déjà mariés ou en train de préparer leur mariage, qui repartaient chercher leur conjointe ou la faisaient venir. Dans le second cas, les mariages mixtes avec les filles d'origine ghanéenne ont été dans un premier temps importants (« Sur 100 Mossé, ceux qui sont venus du Burkina avec leur femme ne dépassent pas 6 », estimait un responsable des Mossé de Maamobi[3] en 2009) et ont souvent été suscités et arrangés par la famille de la mariée :

> « Quand notre père vivait dans la cour de l'oncle du chef, chaque soir il devait venir aider ma mère à faire la nourriture du chef. C'était le foutou-là, il faut retourner ça. Donc c'était notre père qui pilait et notre mère retournait. C'est ça qui a créé le lien entre eux (…) Il y a eu une grossesse et ma mère a dit, "ah ! Si tu es d'accord, je vais dire à mon père et on va s'arranger pour faire le mariage. (…). Elle avait déjà eu trois mariages. Ça n'avait pas marché. Donc elle a dit à son papa. Il était un peu étonné, mais il a dit qu'il est déjà parti au pays des Mossé, qu'ils sont gentils, qu'ils sont bien. Donc, s'il elle est d'accord, lui

---

3. .Le chef des *Mossé* de Nima, Accra, entretien du 4 août 2009.

aussi il est d'accord ». (Alaji Seidu Kibsa, Moaga, chef du zongo de Old Tafo, entretien du 18 juillet 2010).

Toutefois, les conversions à la religion musulmane (pour mieux s'intégrer dans les *zongos*) et un certain ostracisme du clergé islamique favorisent les remariages avec des filles de familles musulmanes (surtout quand l'épouse ghanéenne refusait la reconversion à l'islam). On assiste d'abord à un repli endogamique : les mariages entre Mossé deviennent plus fréquents. À Kumasi, par exemple, en 1965, 28 % des immigrés hommes de la première génération étaient mariés à des femmes non Mossé et 37 % des Mossé hommes immigrés de la seconde génération étaient mariés à des femmes non Mossé, selon Schildkrout (1974). Dans un second temps, les mariages deviennent plus exogamiques. Comme le clergé musulman (les *ulama*) condamnaient les mariages intra-groupes, les Mossé privilégient l'appartenance de la conjointe (ou du conjoint) à la religion musulmane, même si, dans le cas de Kumasi, Schildkrout (1974) relève une préférence des hommes de la deuxième génération pour les filles haussa. Ce type d'alliance était en effet considéré comme une ascension sociale, car les Haussa avaient le contrôle du clergé musulman et jouaient un rôle prédominant dans la vie économique et politique des Zongo.

Dans tous les cas, la constitution des familles, qu'elle se fasse par regroupement ou par alliance dans la société d'accueil, est l'expression d'un processus d'insertion dans la société d'installation. Le regroupement familial n'intervient que lors qu'un minimum de conditions est réuni : accès à un emploi et à un logement qui constituent, entre autres, des indicateurs non négligeables d'insertion. Quant aux mariages mixtes, ils sont présentés dans de nombreux travaux, en sociologie de la famille, comme facteur d'intégration, voire d'assimilation dans la société d'accueil. Dans la perspective des auteurs de l'École de Chicago (Park 1928 ; Park & Burgess 1921), la mixité matrimoniale, par le brassage qu'elle exprime et renforce, constitue à la fois un indicateur fort et un facteur important d'assimilation, alors que le métissage permet un affaiblissement progressif des différenciations ethniques ou raciales.

En milieu rural, le mariage mixte a été vite perçu par les Mossé comme un moyen d'accès à la terre, de sécurisation des droits fonciers et de sécurisation sociale, tandis que pour les autochtones (et donc pour les familles de leur épouses), c'était une opportunité pour récupérer une main-d'œuvre coopérative – les nouvelles responsabilités maritales et parentales du nouveau marié devant l'inciter à une plus grande ardeur au travail. De ce fait, les mariages mixtes n'intervenaient pas toujours à l'initiative des migrants : ils pouvaient aussi être suscités et arrangés par les autochtones (Koudougou 2016).

1.1.3. Se convertir à la religion musulmane pour s'intégrer dans les *zongo*

Il est difficile de trouver des non-musulmans parmi les Burkinabè immigrés au Ghana avant 2000. Tous se sont convertis à l'islam. Les raisons sont à rechercher dans le processus de leur installation au Ghana. Si, en milieu rural, beaucoup d'immigrés ont eu des tuteurs ghanéens d'origine, animistes ou chrétiens, en milieu urbain, ils ont intégré les *zongo*, quartiers précaires à la périphérie où la conversion à l'islam s'est avérée un facteur important d'intégration. Comme les Haussa, musulmans, et les associations islamiques (se réclamant de la *Tidjania* ou de l'*Ahmadya* pour la plupart) y dominaient la vie au quotidien, la conversion facilitait l'établissement de relations de commerce, l'accès au logement, à l'emploi et le mariage. Schildkrout (1974) note que, dans le cas de Kumasi, certains riches musulmans haussa refusaient de louer leur maisons aux non-musulmans sous prétexte que tous les musulmans étaient des frères et vivre avec un non-musulman était interdit. Les *ulama* se réunissaient souvent pour élaborer les règles de comportement du musulman dans le *zongo*.

Sur le plan linguistique, la langue haussa s'est progressivement imposée comme une *lingua franca* dont l'usage par les migrants facilitait leur intégration au Ghana. « Si tu ne comprends pas le haussa tu vis plus difficilement au Ghana, car il est parlé à travers tout le pays » dit Alaji Alassane. Les différentes formes de solidarité et de facilité (assistance pendant les moments difficiles), dont la conversion à l'islam permettait de bénéficier, et la forte assimilation des Haussa à l'islam (du fait du rôle prégnant de ce groupe ethnique dans le clergé musulman et dans la promotion de la religion musulmane) faisait par ailleurs du Haussa un « modèle » presque fascinant de « l'homme », auquel les autres immigrés voulaient *se conformer*. Cela explique la conversion de la quasi-totalité des anciens immigrés burkinabè à l'islam et l'assimilation partielle ou totale des immigrés et de leurs descendants aux Haussa dans les *zongo*.

> « Dans les *zongo* il y avait une croyance que les Haussa qui sont venus du Nigeria avec l'islam sont meilleurs que les autres, parce qu'ils étaient des musulmans. Mon père, quand il est venu ici, il n'était pas musulman. C'est ici qu'il s'est converti comme beaucoup de Voltaïques de l'époque. Les Haussa étaient aussi des commerçants. Donc la langue haussa s'est rapidement développée. Chaque personne qui parlait hausa se croyait meilleure que les autres. Donc, nos garçons avaient honte de parler mooré, de se montrer Mossé ». (Alaji Seidu Kibsa, Moaga, chef du *zongo* de Old Tafo, Kumasi, entretien du 18 juillet 2010).

Les expulsions de 1969 accélèrent ce processus d'assimilation des Mossé au Ghana.

1.2. Après 1969 : la conversion identitaire comme mode d'insertion

Les crises politiques et économiques que connaît le Ghana à partir de la fin des années 1960 ont eu des effets notables, en particulier celui de faire des étrangers des « boucs-émissaires ». Ceux-ci sont indexés comme la cause de l'inflation et du chômage. Après la chute de Kwame Nkrumah, en 1966, le gouvernement nationaliste du Docteur Kofi Busia promulgue l'*Aliens Compliance Order,* un décret qui instaure le permis de séjour. Il intime l'ordre aux étrangers non détenteurs de ce document de se mettre en règle en quelque deux semaines, sous peine d'expulsion. L'invective *kɔhukrom* ("va chez toi" en ashanti) se répand dans l'opinion. À la fin de l'année 1969, environ 250 000 immigrés ouest-africains sont expulsés du territoire ghanéen (Higazi 2005 : 2).

Globalement, les Mossé ont été beaucoup moins touchés par ces expulsions, qui ne visaient pas les ouvriers agricoles, qu'ils étaient majoritairement, car ceux-ci étaient considérés comme l'épine dorsale de l'économie (Amanor 2005 ; Verlet 2005). Ils furent tout de même touchés par la vague xénophobe dans certaines régions où les jeunes locaux acaparent même les emplois agricoles. Dans tous les cas, les expulsions d'autres immigrés éveillent chez les Mossé la conscience des risques de leur statut d'étranger, en même temps que le fait d'être épargnés constitue pour eux une reconnaissance de leur citoyenneté, du moins économique, par les autorités. Ils développent un sentiment d'appartenance au Ghana et construisent une rhétorique qui le fonde dans la légende de Yennenga, la mère de Ouédraogo, l'ancêtre des fondateurs des royaumes mossé, et dans les liens historiques entre les Mossé et les Mamprusi et Dagomba du Nord Ghana. Les Mossé seraient partis de ces peuples aux XIVe et XVe siècles pour former ce qui constitue de nos jours le pays moaga (Izard 1970 ; Kiethéga *et al.* 1994). Cette "souche" ghanéenne est remobilisée par les Mossé pour justifier leur appartenance au Ghana considéré comme "leur" terre ancestrale. La relative bienveillance dont ils ont bénéficié lors des expulsions est liée non seulement à leur rôle économique, mais surtout à leur statut de "neveux".

> « Quand Busia chassait les étrangers, le roi de Gambaga a dit que s'il chasse les Mossé, lui aussi partira parce que les Mossé sont ses neveux. C'est vrai, les Mamprusi et les Dagomba sont nos ancêtres maternels ». (Alaji Alassane, Accra, entretien du 15 août 2009).

Cette reconstruction de leur appartenance au Ghana se traduit au plan juridique et administratif par l'acquisition de documents d'identité ghanéens, d'une part, et entraîne, d'autre part, un changement de système patronymique. Ils adoptent celui des Hausa. Sur leurs nouveaux documents d'identité, le nom de famille d'origine (Ouédraogo, Sawadogo, Kaboré, etc.) est remplacé par un prénom musulman supposé être celui du père, auquel est ajouté leur prénom (Koudougou 2010).

Cette nouvelle identité permet ensuite l'exercice de droits civiques et politiques et de bénéficier d'avantages sociaux divers, notamment d'une pension de retraite et d'une assurance santé.

2. La vie d'adulte

2.1. Une vie de travailleurs subalternes et de citadins marginaux

Les migrants mossé, à l'instar des autres migrants burkinabè, ne pouvaient accéder qu'aux emplois subalternes à faible revenu. Ils fournissaient le plus gros de la main-d'œuvre dans les activités rurales (agriculture et mine), parmi les employés de commerce et les auxiliaires de police. En 1949, ils représentaient 66,5 % et 6 % des ouvriers dans l'agriculture et les mines. Ils étaient 243 *police escort* sur un total de 2 474 (soit environ 10 % de ces auxiliaires de police) en 1953 et en 1954, ils étaient 127 employés de commerce sur un total de 1 574 dans toute la Gold Coast (Rouch 1956).

Au début des années 1960, les gains moyens de ces migrants mossé que Jean Rouch qualifie de *« bons à tout »*, ont varié entre 20 livres (environ 910 F) par an et 55 livres (875 F) par an (Rouch 1956 ; Clairin 1975). La situation de l'emploi n'a pas changé pour ces migrants après l'indépendance du Ghana en 1957. Elle s'est même dégradée avec les crises économiques et politiques à répétition. On assiste à un exode des ouvriers des zones rurales agricoles et minières, fortement touchées par les crises, vers les centres urbains où ils grossissent les rangs des chômeurs, des gardiens et employés de commerce. D'autres sont employés dans l'entretien des chemins de fer (*railway*). Ceux qui peuvent accéder aux espaces inondables intra-urbains pratiquent aussi une petite agriculture urbaine ou l'élevage de petits ruminants.

Les épouses et les enfants font leur entrée dans le marché du travail informel, en particulier dans le commerce, les ateliers de couture. Leurs revenus contribuent à la prise en charge de la famille, quand ils ne remplacent pas simplement ceux des époux et des pères pour asurer les dépenses familiales.

2.2. Des pratiques familiales transnationales

À l'exception des bannis et des victimes de grave exactions à l'époque coloniale, qui gardent encore un grand ressentiment en se souvenant de cette époque, les immigrés mossé ont majoritairement gardé des liens avec le pays d'origine, du moins, jusqu'aux crises économiques. Ils entretenaient des pratiques familiales transnationales qui s'exprimaient au-delà des seuls cadres de la famille en ligne directe ou collatérale (famille par le lien de sang ou par alliance). Les liens de parenté se construisaient aussi sur la base de l'appartenance au même groupe ethnique ou à la même zone de provenance. Les formes réinventées de la famille élargie au Ghana ont donc largement servi de support à la transnationalisation des relations de famille. Le co-résident qui se rendait au pays était chargé (ou se chargeait) de transmettre et de ramener (le cas échéant) les nouvelles et les commissions des familles de ses autres co-résidents, surtout s'ils provenaient d'une même zone d'origine. Des migrants de retour au pays parcouraient parfois de grandes distances pour apporter (et rapporter) les nouvelles des familles de leurs *sambissi* au Ghana, c'est-à-dire aux "enfants de son père" ; *sambissi* » est formé du préfixe *sam*, dérivé de *samba*, "le père" et *bissi*, "grains" ou "enfants". Inversement, tout immigré avec qui on partage le même groupe ethnique et/ou la même provenance au Burkina Faso était un "parent" chez qui on descendait avant de retrouver un "plus proche parent" ou de s'installer à son propre compte. Ce dispositif facilitait une certaine circulation de la parentèle, des services et des biens entre les familles au Ghana et celles restées au pays.

À l'échelle des familles en ligne directe et collatérale, la pratique des regroupements familiaux renforçait l'obligation sociale et morale de l'émigré (vis-à-vis de sa famille restée au pays) et l'inscrivait dans une dynamique de circulation physique (de personne, de biens et de services) et symbolique, entre la partie de sa famille au Ghana et celle demeurée au pays. Aux transferts migratoires (argent, vêtements, etc.), qui précèdent en général le regroupement familial et compensent ses effets plus ou moins négatifs quand il a eu lieu, s'ajoutent des "aller et retour" de la parentèle entre les deux fractions de la famille. Pour le migrant mossé au Ghana des années 1920 à 1970 (avant la crise économique), cette circulation des parents ne relevait pas seulement d'un devoir moral et social ; il s'agissait surtout d'assumer une identité, de se poser en égal à l'Autre, de se défendre de lui. Rentrer ou avoir la visite de la famille du pays, c'est afficher sa probité, se soustraire de tout soupçon « de bannissement de chez soi » :

« Quand tu ne rentrais pas, quelqu'un pouvait te dire : "tu dis que toi aussi tu es homme, mais depuis que tu es là, on n'a jamais entendu que toi aussi tu es rentré chez toi ou que quelqu'un est venu de chez toi te voir". Qu'est ce que tu vas dire en ce moment ? Il ne te reste que la honte. Et ce n'est pas ceux des autres ethnies qui vont te dire ça, mais tes propres parents, ceux qui rentrent souvent ». (Entretien avec Yacoubou, Kumassi, septembre 2010).

Pendant la crise économique, notamment dans les années 1970 et 1980, les pratiques de circulation entre la famille au Ghana et celle au Burkina Faso ont drastiquement diminué (tout comme les flux migratoires vers le Ghana), à cause de la détérioration de la situation économique et sociale de l'immigré. Elles n'ont cependant pas changé de forme. Elles sont restées globalement limitées aux déplacements personnels, comme dans les cas des regroupements familiaux et les visites aux parents, et aux commissions dans le cadre des transferts (échanges de biens et de messages par le biais de voyageurs et d'autres migrants). Car les lettres et, plus tard, les cassettes audio et les téléphones ont été beaucoup moins utilisés. Dans le cas des lettres ou *gango* ("la peau" en mooré), les migrants mossé au Ghana n'étaient pas instruits, ni en français, ni en anglais pour les rédiger eux-mêmes et ne trouvaient pas toujours quelqu'un pour en assurer la traduction. De même, au "pays", le *gango* venu du Ghana ne trouvait pas toujours un traducteur de l'anglais à la langue du receveur. L'envoi des cassettes [4] présentait plus d'avantages : langue commune des correspondants, possibilité d'entendre la voix du parent et de réécouter le message, etc. ; mais la période de son expansion (les années 1970 et 1980) a coïncidé avec celle de la crise économique au Ghana et du ralentissement des flux vers ce pays. Quant au téléphone, fixe d'abord, il est resté limité au milieu urbain et à une minorité, au Ghana comme au Burkina Faso. L'arrivée du cellulaire a progressivement accru l'accès au téléphone. Mais comme la lettre, la cassette et le téléphone fixe, ce moyen n'est pas beaucoup utilisé pour le maintien des liens de famille. Communiquer par téléphone suppose un contact préalable (qui permet de disposer d'un numéro de contact) que l'affaiblissement des liens depuis les crises des années 1970 et 1980 n'a pas toujours permis de rétablir (Koudougou 2014).

2.3. Crises et resserrement des liens autour de la famille conjugale au Ghana

La fin des années 1960 a marqué un tournant décisif dans les connexions entre familles burkinabè au Ghana et celles restées au pays. Les crises politiques et économiques qui sont survenues ont considérablement affecté les pratiques familiales transnationales telles qu'elles étaient organisées au Ghana et au Burkina Faso.

D'abord, l'exode rural massif et l'accroissement de la population urbaine qui l'a accompagné ont déstructuré les modes d'habiter en *yiri* composés d'unités familiales d'une même ethnie ou provenant d'une même localité. Les valeurs de bon voisinage ont été conservées et promues, mais la parenté et la famille reposent désormais sur des bases plus réelles de sang ou d'alliance dans la cour d'une habitation commune. La détérioration du statut économique et social des hommes à la suite des crises s'accompagne d'un processus de dissolution progressive des attaches avec le pays d'origine et la souche familiale : disparition ou affaiblissement du

---

4. .La pratique consistait pour le migrant ou son proche à enregistrer son message sur une cassette audio à bande magnétique à l'aide d'un magnétophone et à l'envoyer, en général, par l'intermédiaire de voyageurs ou d'autres migrants.

contact avec la famille d'origine, des pratiques transnationales de va-et-vient et des transferts migratoires.

3. La vie de retraité : à la marge de la famille...

3.1. ... au Ghana

Les "vieux" immigrés mossé sont pour certains encore en location avec leurs épouses dans la même cour ou dans des cours différentes. Ceux qui ont pu acquérir un terrain et construire une cour occupent une ou deux maisons selon qu'ils sont polygames ou non, partagent la cour avec des locataires et, dans certains cas, avec leurs fils mariés ou non. Ils pratiquent et vivent d'un élevage de petits ruminants, de leur rente locative et de leur pension quand ils en perçoivent. Mais généralement, les garçons, pères de famille eux-mêmes ou adultes aujourd'hui, vivent séparés de leurs parents, poussés au départ du giron familial dès maturité (17-18 ans), soit par leur désir de se réaliser ou pour en finir avec la promiscuité (ils partagent à plusieurs une seule pièce souvent avec les parents)[5]. Quant aux filles, elles reviennent avec leurs enfants après une rupture conjugale. Elles remplacent alors les garçons dans le foyer parental, en attendant de faire un nouveau mariage ou d'être logées par leurs enfants quand ils seront adultes.

Dans l'un ou l'autre des cas, les "vieux" Mossé vivent la marginalité dans leurs familles, caractérisées aujourd'hui par une prédominance des mères. Les épouses, qu'elles soient Mossé ou non, septuagénaires au moins comme leurs maris, tiennent toujours des petits commerces dans les marchés ou devant les cours d'habitation. Comme dans les années de crise, les petits revenus issus de ces commerces couvrent, pour les vieux démunis, les charges familiales que ces épouses partagent avec leurs filles revenues après la rupture de leur mariage et devenues elles aussi tenancières de petits commerces ou d'ateliers. Dans ces familles, l'image du « père incapable », en déchéance, est prégnante.

La situation des "vieux", propriétaires rentiers ou bénéficiaires d'une pension, est certes différente. Mais eux aussi entretiennent avec leurs enfants des relations empreintes de tensions et d'amertumes dont les raisons sont à rechercher dans les formes d'identification de soi et le système social de référence qui le sous-tend.

---

5. .Bertrand (2003 : 71) relève que « 53 % des ménages de la capitale, composés en moyenne de plus de quatre personnes, vivent dans un logement d'une seule pièce ». Ce taux moyen d'occupation des maisons est plus élevé dans les quartiers à forte concentration de migrants burkinabè et de leurs descendants, comme Nima, Mamobi, Abeka, Sukura, etc.

Les "vieux", après s'être faits Ghanéens dans les années de plomb, se qualifient aujourd'hui comme Ghanéen-Burkinabè, pour marquer leur double appartenance : d'une part au Ghana, d'où sont partis leurs ancêtres et où ils vivent aujourd'hui, et d'autre part, au Burkina Faso, d'où ils sont venus et où sont enterrés leurs placentas. Leurs enfants, par contre, se définissent seulement comme Ghanéens et clament que "Ghana Is a Mother Land, Child belong to Women", en référence au système matriarcal du sud Ghana.

Pour les "vieux", attachés à leur système de filiation patrilinéaire d'origine, leurs enfants qui se réclament de leurs mères ne sont plus des Mossé. Ils sont des *ganglin-bi* (*ganglin-bila* au singulier), c'est-à-dire "des petits *ganglinssé*" ou "des enfants de *ganglinssé* en mooré". *Ganglingan* (singulier de *ganglinssé*) est un substantif dérivé du verbe *Ganglmé* qui veut dire "baragouiner". Le *Ganglingan* ou le *ganglin-bila* est donc celui qui parle une langue ou vient d'une culture non intelligible, dénué de raison ou de raisonnement et c'est ainsi que toute culture étrangère est perçue chez les Mossé. *Ganglingan* comporte ainsi l'idée de "sauvage". *Ganglin-bila* est synonyme d'"enfant de brousse", d'enfant qui a manqué d'éducation ou qui a perdu la culture.

Ce qualificatif très péjoratif traduit bien la déception du père qui ne trouve pas la reconnaissance attendue auprès de sa progéniture ; le sentiment de rejet, de relégation du père, attaché à la préséance que lui confère son système patrilinéaire de référence dans le rapport des enfants à leurs parents. Car, pour eux, leurs enfants sont aussi des *ganglin-bi*, parce que ce sont « des gens qui ne savent pas dire, "papa, tiens" (c'est-à-dire, donner), même quand ils sont riches »[6]. Leurs épouses bénéficieraient davantage qu'eux de l'affection et de l'ascension sociale de leurs enfants, aujourd'hui présents à toutes les échelles de l'administration et dans les sphères de pouvoir.

La non-reconnaissance de l'autorité du père sur leurs unités familiales par les garçons alimente aussi les tensions avec leurs vieux et renforce chez ces derniers le sentiment de non-reconnaissance par leur progéniture.

L'émancipation résidentielle des garçons s'accompagne, en effet, d'une baisse progressive des visites et des aides aux parents au fur et à mesure que s'élargissent leur propre unité domestique et les charges afférentes. Mais elle se traduit surtout par une perte d'autorité des vieux sur ces unités qu'ils considèrent comme des ramifications de leurs foyers.

Dans le système de référence de ces vieux Mossé, les enfants, quels que soient leur âge et leur position dans la hiérarchie sociale, ne s'affranchissent véritablement de l'autorité du père qu'à la mort de celui-ci. Le père reste le maître de la famille ou *yiir soba* (substantif dérivé de *so*, "avoir la maîtrise" de quelque chose, "détenir", et de *yiri*, "la maison"), dont l'autorité morale

---

6. .Le vieux Tinga, Accra, 3 août 2009.

s'étend même aux unités résidentielles (*zaksé*[7] ou "cours") créées par leurs fils. Une autorité que ne leur reconnaissent pas leurs enfants.

C'est dans les cas de familles polygames que la marginalité des vieux est la plus saillante. Les vieux, contraints à la multi-résidentialité (ils dorment périodiquement chez chaque femme, surtout quand elles n'habitent pas la même cour), pauvres et incapables d'assurer pleinement leur rôle, perdent totalement l'autorité sur leur famille. Les liens et pratiques de solidarité se resserrent par groupe d'appartenance utérine. Ils sont qualifiés par leurs épouses de *nin lonssé*, c'est-à-dire de "personnes suspendues", pour traduire le manque de contrôle de ceux-ci sur l'une comme sur l'autre des fractions familiales (Koudougou 2016).

3.2. ... au Burkina Faso

Malgré une situation sociale difficile, les cas de retour de vieux au Burkina Faso, par désespoir total, ayant comme ultime recours les parents restés au pays, sont rares. La moyenne de leurs contacts avec le pays d'origine est de moins d'une fois ces dix dernières années. Néanmoins, des cas de retour se rencontrent dans un cercle de plus en plus restreint (du fait surtout des décès), composé de ceux qui ont fait leur la sagesse selon laquelle « on ne jette pas de pierre sur sa patrie » et ont, de ce fait, gardé le contact avec le pays d'origine, même s'il était réduit à un minimum. Leur retour au pays est motivé, dans la plupart des cas, par un profond sentiment d un "devoir de retour", intimement entretenu depuis longtemps ou (re)suscité par une visite d'un parent, souvent né après leur départ.

Toutefois, l'identité "duelle" ou "à trait d'union" (Ghanéen-Burkinabè), que ces vieux revendiquent, n'est pas bien acceptée au Burkina Faso. Ils y sont plutôt assignés (tout comme leurs descendants) à leur "identité ghanéenne" par une société d'origine qui ne leur reconnaît plus toute la plénitude de leur appartenance à elle. Pour leurs parents restés au village, ils sont uniquement des Ghanéens, des *Ghana kaoswéto* ou des *Ghana kaos wé koda*[8]. Littéralement, *kaosweogo* a le sens de "qui a duré en brousse", tandis que *kaoswékodgo* signifie "qui a trop duré en brousse". *Ghana kaoswégo* et *Ghana kaoswékodgo* désignent donc respectivement "celui qui a duré dans la brousse Ghana" et "celui qui a trop duré dans la brousse Ghana". La vie en migration (pas exclusivement au Ghana) est ainsi assimilée à la vie en brousse (*wéogo*, en mooré), à une vie éloignée de la "civilisation", de la "culture", celle de sa société d'origine. Dans cette perspective, le *Ghana kaosweogo* et pire, le *Ghana kaoswé kodgo* est celui qui a perdu le sens des valeurs, des us et des coutumes de sa société d'origine. Il est *déraciné*. Il aurait, de ce fait, perdu toute *aptitude* à prendre des décisions coutumièrement appropriées. Il n'est donc

---

7. .*Zaka* au singulier.
8. .Soit respectivement le pluriel de *Ghana kaos wéogo* et *Ghana kaos wé kodgo*.

pas toujours consulté au même titre que les autres vieux de son âge, même quand il est l'aîné et donc celui à qui revient, selon les traditions, la première responsabilité dans la prise de décision dans la famille. Quand il a pris part à une décision qui s'est avérée mauvaise, c'est presque sur lui seul que la responsabilité est rejetée. On dit :

> « On savait qu'il en serait ainsi ! "Comment un Ghana *kaos wé kodgo*, quelqu'un qui ne comprend plus rien aux coutumes pouvait-il prendre la décision qui convienne ?" Ou "comment avec un *Ghana kaoswé kodgo*, on peut avoir une bonne décision ?" ».

Le qualificatif « Ghanéen » n'est pas plus gratifiant, car il est associé dans l'entendement populaire à certains clichés et préjugés négatifs comme celui d'"escrocs" (Koudougou 2010).

À la question de l'aptitude sociale (au sens de capacité) du *Ghana kaos we kodgo* à participer à la prise de décision, liée à sa connaissance des us et coutumes du milieu, s'ajoute celle de sa légitimité à y prendre part et à bénéficier de la solidarité familiale. Plus que sa longue absence qui lui vaut sa méconnaissance actuelle des valeurs et normes de sa société, ce qui lui est reproché par ses parents, c'est son abandon ou l'affaiblissement de "sa flamme familiale".

L'attisement ou l'affaiblissement de cette flamme du migrant s'apprécient à deux niveaux intimement liés. D'abord sur le plan matériel, son attachement est apprécié en tenant compte des retours physiques, de leur fréquence, de l'existence ou non de transferts migratoires, de leur intensité, de l'acquisition ou non de biens dans le pays d'origine et d'autres comportements de rétribution dont la finalité est d'entretenir le réseau relationnel et le capital social dans les communautés d'origine. Elle est ensuite mesurée, sur le plan socio-symbolique, à travers la saillance de son sentiment d'appartenance à son groupe d'origine, qui se traduit plus par la participation aux événements liés à la mort (funérailles surtout) qu'à la vie. En pays moaga, ne pas participer aux funérailles d'un parent, c'est couper le cordon de la parenté, c'est s'interdire la compassion des morts et des vivants.

Pauvre et déchu de son autorité sur sa famille par une (ou des épouses) à qui les enfants s'identifient, le vieux émigré a laissé s'éteindre sa flamme pour le pays d'origine : absence ou faible fréquence des visites ou contacts avec le village d'origine, non-participation aux funérailles des parents restés au pays, etc. Ce qui vaut en général aux membres de la famille au Ghana le qualificatif de *nii minlèm sé*, c'est-à-dire, "des gens perdus" en mooré ou des "oubliés".

> « Nous avons des membres de la famille au Ghana. Mais c'est comme si on n'en avait pas, puisqu'ils ne reviennent pas. Les vieux y sont morts et leurs enfants ne connaissent même pas le Burkina. Ils sont devenus des Ghanéens. On ne peut plus les compter vraiment comme de la famille. Personne ne les connaît »[9].

Dans la plupart des cas, le migrant moaga au Ghana a progressivement cessé de remplir les conditions nécessaires pour être considéré comme un "bon migrant", pour incarner

---

9. .Entretien avec le vieux Hamado, Dassoui, décembre 2010.

symétriquement la figure de "l'échec migratoire", même quand les liens n'ont pas été totalement rompus avec la famille d'origine.

Son retour au pays, quand il a lieu, est "sec" (*kouiou* ! ou *raki* !, dit-on chez les Mossé de la zone de Koupéla, dans le centre-est du Burkina Faso), c'est-à-dire, sans aucune ressource, ni matérielle, ni humaine. Il rentre seul (comme il était parti, dans la plupart des cas), sans *needgo* (le "capital en hommes", en mooré), élément par lequel est apprécié le prestige d'un homme dans les sociétés burkinabè. Même ceux qui ne rentrent pas seuls n'échappent pas à la risée de leurs parents du village et à une "désolidarisation" familiale, comme le montre le cas du vieux Gambila (voir l'encadré suivant).

> Le vieux Gambila, plus de 70 ans d'âge, est rentré du Ghana en 1991, avec deux de ses garçons, Tasré et B. après une trentaine d'années d'absence. Il squatte chez son cadet pendant quelques mois avant de bâtir sa propre cour, car, selon les coutumes dans ce village de Koupéla, en pays moaga, « l'aîné n'habite pas la cours d'un cadet. C'est le contraire qui est autorisé ». Il est toute suite surnommé *yirka palé* (c'est-à-dire, "l'homme à la cour sans grenier") et chanté par les femmes et jeunes filles du village : « *Yir ka palé, na di yainé yé ? Yirka palé, na di rakin yé* ! Soit littéralement : « homme à la maison sans grenier de quoi vivras tu ? Homme à la maison sans grenier, du marché tu vivras ! ». Le vieux *Yirka palé* avait réussi son retour avec un *needgo*, parce que, dit-on, il était parti du Burkina Faso avec sa femme et quelques enfants. Il avait reconquis sa respectabilité par l'ardeur au travail de ses garçons. Un cas rare, dit-on. Mais à sa mort, ses enfants ont abandonné à nouveau la cour paternelle, fuyant l'hostilité de leurs oncles, pour la Côte d'Ivoire.

Il se pose en toile de fond la question de l'utilité sociale du vieux migrant pauvre, comme l'attestent les propos suivants : « un émigré au Ghana ne revient jamais avec quelque chose. Il arrive toujours tout usé. C'est pour venir ajouter aux tombes ! ». Dans le subconscient familial, il n'est plus "utile", ni matériellement (parce que usé), ni socialement car son capital symbolique est "décalé", voire en conflit avec les us et coutumes de sa société d'origine. En plus d'être considéré comme une "charge inutile", il est perçu comme un risque de déstabilisation sociale, de corruption ou de perversion des valeurs et normes sociales.

Le vieillissement en migration n'est pas en soi inacceptable pour la famille restée au pays. Les émigrés qui ont réussi leur migration (au double plan économique et social), mais qui ont vieilli en migration, sont plus acceptés à leur retour ; leur statut économique et social leur ayant permis, en général, de participer à des réseaux migratoires et des chaînes de solidarités avec leur famille et leur pays d'origine. De même, l'émigré pauvre, qui a vieilli en migration, mais n'a pas rompu les liens avec sa famille au pays d'origine, bénéficie d'espaces d'entretien de sa notabilité : une participation matérielle parfois symbolique à la vie de la famille lui permettant tout de même de se racheter de son absence physique, d'entretenir sa reconnaissance sociale.

Le vieillissement en migration n'a d'effets négatifs sur la réinsertion de l'émigré de retour dans sa famille d'origine que dans sa conjugaison avec la déchéance économique et sociale de l'émigré et l'étiolement de ses liens avec son pays d'origine. Échouer sa migration, couper les amarres et revenir à l'âge de la vieillesse semble la combinaison inadmissible dans la conscience familiale des émigrés mossé. On leur préfère les *pawéoto* de Côte d'Ivoire » ("migrants morts" en Côte d'Ivoire, en mooré), comme l'attestent les propos suivants du vieux Tinga :

> « un jour à la gare routière de Ouagadougou, alors que je venais d'arriver du Ghana, j'ai entendu un jeune dire à un autre qu'un *pawéogo* de Côte d'Ivoire (migrant mort en Côte d'Ivoire) est mieux qu'un *Ghana kaosweogo* (migrant au Ghana) ». (Entretien avec le vieux Tinga, Accra, août 2009).

Conclusion

Dans la transformation de leur migration saisonnière en immigration de longue durée ou définitive, les immigrés mossé au Ghana ont eu recours aux mariages mixtes, à la conversion à l'islam et à l'identification comme Ghanéen pour leur insertion au Ghana. Leur vie d'adulte se caractérise cependant par des pratiques familiales transnationales : circulation des parents et des biens entre fragments de la famille au Ghana et au Burkina Faso, malgré leurs emplois subalternes. Les crises économiques entraînent une détérioration du statut social et économique des immigrés et un resserrement des liens de famille et des pratiques familiales de la solidarité autour des épouses, à qui les enfants s'identifient, au détriment de leurs pères qualifiés de "vieux" en raison de leur attachement à des systèmes de valeurs jugés dépassés. On assiste à une marginalisation des "vieux" immigrés mossé, dont le retour au pays est un nouvel éloignement : de son lieu d'immigration (quartier, ville, pays où il a vécu presque toute sa vie d'actif, lieu qui ne lui a peut-être pas réussi, mais qui lui était désormais "connu"), sans pour autant être un rapprochement, une réintégration dans un milieu d'origine qui lui est devenu "inconnu" et hostile. Il se dégage un fort sentiment d'inutilité sociale et de désenchantement. D'une part, il y a une double déception au Ghana; celle du "vieil" immigré moaga vis-à-vis de sa progéniture qui ne lui témoigne pas du respect de sa dignité de père, et celle d'une progéniture vis-à-vis d'un père devenu incapable, inutile. D'autre part, au Burkina Faso, c'est à la fois celle de la famille d'origine face à l'échec migratoire qu'incarne le "vieux" migrant de retour du Ghana et celle de ce dernier vis-à-vis d'une famille devenue inconnue et hostile.

Dans son cheminement migratoire, intimement lié à celui de sa famille au Ghana, le vieil émigré moaga au Ghana incarne aujourd'hui la figure de "l'homme marginal".

Bibliographie

Amanor Kojo, 2005, « Jeunes, migrants et marchandisation de l'agriculture au Ghana », *Afrique contemporaine, 214,* 2005-2, pp. 85-101. DOI : 10.3917/afco.214.0085.

Anarfi John, Kwankye Stephen, 2003, M*igration from and to Ghana: A Background Paper*, Development Research Centre on Migration, Globalisation and Poverty Arts C-226, University of Sussex Brighton BN1 9SJ, Working paper C4, 38 p., http://www.migrationdrc.org.

Ardayfio-Schandorf Elizabeth, 2006, "The Family in Ghana: Past and Present Perspectives," *in* Y. Oheneba-Sakyi & Baffour K Takyi (dir.), *African Families at the Turn of the Twenty-first Century,* Westport, Praeger, pp. 129-152.

Arhin Kwame, 1978, « Gold-Mining and Trading among the Ashanti of Ghana », *Journal des africanistes, 48,* 1978-1, *L'or dans les sociétés Akan,* pp. 89-100.

Bertrand 2003, « Métropole au microscope : cohabitation et composition résidentielle dans la Région du Grand Accra (Ghana) », *Autrepart, 25,* pp. 69-85.

Boon Emmanuel K., 2007, "Knowledge Systems and Social Security in Africa: A Case Study on Ghana," *Tribes and Tribals,* Special Volume no 1, pp. 63-76.

Bourdieu Pierre, 1980, « Quelques propriétés des champs », *in* P. Bourdieu, *Questions de sociologie*, Paris, Éditions de Minuit, pp. 113-120.

Clairin Rémy, 1975, « L'enquête sur les émigrations de Haute-Volta (1960-1961) », *Actes du 5e colloque de démographie africaine : Migrations, état civil, recensements administratifs*, Ouagadougou, 20-24 janvier 1975, pp 84-94.

Cuche Denys, 2009, « "L'homme marginal" : une tradition conceptuelle à revisiter pour penser l'individu en diaspora », *Revue européenne des migrations internationales, 25,* 2009-3, pp. 13-31, mis en ligne le 1er décembre 2012, consulté le 25 janvier 2013. URL : http://remi.revues.org/4982 ; DOI : 10.4000/remi.4982.

Duperray Anne-Marie, 1985, « Les Yarse du royaume de Ouagadougou », *Cahiers d'études africaines, 25,98,* pp. 179-212.

Goudineau Yves, 1989, « Sens de la famille, sens de la communauté », *Cahiers Sciences humaines 25,* 1989-3, pp. 301-311.

Higazi Adam, 2005, *Ghana Country Study. A Part of the Report on Informal Remittance Systems in Africa, Caribbean and Pacific (ACP) Countries,* Oxford, University of Oxford, ESRC Centre on Migration, Policy and Society (COMPAS), 18 p.

Izard Michel, 1970, *Introduction à l'histoire des royaumes mossi,* Paris, CNRS – Ouagadougou, CVRS, Recherches voltaïques n° 12 et 13 (2 tomes), 434 p.

Kiethéga Jean-Baptiste et *al.*, 1994, *Trame historique de l'épopée des Moose*. Université de Ouagadougou, FLASHS, DHA, 273 p.

Koudougou Saydou, 2010, « La diaspora burkinabè au Ghana et sa descendance : insertion dans la société d'accueil et liens avec le *Father's Land* », *in* M. Zongo (dir.), *Les enjeux de la diaspora burkinabè : Burkinabè à l'étranger, étranger au Burkina Faso*, Paris, L'Harmattan, pp. 77-112.

—, 2014, *Migrations internationales et liens avec le pays d'origine : le cas des migrants burkinabè et leurs descendants au Ghana*, UCAO/UBB, 71 p.

—, 2016, « D'une génération à l'autre : les migrants burkinabè installés au Ghana », *in* Sylvie Bredeloup & Mahamadou Zongo (dir.), *Repenser les mobilités burkinabè*, Paris, L'Harmattan, pp. 67-95.

Le Bris Émile, 1981, « Contenu géographique et contenu social de la notion de résidence. Quelques réflexions à partir de résultats d'enquêtes biographiques effectuées à Lomé (Togo) et Accra (Ghana) », *Cahiers d'études africaines*, 21, 81-83, *Villes africaines au microscope*, pp. 129-174, en ligne : http://www.persee.fr/doc/cea_0008-0055_1981_num_21_81_2318.

Locoh Thérèse, 1991, « Famille dans la crise et politique de population en Afrique subsaharienne », *Politique Africaine*, 4, pp. 78-90.

Marguerat Yves, 1988, « Kumasi, l'espace et le temps : trois siècles d'évolution d'une grande ville africaine », *in* C. Coquery-Vidrovitch (éd.), *Processus d'urbanisation en Afrique*, Paris, L'Harmattan, pp. 9-25.

Marie Alain, 1981, « Marginalité et conditions sociales du prolétariat urbain en Afrique. Les approches du concept de marginalité et son évaluation critique », *Cahiers d'études africaines*, 21, 81-83, *Villes africaines au microscope*, pp. 347-374, en ligne : http://www.persee.fr/doc/cea_0008-0055_1981_num_21_81_2318.

Mba Chuks, Addico Gifty, Adanu Richard, 2007, "An In-Depth Analysis of Socio-Demographics, Living Arrangements and Health Conditions of Ghana's Older Population », *Institute of African Studies Research Review,* 23, 2, pp. 61-70.

Meillassoux Claude, 1975, *Femmes greniers et capitaux,* Paris Maspero

Park Robert E., 1928, "Human Migration and the Marginal Man," *American Journal of Sociology*, 37, 6, pp. 881-893.

Park Robert E., Burgess Ernest, 1921, *Introduction to the Science of Sociology*, Chicago, University of Chicago Press.

Piché Victor, Gregory Joel, Desrosiers Denise, 1981, « Migration et sous-développement en Haute-Volta : essai de typologie », *Cahiers québécois de démographie*, 10, 1, pp. 87-120.

Roth Claudia, 2010, « Les relations intergénérationnelles sous pression au Burkina Faso », *Autrepart,* 53, 2010-1, pp. 95-110.

Rouch Jean, 1956, « Migrations au Ghana », *Journal de la Société des Africanistes*, 26, 1, pp. 33-196.

Schildkrout Enid, 1974, "Ethnicity and Generation Differences among Urban Immigrants in Ghana," in Abner Cohen (ed), *Urban Ethnicity*, London, Tavistock Publications Limited, pp. 187-222.

—, 1978, *The People of the Zongo. The Transformation of Ethnic Groups in Ghana*, Cambridge, Cambridge University Press.

Sudarkasa Niara, 1979, "From Stranger to Alien: The Sociopolitical History of the Nigerian Yoruba in Ghana 1900-1900," in William A. Shack, Elliott P. Skinner (eds.), *Strangers in African Societies*, Berkeley, Los Angeles, and London, University of California. Press, pp. 141-168.

Verlet Martin, 1994, « Grandir à Nima : dérégulation domestique et mise au travail des enfants », *Travail, capital et société*, 27, 2, pp. 162-190.

Vidal Claudine, 1994, « La "solidarité africaine" : un mythe à revisiter », *Cahiers d'études africaines*, 34, 136, pp. 687-691, en ligne : http://www.persee.fr/doc/cea_0008-0055_1994_num_34_136_1483.

Weiss Holger, 2008, *Between Accommodation and Revivalism: Muslims, the State, and Society in Ghana from the Precolonial to the Postcolonial Era*, Studia orientalia, 105, 427 p.

4. La féminisation des flux migratoires du Centre-Est du Niger vers l'Algérie

BASSIROU MALAM SOULEY

Au Niger, la migration concernait au départ beaucoup plus les hommes que les femmes (Tabapsi 2011). Au cours de ces dernières décennies, le pays a connu des cycles de sécheresses suivies de famines, qui ont amplifié et modifié les schémas migratoires connus jusqu'alors. De nos jours, ce ne sont plus les hommes qui migrent le plus, mais les femmes accompagnées des enfants. Selon les résultats d'une étude menée sur une échelle de vingt ans (entre 1992-2011), les proportions des femmes (63 % à 57,7 %) qui migrent sont supérieures à celles des hommes (Gaoh & Harouna 2012 : 8). Cela démontre que les mouvements migratoires ont progressivement changé de nature depuis quelques années, en se diversifiant non seulement dans leur structure, mais aussi par leur orientation (Caselli 2003). Dans un même ordre d'idées, Mimche *et al.* (2005 : 20) soulignent que la migration clandestine féminine au départ de l'Afrique est en voie d'être un nouvel enjeu des relations internationales avec les pays du Nord, au vu des fortes proportions qu'elle prend depuis plus d'une décennie.

Les raisons de cette féminisation des flux migratoires sont diverses et varient selon les régions du pays. Dans le département de Kantché au Centre-Est, la migration de femmes accompagnées d'enfants vers l'Algérie prend une ampleur sans cesse croissante. Ce département constitué de neuf communes est le plus peuplé du pays, avec une densité moyenne de 168 habitants/km2 (INS 2013). À cela s'ajoute un taux de croissance démographique très élevé, de 4,3 %, qui est nettement supérieur à la moyenne nationale (INS 2013). Ici, suite à la forte pression démographique et à des aléas climatiques, le phénomène d'émigration vers l'Algérie est massif et concerne surtout les femmes et les enfants. Ces migrations s'inscrivent dans des logiques différentes des modèles de migrations dominants (économiques et politiques) connus jusqu'alors. Par ailleurs, dans une étude récente, H. Labdelaoui (2011) montre que l'immigration féminine en Algérie a beaucoup évolué. À la présence de femmes européennes, s'est substituée la migration irrégulière et incontrôlée des femmes subsahariennes. Au nombre de ces dernières figurent sans doute les femmes de

Kantché, accompagnées des petits enfants, qui migrent de plus en plus vers différentes villes algériennes, principalement Tamanrasset, Djanet, In Guezzam, In Salah, Oran, Ghardaïa. Méconnu et quasiment inexploré par la littérature scientifique, ce mouvement migratoire interpelle l'attention de chercheurs afin de combler un réel déficit des connaissances. Le sujet est pourtant très commenté par les média, suite aux séries de drames qui surviennent chaque année lors de la traversée du Sahara et occasionnent des centaines de morts. De ce fait, il y a lieu de s'interroger non seulement sur les raisons qui poussent les femmes de Kantché à migrer, mais également sur l'existence d'une relation de cause à effet entre ces flux migratoires et la forte pression démographique de la zone.

Toutefois, loin d'appréhender tous les aspects de la question, cette étude aborde ses fondements à travers l'examen des déterminants de cette migration féminine. Autrement dit, il s'agira d'abord de cerner les motifs qui poussent les femmes (accompagnées d'enfants) à quitter leurs foyers en bravant parfois toutes les hostilités, souvent au péril de leur vie, pour tenter d'immigrer en Algérie. Par la suite, on tentera de préciser les conditions de cette migration depuis le départ des femmes de leurs villages respectifs jusqu'à la destination dans les localités algériennes. De ce fait, la méthodologie utilisera une approche mixte, intégrant à la fois des données quantitatives et qualitatives.

I. Méthodologie

L'approche méthodologique repose sur des entretiens semi-directifs avec cinq groupes stratégiques : chefs de village, élus locaux, membres de services techniques, syndicat des transporteurs et migrantes de retour. Les informations obtenues ont été complétés par des enquêtes par questionnaires fermés en vue de produire des données quantitatives. Cependant, avant d'examiner les résultats obtenus grâce à cette double approche, il est nécessaire de souligner les raisons du choix des localités qui ont servi de sites aux enquêtes de terrain, au regard des caractères propres à la zone d'étude et aux groupes d'acteurs concernés.

Ainsi, au Niger Centre-Est, la migration des femmes accompagnées d'enfants est une pratique concernant quasi exclusivement le département de Kantché, bien qu'elle ait tendance à s'étendre au reste de zone. Ce département se compose de deux zones agro-écologiques distinctes : celle du nord peu peuplée et celle du sud densément peuplée et appelée "zone des cultures irriguées" (Berton & Dodo 2008 : 5). Cette dernière alimente les flux migratoires et on y note une importante disparité migratoire féminine entre les communes, certaines (Kouni, Tsaouni, Yaouri, Dan Barto) étant plus affectées que d'autres. Pour cela, le choix des villages d'enquête s'est opéré en fonction de l'importance des flux migratoires, à la suite d'une réunion préparatoire avec la Direction départementale de la promotion de la femme et de la protection de l'enfant (DDPFE). Au total, six localités (Kourni, Makerawa, Ragana Haoussa, El Dawa, Tsouni, Maramou), relevant de deux communes (Korni, Tsaouni), ont été retenues.

Lors de ces enquêtes de terrain, deux principales méthodes de collecte de données ont été utilisées : les entretiens semi-structurés et les enquêtes par questionnaires. Concernant les entretiens semi-structurés, un canevas articulé autour de cinq points (dynamiques socio-foncières, pression démographique, production agricole, mouvements et stratégies migratoires, réinvestissements de migrantes) a servi de support lors des rencontres avec les différents groupes stratégiques. Au sein de ces groupes d'acteurs, six entretiens ont été effectués, sauf pour celui des transporteurs où deux responsables seulement ont pu être interviewés. Au total, 26 entretiens ont été effectués en des lieux et à des moments choisis à la convenance des enquêtes. Toutefois des passages répétés auprès de ces derniers se sont souvent avérés nécessaires pour approfondir certaines informations. Les données qualitatives ainsi produites ont été complétées et affinées à l'aide d'enquêtes par questionnaire qui ont permis d'infirmer ou de confirmer les données déjà disponibles.

Les questionnaires ont été administrés aux chefs de ménage sélectionnés de façon aléatoire, à raison de dix ménages par village, soit au total à 60 ménages sur l'ensemble des six villages. Au sein de chaque ménage, des données ont été collectées sur le nombre de personnes à charge, les activités agro-économiques, les itinéraires, les raisons et les méthodes migratoires. Les données ainsi collectées ont été dépouillées et analysées grâce au logiciel *Sphinx Plus V5* : elles interviennent à titre illustratif, notamment pour mieux cerner les principaux déterminants du processus migratoire.

II. Les déterminants du processus migratoire

Le département de Kantché, à l'image de certaines parties du continent africain, est considéré depuis quelques années comme un lieu peu attrayant et pousse au départ une partie grandissante de sa population, dont l'espoir d'une vie meilleure sur son lieu de naissance s'amenuise au fur et à mesure que s'accroissent la pauvreté et le "mal de vivre" ambiants (Lahlou 2003)

Dans ce département situé au Centre-Est du Niger, les facteurs expliquant le flux de migrantes accompagnées d'enfants vers l'Algérie sont nombreux et interdépendants. Ils évoluent selon les années et les circonstances. Toutefois, ils se prêtent aisément à des catégorisations, d'autant plus que la majorité d'entre eux demeure étroitement liés à quatre facteurs principaux : la forte pression démographique et ses corollaires, l'insécurité alimentaire chronique, le déclin des anciennes destinations migratoires et l'effet d'entraînement.

A. La forte pression démographique et ses corollaires

Depuis plusieurs décennies, la population de Kantché, à l'image d'autres parties du pays, connaît une croissance incessante. De 1977 à 2012, elle est passée de 114 610, à 401 012 habitants, soit une multiplication par trois et demi en 35 ans (INS 2014). De même, l'indice synthétique de fécondité est passé de 7,1 enfants par femme en 2001 à 7,6 en 2012, soit le plus élevé de la planète.

Sur l'ensemble du département, la densité moyenne est de 168 hts/km2, soit l'une des plus élevées du pays. Au sein de ce département, on note une importante variation par communes, avec des seuils allant de 127 à 275 hts/km2, comme l'illustre la carte suivante donnant la répartition des densités de population par commune.

Cette augmentation continue entraîne une forte pression foncière et un accroissement des besoins en terre arable, malgré le degré de saturation agricole atteint depuis plusieurs années (Guenguant & Banoin 2003). Ainsi, depuis longtemps, le taux d'occupation des terres agricoles a atteint des seuils critiques et pose avec acuité un problème d'insécurité foncière. Cela s'explique du fait que la croissance soutenue de la population s'accompagne d'un accroissement des besoins en terre agricole. Ceux-ci sont d'autant plus importants que les réserves foncières se font rares. Les terres cultivables sont surexploitées et les populations sont ainsi confrontées à une insécurité alimentaire chronique qui devient de plus en plus aiguë au fil des années, car les productions agricoles ne couvrent plus les besoins des ménages qui sont sans cesse croissants.

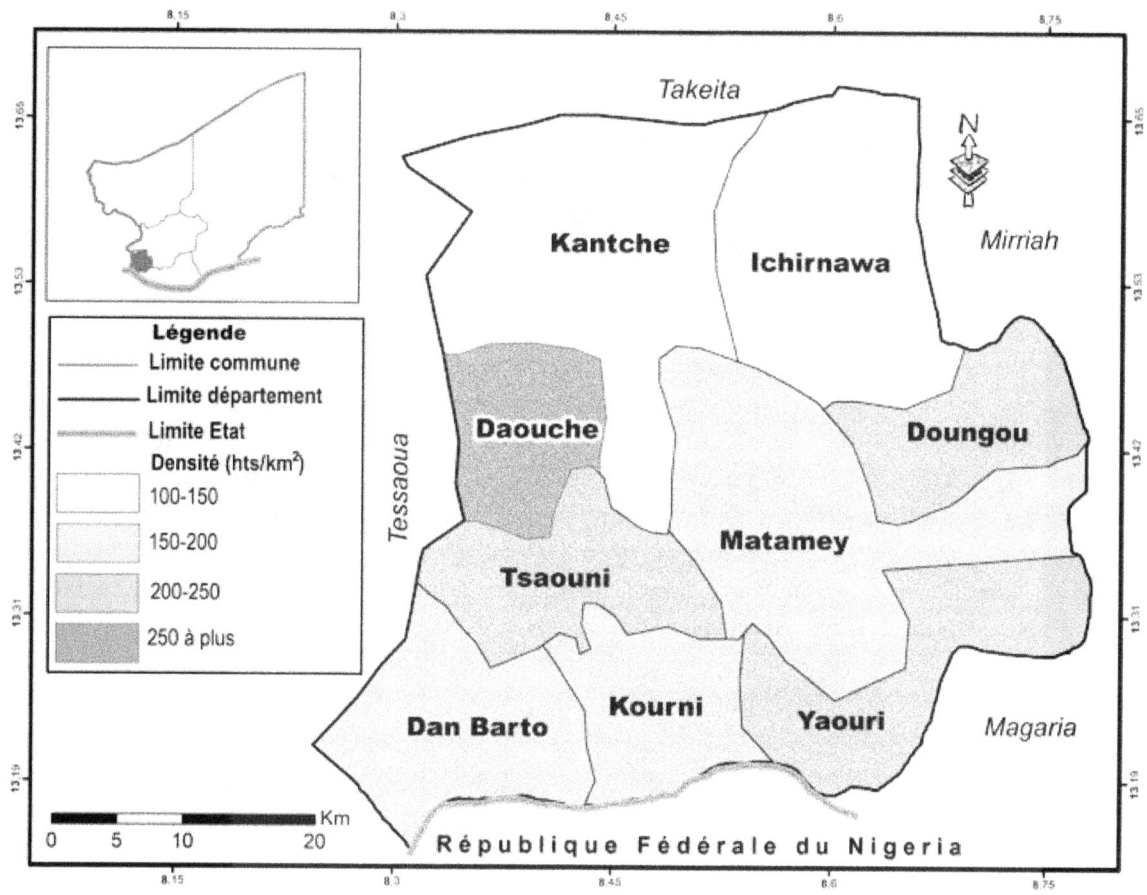

Carte de la répartition des densités de population par commune (Sources : INS 2014)

B. La surexploitation des terres et l'insécurité alimentaire chronique

Suite aux effets cumulés de la forte pression démographique, de l'extension des surfaces cultivées et des nouvelles formes d'accaparement, la compétition et la concurrence pour l'accès à la terre s'accroissent, au détriment des couches vulnérables. Pour ces dernières, l'insécurité foncière est un problème perpétuel. Il atteint des niveaux d'autant plus inquiétants qu'il s'accélère. La généralisation des prêts fonciers de durée très courte ainsi que l'apparition de "paysans sans terre" traduisent sans ambiguïté cette raréfaction grandissante. Ces paysans sont parfois contraints de pratiquer la culture irriguée et de solliciter le prêt de champs dans leur entourage immédiat. Au sein de l'échantillon, les paysans sans terre représentent 15,6 % de l'ensemble des ménages enquêtés. Le nombre moyen de personnes par ménage est de 12,7, qui exploitent une superficie moyenne de 0,8 ha. Selon le Directeur départemental de l'agriculture (DDA), « les terres cultivables représentent moins d'un hectare par ménage ». Dans ce monde de petits, voire de très petits exploitants, les paysans sont obligés de combiner plusieurs types de cultures (mil, sorgho, niébé, etc.) sur une même parcelle, ce qui ne permet d'obtenir que de faibles rendements, alors que, même lors d'années de bonne pluviométrie, les récoltes ne couvrent pas les besoins annuels des ménages. De ce fait, « le travail agricole lui-même est une des causes de l'exode rural, tant par sa dureté (pénibilité, revenus aléatoires, absence d'horaires de travail et de congés), que par sa monotonie, de sorte qu'on a pu parler d'une 'vie d'enfer' » (Gubry *et al.* 1991 : 19). Dans ces conditions, les difficultés à vivre de l'agriculture constituent une des sources du mouvement migratoire dont elles déterminent aussi la durée.

Dans ce contexte, la terre continue à faire l'objet de multiples morcellements intergénérationnels, suite aux successions et aux ventes obligées (surfaces restreintes et dégradées). Elle est surexploitée, comme le sont les ressources naturelles. La pratique de la jachère est quasiment abandonnée, comme le reconnaissent plus de 95 % des enquêtés, puisque les espaces qu'ils cultivent sont insuffisants, selon 89 % d'entre eux. De ce fait, on assiste davantage à une généralisation du micro-foncier et à des nouvelles formes d'accaparement des terres dont la particularité réside dans le fait que de grandes superficies sont achetées à des prix élevés par de puissants hommes politiques et/ou par des opérateurs nationaux, voire internationaux.

Ce nouveau type d'appropriation constitue une menace pour les populations locales qui sont obligées de chercher dans la migration des femmes et des jeunes enfants une solution alternative face au trop plein démographique. Ce profil migratoire est symptomatique d'un malaise social profond et démontre que la situation actuelle du département de Kantché correspond à un surpeuplement. À tout moment, des crises peuvent survenir à cause de facteurs variés, car la population vit dans une instabilité permanente et une pauvreté généralisée (Planel 2007). Comme principaux facteurs, on note le retard ou l'insuffisance des précipitations, les menaces des insectes et animaux nuisibles ennemis des cultures. On assiste ainsi à une surexploitation des ressources foncières et les mauvaises campagnes agricoles sont de plus en plus fréquentes. En conséquence, une année sur trois est déficitaire (DDA), comme en témoigne l'appréciation des paysans interrogés à propos des dernières campagnes agricoles.

Les campagnes agricoles 2013 et 2014 ont été moyennes dans l'ensemble. Pourtant, le flux de migrantes n'a jamais été aussi important qu'au cours de ces deux années, malgré les opérations de rapatriements et les multiples tragédies survenues lors de la traversée du désert. La majorité des chefs de ménages enquêtés reconnaissent que la campagne agricole 2015 a été mauvaise, à cause du retard des précipitations et des problèmes d'accessibilité aux intrants agricoles. De ce fait, il est fort probable que l'ampleur des mouvements migratoires vers l'Algérie va encore augmenter, surtout en raison du déclin des anciennes destinations migratoires, notamment les grandes villes nigérianes des États frontaliers du nord (Kano, Gigawa, Katsina, Borno et Yobe).

C. Le déclin des destinations migratoires classiques

Historiquement, le Nigeria a constitué la première destination migratoire des populations nigériennes, notamment celles qui habitent la partie sud du pays, principalement en raison de la proximité géographique et culturelle. Cela s'explique, comme ailleurs, par le fait que « les frontières politiques recoupent partout en Afrique les territoires de groupes homogènes de population. Il n'y a pas de pays du continent qui n'ait en commun avec un pays limitrophe au moins une de ses ethnies » (Ricca 1990 *in* Mimche *et al.* 2005 : 12).

Pour les populations de Kantché habitant la zone frontalière entre les deux États, le Nigeria se présente comme leur seconde patrie en raison des liens sociaux divers et d'autres affinités. De ce fait, c'est surtout à la faveur des affinités ethniques, culturelles et même confrériques que se déploient les mouvements migratoires en direction de ce pays. Dans ce contexte, la nécessité de gagner de l'argent, pour faire face aux besoins fondamentaux[1], oblige les populations de Kantché à migrer vers ce pays à la recherche de travail. Cette forme de mobilité est généralement saisonnière et circulaire, avec, au départ, des allers et retours réguliers. Elle concerne surtout les hommes âgés de 15 à 40 ans. Le plus souvent, ceux-ci partent à la fin des travaux agricoles pour passer quelques mois, puis revenir avant ou pendant la campagne agricole suivante (Mounkaila 2002). Ce sont donc des migrations saisonnières.

Ce type de mobilité était la principale forme de migration de travail à Kantché. Au Nigeria, ces migrants exercent des métiers très peu rémunérateurs dans les principales villes du Nord[2], en raison de leur faible niveau de qualification. Il s'agit notamment d'activités de gardiennage, de vente ambulante d'eau dans les grandes agglomérations, de commerce ambulatoire, de travail agricole ou d'autres travaux salariés. Néanmoins, ils parviennent à réaliser des économies avec lesquelles ils soutiennent leurs familles restées au village.

Au tournant des années 2010, avec l'émergence de la secte islamique Boko Haram, on assiste à l'apparition d'une insécurité ambiante dans la majorité des États fédérés du Nord[3] (Sambe 2015). Plus tard, ce groupe a étendu de manière progressive son rayon d'action à travers sa présence et son influence dans certaines localités frontalières du Cameroun, du Tchad et du Niger, en exploitant la continuité socioculturelle des régions limitrophes (Mbia Yebega 2015). Cela a été d'autant plus facile que la langue, les coutumes et pratiques religieuses sont

---

1. .Achat de vivres, paiement des besoins en matière de santé et d'éducation.
2. .Il s'agit notamment de Kano, Katshina, Mina, Zaria, Kaduna.
3. .Les états concerné sont essentiellement ceux de Yobe, Adamawa, Borno, Kano et Gigawa.

similaires, mais aussi et surtout en raison de la porosité des frontières. Les actions violentes de Boko Haram à Kano [4], la mégalopole du Nord Nigeria, perturbent l'organisation socioéconomique de la partie nord du pays et affectent profondément les mouvements migratoires vers cette direction. De nombreux migrants de retour affirment avoir été victimes des violences policières, à tel point qu'ils ont fini par quitter le pays et rentrer chez eux en attendant l'amélioration de la situation sécuritaire.

Dans ce contexte, les femmes deviennent de plus en plus des acteurs économiques majeurs. Elles s'adonnent davantage aux activités génératrices de revenu et parviennent à prendre en charge les besoins financiers de leurs familles. Ainsi, de nombreuses femmes assurent *de facto* la responsabilité de chef de ménage et suppléent alors les hommes dans leurs prérogatives. Cette situation s'explique d'autant plus que, dans la plupart des ménages, l'écart d'âge entre les conjoints est important [5].

Par ailleurs, la précarité professionnelle des hommes est nettement supérieure à celle des femmes. Ces dernières parviennent à exercer des petits métiers rémunérateurs, ne nécessitant que peu d'efforts physiques et de moyens. Dans ces conditions, la migration est perçue par ces femmes comme un moyen de trouver des nouvelles opportunités pour aider leurs parents, améliorer le sort de leur progéniture et réaliser les rêves de leurs vies. Elles deviennent alors très attentives aux récits des migrantes de retour et finissent par emprunter leur chemin afin d'accéder à de meilleures conditions de vie. Au demeurant, ce sont les vieilles femmes qui partaient d'abord en compagnie des petits enfants. Plus la vieille femme emmène d'enfants avec elle, davantage elle parvient à gagner des aumônes, à réaliser des économies suffisantes et à effectuer des réinvestissements au village. Quelques années plus tard, cela a suscité la convoitise des autres femmes restées au village et a provoqué un effet d'entraînement sur elles.

D. L'effet d'entraînement

Les migrantes de retour ont tendance à relater le meilleur de leurs souvenirs d'Algérie à leur entourage et aux femmes qui n'ont pas encore quitté le village, comme l'illustrent les propos de Hassia M., une migrante récemment rentrée d'Algérie au moment des enquêtes :

---

4. .Sambe (2015 : 42) souligne ainsi que « les explosions successives qui ont secoué la ville de Kano le 20 janvier 2012 vont tellement marquer la situation sécuritaire du Nigeria, au point où le chef de la police Al Haj Hafiz a été limogé ».
5. .L'écart d'âge entre le mari et la femme varie du simple au double notamment dans le cas des secondes épouses.

« Là-bas on mange bien et tout le monde est à l'aise. Si on a des enfants avec soi, on reçoit beaucoup de dons de vêtements, de la nourriture et d'argent. Mais ici, mon mari figure parmi les plus riches du village et nous ne mangeons de la viande qu'à peine une fois par semaine. Imaginez la situation de la majorité des foyers du village où les maris sont pauvres ».

De plus, les femmes rentrées récemment se démarquent physiquement des autres par leur embonpoint : elles ne montrent pas de signe de sous-nutrition. Les anciennes migrantes interviewées reconnaissent également être bien accueillies par les populations algériennes et être soignées gratuitement dans les centres des soins. Le succès relatif de cette tendance migratoire inspire les candidates potentielles.

De ce fait, l'image propagée par les émigrées au retour dans leur village d'origine influence le choix et la décision de partir. Les émigrées revenant à Kantché sont perçues comme des modèles de réussite. D'Algérie, elles envoient fréquemment de l'argent à leurs familles et, quand elles rentrent à la maison, elles rapatrient des objets utiles (matelas, couvre-lits, draps, ustensiles de cuisine, vêtements) ou souvent même de prestige (bijoux, bracelets, gadgets électroniques). Elles parviennent à payer les dettes éventuellement contractées, construire des maisons, acheter des champs et des animaux d'embouche. Mais aussi et surtout, elles sont en mesure d'aider financièrement leur entourage immédiat [6]. Aux yeux des autres femmes restées au village, celles qui sont parties réussissent généralement très vite. Leurs signes extérieurs de richesse amènent de plus en plus de femmes à vouloir s'expatrier pour gagner de l'argent et venir elles aussi en aide à leurs parents.

Victimes de pauvreté et en situation de survie, les parents comme les maris sont en situation de démission et n'arrivent plus à jouer leur rôle, (M'jid 2005). Le statut du chef de ménage change : il est dépossédé peu à peu de son autorité, du fait de la perte de son statut de principal "pourvoyeur de fonds" de la famille. De facto, la fragilisation de l'autorité parentale s'accompagne de l'autonomisation de la femme.

Cette forme de migration a un effet boule de neige et incite chaque jour de nouvelles candidates à tenter l'aventure, dans l'espoir de mener une vie meilleure. Cet espoir se justifie d'autant plus que les candidates finissent par perdre toute assurance quant à un avenir radieux à Kantché. Le mythe de l'eldorado algérien devient leur rêve et la migration vers ce pays leur projet de vie, quel que soit le prix à payer. Ces femmes pensent qu'elles n'ont plus rien à perdre, car de toute façon elles n'ont plus aucun espoir en restant chez elles.

Au cours des dernières années, le mimétisme est devenu un des premiers motifs poussant les femmes à migrer, grâce au soutien de leurs familles, surtout lorsque certains membres de celle-

---

6. .Il s'agit de leurs parents biologiques, de leurs frères et sœurs ainsi des autres personnes qui leur sont chères.

ci réussissent à venir en terre algérienne. De ce fait, les mouvements migratoires se nourrissent d'eux-mêmes, car chaque départ en appelle de multiples autres par la suite.

Ce ne sont pas là les seuls éléments qui jouent un rôle fondamental dans l'essor de cette migration. Intervient aussi la présence d'un réseau d'entraide familiale constitué, qui est au cœur de toute la dynamique. Le paramètre décisif du choix de la ville de destination est la possibilité de s'en sortir, notamment grâce à la présence de contacts familiaux ou claniques qui figurent au cœur des stratégies migratoires, nonobstant le grave péril lié à la traversée du désert.

III. Stratégies migratoires

Les stratégies migratoires sont nombreuses et varient selon l'âge, le statut matrimonial et la situation socio-économique de la future migrante. Toutefois elles évoluent au fils des années[7] et restent largement déterminées par des facteurs propres à chaque étape de l'itinéraire migratoire qui sépare le lieu de départ et celui de l'arrivée, qui est l'Algérie). Ainsi, au départ de Kantché, la décision de migrer revêt des caractéristiques variables et résulte en général d'une concertation dans l'entourage immédiat de la future migrante.

A. Rôle de l'entourage dans la décision de migrer

L'entourage joue un rôle décisif dans la décision de migrer ou non, qui résulte toujours d'une concertation préalable où différents facteurs entrent en ligne de compte. Parmi ces facteurs, on note la situation familiale de la future migrante, son âge, son statut matrimonial ainsi que sa capacité à financer elle-même son voyage.

À propos de la situation familiale, sur l'ensemble des villages enquêtés, la taille du ménage est particulièrement grande avec en moyenne 12 personnes. Plusieurs générations vivent en général dans la même concession et les ménages sont endogames. Les femmes interrogées lors des enquêtes sont issues de familles très larges et vivent souvent avec leurs parents, leurs frères et sœurs. Leurs maris ne parviennent plus à leur procurer pendant toute l'année de la nourriture en quantité suffisante, à plus forte raison à porter assistance à leurs parents dans une situation d'insécurité alimentaire chronique. Ces derniers trouvent dans la migration de leurs filles une solution pour s'en sortir et n'hésitent pas à les encourager dans leur projet, avec

---

7. .C'est la conséquence des nombreuses opérations de rapatriement face auxquelles les migrantes essayent de s'adapter en développant des nouvelles stratégies.

l'espoir d'être soutenus financièrement en retour. Cela se comprend d'autant plus qu'au sein de cette société à majorité musulmane, culturellement et socialement, le fait d'aider sa famille est considéré comme un honneur.

L'âge et le statut matrimonial sont des facteurs non moins importants qui retiennent assez d'attention dans la concertation familiale. Les femmes divorcées, veuves ou en ménopause sont libres de leurs mouvements et personne ne s'oppose à leur émigration au sein de leurs familles. Par contre, pour les femmes mariées, enceintes ou allaitantes, les négociations ne sont pas toujours faciles et de ce fait le mari se retrouve souvent frustré.

La plupart des migrantes rencontrées partent à l'insu de leurs maris et sont généralement accompagnées d'enfants, car cela leur permet de récolter davantage d'aumônes. L'enfant représente très souvent la seule source de revenus pour beaucoup de familles. Le très faible niveau socio-économique des familles oblige les parents à envoyer leurs enfants partout où ils pourront gagner de l'argent, sans se soucier cependant de leur sort.

Si les parents des migrantes se concertent avant le départ, le mari quant à lui n'est informé que dans de rares cas. Autrement dit, le départ se fait avec ou sans son consentement. Néanmoins l'entourage a un impact certain sur la décision de migrer, d'autant plus que les parents proches sont mis à contribution pour financer le voyage. Trois situations peuvent se présenter. Il y a d'abord certaines femmes qui vendent leurs biens matériels ou les mettent en gage pour réunir les frais du voyage de leur village jusqu'en terre algérienne, dont le coût moyen varie de 60 000 à 70 000 F CFA. Ensuite d'autres migrantes font des emprunts dans leur entourage, ou, si elles ne peuvent rassembler la somme, voyagent à crédit pour rembourser une fois arrivées à destination. Enfin, celles qui n'ont rien à vendre et n'arrivent pas trouver du crédit voyagent par étapes ; elles prennent le temps pour se procurer de quoi survivre et financer les prochaines étapes du voyage. C'est le cas le plus fréquent, mais, pour toutes les femmes, pendant ce long voyage, l'étape de la traversée du désert (Sahara) est toujours difficile et souvent même périlleuse.

B. Le péril de la traversée du désert

Une des spécificités des migrations clandestines en général réside dans le caractère périlleux de cette forme de mobilité (Mimche 2005 : 12). Ainsi, le voyage vers l'Algérie est long, difficile et souvent tragique. Les migrants empruntent des routes quasi impraticables et dangereuses pour éviter les contrôles policiers. Au fil du voyage, il arrive que l'eau et les vivres s'amenuisent ou que certains passagers trépassent par manque d'eau ou de soins en cas de maladie. Les candidates à la migration n'ont pas conscience des dangers liés au voyage en plein désert. La plupart d'entre elles ignorent quasiment les difficultés qu'elles auront à surmonter durant cette aventure.

De ce fait, le décès des femmes et enfants au cours de la traversée du désert, qui sont généralement abandonnés par leurs passeurs, est assez fréquent. Les déplacements se font dans des conditions difficiles, car les véhicules utilisés sont vétustes et généralement surchargés, ce qui occasionne des pertes en vie humaine, car les voyages sont organisés dans le cadre de réseaux de trafiquants clandestins opérant entre le Niger et l'Algérie.

À titre d'illustration, on retient le cas du drame survenu en octobre 2013, qui a été largement relaté par la presse nationale et internationale (Rotivel 2013 ; Baldé 2013 ; *Jeune Afrique* 2013) : les corps de 93 migrants ont été retrouvés déshydratés dans le désert, à une dizaine de kilomètres de la frontière algérienne (7 hommes, 42 femmes et 48 enfants). Ils faisaient partie d'un convoi constitué de deux camions, qui ont quitté Arlit pour faire route vers Tamanrasset. Cette ville du sud algérien était devenue la nouvelle destination des migrants subsahariens depuis que la route menant à la Libye était devenue très dangereuse. Les deux véhicules ayant servi à transporter les migrants ont été retrouvés en panne dans le désert. Le premier étant tombé en panne, le second est revenu à Arlit pour chercher la pièce de dépannage après avoir débarqué tous ses occupants, mais il est lui aussi tombé en panne. Les passeurs se sont enfuis abandonnant les passagers à leur sort après les avoir dépouillés de leurs maigres économies.

Désemparées, les autorités politiques nigériennes ont réagi en décrétant trois jours de deuil national. Le chef de l'État a décidé alors d'envoyer le Premier ministre à Kantché dont venaient 70 des 93 victimes. Une série de mesures a été prise, notamment la fermeture immédiate des "réservoirs" de candidats à l'immigration, à savoir les bidonvilles de la ville d'Agadez, puis des interpellations de passeurs présumés. Au lieu d'endiguer les causes profondes de départ, le gouvernement adopte une politique répressive.

Ces opérations musclées ont conduit à l'arrestation des responsables des bidonvilles et des éléments de forces de sécurité corrompus impliqués dans le trafic. Loin de conjurer les tragédies, ces mesures répressives ne feront qu'accroître le nombre de personnes prêtes à exposer leurs vies pour se rendre en Algérie, même si les conditions de survie dans ce pays d'accueil ne sont pas toujours des meilleures.

C. La survie en Algérie

Arrivées en Algérie, les migrantes se répartissent dans les principales villes du pays, notamment Tamanrasset, Djanet, In Guezzam, In Salah, Oran, Ghardaïa et d'autres villes du Nord.

Carte des principales destinations migratoires en Algérie

Dans ces localités, quatre à cinq femmes se regroupaient au début pour louer des logements précaires. Par la suite, quand leur nombre a augmenté considérablement, elles ont été expulsées et repoussées vers les faubourgs de ces villes où elles forment des bidonvilles, qu'elles rejoignent pour passer la nuit avant de retourner en ville dans la journée. Lors de leur premier séjour dans ces localités, les migrantes sollicitent l'assistance de femmes avec qui elles ont une certaine affinité (familiale, religieuse, communautaire, ethnique). Les réseaux familiaux procurent à toute personne étrangère à la localité le sentiment de sécurité, de protection sociale et de prévision du risque. Ainsi, ces migrations

> « fonctionnent en général selon le principe de la migration en chaîne : on part rejoindre quelqu'un, déjà installé, qui peut procurer un abri et du travail ; une fois installé, on fait venir une femme, des petits frères. D'où l'aspect cumulatif : plus il y a de migrants réunis, plus ils en attireront d'autres ». (Marguerat 1982 : 3).

La plupart de ces migrantes sont obligées de se contenter d'emplois des derniers échelons, qui représentent pour elles les seules opportunités et en font des prolétaires. Ainsi, elles s'adonnent à la mendicité, en quémandant de l'argent dans les rues, les souks, les marchés et les carrefours des grandes villes.

> « La majorité d'entre elles font de la charité et d'autres s'adonnent à la prostitution. Certaines envoient d'importantes sommes d'argent (1 000 000) et font des investissements au village (champs, charrette, bœufs, construction…). Les hommes n'assument pas leur responsabilité et se laissent trainer par les femmes ». (Sani O.).

Certaines sont employées comme domestiques dans les concessions, alors que d'autres s'adonnent à la prostitution. Ces domestiques sont régulièrement victimes d'agressions de toutes sortes dans les concessions où elles travaillent. Elles tombent souvent enceintes et reviennent au village avec des enfants nés en Algérie. À propos de la prostitution, beaucoup d'auteurs ont mis en exergue le fait qu'un nombre croissant d'immigrées s'engagent sur ce chemin de l'exil et ont remarqué la montée du commerce sexuel dans les rues des principales villes d'Afrique du Nord et même en Occident (Koh Bela 2004). Ainsi, le corps tend à devenir un capital économique mis à contribution pour les besoins nécessaires à la survie à travers l'usage de la sexualité (Tchak 1999). En dehors des cas de prostitution volontaire, on note souvent des cas de violences sexuelles à l'égard de ces femmes. Ainsi, « au désert, c'est le viol ; dans les grandes villes, c'est la prostitution » (Mimche *et al.* 2005 : 14).

Ces différents métiers leur permettent non seulement de survivre, mais aussi de réaliser des économies qu'elles envoient au pays et qui sont réinvesties pour satisfaire les besoins des familles, par exemple dans le domaine de la santé et de l'éducation. Il s'agit aussi de la construction de maisons, l'achat de champs ou de bétail, la constitution de trousseaux de mariage entre autres (lits, matelas, parterre, cache-mur, tapis), à partir des ressources tirées de la migration. Cela est d'autant plus vrai que, « lorsqu'elles ont des filles à marier, les femmes migrent pour trouver de l'argent et équiper les cases de leurs filles, car pour une femme, c'est un déshonneur de marier sa fille et ne pas pouvoir lui équiper sa chambre » (Maire, Kourni).

De manière générale, les migrantes envoient à leurs familles restées au village de quoi survivre et faire face aux besoins fondamentaux. Les envois monétaires constituent ainsi une manne financière qui est non seulement susceptible d'assurer la survie des familles, mais aussi d'impulser le développement local à travers des réinvestissements productifs. Cela permettra d'accroître la résilience de ces migrantes lorsqu'elles rentrent librement chez elles oo quand elles sont rapatriées de force, malgré elles, après d'incessantes tentatives de rapatriement.

D. Les tentatives de rapatriement

À la suite des multiples drames survenus à partir de 2013 dans le Sahara, les flux migratoires ont commencé à embarrasser les autorités politiques, aussi bien au Niger qu'en Algérie. Dans ce pays d'arrivée, cela s'explique par le fait que ce pays a tendance à devenir de plus en plus un pays de destination de migrants subsahariens, contrairement à sa vocation initiale de zone de transit. Par ailleurs, en raison de la situation d'insécurité prévalant en Lybie, l'Algérie accueille un flux plus important en transit vers l'Europe. À cela s'ajoute aussi la lassitude des populations vis-à-vis des migrantes qui envahissent les villes et n'ont d'autres activités que celle de quémander de l'argent (Assia 2015).

En plus, la stabilité en Algérie attire vers ce pays des vagues de migrants qui passaient autrefois par la Libye pour rejoindre l'Europe. Ces derniers s'y installent maintenant, lorsqu'ils trouvent du travail ou qu'ils renoncent à repartir vers l'Europe. Ainsi, de nombreux migrants subsahariens entrés en Algérie illégalement se sont installés dans plusieurs villes algériennes dans l'espoir de gagner l'Europe.

L'instabilité en Libye, du fait d'une prolifération de groupes armés et du banditisme, a exposé les immigrants nigériens aux violences de toutes sortes et aux vols. C'est ainsi que les passeurs ont décidé de se détourner vers l'Algérie afin de maintenir leur activité. Cette réorientation est facilitée parce que les ressortissants nigériens, tout comme les Maliens, n'ont pas besoin de visa pour entrer en Algérie, ce qui facilite aussi leur mouvement migratoire. Le ministre nigérien de la justice accuse cependant les trafiquants d'engager des immigrants désespérés, souvent sans pièces d'identité, à traverser un désert aride et dangereux dans l'espoir de rejoindre l'Europe.

Pour les autorités politiques nigériennes, il est surtout question de soigner l'image du pays écornée par les tragédies survenues dans le désert et la mendicité pratiquée dans les villes algériennes, comme en témoignent les propos du ministre de la Justice, dans une interview accordée à la radio nationale : « Ces Nigériens qui se trouvent en Algérie ont perdu toute dignité et sont en train de déshonorer notre pays ».

De ce fait, depuis le début de 2014, l'Algérie, le Niger et l'Organisation internationale des migrations (OIM) organisent conjointement les opérations de rapatriement des migrants irréguliers. Les convois, composés de camions chargés de vivres, de kits et de citernes d'eau pour le long trajet, sont escortés par l'armée nigérienne dès leur passage de la frontière algérienne. Les personnes reconduites sont acheminées à Agadez, puis dans leurs villages d'origine. Au début, chaque convoi transportait en moyenne 300 migrants, essentiellement des femmes et des enfants originaires du département de Kantché.

Depuis deux ans, malgré les opérations de rapatriement, le flux des migrantes ne faiblit pas. De ce, fait on assiste davantage à une diversification des stratégies migratoires avec l'apparition des nouvelles routes et le recrutement des nouvelles candidates potentielles.

Conclusion

Depuis près d'une décennie, la migration des femmes accompagnées d'enfants de Kantché vers l'Algérie s'est intensifiée d'année en année. Il est difficile d'établir avec exactitude l'ampleur réelle du phénomène dès lors qu'on ne dispose pas de statistiques fiables. Mais cette migration concerne tous les villages et la plupart des ménages. Au début, elle était essentiellement déterminée par le surpeuplement et ses effets, l'insécurité alimentaire chronique et l'extrême pauvreté dans la zone de départ. Ces dernières années, de nouveaux facteurs émergent et entrent en compte. Chaque départ entraîne plusieurs autres par la suite en raison de l'image de réussite véhiculée par les anciennes migrantes de retour. Ainsi, ces mouvements se nourrissent d'eux-mêmes.

Néanmoins, cette migration présente des menaces sérieuses pour la société en matière d'éducation, de santé, et de déperdition des valeurs morales. En matière d'éducation, beaucoup d'enfants sont déscolarisés, conduits en Algérie et embrigadés dans les réseaux de mendicité. En conséquence, leur avenir est hypothéqué, à un tel point que certaines écoles sont menacées de fermeture à cause du nombre élevé d'abandons.

En matière sanitaire, le risque d'une prolifération des maladies sexuellement transmissibles (MST) s'accroît avec l'augmentation des flux de migrantes, non seulement exposées aux violences sexuelles, mais aussi à la prostitution dans un contexte où le corps tend à devenir un capital économique mis à contribution dans la lutte pour la survie (Tchak 1999). Par ailleurs, l'extrême pauvreté couplée à l'insécurité alimentaire chronique a engendré la démission des chefs de ménage. Ainsi les hommes, notamment les pères et les maris, envoient leurs enfants et leurs femmes se "débrouiller" partout et par tous les moyens afin de leur rapporter de l'argent pour nourrir les membres de la famille et subvenir aux besoins quotidiens.

Issues de familles très pauvres, exposées à l'insécurité alimentaire chronique et vivant dans un dénuement presque total, les migrantes de Kantché décident d'affronter le Sahara pour atteindre Algérie, espérant ainsi pouvoir sortir de la pauvreté. Malgré les multiples tragédies qui surviennent au cours du voyage lors de la traversée du désert et occasionnent la mort de dizaines de femmes et d'enfants chaque année, la migration reste toujours une tentation pour beaucoup de familles dans toutes les communes de Kantché et, au-delà, sur l'ensemble du pays qui constitue un carrefour migratoire sahélo-magrébin.

Bibliographie

Assia Karim., 2015, Les migrants subsahariens de nouveau dans les rues, *Le quotidien-Oran*, En ligne : http :ffm-online.org/2015/08/10/algérian-oran-fluechtlinge-aus_dem-niger/.

Baldé Assanatou, 2013, Niger : 87 migrants retrouvés morts dans le désert, AFRK. Com, en ligne : http ://www.afrik.com/niger-87-migrants-retrouves-morts-dans-le-desert

Berton Hélène, Malam Dodo Abdou, 2008, *Enquête rapide sur la sécurité alimentaire des ménages : département de Kantché, région de Zinder, avril 2008*, Niamey, Save the Children United Kingdom – Niger, 23 p : en ligne : www.heawebsite.org/download/file/fid/371.

Caselli Graziella, 2003, « Les migrations internationales au XXe siècle : le cas des pays occidentaux », *in* Graziella Caselli, Jacques Vallin et Guillaune Wunsch (dir.), *Démographie : analyse et synthèse, 4, Les déterminants de la migration*, Paris, INED, pp. 13-53.

Gaoh Boubacar Mohamed, Harouna Soumana, Genre et Migration des jeunes au Niger : entre scolarisation et nuptialité ? BCR/ INS, Niamey, 2012, 15 p. http ://iussp.org/sites/default/files/event_call_for_papers/GAOH-BUSAN.pdf

Gubry Patrick, Lamlenn Samson B., Ngwe Emmanuel, Tchegho Jean-Marie, 1991, *Enquête sur la pression démographique et l'exode rural dans le nord et l'ouest du Cameroun*, Yaoundé, CRED, 156 p.

Guengant Jean Pierre, Banoin Maxime *et al.*, 2003, *Dynamiques des populations, disponibilité en terres et adaptation des régimes fonciers : le cas du Niger*, Rome – Paris, ITA, FAO, CICRED, 144 p.

INS, 2013, Présentation des résultats préliminaires du 4ème recensement général de la population et de l'habitat (RGP/H) de 2012, République du Niger, 10 p.

INS, 2014, INS, 2014, Présentation des résultats globaux définitifs du quatrième recensement général de la population et de l'habitat (RGP/H) de 2012, République du Niger, 351 p.

Jeune Afrique, 2013, « Niger : deuil national après la mort de 92 migrants, femmes et enfants pour la plupart », 1er novembre 2013 à 15h31, en ligne : http://www.jeuneafrique.com/167492/politique/niger-deuil-national-apr-s-la-mort-de-92-migrants-femmes-et-enfants-pour-la-plupart/

Koh Bela Amély-James, 2005, *La prostitution africaine en Occident. Vérités mensonges, esclavages*, Paris, CCINIA communication, collection Sambela, 164 p.

Labdelaoui Hocine, 2011, *Genre et migration en Algérie*, CARIM AS, n° 12, San Domenico di Fiesole, Institut universitaire européen, Robert Schuman Center for Advanced Studies, 5-24 p.

Lahlou Mehdi, 2003, « Le Maghreb et les migrations des Africains du Sud du Sahara », www.generiques.org/migrations.marocaines/intervenants/cv_lahlou.html

Marguerat Yves, 1982, *Les migrations en Afrique Noire (villes-campagnes)*, Lomé, Centre ORSTOM de Lomé, 7 p.

Mbia Yebega Germain-Hervé, 2015, Terrorisme et contre-terrorisme en Afrique centrale : quelle vision stratégique pour le Tchad et le Cameroun ? Fiche d'analyse, Modus opérandi, Irenees.net, en ligne :

http://www.irenees.net/bdf_fiche-analyse-1054_fr.html

M'jid Najat, 2005, *La situation des enfants mineurs non accompagnés*, Conférence régionale sur « Les migrations des mineurs non accompagnés : agir dans l'intérêt supérieur de l'enfant », Strasbourg, Conférences 2005, Documents 3, 36 p.

Mimche Honoré, Yanbene Henri, Zoa Zoa Yves, 2005, La féminisation des migrations clandestines en Afrique noire, Mobilités au féminin, Tanger, 15-19 novembre 22 p., en ligne :

http://rajfire.free.fr/IMG/pdf/feminisation_migrations_afrique.pdf

Mounkaila Harouna 2002, « De la migration circulaire à l'abandon du territoire local dans le Zarmaganda (Niger) », *Revue européenne des migrations internationales*, 18, 2, pp. 161-187, consulté le 9 octobre 2015, en ligne : http://remi.revues.org/1662.

Planel Sabine, 2007, « Densité, pauvreté et politique. Une approche du surpeuplement rural en Éthiopie », *Annales de géographie*, 656, 2007, 4, pp. 418-439.

Rotivel Agnès, 2013, « Ils fuyaient la pauvreté, ils sont morts de soif dans le désert du Niger », *La Croix*, en ligne : http://www.la-croix.com/Actualite/Monde/Ils-fuyaient-la-pauvrete-ils-sont-morts-de-soif-dans-le-desert-du-Niger-2013-10-31-1054237

Sambe Bakary, 2015, *Boko Haram : du problème nigérian à la menace régionale*, Le Caire, Presses panafricaines – Timbuktu Editions, 126 p.

Tabapssi Timothée, 2011, *Genre et migration au Niger*, CARIM AS, n° 4, San Domenico di Fiesole, Institut universitaire européen, Robert Schuman Center for Advanced Studies, 5-11 p.

Tchak Sami, 1999, *La sexualité féminine en Afrique,* Paris, L'Harmattan, 240 p.

5. Critique de l'approche des processus migratoires : Louga, un contexte révélateur

AMADOU SARR DIOP

Le flux migratoire est devenu un phénomène mondial diversement interprété par les praticiens des sciences sociales, selon les champs disciplinaires ou les paradigmes de référence. La diversité des contextes migratoires, les singularités de trajectoire des acteurs concernés, les logiques sous-jacentes, la pluralité des variables mises en évidence et la complexité des mécanismes qui sous-tendent les prises de décision de l'acte migratoire, au niveau individuel comme au niveau communautaire, expliquent les différences d'approche aussi bien dans l'analyse des déterminants que dans les études d'impact de la migration dans les pays de départ ou ceux d'accueil. S'en tenir uniquement aux variables économiques ou se focaliser sur le caractère aventurier des dynamiques migratoires (Bredeloup 2008) relève d'une méconnaissance de la complexité des mécanismes qui sous-tendent la prise de décision de l'acte migratoire, de l'hétérogénéité des mobilités spatiales et de l'environnement socioculturel dans lequel la décision de migrer est prise. Il y a un ensemble de dynamiques culturelles complexes à l'œuvre dans cet univers de mobilité permanente. Cela implique à la fois la nécessité de réviser les paradigmes jusqu'ici privilégiés dans l'analyse des migrations et de contextualiser, par conséquent, les approches sur les phénomènes migratoires au regard de la diversité des contextes socioculturels, de la pluralité des logiques et des stratégies d'acteurs.

Concernant les réflexions produites sur les dynamiques migratoires en Afrique, la plupart des modèles explicatifs se polarisent sur les déterminants économiques, souvent appréhendés comme les véritables facteurs explicatifs du phénomène. C'est dans le registre de l'afro-pessimisme (Diop 2016) que se sont construites les postures sur le phénomène migratoire en Afrique. Les facteurs d'attraction de la migration sont essentiellement situés au niveau de l'accès aux ressources monétaires. Les autres déterminants en jeu ne sont pas pris en compte.

L'objet de cette étude est de réévaluer les postures courantes pour proposer une approche des dynamiques migratoires, sous un angle multifactoriel, comme un processus où se déclinent des initiatives populaires et solidaires, impliquant plusieurs acteurs dans des contextes différents. Les éléments d'analyse présentés ici procèdent de cette démarche. Cependant cette approche n'exclut pas des modèles analytiques et considère que les éléments constitutifs de la migration sont interdépendants. C'est pourquoi elle prend en compte les facteurs multiples du phénomène migratoire, en intégrant éventuellement les données issues d'analyses centrées sur les faits économiques, tout en les relativisant. Pour cette raison, nous proposons une approche multifactorielle des dynamiques migratoires dont la pertinence porte à relativiser les postures analytiques rapportées à leurs contextes de formulation. L'option de l'analyse multifactorielle permet de mettre en évidence d'une part les liaisonss entre les différents environnements susceptibles d'expliquer la migration et, d'autre part, d'en fournir une lecture au prisme de la conjonction de multiples facteurs en jeu dans les logiques et prises de décision des acteurs impliqués. Les lignes de sens qui émergent d'une telle approche permettent de rendre intelligible l'interaction des contextes familiaux, culturels et locaux qui modulent les parcours et expériences propres à chaque migrant.

À partir d'une recherche en cours sur les impacts de l'émigration dans la région de Louga (Sénégal), on propose ici une approche des dynamiques migratoires sous le prisme des logiques communautaires, parentales, pour mette en exergue la conjonction de facteurs qui y interagissent. Il s'agit de voir comment, à partir des constructions et des (re)constructions identitaires, naissent des formes de solidarité sur lesquelles se développent des types de réseaux villageois, confrériques, ethniques, familiaux qui contribuent à favoriser et à faciliter l'émigration dont les dividendes sont doublement réinvestis dans les dynamiques solidaires, tant à l'échelle familiale que communautaire.

1. Essai d'analyse sur les paradigmes du phénomène migratoire en Afrique

Le flux migratoire en Afrique a connu une ampleur inédite pour deux raisons essentielles. D'une part, les pays du continent noir, en particulier ceux de l'Afrique de l'ouest, sont confrontés à des crises économiques structurelles et à de multiples problèmes sociaux et politiques qui favorisent, au niveau de la jeunesse, une tendance généralisée à la mobilité. D'autre part, on assiste, sous l'effet de la mondialisation et des nouvelles technologies de l'information et de la communication, à une « unité systémique du monde », de nature à rendre plus faciles les mouvements de population dans un contexte où « Les flux migratoires seraient ainsi devenus multidirectionnels, contribuant à l'émergence de nouvelles formes d'identités collectives déterritorialisées » (Bredeloup 2015 : 3).

Depuis la période coloniale, avec l'urbanisation qui se développe, les Africains sont portés à migrer à la recherche d'un mieux-être social. Le phénomène a connu une forte croissance au cours de la décennie 1970, du fait de la conjonction de plusieurs facteurs, parmi lesquels on peut citer la crise du paradigme de la modernisation, la précarité en milieu rural du fait de la sécheresse et l'essor du secteur informel. Comment conceptualiser la complexité interactive de ces facteurs susceptibles d'influencer les dynamiques migratoires ? Comment saisir tous ces facteurs comme des variables interactives dans un même processus ? Comment appréhender la singularité des situations et des parcours individuels tout en rendant compte des phénomènes migratoires, selon les diverses situations contextuelles ?

Situées dans le contexte de la crise du développement connue dans les pays du Sud, les thématiques sur la migration ont des affinités électives avec les théories du développement. Les approches néoclassiques des migrations des années 1950 et 1960 ont puisé leurs postulats analytiques dans les théories de la modernisation / de la modernité ; les approches structuralistes qui ont prévalu pendant les années 1970 ont été fortement marquées par les théories de la dépendance ou les théories néo-marxistes. En dépit de la diversité des paradigmes, on peut réduire les grilles d'approche à trois grands berceaux paradigmatiques : les modèles qui mettent l'accent sur la rationalité économique dans le processus migratoire, ceux qui insistent sur les facteurs non économiques qui sous tendent la décision de migrer et enfin les catégories d'analyse mettant l'emphase sur la culture du voyage (Clifford 1997) ou sur l'émigration par l'aventure (Bredeloup 2008).

Le premier berceau paradigmatique, qui englobe les modèles économistes néo-classiques, décline des grilles analytiques fondées essentiellement sur le dualisme économique. L'acte de migrer (Stark 1991) est expliqué comme le résultat d'un comportement rationnel d'une personne qui quitte son milieu d'origine (milieu rural) pour migrer dans un autre milieu (urbain) où il espère une meilleure rentabilité de sa force de travail. La migration est alors décrite comme la conséquence de la crise économique dans les pays de départ : elle est théorisée comme une stratégie individuelle de survie dans les sociétés pourvoyeuses de migrants. Sjaastad (1962 : 68) décline son modèle dans cette perspective, où la migration est analysée comme une décision individuelle d'investissement dans une économie duale. Les individus décident de migrer si « les rendements du capital humain, nets des coûts liés au déplacement, sont supérieurs ailleurs que chez eux ».

Ces coûts migratoires sont à la fois monétaires et psychologiques, du fait que dans l'acte migratoire il y a, en quelque sorte, le renoncement à un mode de vie ou à la proximité familiale et/ou sociale, mais aussi parce que le pays destinataire garantit au migrant un revenu supérieur à celui obtenu dans son pays d'origine. Par conséquent, les postures les plus fréquemment retenues semblent converger vers une ligne de pensée où la pauvreté est supposée être la seule raison du départ du migrant africain vers l'Europe et les États Unis d'Amérique et, dans une certaine mesure, vers d'autres pays d'Afrique. Cette approche individuelle du phénomène migratoire est dite celle du "capital humain", où chaque individu peut être vu comme le résultat d'un investissement qui cherche, par l'acte migratoire, les meilleurs rendements possibles. À travers cet angle d'approche du phénomène migratoire, chaque émigrant est considéré comme :

« un être rationnel qui, au terme d'une évaluation du calcul, et d'une opération d'actualisation, va essayer de maximiser sa fonction d'utilité, et choisit donc la combinaison optimale susceptible de lui fournir un niveau de salaire, de sécurité et d'emploi appréciable » (Stark 1991 : 26).

Les partisans de cette grille d'analyse se fondent sur l'hypothèse que la décision de migrer relève du désir d'améliorer le statut économique individuel du migrant (Todaro 1969 ; Harris & Todaro 1970). Contrairement à la théorie de la dépendance, qui met l'accent sur les variables structurelles, l'approche par la stratégie de l'acteur met l'emphase sur le choix individuel dans l'explication des situations migratoires. Elle insiste sur l'autonomie des sujets, en privilégiant dans l'analyse les choix individuels liés à la ferme volonté de sortir de la situation de précarité. C'est une matrice d'analyse qui se situe dans la posture du paradigme de l'individualisme méthodologique dont l'axe discursif se polarise sur les stratégies et les logiques d'acteurs. C'est au prisme de cette posture que Todaro (1969) a tenté d'expliquer, au niveau national, les migrations rurales – urbaines dans la plupart des États africains, considérant par conséquent la migration comme une réponse à la différence de revenus espérés entre le milieu rural et le milieu urbain. Selon lui, le développement économique crée les conditions d'une migration interne qui se fait dans la plupart des cas dans un sens allant des campagnes vers les villes. En se fondant sur la distinction des facteurs d'attraction ou de répulsion, qui concernent respectivement les zones économiquement développées et les zones sous développées, Todaro soutient que la migration est motivée par des facteurs strictement économiques, du fait d'une situation défavorable à la campagne et d'une évolution favorable en ville (Todaro 1969). La migration serait donc une réponse individuelle aux déséquilibres des rémunérations du travail entre régions ou pays (Harris & Todaro 1970).

La théorie de Todaro a été critiquée par la nouvelle économie de la migration de travail, rattachée surtout à l'économiste Oded Stark. Dans son approche, Stark (1991) se démarque des théories micro-économiques, en s'octroyant comme objet d'étude les logiques familiales de la migration. Il introduit ainsi dans l'étude de la migration la notion de stratégie familiale pour mettre le focus sur l'interdépendance mutuelle entre le migrant et sa famille. Au-delà du capital humain, sur lequel se polarise la théorie néoclassique de la migration du travail, Stark retient qu'il existe aussi le capital des réseaux et de la parenté dont l'analyse des processus migratoires ne saurait faire abstraction. Dans les contextes de sous-développement et d'environnement sociologique où les logiques communautaires sont prégnantes, les décisions de migration sont prises conjointement par les membres de la famille au sein des ménages et de la grande famille élargie. Les processus migratoires sont des dynamiques impulsées dans le sillage de la solidarité familiale et communautaire. Ils engagent des acteurs individuels et collectifs et se déclinent sous le registre de la solidarité communautaire et des identités affectives d'ordre clanique.

Dans une autre perspective, mais toujours avec une prépondérance de la variable économique, les thèses dépendantistes centrent leurs modèles d'analyse sur la théorie de l'articulation entre le centre et la périphérie, pour appréhender la migration comme la conséquence logique du développement inégal et de la paupérisation accrue des sociétés africaines (Amin 1974). La migration est ainsi une stratégie de survie pour les populations des zones périphériques. Elle est à la fois une mesure et un mécanisme du développement inégal. Elle traduit les inégalités de développement entre les économies du Nord et celles du Sud, ainsi que leurs divergences de dynamiques qui expliquent pourquoi les populations du Sud ont tendance à vouloir migrer au Nord pour une meilleure valorisation de leur force de travail. Mobilisée dans le cadre de l'analyse des dysfonctions entre milieu urbain / urbain, pays développés / pays sous-développés, cette grille d'analyse s'offre les outils théoriques d'une mise en évidence des différences de contextes comme facteurs explicatifs du phénomène migratoire. Lewis élucide la question en termes de coexistence de deux secteurs : le secteur dit "traditionnel" et celui qualifié comme "moderne".

« Les déplacements de travailleurs sont alors envisagés comme une réallocation de la force de travail entre le secteur rural, majoritairement agricole, et le secteur urbain, majoritairement industriel » (Gubert 2010 : 96).

Le secteur traditionnel qui, pour des raisons démographiques (forte natalité) et structurelles (sous-emploi rural), bénéficie d'un surplus de main-d'œuvre, à l'origine d'une offre illimitée de travail, et le secteur industriel, qui absorbe ce surplus car la productivité marginale y est positive et croissante du fait de l'accumulation du capital et du progrès technique. Le départ des travailleurs est alors positif pour le premier secteur, car il contribue, entre autres conséquences, à réduire le chômage qui y sévit. Au niveau de cette approche dépendantiste,

« la tendance spontanée à l'agrégation des communautés immigrées devient l'objet sociologique et toute la recherche gravite autour de leur dynamique de fonctionnement communautaire, des mécanismes d'intégration, de socialisation ou d'exclusion des membres » (Timera 2001 : 43).

Les partisans de cette posture d'inspiration marxiste abordent les dynamiques migratoires internationales dans une perspective où la migration et le développement sont appréhendés comme relevant d'un processus de transformation des sociétés traditionnelles.

Cependant, dans le cas des migrations africaines, cette approche macro-économique ne se révèle pas toujours pertinente :

« Les phénomènes d'attraction / répulsion économique n'expliquent pas tous les choix migratoires en situation » (Dieng 2007 : 26).

Dans cette grille d'approche, les dynamiques migratoires intra-africaines sont, en quelque sorte, délaissées par la recherche scientifique au profit de la migration transcontinentale qui se résume à une dialectique de cause à effet : un lieu de départ qui est le continent africain, dont le contexte de précarité justifie le départ des migrants africains vers l'Occident supposé être un *Eldorado*. Au demeurant, malgré la diversité des variables en jeu dans le processus migratoire, les cadres théoriques n'intègrent qu'imparfaitement les déterminants sociologiques. Même si les facteurs économiques peuvent être considérés comme prépondérants, ils ne sauraient expliquer à eux seuls les dynamiques migratoires. Les déterminants des migrations sont divers et entremêlés : ils ne peuvent être réduits simplement à des questions économiques, à la situation de précarité dans des zones de départ.

Il y a une autre approche, centrée sur le caractère "aventurier" de l'acte migratoire (Bredeloup 2008). En revisitant les théories sur les processus migratoires en Afrique, Sylvie Bredeloup décline une posture qui part du concept d'aventure comme principe d'explication des nouvelles dynamiques migratoires dans le continent africain. S'écartant des paradigmes classiques, Bredeloup refuse de réduire les causes du phénomène migratoire en Afrique aux déterminants économiques. Les motivations individuelles, pour ne pas dire le goût de l'aventure, sont aussi des facteurs de migration, surtout pour la jeunesse qui pense l'aventure comme une étape dans la vie, avec obligation de réussir, donc un passage obligé pour préparer la vie adulte.

L'approche des dynamiques migratoires, telle qu'elle est théorisée par Bredeloup, renferme une lacune majeure : elle a l'inconvénient de reléguer au second plan les facteurs économiques ainsi que les déterminants collectifs sous-tendus par les logiques d'appartenance communautaire. Si le rêve de découvrir l'Eldorado est seulement motivé par l'espoir de faire vite fortune pour un retour triomphal, le goût de l'aventure n'est qu'une dimension mineure dans l'acte migratoire. Derrière la motivation à vouloir sortir de l'immobilisme, de « la retraite forcée » avant même d'avoir travaillé, selon l'expression utilisée par certaines jeunes sénégalais pour se plaindre de leur situation, les migrants qui ont opté pour « le *mbëek mi* »[1] considèrent que l'aventure n'a de sens que si elle a pour finalité un retour triomphal. En dehors du fait que la migration clandestine se conjugue avec le risque, le « *mbëek mi* » est un défi à la vie : réussir ou mourir, « *barça* ou *barsakh* »[2] : il correspond à la fois au recours à une logique suicidaire et à une prise de risque bien calculé dont la dimension d'aventure ne saurait occulter la ferme volonté de sortir de la situation de dénuement à laquelle sont confrontés les jeunes dans un contexte de faillite économique et politique de l'État africain postcolonial. C'est dans la perspective de changer la situation de manque absolu où se trouvent les candidats à l'émigration que se construisent le goût de l'aventure et l'assomption du risque. Pour les partisans du départ : « partout ailleurs, ce sera mieux qu'ici ». Il y a une idéalisation de l'*Ailleurs*, l'Eldorado, pour échapper au vécu pénible d'un *Ici,* considéré comme l'univers du manque. Au demeurant, l'« *idéalisation* » de l'Eldorado dans l'imaginaire du candidat à la migration est générée par le mythe du migrant de retour.

---

1. .*mbëek*, un mot wolof, qui illustre bien la détermination des candidats à affronter la mer. La notion signifie littéralement en wolof « le heurt, le coup de tête ». Le *mbëek mi* traduit le sens de l'aventure, le risque pris en s'embarquant dans des pirogues de fortune pour traverser l'Atlantique.
2. .« Barcelone » ou « la mort » (l'au-delà).

À leur retour, les migrants sont vus comme des modèles de réussite dans la société de départ où ils jouissent d'une très grande considération. L'image de la réussite sociale qu'ils affichent fait qu'ils sont considérés comme ceux qui incarnent le mieux la modernité et la réussite sociale dans leurs communautés d'origine. Le mythe de l'émigré est donc un facteur incitateur d'ordre sociopsychologique qui a beaucoup contribué à développer le désir de partir, quitte même à y laisser sa vie. Socialisés dans l'éthique « *ceddo* » où la réussite sociale est synonyme de courage, de persévérance, les jeunes wolof ou haal pulaar ou soninké ont toujours à l'esprit l'adage qui postule qu' « il vaut mieux mourir loin que vivre pauvre chez soi ». L'aventure signifie ici la confiance en soi, l'obligation de réussite pour revendiquer parmi les siens le respect et l'estime. L'avoir devient par conséquent ce qui conditionne l'être, parce qu'il est source de respect et de considération dans une société africaine où la référence n'est plus l'origine sociale, mais la réussite, au sens économique.

2. Les déterminants communautaires et multifactoriels des dynamiques migratoires

Les approches économiques se contentent généralement de mettre en évidence le rôle des incitations économiques comme motivations originelles dans la décision de migrer. Elles ne rendent pas compte du rôle des structures comme la famille, le ménage, le village, les lignages, les confréries, autant de structures intermédiaires intervenant dans le processus migratoire, qui constituent un ensemble de déterminants collectifs de la migration dans les sociétés africaines. Par conséquent, les approches économistes, utilitaristes, ont des limites objectives dans l'analyse, du fait qu'elles n'intègrent pas les déterminants sociologiques dans l'étude du phénomène migratoire. Les inégalités économiques ou les différences de richesse entre les pays ne suffisent absolument pas à expliquer les migrations en Afrique et à rendre compte de toutes les variables en jeu dans le processus migratoire.

Il convient d'intégrer dans l'analyse des facteurs qui peuvent être politiques, économiques, psychlogiques, environnementaux ou socioculturels.

L'idée d'une relecture des dynamiques migratoires esquissée, en termes d'alternative pour une meilleure approche de ce phénomène, est de plus en plus acceptée. Elle est porteuse d'un nouveau mode d'intelligibilité. Elle met l'emphase sur les déterminants sociologiques et opère une prise de distance avec l'économicisme ambiant, par essence réducteur.

> « La nouvelle économie des migrations critique l'approche néoclassique et sa focalisation sur les individus en vue d'expliquer le phénomène migratoire en intégrant de nouvelles unités d'analyse : famille, relations de parentèle, communautés » (Portes 1999 : 107).

Pour cette approche, le focus sera mis sur les familles et sur les communautés identitaires comme unités d'analyse des processus migratoires. Il s'agit donc de rendre compte de la complexité des dynamiques culturelles à l'œuvre dans cet univers de mobilité permanente. Les facteurs économiques, en dépit de leur importance, ne peuvent pas expliquer à eux seuls le processus de prise de décision de l'acte de migrer (Lututala 1995). En dehors des facteurs liés à la dégradation des conditions de vie dans des sociétés en situation de précarité, l'analyse des dynamiques migratoires révèle l'existence d'autres déterminants qui inclinent à penser la complexité interactive des facteurs d'émigration. Cette posture a l'avantage d'approcher le phénomène migratoire dans une perspective constructiviste, où la référence à l'ancrage communautaire exige la prise en compte d'autres variables pour approcher pleinement les déterminants sous-jacents à l'acte migratoire. Les tendances spontanées à l'agrégation des communautés émigrées deviennent l'objet d'une analyse sociologique et toute la recherche gravite autour des dynamiques de fonctionnement communautaire, des dynamiques solidaires, des mécanismes de départ, des stratégies et motivations des acteurs individuels et collectifs de l'acte migratoire, des logiques d'intégration dans les pays d'accueil et, surtout, des retombées de l'émigration en termes de dividende pour les communautés de départ.

Aucune des hypothèses explicatives évoquées par les paradigmes convoqués dans notre propos pour rendre compte des variables intervenant comme causes de l'émigration ne doit être considérée exclusivement, ni isolément. Ces hypothèses s'affrontent sans que l'une paraisse plus probable que l'autre dans l'analyse du phénomène. Il faut s'inscrire par conséquent dans une approche interactive, systémique, partant du principe que le poids explicateur de chaque variable ne peut être pensé que dans le contexte d'une constellation de raisons qui est « un nœud de raisons ». Le champ de l'émigration se donne à voir comme une situation d'interaction complexe où tout facteur explicatif évoqué ne détient son efficacité causale qu'en interférant avec d'autres. En s'inspirant de cette démarche explicative, on met ici l'accent sur la perspective communautaire, où la migration est approchée comme relevant de stratégies familiales et communautaires, arrimées à des valeurs de solidarité qui fonctionnement doublement : un soutien de la communauté et de tous les réseaux de parenté au moment du départ et l'obligation du migrant à aider ceux qui sont restés au pays.

3. L'émigration dans la région de Louga : un contexte révélateur

En prenant comme contexte de référence la région de Louga, nous mettons l'accent sur la dialectique qui se joue dans la structuration entre espaces d'émigration et espaces d'immigration, de manière à mettre l'emphase sur les dividendes de l'émigration dans les sociétés de départ. Le propos est alors de démontrer, à la lumière des éléments d'analyse inspirés par les processus migratoires dans cette région, l'existence d'une conjonction de facteurs dans l'acte migratoire. Il met en évidence la complexité de processus qu'il faut articuler à des rapports communautaires, sous-tendus par des logiques de solidarité qui rattachent le migrant à sa société d'origine, et permet par conséquent d'émettre l'hypothèse que le soutien des émigrés à leurs sociétés d'origine est le dividende socialement réinvesti du phénomène migratoire.

3.1. Les facteurs non économiques de l'émigration dans la région de Louga

Les facteurs non économiques conduisent également les candidats à l'émigration à quitter provisoirement ou durablement leur lieu d'origine. Ces facteurs sont d'ordre psychosociologique. Notre analyse insiste sur trois facteurs : la volonté d'échapper aux contraintes sociales, le mythe du « *modou-modou* »[3] et la fonction de réinvention identitaire et de promotion sociale que joue l'acte migratoire pour certaines couches sociales confinées dans une position d'infériorité, du fait de la double classification du système des castes et celui des ordres, héritée de la société wolof traditionnelle (Diop 1981).

Certaines couches sociales défavorisées trouvent dans l'émigration un moyen d'échapper à l'exploitation dont ils peuvent être victimes. Cheikh Omar Bâ donne l'exemple des cadets vis-à-vis des aînés :

> « Pour les cadets, la migration est une chance pour accéder plus rapidement à une autonomie vis-à-vis des aînés ». (Ba 1996 : 54).

Parmi les facteurs explicatifs, on peut retenir, outre la volonté exprimée par certains d'échapper au contrôle social et aux exigences de la vie familiale, le fait que les zones d'arrivée exercent aussi une forte attraction sur les jeunes. L'Europe est dans l'imaginaire du jeune Sénégalais un Eldorado ; les migrants, à leur retour, racontent avec magnificence la vie qu'ils menaient en migration. Ce qui a développé le mythe du « *modou-modou* », synonyme de réussite sociale, car le statut de migrant a fini par être valorisé eu égard à l'importance des réalisations induite par le phénomène migratoire. En raison de l'image de la réussite sociale qu'ils affichent, les migrants de retour sont considérés comme ceux qui incarnent le mieux la modernité et la réussite sociale

---

3. *Modou modou* est l'appellation que les Sénégalais donnent aux personnes émigrées.

dans la région. Ce mythe est devenu un facteur incitateur d'ordre sociopsychologique qui a beaucoup contribué à développer la tendance à émigrer, quitte même à y laisser sa vie.

Un autre facteur de motivation est que l'émigration représente, pour la plupart des jeunes issus de familles démunies ou de familles appartenant aux castes inférieures avec un statut social dévalorisé, un moyen de rehausser leur rang social, prenant ainsi une revanche sur la société. Elle permet aujourd'hui pour les jeunes appartenant à des castes inférieures de franchir d'autres échelons et de mieux s'affirmer socialement. S'il a réussi économiquement, l'émigré appartenant aux castes dites inférieures constitue l'exemple paradigmatique de cette figure dans la société sénégalaise actuelle. Par conséquent, le phénomène migratoire entraîne de facto une restructuration des identités, des statuts et des rôles dans l'espace communautaire et familial, au moins sur le plan symbolique. Le phénomène migratoire est en train d'induire une dynamique sociétale et des processus de recomposition des espaces sociaux dans la région de Louga. Il impacte sur la texture des relations sociales aussi bien en milieu rural qu'en zones urbaine et semi urbaine. Outre la réussite économique, la pratique migratoire en soi devient donc un élément constitutif de l'identité. À cause de la migration, le statut de l'individu a commencé à être défini par sa situation économique et non plus par son origine sociale. Source d'accumulation, elle permet d'occuper de nouvelles positions sociales et de jouer de nouveaux rôles auxquels beaucoup ne pouvaient pas prétendre autrefois : ainsi les jeunes émigrés sont leaders dans les mouvements de jeunes, ils sont des références dans leurs quartiers, ils peuvent même se marier en dehors de leur caste avec des filles appartenant à une caste dite supérieure.

3.2. L'impact des dynamiques solidaires : le dividende migratoire socialement réinvesti

La solidarité se joue doublement dans l'acte migratoire. Dans la région de Louga, l'étude des dynamiques migratoires révèle une implication en amont de la communauté de départ qui exige en contrepartie le devoir de reconnaissance du migrant à l'égard de sa collectivité d'origine. L'acte de migrer n'a de sens que situé dans la communauté d'origine dont l'émigrant se considère comme le mandataire. Dans les stratégies migratoires, les familles et les communautés s'investissent beaucoup. C'est à travers des réseaux complexes (confrérie, parenté, voisinage et profession) que s'organisent les départs vers l'étranger avec une forte implication de la famille. La décision de migrer émane peu souvent d'un avis personnel. Elle est l'affaire de la famille qui se charge même de l'insertion du migrant à l'étranger par le biais des membres de la famille présents dans le pays ou la ville de destination. C'est en son sein que s'organise le premier départ en émigration, avec la participation de tous les membres. Cette solidarité se traduit par un apport financier, mais aussi par des cérémonies rituelles et toute une préparation mystique pour conjurer le mauvais sort. En contrôlant la mobilité de ses membres, la famille maintient sa pression sociale en obligeant les migrants à respecter le pacte social scellé bien avant leur départ (Ba 1996).

C'est dans cette optique que s'inscrit la migration comme stratégie de subsistance dont se dotent les familles en situation de précarité. Elle remplit une double fonction : d'une part, l'émigration constitue une source de revenus pour les familles des émigrants et d'autre part elle participe à assurer la cohésion, l'équilibre familial et à maintenir les migrants dans leurs références familiales et villageoises. Dans l'acte migratoire, la référence au lieu d'origine et le symbolisme auquel renvoie le sentiment d'appartenance identitaire au terroir développent au niveau des associations de migrants un capital social arrimé à des valeurs fortes de solidarité et de partage. Il subsiste dans l'imaginaire de l'émigré la dette envers la communauté d'origine.

> « Chaque mois, mes deux enfants émigrants envoient de l'argent qu'ils demandent de répartir aux différents membres de la famille. La part de chacun est relative à son statut dans la famille ». (Un père de migrant).

C'est au regard de cet ancrage dans les origines qu'on peut comprendre les chaînes de solidarité qui accompagnent les stratégies migratoires et l'apport considérable des migrants, dans leur diversité, individuellement ou organisés en associations, à leurs familles et à leurs communautés. Cela explique l'incidence positive des migrations sur le développement local qui se traduit en termes de « plus-values » par rapport aux besoins des populations pour les infrastructures de base de leurs territoires.

L'implication des familles dans le processus migratoire se comprend en prenant en compte les retombées de l'émigration en termes de stratégie de survie. De l'aîné jusqu'au cadet, la chaîne migratoire se dessine et réglemente aussi les envois. Au Sénégal, les transferts de fonds réalisés par les émigrés au bénéfice de leurs familles sont évalués en 2014 à plus de 842 milliards de francs CFA, ce qui représente près de 15 % du produit intérieur brut (PIB) du Sénégal. En dehors des circuits officiels, il faut ajouter autant de milliards qui passent par des canaux informels que la comptabilité n'a pu prendre en considération. Les envois de fonds sont aussi effectués par des circuits informels fondés sur des réseaux de convoyeurs qui permettent aux migrants de faire parvenir à leurs familles des sommes d'argent consistantes. Les émigrés font, par exemple, entrer avec eux en liquidités des sommes importantes envoyées par une tierce personne, tout comme des bagages personnels qu'ils amènent au pays : voitures, matériels divers qui, revendus, génèrent des milliards pour les émigrés. Une étude faite dans certains villages de la région de Louga révèle que « les revenus migratoires représentent 90 % des revenus des ménages » (Rapport Forum des émigrés 2006).

Les relations de solidarité, qui se traduisent par un partage et une redistribution des revenus migratoires, ne sont pas seulement vécues à l'échelle familiale : elles sont aussi pratiquées à l'échelle des communautés villageoises par les migrants. Les émigrés de la région conservent des liens profonds avec leur famille, leur terroir d'origine, à travers des processus divers qui se traduisent par des relations tant au niveau individuel qu'au niveau collectif.

> « Le pôle individuel renvoie à la personne migrante dans ses rapports avec sa famille d'origine, c'est-à-dire la parentèle au sens anthropologique ». (Dieng 2007 : 30).

Le second pôle se traduit par une reconstruction identitaire et solidaire à travers des formes d'associations qui lient les émigrants d'une communauté à leur terroir d'origine par des mécanismes de solidarité et d'entraide, sous forme d'investissements collectifs ou de soutien aux parents démunis. Le témoignage d'un président d'association villageoise atteste, de ce point de vue, le lien profond existant entre l'émigré et sa communauté d'origine :

> « Il nous arrive de faire recours aux notables du village si un originaire de notre localité refuse de cotiser. Ces derniers parlent à sa famille pour éviter son exclusion de notre association ». (Propos d'un migrant cordinateur d'une association d'émigrés).

Au demeurant, les émigrés se regroupent et mutualisent leur force. Les migrants entretiennent, à travers leurs cadres associatifs ou leurs « *dahira*[4] », des relations symétriques avec leurs milieux d'origine qui leur permettent d'identifier les besoins prioritaires des populations de leur terroir et de définir les modalités de leur résolution. Les caisses de solidarité, qui existent pour secourir les migrants dans les pays d'accueil, servent aussi à venir en aide à ceux qui sont restés au pays.

Au-delà de l'entretien des familles, la plus-value du phénomène migratoire représente une importante valeur ajoutée pour le développement, qui se traduit avec la réalisation d'infrastructures de base dans la région de Louga. Les migrants s'investissent dans la construction d'infrastructures, financent de façon collective des secteurs-clés comme l'éducation ou la santé. En plus de l'envoi de sommes considérables destinées à l'entretien des familles, les associations de migrants participent depuis plusieurs décennies à la résolution des problèmes vitaux de leurs localités d'origine où ils ont initié et financé de multiples projets. Les réalisations des émigrés concernent des équipements sociaux divers : écoles, magasins d'approvisionnement en biens de première nécessité, postes de santé, puits ou forages, mosquées, périmètres maraîchers pour les femmes, dispensaires, hôpitaux.

> « L'école du village et le centre de santé ont été financés par les émigrés du village et ceux des autres villages environnants. Ils promettent aussi de donner quelque chose pour le projet d'adduction d'eau » (Propos d'un chef de village).

---

4. ;Les *dahira* comme modèles d'organisation confrérique ont vu le jour en 1940, sous l'impulsion de Seydi Ababacar Sy deuxième khalife de la confrérie tidjanya. Les *dahira* sont des réseaux de socialisation et de solidarité entre membres de la même confrérie. Ce phénomène typiquement sénégalais a fini par faire école dans toutes les confréries, surtout en milieu mouride. Dans sa forme diasporique, la *dahira* construit une véritable communauté de destin entre disciples, développant une logique de solidarité et d'entraide entre disciples d'une même confrérie.

Par exemple, dans le département de Kébémer, les émigrés vivant en Italie ont contribué à l'équipement d'une vingtaine de villages en ambulances, ainsi qu'à l'entretien de celles-ci et à la prise en charge des chauffeurs. Ils ont construit un collège d'enseignement moyen (CEM) à Ndande et une vingtaine de classes dans les différents villages du département. En dehors de leur implication dans la construction d'infrastructures communautaires, les associations de migrants servent aux ONG du Nord à nouer des liens avec les localités d'origine des migrants. L'aide de ces partenaires passe de plus en plus par le canal des associations constituées par les émigrés.

> « Les émigrés de la localité ont fait venir des Italiens qui nous ont appuyés dans notre projet maraicher regroupant l'ensemble des femmes mariées des quatre villages » (Propos d'une présidente de groupement féminin).

Ces infrastructures ont une valeur symbolique aux yeux de l'émigré. Par des relais organisationnels, à travers lesquels se reconstruit la conscience identitaire de l'immigrant en terre étrangère pour un contact permanent avec les parents du lieu d'origine, se crée une structuration entre espaces d'émigration et espaces d'immigration. Ces relais sont aussi de véritables canaux de diffusion d'une certaine forme de solidarité qui se traduit par des liens sociaux construits sur la base de la solidarité de groupe et de l'appartennace à une communuaté de vie fondée sur la philosphie du don et du contre-don :

> « Ce caractère structurant fait qu'il est à la fois un fédérateur et intégrateur des aspects socio-économiques et politiques ». (Dia 2001 : 305).

La région de Louga est plus que concernée, au regard des projets et des initiatives prises, donc des efforts consentis par les émigrés. Dans la région de Louga, les transferts de toutes sortes, qu'ils soient matériels ou immatériels, et la capitalisation des expériences accumulées et des savoirs acquis au cours de cursus migratoires variés sont autant d'indicateurs pour mesurer la contribution des acteurs de l'émigration aux dynamiques locales de développement (Rapport Forum des émigrés 2006). L'amélioration des conditions de vie des familles et des villages d'origine des émigrés, la construction de logements et d'équipements collectifs, sociaux, économiques et cultuels pour leurs localités témoignent des liens de cause à effet entre migrations/mobilités et enjeux de développement local. Le phénomène migratoire est ainsi en train d'induire une dynamique sociétale et des processus de recomposition des espaces sociaux dans la région de Louga.

Conclusion

En définitive, les éléments d'analyse mis en perspective montrent que le phénomène migratoire est de nature complexe. Les déterminants ne se réduisent pas seulement aux variables économiques, même si celles-ci ont des incidences certaines. D'autres facteurs sont à prendre en considération pour une meilleure compréhension du phénomène. Ainsi, l'objectif de cette contribution a été de montrer que l'approche des dynamiques migratoires doit partir du postulat de la pluralité des contextes, des acteurs, des motivations. Pour une meilleure perception du phénomène migratoire, il faut sortir de l'enfermement paradigmatique et refuser les *a priori*. Il convient par conséquent de contextualiser les registres d'action et identifier pour chacun une grille d'intelligibilité. Sous ce rapport, on peut comprendre que la pluralité des paradigmes dans l'analyse des dynamiques migratoires résulte du fait que chaque paradigme décline une posture qui analyse des types de migrations spécifiques dans des contextes sociaux et historiques déterminés. Cependant, ces théories ne sont pas nécessairement exclusives les unes des autres.

> « C'est d'ailleurs la raison pour laquelle la plupart des travaux empiriques qui visent à identifier les facteurs à l'origine de l'émergence ou de la persistance de certains flux migratoires combinent les théories existantes ». (Gubert 2010 : 104).

Dans ce pluralisme explicatif des dynamiques migratoires, en rapport avec la diversité des contextes et des expériences, chaque approche est en soi un éclairage spécifique. Notre approche a voulu mettre à l'épreuve l'hypothèse selon laquelle la pertinence d'une grille d'intelligibilité se mesure dans sa conformité avec les réalités du contexte étudié. Il s'est agi dans notre démarche d'appréhender la singularité d'une situation et des parcours individuels C'est la justesse de ce postulat analytique qui nous a conduit à adopter l'approche multifactorielle dans l'étude des dynamiques migratoires dans la région de Louga. En montrant la prégnance de la variable économique, nous avons aussi mis en évidence d'autres variables, de manière à avoir un nœud de facteurs où chaque variable ne détient un poids explicatif qu'en interaction avec d'autres variables. Dans cette optique, le principe analytique qui a sous-tendu notre démarche est de mettre en évidence les éventuelles liaisons entre les divers environnements susceptibles d'expliquer la migration, ainsi que les liens entre les différents types de facteurs.

Bibliographie

Amin Samir (éd.), 1974, *Les migrations contemporaines en Afrique de l'Ouest*, London, Oxford Universty Press.

Bâ Cheikh Omar, 1996, « *Dynamiques migratoires et changements sociaux au sein des relations de genre et des rapports jeunes/vieux des originaires de la moyenne vallée du Fleuve*, Université Cheikh Anta Diop de Dakar, thèse de doctorat de troisième cycle.

Bredeloup Sylvie, 2008, « L'aventurier, une figure de la migration africaine », *Cahiers internationaux de sociologie*, 125, 2008-2, pp. 281-306.

—, 2015, « Introduction. Terrains revisités en migrations africaines », *Afrique et développement*, XL, 1, pp. 1-17.

Clifford James, 1997, *Routes: Travel and Translation in the Late Twentieth Century*, Cambridge, Harvard University Press, 416 p.

Dieng Seydi Ababacar, 2007, « Déterminants, caractéristiques et enjeux de la migration sénégalaise », *in* Emmanuelle Bouilly & Nina Marx (dir.) *Migrations et Sénégal*, numéro spécial de la revue *Asylon(s)*, novembre, en ligne http://www.reseau-terra.eu/article709.html.

Diop Abdoulaye Bara, 1981, *La société wolof. Tradition et changement : les systèmes d'inégalité et de domination*, Paris, Karthala, 355 p.

Diop Amadou Sarr, 2016, *Les théories africanistes du développement. Entre déconstruction et travers idéologiques*, Paris, L'Harmattan, 244 p,

Gubert Flore, 2010, « Pourquoi migrer ? Le regard de la théorie économique », *Regards croisés sur l'économie. Économie politique des migrations*, 8, 2010-2, pp. 96-105.

Harris John R., Todaro Michael, 1970, "Migration, Unemployment and Development: A Two Sector Analysis," *American Economic Review*, 60, pp. 126-142.

Lututala Mumpasi Bernard, 1995, « Les migrations africaines dans le contexte socio-économique actuel. Une revue critique des modèles explicatifs », *in* Victor Piché & Hubert Gérard (dir.), *La sociologie des populations*, Montréal, Presses de l'Université de Montréal – AUPELF-UREF, pp. 391-416.

Portes Alejandro, 1999, « La mondialisation par le bas. L'émergence des communautés transnationales », *Actes de la recherche en sciences sociales*, 129, pp. 15-24.

Sjaastad Larry, 1962, "The Costs and Returns of Human Migration," *Journal of Political Economy*, 70, 5, pp. 80-93.

Stark Oded, 1991, *The Migration of Labor*, Cambridge, USA & Oxford, Basil Blackwell, x-406 p.

Timera Mahamet, 2001, « Les migrations de jeunes Sahéliens : affirmation de soi et émancipation », *in* R. Collignon & M. Diouf (dir.), *Les jeunes, hantise de l'espace public dans les sociétés du Sud ? Autrepart*, 18, pp. 37-49.

Todaro Michael P., 1969, "A Model of Labor Migration and Urban Unemployment in Less Developed Countries," *American Economic Review*, 59, 1, pp. 138-148.

DIASPORAS ET INVESTISSEMENTS POUR LE DÉVELOPPEMENT / DIASPORAS AND INVESTMENTS FOR DEVELOPMENT

6. Diaspora béninoise et développement national

JOHN O. IGUE

Le Bénin est bien connu en Afrique et en France pour l'importance du nombre de ses migrants. La tradition d'émigration de ce pays remonte à la période de la traite des esclaves, commerce où l'ancien Dahomey avait pris une large part. On connaît bien la communauté béninoise de Haïti, majoritairement originaire de la région d'Allada et de Savalou. On connaît aussi bien l'importance qu'occupent les Yoruba de Kétou et de Sabè dans la population noire de Bahia au Brésil [1].

Les tentatives de retour d'une partie de ces esclaves à partir de 1848, début de l'abolition de l'esclavage en Europe, ont permis l'installation à Agoué, Ouidah et Porto-Novo d'une importante communauté afro-brésilienne, communément appelée *Agouda*. Celle-ci a fortement contribué à l'évolution de la société Aja-Fon vers la fin du XIXe siècle. Cela s'est concrétisé par une éducation scolaire précoce et importante qui a fait qualifier l'ancien Dahomey de Quartier latin de l'Afrique francophone. Cette éducation scolaire a largement dépassé la capacité d'absorption du pays. La France a trouvé dans ce surplus scolaire un gisement pour le recrutement des cadres nécessaires au fonctionnement de son administration en Afrique de l'Ouest et du Centre. C'est le début d'un important mouvement migratoire qualifié comme « fuite des cerveaux », qui a duré jusqu'à l'indépendance des pays d'accueil et s'est concrétisé par une importante installation des Dahoméens au Sénégal, en Côte d'Ivoire, au Niger, au Congo et au Gabon.

Malgré les différents reflux de ces travailleurs dahoméens vers leur pays d'origine à partir de l'expulsion de la Côte d'Ivoire en 1958, le phénomène a plutôt pris de l'ampleur pour se généraliser à d'autres catégories de travailleurs, notamment les commerçants et les artisans. Mieux, l'enrichissement spectaculaire de certains pays anglophones, tels le Ghana et le Nigeria,

---

1. .À propos de la diaspora *Yoruba*, lire l'ouvrage de John Igué (2003).

et lusophones comme la Guinée équatoriale, a donné lieu à l'extension de cette migration hors de la sphère francophone.

Depuis 1920, les Béninois ont commencé à investir le Ghana. Ce mouvement s'est amplifié après la Deuxième Guerre mondiale, suite aux efforts de modernisation entrepris vers la fin des années 1940. Il en est de même du Nigeria, après la guerre du Biafra, suite aux conséquences des chocs pétroliers de 1973 et 1979 qui ont permis à ce pays de rentrer dans l'ère de ce que les Nigérians qualifient d'*Oil Boom*.

Pour apprécier l'importance de la contribution de la diaspora béninoise au processus de développement national, cette contribution sera centrée sur cinq principaux points :

1. le contexte historique de la formation de la diaspora béninoise ;
2. l'importance actuelle de cette diaspora dans le monde ;
3. les formes de son organisation ;
4. les principaux secteurs d'activité ;
5. les Béninois de l'extérieur et la problématique du développement national.

1. Contexte historique de la formation de la diaspora béninoise

L'émigration béninoise est ancienne. Elle remonte à la période de la traite négrière dans laquelle le pays était profondément engagé depuis la deuxième moitié du XVIIe siècle. Vers 1700, on estimait que 30 000 esclaves étaient exportés de Ouidah chaque année, dont 15 000 par les Anglais, suivis les Portugais, les Hollandais et les Français. À cette époque, environ vingt navires négriers partaient de Ouidah vers les côtes américaines, contre six seulement quittant l'Angola (Van Dantzig 1980 : 149).

L'activité négrière s'arrête progressivement, vers la fin du XIXe siècle, sous l'effet des mesures anti-esclavagistes prises par les « hommes de bonne volonté » en Europe. Ce sont les conséquences de cette traite qui ont permis au Bénin, à partir du reflux des anciens esclaves du nouveau monde, de connaître une évolution sociale assez rapide et de servir de soutien à la colonisation française par le biais d'un important mouvement migratoire dû à la fuite des cerveaux.

À titre d'exemple, entre 1920 et 1958, le personnel des entreprises commerciales de Côte d'Ivoire étaient composé pour 80 % de Dahoméens, qu'on retrouve également nombreux dans l'administration, notamment dans les différents ordres d'enseignement, dans les services de santé ou les postes et télécommunications. Après la loi dite Lamine Guèye, de 1950, définissant les modalités de rémunération des cadres supérieurs européens et africains, 37 % des

Dahoméens résidant en Côte d'Ivoire servaient dans l'administration, 38 % dans le privé et 21 % étaient installés à leur compte (Challenor 1979).

Au Niger, la situation est la même qu'en Côte d'Ivoire ; elle est marquée par la très forte emprise des travailleurs dahoméens. Les secteurs-clés de l'administration et des services commerciaux étaient tenus par ces Dahoméens. En 1950, 51 % des Dahoméens résidant au Niger travaillaient dans l'administration publique, 28 % dans le secteur privé et 21 % étaient installés à leur compte (Challenor 1979).

On peut donc dire que la traite des esclaves a d'abord favorisé l'exode forcé des Béninois de l'intérieur vers la côte, en particulier des originaires du plateau cristallin du Moyen-Bénin. Un recensement effectué à Ouidah, principal port négrier du royaume d'Abomey en 1904, constate ce fait, car, sur les 14 500 habitants de cette localité, on dénombrait 7 000 Fon, 4 000 Mina, 2 000 Haoussa et 1 500 Yoruba [2].

Sur cet effectif, seuls les 7 000 Fon peuvent être considérés comme des autochtones, les 7 500 autres étaient, soit des esclaves invendus, soit des commerçants venus s'établir à Ouidah pour profiter des avantages économiques du commerce négrier.

Cet exode vers la côte s'est accompagné, dans un second temps, de l'émigration forcée vers le nouveau monde. Le retour de quelques esclaves vendus en Amérique, après l'abolition de la traite, a favorisé la formation d'une élite intellectuelle renommée où la colonisation a trouvé un important support et qui fut d'ailleurs surnommée en Afrique Occidentale Française le « second colon », à cause de sa forte emprise sur l'administration des territoires français. En effet, la plupart des secrétaires généraux des gouverneurs, des employés des sociétés de traite, des agents de santé, des postes et télécommunications et des enseignants, étaient des Dahoméens. C'est seulement dans l'armée que l'effectif des Sénégalais était supérieur.

1.1. Les formes modernes de l'émigration béninoise

Les conséquences de la traite négrière sur la formation d'une élite intellectuelle de qualité assez nombreuse ont créé chez les Béninois, et singulièrement les ressortissants de la région méridionale qui ont bénéficié en premier d'une scolarisation poussée, une tradition les poussant à être d'éternels émigrants. Même s'il y a du travail sur place, les Béninois préfèrent aller en chercher ailleurs.

Ainsi, une vieille migration d'origine intellectuelle, étudiée comme la fuite des cerveaux (Pliya 1972 ; Mensah 1981) a servi de toile de fond à une nouvelle forme de déplacements qui affecte désormais tout le monde : intellectuels, commerçants, ouvriers, artisans et paysans. Les pays

---

2. .Archives de la ville. Pour chaque groupe socioculturel mentionné, on compte les membres avec les apparentés.

d'accueil sont nombreux, les principaux étant la Côte d'Ivoire, le Nigeria, le Ghana, le Togo, le Sénégal, la Guinée, le Niger, le Gabon, la France et depuis peu l'Amérique du Nord, notamment le Canada.

Cette émigration béninoise a depuis longtemps fait l'objet de préoccupations à la fois des pouvoirs publics et des chercheurs (Bozon 1967; Challenor 1970 ; Challenor 1979).

Pour les pouvoirs publics, l'intérêt de la question résulte des différentes expulsions dont sont victimes les Béninois dans les pays d'accueil. Depuis 1958, date de la première expulsion de ces Béninois de la Côte d'Ivoire, ces derniers ont été victimes de six rapatriements successifs (Igue 1983a et b).

Côte d'Ivoire	1958	17 000 expulsés
Congo	1962	3 000 expulsés
Niger	1963	6 918 expulsés
Ghana	1969	5 000 expulsés
Gabon	1978	10 558 expulsés
Nigeria	1983	45 000 expulsés

Aucun autre pays n'a connu autant de répressions à l'égard de ses ressortissants en Afrique de l'Ouest (Igue 1983a et b). Ces divers rapatriements ont donc poussé les autorités à s'intéresser aux Béninois de l'extérieur avec la création du Haut Conseil des Béninois de l'extérieur et d'un ministère chargé de la question.

Les intellectuels se penchent sur l'émigration béninoise en raison de ses différents impacts dans les pays d'accueil, singulièrement dans la formation des élites de ces pays et dans la manière dont les Béninois de l'extérieur contribuent au développement de leur pays.

Sur la base des estimations avancées par les autorités béninoises, le pays compterait actuellement près de 4 000 000 de Béninois vivant à l'extérieur du pays, avec une forte implantation dans cinq principaux pays d'accueil : au Nigeria, en Côte d'Ivoire, au Gabon, au Ghana et en France.

1.2. Les étapes de la migration béninoise dans les cinq principaux pays d'accueil

D'un point de vue historique, les moments successifs de l'implantation des Béninois dans ces cinq pays d'accueil se caractérisent comme suit.

L'exemple du Nigeria

La présence des ressortissants du Bénin au Nigeria est complexe à analyser, dans la mesure où ces deux pays appartenaient à la même aire culturelle avant la colonisation et conservent leurs liens historiques. La forte présence des Béninois au Nigeria a connu des étapes, liées à la fois aux contraintes de la colonisation française et à l'avance prise par le Nigeria dans son processus de développement économique. Les deux guerres mondiales et les travaux forcés imposés pour la mise en valeur de la colonie du Dahomey ont ainsi été les premiers déterminants de l'émigration béninoise au Nigeria. Celle-ci s'est amplifiée avec les différents booms économiques enregistrés au Nigeria, comme par exemple celui du cacao en pays yoruba entre 1955 et 1975, les chocs pétroliers de 1969 et 1973 avec les grands chantiers qui en ont résulté. Tout cela a eu pour conséquence un afflux des Béninois dont le nombre reste actuellement difficile à estimer et se trouve parfois évalué à plusieurs millions de personnes.

L'exemple de la Côte d'Ivoire

La présence béninoise en Côte d'Ivoire remonte au début du XXe siècle. Elle est due, d'abord, aux besoins d'une élite intellectuelle de qualité pour aider la France à asseoir une administration moderne dans le pays ; ensuite, aux conséquences des crises qui ont opposé les pêcheurs ghanéens aux ivoiriens en 1915 et ont débouché sur l'expulsion des pêcheurs ghanéens. Bien que le gouverneur ait rétabli, par un décret d'avril 1919, le droit de pêcher pour les étrangers, les Ghanéens n'ont plus manifesté d'enthousiasme à revenir. C'est ainsi qu'il a été fait appel, à partir de 1938, aux pêcheurs béninois et togolais, recrutés parmi les *Awalon*, qui se sont massivement installés dans la région de Port-Bouët, en réorganisant les activités de pêche et le commerce du poisson fumé.

La première installation d'intellectuels en Côte d'Ivoire date de 1910 quand le gouverneur général de l'AOF a commencé à utiliser les Dahoméens pour servir dans l'administration des autres colonies d'Afrique Occidentale Française, notamment en Côte d'Ivoire et au Niger. En 1912, deux Dahoméens d'origine afro-brésilienne assumant les fonctions de directeur d'école ont été particulièrement célèbres en Côte d'Ivoire : Félix Martins et Julien de Souza (Challenor 1979).

À part l'administration, les différentes sociétés de traite comme la Compagnie Française de l'Afrique Occidentale (CFAO), la Société Commerciale de l'Ouest Africain (SCOA), les Chargeurs Réunis, UNILEVER, John Holt, la Walkden et l'United Africa Company (UAC), affectaient une partie de leur personnel béninois de Cotonou en Côte d'Ivoire. La proportion des travailleurs béninois s'est accrue à tel point qu'en 1950, 37 % de Béninois étaient employés dans la fonction publique, 38 % dans le secteur privé, alors que 21 % étaient installés à leur compte (Challenor 1979).

En 1954, le pays comptait déjà plus de 10 000 Béninois dont la majorité résidait à Abidjan. Au cours du recensement de la commune d'Abidjan en 1956, 6 061 étaient identifiés, dont 3 513 hommes et 2 548 femmes, répartis de la façon suivante entre différents quartiers d'Abidjan :

Treichville	3 860
Adjamé	1 056
Port-Bouët	980
Plateau	165

La composition ethnique de cette colonie était caractérisée par une variété de groupes socioculturels, témoignant de la participation particulière de toute la partie méridionale du Bénin à cette vieille installation.

Tableau 1. Répartition par groupe ethnique des Béninois résidant à Abidjan en 1956

Groupes ethniques	Quartiers d'Abidjan				Total
	Adjamé	Treichville	Port-Bouët	Plateau	
Adja	11	11	5	0	27
Ouatchi	4	8	10	0	22
Mina	295	1 194	112	24	1 625
Popo	13	64	16	2	95
Fon	290	850	125	44	1 309
Mahi	22	6	5	0	33
Goun	139	609	77	20	845
Pédah	11	83	81	3	178
Nago	80	569	94	17	760
Yoruba	126	211	30	9	376
Autres Béninois	65	255	425	46	791
Total	1 056	3 860	980	165	6 061

Source : Recensement de la Commune d'Abidjan – Octobre 1956 – Ministère des Finances, des Affaires Economiques et du Plan – Côte d'Ivoire.

Le tableau précédent illustre l'implication de toutes les ethnies du Sud-Bénin dans la conquête de la Côte d'Ivoire [3].

L'importance du nombre des Béninois et surtout leur grande influence dans la société ivoirienne a toujours posé des problèmes aux autochtones. C'est ainsi qu'il y eut une violente altercation entre Béninois et Ivoiriens en 1928, à la suite d'un article paru dans *La Voix du Dahomey* du 13 mars 1928, dont voici quelques extraits :

> « Grand Bassam, Côte d'Ivoire – Il semble que dans cette partie de la fédération de l'AOF les gens ne sont pas très aimables avec les Noirs. Il est vrai que la plupart des indigènes sont très en retard et sont naturellement traités comme des broussards. Ils sont battus par les Blancs qui, semble-t-il, se comportent comme de véritables tortionnaires des frères noirs. Nos compatriotes qui sont en fonction en Côte d'Ivoire et qui y sont parmi les Noirs les plus civilisés ont été maltraités de manière injustifiable par certains fonctionnaires européens. Ils [les Dahoméens] sont réprimés pour avoir éveillé la conscience des indigènes et pour leur avoir interdit de faire des salamalecs aux Blancs. »

Cette appréciation à caractère quelque peu raciste, a débouché en 1936 sur la création par les Ivoiriens de l'*Association pour la Défense des Intérêts des Nationaux de Côte d'Ivoire*. Les actions de cette association vont entraîner l'expulsion de citoyens béninois en 1958 : sur les 20 000 d'entre eux qui ont été parqués au port du 24 au 26 octobre, date du déclenchement des hostilités, 17 000 furent finalement expulsés (Bozon 1967).

Cependant, la migration s'est ensuite amplifiée (Igue 2003 ; 2005). Le dernier recensement de 1998 avance le chiffre de 107 499 Béninois vivant en Côte d'Ivoire, attestant ainsi l'importance que représente ce pays pour l'émigration béninoise.

L'exemple du Gabon

Le processus de la migration béninoise au Gabon a connu quatre principales phases.

La première va de 1920 à 1945. C'était l'époque des pionniers, pour la plupart en provenance de Brazzaville, la capitale de l'Afrique équatoriale Française (AEF). Parmi ces Dahoméens en provenance de Brazzaville, on comptait un certain Isdine Blaise Paraïso, qui, parti du Bénin en 1917, faisait la navette entre Brazzaville et Libreville avec les premiers colons français. Ce n'est qu'en 1925 qu'il s'est définitivement installé à Libreville. Après lui, il y eut un nommé Taïrou Assani Daouda, qui, après avoir vécu depuis 1920 à Brazzaville, a regagné Libreville en 1927.

---

3. .Voir N'Cho (1988) ; Zachariah (1998) ; N'Cho, Yapo et Zanou (2001) ; Zanou (1986a ; 1992 ; 2001 et 2016) et Zanou et Aka (1994).

Ces pionniers étaient auxiliaires de l'administration ou du commerce. On cite à ce propos le nom d'un certain Raïmi Abogourin, qui fut un cadre supérieur de la John Holt et promoteur au Gabon de la société de transport Barbier. Après lui, il y eut Isdine Blaise Paraïso, bien connu comme le premier photographe au Gabon et du reste celui du président Léon M'Ba.

À ces deux personnages restés célèbres au Gabon, s'ajoutent Gustave Afognon, comptable, et Taïrou Assani Daouda, auxiliaire d'administration des PTT, d'abord à Omboué, ensuite à Lambaréné. Il y a enfin les cas de Joseph Assogba et de Dini Moreira, qui ont servi comme administrateurs à Libreville et à Lambaréné[4]. Mais le plus important contingent des Dahoméens de l'époque a été constitué des commerçants dont certains ont été célèbres comme Moïse Saïzonou[5] dont la maison au Gabon est contiguë à celle du président Léon M'BA au quartier Mont Mbouet à Libreville.

Cette première vague, majoritairement constituée des originaires de Porto Novo, avait surtout élu domicile à Port Gentil, Lambaréné et Libreville, villes dans lesquelles ils ont laissé d'importants patrimoines fonciers et immobiliers.

La seconde étape de la migration béninoise va de la fin de la Deuxième Guerre mondiale à 1960, année de l'indépendance du pays. Celle-ci est appelée époque Togo-Dahomey et qualifiée de la « migration popo ». L'appellation « Popo », désignant Dahoméens et Togolais au Gabon, résulte de l'arrivée massive des matelots originaires de la région de Grand-Popo, convoyés vers le Gabon après 1945. Ces derniers, ayant constaté la richesse des eaux du Gabon en poisson, ont fait venir leurs parents et amis pour pratiquer les activités de pêche[6]. À ces matelots se sont ajoutés de nombreux lettrés qui servaient d'intermédiaires entre les colons et les autochtones. Cette deuxième phase a été marquée par la crise de 1953 entre autochtones et « Popo », qui a failli déboucher sur le rapatriement de ces derniers[7]. La base de cette seconde étape est surtout Port Gentil, avec l'installation de familles dahoméennes : Adotevi, El Hadj Sadikou, Hounkponou, Bernard Azokli, Eyisse, etc.

La troisième étape, allant de 1960 à 1977, est caractérisée par l'affirmation de la colonie dahoméenne après la séparation de celle du Togo. Cette phase est marquée par trois types

---

4. .Un des fils de Dini Moreira, nommé Safiano, continuera cette fonction administrative en exerçant par la suite comme sous-préfet à Libreville.
5. .Parmi ces innombrables commerçants, les plus importants étaient : Moustapha Sanni, Deene Emmanuel Seifou, Amoussa Abogourin, Wassi Abogourin, Moutaïrou Abogourin, Abass Daouda, Tiamiou Bello, Marcos d'Almeida, Moïse Saïzonou, Salomon Padonou, Mali Lopez.
6. .Pour davantage de détails, lire M'Ba (1997), Djangone *et al.*, 2003 ; Mandzela (2004) ou encore N'Gouanga Adotevi (2006).
7. .Les incidents de 1963 concernaient plutôt les Nigérians. Ils eurent lieu à l'occasion du match de football opposant l'équipe du Congo à celle du Gabon. Comme les étrangers avaient pris partie pour les Congolais, les Gabonais ont estimé que ce geste était un affront porté à leur pays et ont réagi violemment contre les étrangers, notamment les Nigérians.

de migrations : de commerçants portonoviens ; de pêcheurs originaires du Lac Ahémé et de Grand-Popo ; et de lettrés, singulièrement d'enseignants du primaire et du secondaire ainsi que d'agents de santé.

Cette phase a été très active, en raison du besoin du Gabon en cadres intellectuels pour amorcer la construction du pays fraîchement indépendant. Cette émigration a d'ailleurs été négociée avec les autorités béninoises, notamment en ce qui concerne l'envoi d'enseignants. Cette troisième phase qui s'est terminée avec le rapatriement de 1978, s'est soldée par une forte implantation de plus de 15 000 Béninois, dont 10 473 furent expulsés entre 1977 et 1978.

La dernière phase s'est opérée après le rapatriement de 1978, suite aux négociations entre les autorités béninoises et gabonaises qui ont abouti à l'apaisement des tensions existant entre les deux pays, après l'agression du 16 janvier 1977. Elle s'est caractérisée par un important flux migratoire béninois vers le Gabon, cette fois-ci largement dominé par les commerçants, les acteurs de petits métiers urbains : chauffeurs de taxi, maçons, menuisiers, ferrailleurs, tôliers, etc.

L'exemple du Ghana

Jusqu'à l'expulsion des étrangers en 1969, suite à l'application du décret intitulé *Aliens Compliance Order* paru au *Journal officiel* du 18 novembre 1969, le Ghana était le premier pays d'immigration en Afrique de l'Ouest. Les résultats du recensement de 1960 font état de la présence de 827 481 personnes d'origine étrangère, représentant environ 12,3 % de la population totale évaluée à 6 700 000 habitants (Addo 1973). Cette immigration, étudiée par J. Lombard (1960) est ancienne. Elle remonte au début du XXe siècle et a connu une croissance après la Première Guerre mondiale, suite au lancement de travaux de modernisation du pays : construction de chemins de fer ; construction du port en eau profonde de Takoradi entre 1926 et 1928 ; exploitation des mines de manganèse de N'suta, de diamant de Akwati et d'or de la Tarkwa ; développement de la plantation du cacao dans l'Ashanti, etc. Ainsi en 1921, on note déjà au Ghana, la présence de plus de 50 000 originaires d'Afrique de l'Ouest, dont 12 000 en provenance d'Afrique francophone (Rouch 1956). Cette immigration s'est amplifiée et en 1931, les étrangers africains étaient estimés à 289 217, dont 218 681 venaient de l'ancienne AOF (Rouch 1956).

Parmi ces derniers, les Dahoméens seraient au nombre de 30 000 dont environ 25 000 *Zugu*, originaires du Nord, soit 20 000 Dendi et 5 000 Bariba (Rouch 1956). Mais la période de la forte immigration de l'époque coloniale a débuté après la Deuxième Guerre mondiale. En 1948, les Africains étaient évalués à plus de 500 000 au Ghana, dont 320 000 ressortissants des pays francophones. À cette époque la population originaire de l'ancien Dahomey avoisinait 50 000 personnes, essentiellement des *Zugu* du Nord Dahomey et des ressortissants du Moyen Dahomey (secteurs de Savalou, Bantè et Ouèssè) et du Mono. Au total, de 1920 à 1970, date de l'expulsion des étrangers, la part des Africains non ghanéens de la population totale s'élevait respectivement à 4,8 % en 1921, 4,3 % en 1948, 12,3 % en 1960 et 6,53 % en 1970)[8].

La situation en France

La présence des Béninois en France est ancienne. Selon Dieudonné Gnammankou (2008), les premiers Béninois se sont installés en France dès le XVe siècle, à partir de l'ambassade ouverte en 1670 par le roi Kpanyizonon d'Allada auprès de Louis XIV. Ainsi fut débarqué, le 3 décembre 1670 Don Mateo Lopez à Dieppe, en compagnie de ses trois femmes, de trois de ses fils, d'un trompettiste et de quatre serviteurs. Mais c'est à partir du XXe siècle seulement que cette présence s'est renforcée. Les membres de cette diaspora se sont constitués autour de trois personnalités : Kojo Tovalou Houenou[9], Frédéric Ouanilo Behanzin et le capitaine Jean Adjovi, auxquels il faut ajouter Alexandre Salvador. À partir de ce vieux noyau, les Béninois ont commencé à investir la France, soit pour des raisons militaires, soit pour des raisons d'éducation. Aujourd'hui, on estime à 32 000 le nombre des Béninois résidant en France.

À part ces cinq principaux pays d'accueil, on trouve aujourd'hui des Béninois dans tous les pays du monde, avec toutefois une forte concentration en Afrique de l'Ouest et du Centre.

2. L'importance actuelle de la diaspora béninoise dans le monde

Le nombre exact des Béninois vivant à l'étranger est difficile à évaluer, faute d'une action coordonnée des autorités nationales : celles-ci se contentent de charger les consulats de mettre en place un registre rempli uniquement à partir de la délivrance des cartes consulaires ou des cartes électorales depuis le renouveau démocratique en 1990. De ce fait, les informations disponibles sont assez disparates. Les difficultés à les obtenir ne proviennent pas seulement de l'absence de recensements, mais aussi du fait de la double nationalité, des mariages mixtes et surtout de l'inaptitude de beaucoup de Béninois à se mettre en règle vis-à-vis des dispositions légales relatives au droit de séjour, de vie et de travail dans beaucoup de pays d'accueil. À

---

8. .L'évolution de la population totale du Ghana se présente comme suit : 2 296 000 habitants en 1921, 3 164 000 en 1931, 418 000 en 1948, 6 722 000 en 1960, 9 521 000 en 1970, 12 296 000 en 1984, 18 412 000 en 2000.
9. .On lira Zinsou et Zounmenou (2004) pour davantage de détails sur le parcours de Kodjo Tovalou Houenou.

titre d'exemple, le consulat du Bénin à Paris estime l'effectif actuel des Béninois résidant en France à environ 30 000. Lors du recensement national de 2009 en France, l'Institut national de la statistique et des études économiques (INSEE) n'a dénombré que 7 695 Béninois résidants. L'écart entre les deux chiffres provient essentiellement des personnes qui possèdent uniquement la nationalité béninoise.

En 2011, l'Organisation internationale pour les migrations, en collaboration avec le bureau GIP International, a publié une étude sur les migrations au Bénin. Ce travail préparé par Alexandre Devillard et Toussaint Todegnon (2011), montre que les Béninois de la diaspora constituent actuellement une population de 4 384 686, répartie conformément au tableau ci-contre.

Une autre étude a été réalisée conjointement en 2012, par l'Organisation de coopération et de développement économiques (OCDE) et l'Agence française de développement (AFD). Intitulée *Connection with Emigrants : A Global Profile of Diasporas,* elle apporte quelques informations chiffrées sur la diaspora béninoise dans le monde (OCDE-AFD 2012 : 318-219). Ainsi en 2006, son effectif total est évalué à environ 2 500 000 personnes, soit à peu près 25 % de la population nationale.

Les pays d'accueil de ces Béninois sont, par ordre d'importance, ceux de l'Afrique de l'Ouest et du Centre, puis ceux de l'OCDE. Selon ce rapport, environ deux millions de Béninois vivent en Afrique et le reste est réparti dans le monde, avec comme principales destinations la France (16 800), les États-Unis (1 900), l'Italie (1 300), le Canada (800).

Cette évaluation de l'OCDE et de l'AFD semble plus proche de la réalité, comparée aux chiffres mentionnés dans le tableau 1 ci-dessus, provenant du travail de Devillard et Todegnon (2011). En effet, il est impensable que
le Nigeria à lui seul accueille 2 965 000 Béninois, la Côte d'Ivoire, 859 600 et le Sénégal, 296 553.

Selon notre propre étude, les Béninois vivant en Côte d'Ivoire n'excèdent pas 400 à 500 000 personnes, y compris les enfants (Igue 2008).

Quoiqu'il en soit, l'estimation de la diaspora béninoise est une tâche délicate en raison des difficultés de l'exercice, dues d'abord aux effets de la double nationalité, puis aux conséquences des mariages mixtes avec les autochtones, dont la plupart des enfants ne prennent pas la nationalité béninoise, et enfin à la clandestinité de plusieurs émigrants.

Tableau 2. Répartition géographique de la diaspora béninoise dans le monde

Destination	Effectif	%
Pays de la CEDEAO	4 298 300	98,1
Nigeria	2 965 827	69 *
Côte d'Ivoire	859 660	20
Sénégal	296 583	6,9
Niger	68 773	1,6
Pays de l'Afrique	4 822	1,1
Gabon	30 000	61 **
Guinée Equatoriale		25
Cameroun		10
Congo Brazzaville		4
Europe	32 652	0,7
France	27 330	89,7
Italie	-	-
Allemagne	1 505	-
Suisse	300	
Amérique	4 080	0,1
États-Unis	2 448	60
Canada	1 498	36,7
Cuba	86	2,1
Asie	433	-
Emirats Arabes Unis	199	46,2
Chine	102	23,6
Qatar	100	23,1
Japon	32	7,2

* des effectifs de la CEDEAO
** des effectifs du reste de l'Afrique.

3. Les formes d'organisation de la diaspora béninoise

L'organisation des migrants dans leurs zones d'implantation atteste leur volonté de maintenir leur identité culturelle vis-à-vis des autochtones. Les raisons justifiant la création de ces organisations sont de plusieurs ordres : (i) le développement, la conscience du groupe pour mieux bénéficier de la protection du pays hôte et du soutien des ainés, tout en brisant la solitude que rencontrent les jeunes migrants ; (ii) la protection des migrants par leur pays d'origine vis-à-vis du pays hôte qui ne peut se faire qu'à titre collectif.

Il existe plusieurs formes d'organisations de la diaspora béninoise : les organisations faitières, les associations de ressortissants, les corporations de métiers, les associations de solidarité avec les collectivités locales de départ, les associations d'amitié avec les pays hôtes.

3.1. Les organisations faitières

Elles ont un caractère national et regroupent tous les Béninois résidant dans chaque pays d'accueil. Ces associations constituent les cellules de base du Haut Conseil des Béninois de l'extérieur qui possède aujourd'hui 28 cellules dans les principaux pays d'émigration béninoise. Le tableau ci-après donne une idée de leur répartition.

Pour des raisons politiques et des conflits d'autorité, il arrive souvent qu'il existe plusieurs associations d'obédience nationale dans un même pays, comme en Côte d'Ivoire, aux États-Unis d'Amérique et même en France.

3.2. Les associations locales

Ces associations locales sont les démembrements des organisations faîtières dans les principales régions des pays d'accueil. On en dénombre plusieurs en France, aux États-Unis, au Canada et au Gabon.

3.3. Les associations de ressortissants

Elles regroupent essentiellement les originaires d'une même région géographique au Bénin. En Côte d'ivoire, on dénombre plus d'une trentaine d'associations de ressortissants tout comme au Gabon. Toutes fonctionnent comme des structures d'encadrement et de protection des nouveaux migrants. Elles détiennent les registres de leurs adhérents à l'intérieur desquels tout le monde est inscrit. Ces registres deviennent ainsi un précieux document pour la quantification de l'effectif des ressortissants béninois à l'étranger. Les associations de ressortissants jouent aussi un rôle important dans la mobilisation des fonds pour le financement des infrastructures de base dans les régions de départ.

3.4. Les corporations de métiers

C'est surtout en Afrique que les regroupements de métiers sont les mieux structurés, comme par exemple l'Association des enseignants béninois en Côte d'Ivoire (ASEBECI), l'Association des enseignants béninois au Gabon (AEBG).

3.5. Les associations de solidarité et d'amitié

Ces associations impliquent à la fois les ressortissants béninois et les hommes de bonne volonté des pays d'accueil. Elles sont nées essentiellement pour soutenir les collectivités locales béninoises. On en compte en France, comme l'Amicale Bénin-Nantes, l'Association Amitié France-Bénin, l'Association Joigny-Baobab, l'Association Face à la Vie, l'Association Solidarité Bénin-Tarn, etc. En Suisse, existe l'Association Solidarité avec les villages du Bénin, tout comme en Italie, l'Association ABI-Padova. Toutes ces associations apportent des aides substantielles collectées auprès des hommes de bonne volonté des pays hôtes pour aider les collectivités locales au Bénin, sous forme de fournitures scolaires, d'équipements sanitaires, de soutien à l'agriculture et d'électrification villageoise.

Quelles que soient les formes que revêtent ces organisations de la diaspora, toutes participent directement ou indirectement au développement du pays par leur appui matériel et financier aux collectivités locales. Cette participation revêt plusieurs formes, comme l'appui aux œuvres sociales, à la promotion du secteur agricole, à l'amélioration de l'environnement, de l'habitat, au renforcement des infrastructures scolaires, sanitaires et aux marchés de travail par la création de plusieurs petites et moyennes entreprises. Malheureusement, ces multiples actions, devenues indispensables à la modernisation des campagnes béninoises, échappent pour la plupart au contrôle de l'État. Elles sont difficilement comptabilisées dans le processus du développement national. D'où la préoccupation actuelle de mieux coordonner leurs actions, dans le cadre d'un plan stratégique de développement national, avec la possibilité pour les membres les plus importants de la diaspora béninoise de pouvoir occuper des pans entiers des secteurs stratégiques de développement.

4. Les principaux secteurs d'activités de la diaspora béninoise

Les activités exercées par la diaspora béninoise sont aussi diverses et variées que celles qui occupent les Béninois résidant au pays. On peut néanmoins regrouper ces activités en six principaux secteurs : les activités liées à la fuite des cerveaux ; les métiers urbains (transports, manœuvrage, mécanique, menuiserie, métiers de bâtiments, vulcanisation [10], soudure, mécanique-auto, imprimerie, artisanat, etc.) ; les activités libérales (commerce, hôtellerie, banque, finances et télécommunications) ; les activités industrielles ; les activités agricoles ; les activités de pêche.

Les activités liées à la fuite de cerveaux occupent majoritairement les Béninois vivant dans les pays développés : on y trouve le secteur libéral qui fait partie aussi de la catégorie des activités de services.

En Suisse, par exemple, la diaspora béninoise s'emploie dans deux principaux domaines d'activités : (i) le domaine universitaire composé essentiellement de professeurs et d'ingénieurs ; (ii) le domaine des petits métiers : les deux regroupent quatre activités principales : la coopération au développement, la formation, le transfert de savoir et le commerce.

En France, la majorité des Béninois est employée comme enseignants, tant au niveau secondaire que supérieur, et comme médecins. On les retrouve également dans les petits métiers et les activités libérales.

L'Agence nationale des Béninois de l'extérieur (ANBE), a établi une liste de compétences pour 96 Béninois de la diaspora béninoise inscrits et vivant dans les pays développés : 17 sont ingénieurs, huit exercent dans le secteur de NTIC, sept sont étudiants, cinq médecins, trois sont dans la gestion des entreprises, trois dans les banques et finances ; deux sont enseignants, deux experts, un juriste, alors que 48 n'ont pas indiqué de qualification.

En Afrique, les activités exercées par les Béninois de l'extérieur portent majoritairement sur les petits métiers urbains, l'enseignement et les activités commerciales. Ainsi, les études menées sur ces Béninois en 2008, concernant la Côte d'Ivoire, le Ghana et le Gabon, donnent les résultats suivants.

En Côte d'Ivoire, à partir d'une étude réalisée sur les caractéristiques sociodémographiques des villes de Côte d'Ivoire entre 1999 et 2000, les Béninois résidant dans ce pays sont fortement présents dans huit principaux secteurs d'activités répartis comme suit [11] :

– le commerce, avec une forte participation des femmes (65,48%) : 13 010
– les activités libérales : 2 240
– le travail de manœuvre : 2 120
– le bâtiment : 2 090
– les activités intellectuelles (enseignants, médecins, laborantins) : 1 910
– l'administration : 1 230

---

10. .Voir Akindès (1984) à propos du secteur de la vulcanisation en Côte d'Ivoire.
11. .Voir Dossina 2000, en particulier les tableaux figurant en annexe.

- le transport (taxis notamment) : 520
- le secteur des banques et finances : 160.

Les informations recueillies lors d'enquêtes de terrain menées en avril 2007 au Ghana, sur un échantillon de 961 Béninois, donnent les résultats suivants :
- ouvriers : 293
- mécaniciens : 382
- menuisiers : 62
- transporteurs : 79
- artisans : 145.

Au Gabon, selon les différents recensements relatifs aux domaines d'activités des étrangers, les principaux secteurs occupés par les Béninois se présentent comme suit[12] :
- commerce import-export et de distribution : 5 822
- transports (taxis notamment) : 1 559
- activités de pêche : 611
- administration : 483
- btp et génie civil : 426
- industries agro-alimentaires : 357
- exploitations forestières : 289
- habillement : 133
- secteurs pétroliers : 92
- construction mécanique : 80
- hôtellerie : 45
- banques et finances : 18
- imprimerie : 13.

12. .Bureau central du recensement, *Principaux résultats* (1993).

5. Les Béninois de l'extérieur et la problématique du développement national

5.1. Les besoins de financement de développement national

Les besoins de financement sont corrélés avec les grands axes du développement national définis dans le Document d'orientation stratégique de développement du Bénin 2011-2015. C'est ce document qui sert de justificatif à l'aide octroyée au pays dans la mesure où le programme d'investissement public n'est financé que partiellement par le budget national.

L'aide octroyée au Bénin au cours des dernières années est irrégulière et insuffisante. Elle est essentiellement constituée des appuis budgétaires. Sa part, en termes de ressources extérieures à mobiliser pour combler le déficit budgétaire de l'État, a représenté entre 2005 et 2008 respectivement 12 %, 13 %, 15 % et 16 % des recettes propres au pays. En 2009, l'apport de l'aide budgétaire attendue n'est que de 27 %.

Les prévisions de ressources extérieures sont passées de 324,170 milliards de francs CFA en 2009 à 248,341 milliards en 2010 ; soit une diminution de 75,829 milliards. D'autre part, les estimations de l'aide budgétaire constituée essentiellement d'appui budgétaire non ciblé du FMI prévoient une forte régression de 57,5 % dans le budget 2010. Or, le besoin de financement, conformément au Document de stratégie de développement 2011-2015, s'évalue à environ 5 782,3 milliards, soit à peu près un besoin annuel de 642,4 milliards pour lequel les capacités de mobilisation actuelle sont inférieures à 300 milliards. On comprend dès lors pourquoi le gouvernement est actuellement préoccupé par l'apport de la diaspora au processus du développement national.

5.2. La disposition des Béninois de l'extérieur à contribuer au développement national

Bien qu'ils soient suffisamment intégrés dans le tissu socio-économique de leur pays d'accueil, les Béninois de l'extérieur ont toujours manifesté un profond désir de participer de manière active à l'essor économique de leur pays d'origine. À ce sujet, les sondages réalisés auprès de quelques Béninois en Côte d'Ivoire, au Gabon, en Europe et aux États-Unis, révèlent que 77 % des personnes interrogées sont disposées à contribuer de façon significative. Plusieurs raisons sont évoquées pour justifier leur engagement :
– les crises sociopolitiques et économiques qui affectent plusieurs pays d'accueil comme la Côte d'Ivoire, et même la France ;

– le développement de la xénophobie qu'on remarque par exemple au Gabon et en Guinée équatoriale ;

– l'exclusion des jeux politiques dans les pays hôtes en dépit de la double nationalité des Béninois ;

– le besoin d'une fierté nationale vis-à-vis du pays hôte, qui a commencé à s'exprimer avec l'organisation de la conférence des forces vives de la nation en février 1990 et a montré aux Béninois de l'extérieur que, grâce à leur contribution, l'image négative du pays suite aux difficultés que le Bénin a connues entre 1960 et 1990 peut redevenir positive ;

– la nécessité de créer de meilleures conditions de retour aux descendants de la diaspora qui éprouvent de plus en plus de peine à s'intégrer dans leur pays d'accueil, par exemple en Côte d'Ivoire, au Gabon, en Guinée équatoriale (Loungou 2004).

Mais la plupart font prévaloir trois obstacles majeurs à cette participation : le manque de moyens financiers suffisants pour la majorité des Béninois de l'extérieur ; la rigidité des conditions d'investissement au Bénin ainsi que les difficultés administratives et douanières ; le manque d'informations sur les opportunités d'investissements au Bénin.

Ces trois obstacles expliquent le petit nombre de projets d'investissements d'envergure économique nationale.

5.3. Une meilleure connaissance des compétences et des moyens de la diaspora béninoise

La diaspora béninoise est très variée, tant dans sa composition que par son implantation dans le monde. On y distingue des intellectuels qui ont longtemps alimenté la fuite des cerveaux qui caractérisait l'ancien Dahomey tant en Afrique que dans le monde.

Cette période de la fuite des cerveaux a été relayée par celle la migration des commerçants, des ouvriers, des pêcheurs et de la main d'œuvre agricole. Ainsi, la majorité des Béninois résidant en Côte d'Ivoire est constituée d'ouvriers, les anciens « *maçons goliers* », originaires du département des Collines, qui ont transféré vers la Côte d'Ivoire la technique de construction en banco, où l'essentiel de l'habitat rural était en torchis.

Ceux qui ont choisi d'aller vers le Gabon sont en majorité des commerçants et des pêcheurs. Les Béninois vivant au Nigeria sont à la fois des ouvriers du bâtiment, des ouvriers agricoles et des pêcheurs. De cette diversification de métiers est née une certaine spécialisation de l'implantation des Béninois dans le monde. Aujourd'hui, la migration béninoise dans les pays du Nord est, en grande partie, représentée par les intellectuels : il s'agit d'anciens étudiants envoyés par le gouvernement pour leur formation qui, après leurs études, ont choisi de ne pas retourner au pays. Le cas de la France est significatif de ce point de vue, comme le constate M. Tomavo Servais, consul honoraire du Bénin à Lille, dans un entretien accordé en 2010 à la revue

Liane 2, dans lequel il qualifie l'émigration béninoise en France d' « émigration intellectuelle » (*Liane, 2*, pp. 12 et 13).

Au Gabon, les 40 000 Béninois résidant dans ce pays d'Afrique centrale travaillent à plus de 60 % dans le commerce et les métiers libéraux, mais les chauffeurs de taxi représentent le groupe le plus important.

Au Nigeria au contraire, la très forte implantation des Béninois est constituée de travailleurs du BTP, de main d'œuvre agricole et de pêcheurs originaires pour l'essentiel du Lac Nokoué, de la Lagune de Porto-Novo et de la Vallée de l'Ouémé.

En Côte d'Ivoire, les Béninois de la ville d'Abidjan et environs sont en majorité des intellectuels, alors que ceux de l'arrière-pays sont des employés exerçant des petits métiers.

À partir de leur mode d'implantation, on peut se faire une idée plus ou moins exacte de la compétence des Béninois de l'extérieur pour participer au développement de leur pays. Leur participation ne peut se faire que par un apport de compétences technologiques et de moyens financiers.

Les transferts de compétences

Ces transferts constituent le maillon faible de la participation des Béninois de l'extérieur au développement du Bénin. Malgré le démarrage du programme *Tokten* des Nations Unies depuis 35 ans et les efforts fournis ces dernières années par l'Agence nationale des Béninois de l'extérieur (ANBE) dans le cadre du projet MIDA démarré en 2003, peu de transferts de compétences ont été réalisés. Seule une vingtaine d'intellectuels béninois ont participé ou participent encore actuellement à ce programme. Ce sont en majorité des scientifiques, notamment des mathématiciens et des spécialistes en communication.

Le Bénin disposait d'un stock d'étudiants dans les pays du Nord, dont l'effectif total était estimé à 2 840 en 2009 par l'OCDE (OCDE-AFD, 2012) : 2 027 accueillis en France, 323 aux États-Unis, 222 au Canada, 127 en Allemagne et 40 en Italie. Même si ces chiffres ne reflètent pas totalement la réalité, ils attestent cependant du potentiel intellectuel dont dispose le Bénin à l'extérieur. Le suivi régulier de ces étudiants peut substantiellement contribuer à l'amélioration des compétences nationales en matière de ressources humaines de développement.

La possibilité de la diaspora béninoise à participer au développement national dépend des moyens dont disposent ces citoyens et de leur engagement pour le Bénin, mais aussi de la volonté des autorités publiques à les impliquer dans le processus de construction nationale.

L'appréciation des moyens dont ils disposent pour accompagner leur pays se fera à partir des transferts des fonds d'une part, et de l'analyse des secteurs prioritaires de leur intervention dans le processus de développement national d'autre part.

Les transferts de fonds des migrants

Trois sources fournissent des informations sur les transferts de fonds des migrants en général, et des Béninois en particulier :

– les actes de la réunion organisée conjointement par le gouvernement du Bénin, l'Organisation internationale pour les migrations (OIM) et le Bureau du Haut Représentant des Nations Unies pour les pays les moins avancés, les 9 et 10 février 2006 à Cotonou. Les conclusions de cette réunion ont débouché sur la création de l'Observatoire international des transferts de fonds des migrants dans les pays moins avancés (OITFM-PMA) ;

– le symposium sur l'intégration des transferts de fonds des migrants dans les stratégies de développement au Bénin, convoqué du 25 au 27 mai 2011 à Cotonou ;

– les données de l'agence nationale de la Banque centrale des États de l'Afrique de l'Ouest (BCEAO).

Ces trois sources disposent de statistiques régulièrement collectées sur le transfert de fonds des Béninois vers leur pays, à un niveau officiel du moins. Ainsi, entre 2005 et 2010, on l'estimait entre 68 et 112 milliards de FCFA par an, conformément aux données ci-après :

Tableau 4. Niveau des transferts de fonds (montant en millions de dollars) de la diaspora béninoise, comparé à l'IDE (période 2005-2009)

Années	TFM	IDE
2005	80,6	59,4
2006	107,5	72,5
2007	124,0	148,4
2008	105,3	109,2
2009	65,1	76,0

Source : AGUESSY (2011).

Aguessy (2011) et se présentent comme suit :

2005	173 millions de dollars
2006	224 millions de dollars
2007	282 millions de dollars
2008	271 millions de dollars
2009	243 millions de dollars
2010	236 millions de dollars

Source : GADO (2011).

Comparés à l'aide publique au développement, les transferts de l'année 2010 représentent 2,7 % du PIB, contre 2,5 % de l'APD. En 2007, l'année record des envois de fonds, le Bénin a reçu 112 milliards de FCFA, soit à peu près le double des exportations de coton évaluées à 68 milliards de FCFA. Ces fonds ont essentiellement quatre origines : les pays de l'Union européenne, 34 % ; les états de la CEDEAO, 23 % ; les États-Unis d'Amérique, 18 % ; l'Afrique centrale et le reste du monde, 25 % (Gado 2011).

5.4. Les secteurs d'intervention de la diaspora au Bénin

La participation des Béninois de l'extérieur au développement actuel de leur pays reste encore peu visible, en raison de la dispersion et du caractère trop personnel des actions menées sur le terrain. Elle revêt plusieurs aspects, comme l'appui aux œuvres sociales, à la promotion du secteur agricole, à l'amélioration de l'environnement, de l'habitat, au renforcement des infrastructures scolaires, sanitaires et au marché de travail, par la création de plusieurs petites et moyennes entreprises.

Dans le domaine des œuvres sociales, les Béninois de l'extérieur sont les principaux soutiens de leurs familles. Ils assurent à ces dernières un minimum de bien-être par l'envoi régulier de fonds. Grâce à cela, le niveau de scolarisation, des équipements socioculturels s'améliore considérablement dans les villages. La physionomie de ces derniers dans les zones de forte émigration change en raison de l'amélioration de l'habitat, avec plusieurs constructions en parpaings de ciment et la couverture des cases en tôles galvanisées. À cela s'ajoute la généralisation des moulins à maïs, l'introduction des moyens modernes de transport, la réfection des voies de communication et l'électrification rurale dans certains cas. On cite ainsi l'exemple d'un Béninois résidant au Gabon qui a réalisé la connexion électrique de plusieurs villages dans la commune de Zè. Il aurait, pour cela, financé l'installation des poteaux électriques sur près de cinq kilomètres dans le secteur de Kpoékpanrou.

Les Béninois résidant dans les pays du Nord sont de loin les plus actifs dans le domaine social. Ils ont monté avec les pays d'accueil plusieurs organisations d'amitié avec le Bénin (amitié France-Bénin, Suisse-Bénin, Japon-Bénin, etc.), à partir desquelles ils récoltent des fonds substantiels qui servent à financer des projets sociaux.

Ainsi, un journaliste béninois, ayant travaillé pendant longtemps au quotidien *Le Midi Libre* à Montpellier, envoie depuis 2003 d'importants matériels informatiques, médicaux et scolaires au Bénin, dont la valeur était estimée à plus de 200 millions de FCFA pour l'année 2006.

Un autre Béninois, ingénieur hydro-électricien résidant en Suisse, contribue à la fourniture en eau potable aux populations rurales de l'arrondissement d'Ayou (commune d'Allada). Il a ainsi réalisé plusieurs forages pour les onze villages de cet arrondissement. Mais son plus grand projet pour la commune d'Allada concerne l'implantation d'un complexe de formation professionnelle aux petits métiers urbains (maçonnerie, couture, forge, soudure métallique, etc.). L'embryon de ce centre qui sera l'un des plus importants du Bénin et de l'Afrique de l'Ouest est déjà fonctionnel à Allada. Ce projet remarquable est financé par des partenaires Suisses avec qui ce citoyen béninois a réussi à monter une solide association d'entraide.

Un autre Béninois, résidant au Japon, gère une ONG, la *Fondation Ifè*, basée à Cotonou, qui participe à la mise en place de plusieurs forages dans la partie septentrionale du Bénin, y construit également des écoles et paie une partie des salaires des enseignants communautaires dans plusieurs villages du Nord-Bénin.

La promotion du secteur agricole se fait actuellement par la participation de ces Béninois de l'extérieur au développement de certaines filières agricoles, comme l'ananas dans la partie méridionale et l'anacarde dans le moyen et nord-Bénin. Ainsi à Tchatchou (commune de Tchaourou dans le Borgou), un de ces émigrés a pris en affermage 900 hectares d'anacarde, en se proposant de rénover la vieille usine de traitement des noix de cajou de Parakou. D'autres émigrés originaires du Mono interviennent dans la même filière dans les communes d'Aplahoué et de Klouékanmé à la fois en tant que producteurs, acheteurs et exportateurs.

Quant à l'environnement, un des Béninois vivant en Europe travaille actuellement avec la sécurité routière pour la lutte contre la pollution des véhicules et engins motorisés.

Dans le domaine des infrastructures scolaires et sanitaires, ceux qui sont revenus de Côte d'Ivoire, ont créé à Cotonou plusieurs établissements scolaires et universitaires privés parmi lesquels le groupe scolaire et universitaire Sainte Félicité, qui possède plusieurs antennes à Godomey et à Calavi. On compte aussi le Collège Martin Luther King situé à Ménontin.

Plusieurs cliniques et hôtels ont également vu le jour dans les quartiers de PK3 et Fidjrossè.

Quant aux petites et moyennes entreprises, les Béninois de l'extérieur s'investissent surtout dans l'imprimerie. Plusieurs grosses maisons d'impression et d'édition de la ville de Cotonou leur appartiennent désormais.

Mais c'est dans le domaine de l'habitat que leurs efforts restent les plus visibles, bien qu'il soit difficile d'inventorier le nombre de constructions réalisées. Grâce à leur participation à l'amélioration de l'habitat, la physionomie des principales villes du Bénin change radicalement à tel point qu'un adage dit : « Quand les Béninois du Gabon arrivent en vacances, le prix du foncier bâti flambe ».

Malgré la contribution de ces Béninois de l'extérieur à l'environnement socio-économique du pays, leurs activités ont un impact limité dans la création de valeur ajoutée à l'économie, excepté deux initiatives qui s'imposent dans le paysage socio-économique du pays, par leur envergure à la fois nationale et internationale : d'un côté la Fondation Espace Afrique, promoteur du Centre international d'expérimentation et de valorisation des ressources africaines (CIEVRA) dont le siège est à Glodjigbé dans la commune de Zè ; de l'autre, la Basilique Notre Dame de la Divine Miséricorde à Allada.

La Fondation Espace Afrique

Créée par un ressortissant béninois résidant au Gabon, cette Fondation est une organisation panafricaine internationale à vocation humanitaire. Active en Afrique depuis 1993 pour soutenir le développement du continent à travers la promotion et la diffusion des valeurs africaines, elle finance plusieurs projets visant à améliorer les conditions de vie et assurer l'autonomie des populations africaines. De façon spécifique, c'est son volet CIEVRA qui peut être considéré comme une action typiquement béninoise.

La Basilique Notre Dame de la Divine Miséricorde

Situé dans le domaine de la Radio catholique Immaculée Conception à l'entrée Sud d'Allada, cet édifice est le deuxième du Bénin par sa capacité d'accueil (2 700 places assises) après l'église Saint Michel à Cotonou. Mais elle reste de loin la première par son imposante architecture, sa hauteur (30 mètres) et celle de son clocher (40 mètres). Sa réalisation est l'œuvre d'une famille béninoise ayant résidé au Gabon.

> « C'est un geste généreux du Professeur René Derlin Zinsou qui, pour honorer la volonté de son épouse défunte, Madame Celuta Benjamin de la Guyane, a décidé de construire une église en l'honneur de la Vierge Marie ». Cette œuvre qui a coûté plus d'un milliard de francs CFA a été financée à plus de 60 % par cette famille. Elle a aussi bénéficié de l'apport de la Fondation Espace Afrique pour la réalisation du clocher. La différence de ce financement a été supportée par les Frères Franciscains de l'Immaculée, originaires

de la ville de Frigento au Sud de l'Italie. Ils sont ainsi devenus les gestionnaires de ce monument.

Cette œuvre mérite d'être présentée parmi les actions entreprises par les Béninois de l'extérieur en faveur du développement national, en raison de son envergure exceptionnelle et de son caractère unique dans l'architecture religieuse au Bénin.

En somme, la participation des Béninois de l'extérieur au développement du Bénin est très diversifiée. Elle est importante au regard du montant des investissements réalisés tant par les transferts monétaires, les infrastructures et équipements visibles que par les nouvelles approches de développement qui sont expérimentées au CIEVRA. Elle témoigne aussi de la manière dont ces émigrants réintègrent leur propre société.

Face aux incertitudes pesant sur l'avenir de l'émigration, en raison des crises sociopolitiques récurrentes et de la rigidité des conditions d'accueil, le soutien au développement national ira en se renforçant. Cependant, l'avenir de ces investissements mérite d'être repensé afin de consolider les différents processus de développement national. Dans cette perspective, beaucoup de propositions sont en cours, dont l'une des plus avancées est *la création d'un fonds international de la diaspora béninoise* à l'image du fonds mondial de la diaspora dont le siège est à Genève en Suisse. Si cela se concrétise, ce fonds donnera plus de visibilité aux différentes actions entreprises par les émigrants béninois. Il contribuera également au renforcement de l'autonomie financière du pays, gage d'une réelle indépendance.

Conclusion

La diaspora béninoise fait partie de l'une des plus importantes de la région dans la mesure où elle représente le tiers de la population nationale. Comme toutes les autres diasporas dans le monde, elle est actuellement confrontée à une série de problèmes, dus à la nature de la migration béninoise et aux facteurs internes qui la motivent.

En effet à la différence des autres pays engagés dans l'émigration, le déplacement des Béninois vers l'extérieur présente plusieurs spécificités liées à sa nature, au rôle négatif de l'éducation des parents suite aux affrontements familiaux, aux effets de la double nationalité et aux difficultés de suivi et d'encadrement de ces Béninois de l'extérieur par les autorités nationales.

Concernant le premier point, l'émigration béninoise comporte la fuite des cerveaux et le départ de travailleurs exerçant diverses activités. On assiste actuellement à l'essoufflement de cette émigration composée pour l'essentiel d'ouvriers, d'agriculteurs, de pêcheurs, de femmes commerçantes et d'étudiants. Ce ralentissement du phénomène explique sans doute la faible implication des Béninois dans le contingent des « *boat people* », qui constitue le fléau actuel de la migration dans le monde.

Il y a cependant un aspect négatif relatif à l'éducation des enfants au nationalisme. De nombreux parents conseillent de plus en plus à leur progéniture d'émigrer afin de se prémunir des contraintes familales liées au mode de vie dans leur pays d'origine. Les effets de la double nationalité créent des ambiguïtés entre les intérêts du pays de départ et ceux du pays d'accueil. Il n'y a que quelques rares Béninois qui ont réussi à surmonter cette ambiguïté en s'engageant résolument en faveur de leur pays d'origine. Pour la majorité, la double nationalité devient une sorte d'excuse à un engagement résolu en faveur du pays d'origine.

Tous ces aspects négatifs sont aujourd'hui renforcés par le manque d'une politique efficace de suivi et d'encadrement des émigrés.

Quelle que soit la forme et la justification de l'émigration béninoise, celle-ci s'est largement développée à partir d'initiatives individuelles, hormis quelques cas comme par exemple l'émigration des enseignants catholiques qui a été négociée entre l'Eglise catholique du Bénin et celle de la Côte d'Ivoire vers les années 1975, l'émigration des enseignants du secondaire au Tchad et au Gabon, objet d'accord entre les autorités des trois pays, et les coupeurs des noix de palme convoyés vers la Côte d'Ivoire à la demande des autorités ivoiriennes dans les années 1970. Alors qu'ailleurs – au Sénégal et au Mali –, cette émigration fonctionne strictement sous la protection et l'encadrement des chefs religieux, notamment chez les Mourides du Sénégal et les imams sarakolé du Mali.

Le caractère individuel du phénomène migratoire béninois rend donc difficile la constitution et le fonctionnement de cette migration sous forme d'une diaspora dynamique. À cette difficulté s'ajoute le phénomène de la double nationalité qui met les Béninois dans une situation d'ambiguïté et de tiraillement entre les intérêts de leur pays d'origine et ceux de leur pays d'adoption. Ce phénomène de double nationalité crée des situations difficiles pour les descendants de la diaspora dont la majorité n'a plus d'attache avec le pays d'origine de leurs parents. Enfin, on note de réelles difficultés de suivi et d'encadrement qui se manifestent par le manque d'informations fiables sur cette communauté rassemblées par les autorités béninoises. Il n'y a jamais eu une tentative de recensement des Béninois par les ambassades et consulats, excepté la mise à disposition d'un registre d'obtention de cartes consulaires et les tentatives de constitution de listes électorales, malgré la création depuis 1997 de plusieurs structures chargées du suivi et de l'encadrement des Béninois de l'extérieur. Ces manquements ont pour conséquence actuelle la faiblesse des liens unissant les Béninois de l'extérieur aux autorités de leur pays. Toutes ces remarques constituent le principal enjeu de la participation de la diaspora béninoise à la table-ronde des partenaires économiques du Bénin.

Pour rendre cette participation effective, plusieurs conditions préalables sont à remplir :

- maîtriser la répartition géographique du niveau de compétences et l'efficacité des différentes associations de Béninois de l'extérieur, ainsi que des moyens dont elles disposent ;

- définir la place qui peut être réservée à cette diaspora dans l'évolution de la nation béninoise par un mécanisme de suivi régulier, afin de conférer à la diaspora un meilleur encadrement et une protection là où cela s'avère nécessaire. Cette politique de protection devient urgente et importante en raison de la fragilité de plusieurs communautés béninoises à l'extérieur après les expulsions répétées dont certaines de ces communautés ont été victimes. Conscientes de cela, les autorités béninoises militent aujourd'hui en faveur d'un meilleur suivi et encadrement ;

- lutter contre la médiocrité des cadres de l'administration, pratiquant le favoritisme de toutes natures, afin de renforcer la « méritocratie ». à défaut d'initiatives dans ce sens, les meilleurs cadres de la diaspora ne rentreront pas au pays pour contribuer pleinement à son développement ;

- reconnaître que la principale difficulté des Béninois de l'extérieur à soutenir leur pays d'origine concerne la rupture historique et culturelle de beaucoup d'entre eux vis-à-vis de leur société d'origine. Cette question, est surtout cruciale pour les Béninois résidant au Ghana et au Nigeria. Dans ces deux pays, la plupart de ceux qui se sont installés depuis longtemps ainsi que leurs descendants, ne parlent plus aucune langue béninoise, encore moins le français. De nombreux enfants de Béninois nés en Côte d'Ivoire, au Gabon, en Europe et aux États-Unis sont dans la même situation de rupture historique et culturelle avec la société de leurs parents, faute de pouvoir parler correctement les différentes langues du Bénin. La situation est encore plus grave lorsqu'il s'agit des enfants métis. Autant les parents se réclament Béninois, autant leurs descendants restent indifférents à cet attachement au pays.

- constater la faiblesse des opportunités économiques offertes par le Bénin et le manque d'un cadre juridique de référence d'ordre humain et institutionnel, pour y remédier et motiver la diaspora à se mobiliser pour le développement du pays. S'agissant des opportunités économiques, les représentations béninoises à l'étranger présentent trois raisons pour investir au Bénin : i) la position géographique du pays vis-à-vis de ses voisins immédiats ; ii) ses infrastructures de communication ; iii) son vivier humain caractérisé par « une bonne maîtrise des divers secteurs d'activités : le savoir, le savoir-faire et le savoir-être à l'échelon international… Le Bénin fait partie des pays africains ayant un ratio de cadres qualifiés des plus élevés sur le continent »[13]. Certes, des opportunités sont offertes par le Bénin, mais les affirmations des représentations diplomatiques restent peu concrètes à leur sujet, bien qu'elles soient réelles sur certains aspects. Au nombre des opportunités économiques remarquables figurent : i) un potentiel touristique peu valorisé dans le monde de safari, des potentialités culturelles et historiques et des avantages en eau thermale, ii) un marché de transport humain peu couvert, iii) un secteur agro-alimentaire à construire par une meilleure valorisation de productions comme l'ananas et l'anacarde. Quant à l'absence d'un cadre de confiance d'ordre humain et institutionnel, le Bénin a besoin d'offrir aux membres de la diaspora un avantage comparatif à partir d'une législation qui favoriserait des pratiques rassurantes, susceptibles de donner à la diaspora un pouvoir économique préférentiel dans les domaines prioritaires de développement, tels la promotion de PME et PMI, la transformation alimentaire, à l'instar de pays voisins comme le Ghana, le Nigeria, ou lointains, telle l'Afrique du Sud.

- Enfin, se pose entre la diaspora et la société béninoise, principalement les autorités politiques et administratives, une question de confiance, suite à des malversations dont beaucoup de membres de la diaspora ont été victimes après avoir confié la gestion de leur fortune à des frères et cousins restés au pays. De tels abus de confiance sont une cause de découragement pour beaucoup de Béninois et n'encouragent pas à venir investir au pays.

Cependant, il est manifeste que la diaspora béninoise constitue un potentiel énorme à mobiliser et à valoriser par le pays afin de faciliter le développement national. Ainsi que l'a montré cette contribution, l'histoire de la migration des citoyens béninois vers les pays étrangers est très ancienne et a connu diverses fortunes. Bien qu'elle ait essaimé partout dans le monde, la diaspora béninoise est essentiellement concentrée en Afrique de l'Ouest. Un meilleur intérêt serait à lui manifester par l'état béninois pour lui permettre de bénéficier substantiellement non seulement de ses compétences, mais aussi des ressources de sa diaspora.

---

13. *Lianes* n° 3, été 2011, p. 12.

Bibliographie

Adonon A.E., Kasha A.D., 1991, *Les pêcheurs béninois en Côte d'Ivoire : étude géographique*, Université nationale du Bénin, Maîtrise de géographie.

Agboton G.M., 1961, *Dahomey, un pays d'émigrants ou d'émigration* – Commission de coopération technique au Sud du Sahara (CCTA/CSA).

Aguessy C.V., 2011, La place des transferts de fonds des migrants béninois dans les investissements directs étrangers (IDE) au Bénin. Symposium international sur l'intégration des transferts de fonds des migrants dans les statistiques de développement au Bénin, 25-27 mai, 2011.

Akindès F., 1984, *Le secteur informel en Côte d'Ivoire : étude d'une branche d'activité : la vulcanisation*, Abidjan – IES, Mémoire de licence.

Bozon, S., 1967, « Les Dahoméens en Afrique de l'Ouest », *Revue française des sciences politiques*, 17, 4, pp. 718-726.

Bureau central du Recensement, 1997, *RGPH de 1993 : Analyse des résultats* – Volume III, tome 1, *Structure de la population par sexe et par âge, Distribution spatiale et migrations*, Libreville, Direction générale de la Statistique et des études économiques – Ministère de la Planification, de l'Environnement et du Tourisme.

Bureau central du Recensement, *RGPH de 1993, Principaux résultats*, Libreville, Direction générale de la Statistique et des études économiques – Ministère de la Planification et de l'Aménagement du Territoire.

Challenor S.H., 1970, *French Speaking West Africa's Dahomeyan Strangers in Colonization and Decolonization*, New York, Columbia University, Ph.D.

—, 1979, "Strangers as Colonial Intermediaries: The Dahomeyans in Francophone Africa," in W.A. Shack & E.R. Skinner (eds), *Strangers in African Societies*, Berkeley, Los Angeles & London, University of California. Press, pp. 67-83.

Consulat du Bénin en France, 2011, *Le recrutement des Béninois de France*.

Dantzig A. Van, 1980, *Les Hollandais sur la côte de Guinée à l'époque de l'essor de l'Ashanti et du Dahomey, 1680-1740*, Paris, Société Française d'Histoire d'Outre Mer.

Devillard A., Todegnon T., 2011, *Migration au Bénin. Profil national*, Dakar-Paris, OIM-GIP international, 71 p.

Djangone A.M. et al., 2003, *Profil de pauvreté dans la communauté de pêche artisanale des départements de la Noya et du Komo-Mondah (Gabon)*, Abidjan, FNUAP, document manuscrit.

Dossina Y., 2000, *Les caractéristiques socio-démographiques des villes de Côte d'Ivoire*, Abidjan, ENSEA.

France M., 1978, *Recensement général des activités en milieu urbain de Côte d'Ivoire*, Abidjan, ORSTOM, 4 volumes.

Gado M., 2011, *Transfert de fonds des migrants : importance, causes et effets économiques au Bénin*, Symposium international sur l'intégration des transferts de fonds des migrants dans les stratégies de développement au Bénin. Cotonou, 26 mai.

Ghana Statistical Services, 1995, *Migration Research Study in Ghana*, vol. 2, Accra.

Gnammankou D. (éd), 2008, *Les Africains et leurs descendants en Europe avant le XXème siècle*, Toulouse, MAT éditions.

Igue J.O., 1983a, *Analyse démographique du Bénin méridional*, Cotonou, Projet Urbain – Bénin.

—, 1983b, *Les migrations des populations au Nord du Bénin et leur impact socio-économique*, Cotonou, FAO.

—, 2003, *Les Yoruba en Afrique de l'Ouest francophone : 1910-1980 : essai sur une diaspora*, Paris, Présence Africaine.

—, 2005, *Migrations et pauvreté en Afrique de l'Ouest*, Washington, Banque mondiale.

—, 2008, *Les Béninois de la diaspora : cas du Ghana, de la Côte d'Ivoire et du Gabon*, Cotonou, FNUAP.

—, 2013a, *L'implication et la mobilisation de la diaspora béninoise à la table ronde des partenaires au développement du Bénin*, Cotonou, PNUD.

—, 2013b, *Les Béninois de l'extérieur, État de connaissance*. Forum national des Béninois de l'extérieur 18-20 octobre, Cotonou, Ministère des Affaires étrangères.

Koko A.B., 1997, *étude de l'activité de la population d'origine étrangère de la commune de Cocody*, Abidjan, ENSEA.

Liane, 2010, Le magazine qui lie les Béninois de France Ambassade du Bénin en France, n° 2.

Lombard J., 1960, « La migration des Nord-Dahoméens au Ghana », *France-Dahomey*, juin 1960.

Loungou S., 2004, « Immigration et xénophobie au Gabon », *Géopolitique africaine*, 10 [2003], pp. 255-258.

M'Ba R., 1997, *Les enjeux socio-économiques de l'immigration : une analyse des immigrés africains de Libreville*, Université Omar Bongo, mémoire de maîtrise de sociologie.

Mandzela E., 2004, *Le rôle du Centre communautaire de pêche d'Owendo dans le développement de la pêche artisanale maritime à Libreville et Owendo*, Université Omar Bongo, DESS de géographie.

Mensah V., 1981, *La fuite des cerveaux. Le cas de la République populaire du Bénin*, Université nationale du Bénin, maîtrise de sociologie.

N'Cho S., 1988, *Répartition spatiale de la population et migration*, Abidjan, Institut national de la Statistique.

N'Cho S., Yapo E., Zanou B., 2001, *Migration et société en Côte d'Ivoire*, Abidjan, Institut national de la Statistique.

N'Gouanga Adotevi A., 2006, *L'aménagement halieutique à Port Gentil : dynamique spatiale de la pêche artisanale*, Université Omar Bongo, mémoire de maîtrise de géographie.

OCDE-AFD, 2012, *Connection with Emigrations, A Global Profile of Diaspora*, Paris, OCDE-AFD.

Pliya J., 1972, La fuite des cerveaux au Dahomey, Université de Dahomey, Conférence publique.

Rouch J., 1956, *Migration au Ghana*, Paris, Mémoire de la Société des Africanistes.

Zachariah K.C., 1998, *La migration en Côte d'Ivoire*, Washington, Banque mondiale.

Zanou B., 1986a, *Quelques aspects de la migration en Côte d'Ivoire – Synthèse des données disponibles*, Abidjan, Institut national de la Statistique.

—, 1986b, *La migration des populations et leur impact socio-économique en pays mahi*, Cotonou, Université nationale du Bénin, mémoire de maîtrise de géographie.

—, 1992, *Répartition spatiale de la population et migrations. Analyse des résultats définitifs*, Abidjan, Institut national de la Statistique.

—, 2001, *Migrations*. Volume IV, Tome 2, Abidjan, Institut national de la Statistique.

—, 2006, Migration et développement en Côte d'Ivoire, Abidjan, FNUAP, manuscrit.

Zanou B., Aka D.D., 1994, *Abidjan la cosmopolite : une étude démographique de la ville d'Abidjan*, Abidjan, Institut national de la Statistique.

Zinsou E.D., Zounmenou L., 2004, *Kojo Tovalou Houénou. Précurseur, 1887-1936. Pannégrisme et modernité*, Paris, Maisonneuve et Larose, 235 p.

7. Gouvernance locale au Mali et participation des migrants à la coopération décentralisée

SADIO SOUKOUNA

L'étude de la participation politique des migrants à des dispositifs de coopération internationale au Mali montre des réactions contrastées en fonction des niveaux de pouvoir local ou national. La mise en œuvre d'une véritable politique de valorisation des migrants maliens s'établit concrètement dans la période des réformes démocratiques, avec la création du premier détachement ministériel associé aux Maliens de l'extérieur sous le régime du président Alpha Oumar Konaré en 1994. Par la suite, cette institutionnalisation de la migration a connu des évolutions sous les différents régimes politiques successifs. Au Mali, la région de Kayes, par exemple, présente un contexte historique particulier marqué par l'exercice de certaines fonctions régaliennes de l'État par les migrants. En effet, comme certains travaux l'ont souligné, face à l'absence de moyens financiers et humains, les autorités maliennes étaient souvent dans l'incapacité d'assurer le simple entretien des investissements réalisés par les migrants :

> « Dans la région de Kayes, les migrants ont financé la construction des maternités, à charge pour l'État d'y affecter le personnel qualifié. Mais faute de crédits, l'administration en était réduite à solliciter les services des sages-femmes traditionnelles ». (Gary-Tounkara 2010 : 155).

Ces investissements ont précédé la mise en œuvre de la décentralisation et l'arrivée des élus locaux dans la région de Kayes, à partir de 1999. L'importance de leurs réalisations a notamment incité les architectes de la Mission de Décentralisation (MDD) (Zobel 2005 : 1) à impliquer les associations de migrants aux concertations villageoises menées dans le cadre du découpage communal (Lima 2003 : 390). Les élus de la région de Kayes ont ainsi pris fonction dans un contexte local marqué par la reconnaissance du rôle des migrants installés en France et face auxquels il fallait s'imposer en tant que nouvelles autorités. Ainsi, à l'échelle locale, hormis l'acceptation de l'influence et de la participation des associations de migrants à la décentralisation, les élus locaux n'ont pas mené de politique spécifique en faveur des migrants. Ils se sont plutôt associés aux bailleurs de fonds internationaux et à l'État malien qu'ils ont soutenu en vue de faire participer les regroupements de migrants à la mise en œuvre du développement local.

L'objectif de cette contribution est d'étudier le positionnement et les réactions des autorités locales, suite à la mise à l'agenda politique local de la migration au Mali. Afin d'y parvenir, nous nous appuyons sur le cas concret de la coopération décentralisée entre le Conseil régional d'Île-de-France, le Conseil régional de Kayes et la Coordination des associations de ressortissants de Kayes en France (Caderkaf). L'étude de ce dispositif de coopération s'avère nécessaire en raison de ses spécificités migratoires ayant permis de créer un cadre de partenariat tripartite entre les autorités locales françaises, maliennes et les migrants. En effet, la région de Kayes, principale zone pourvoyeuse de migration en France, est l'une des premières régions maliennes à avoir formalisé, par le biais d'une convention, ses relations de coopération, en lien avec les migrants originaires de la zone. Cependant, l'étude de ce phénomène révèle d'abord des rapports de force et des conflits entre autorités locales et migrants. Cette réalité incite d'abord à questionner le contexte politique malien afin de comprendre les modes de traitement différenciés de la migration par les autorités locales ou nationales. Elle nécessite, par la suite, de s'intéresser aux différents facteurs endogènes et exogènes à l'origine de la décision des autorités maliennes d'associer les associations de migrants à leur dispositif de coopération internationale.

Les fondements historiques des représentations politiques maliennes contrastées à l'égard des migrants

Au Mali le type de traitement politique associé à la migration a différé selon les régimes politiques successifs. C'est au moment des indépendances que les premières mesures ont émergé avec un désintérêt manifeste des décideurs maliens vis-à-vis des migrants (Mann 2015 : 121).

Le premier régime, de Modibo Keïta (1960-1968), a fait le choix du socialisme comme fondement de la construction nationale (Rillon 2011 : 64). Les travailleurs immigrés étaient considérés comme des « *Tiolos* », c'est-à-dire des « fuyards » (Gary-Tounkara 2010 : 148) en langue bambara. Le retour au pays natal et le travail de la terre ont constitué à l'époque les deux principaux mots d'ordre du régime (Gary-Tounkara 2010 : 148). Cette politique de maintien de la main-d'œuvre sur place a été concomitante à la stigmatisation des émigrés dont la figure faisait l'objet d'un discours politique méprisant. Cependant, la perception des migrants s'est progressivement améliorée sous les régimes politiques suivants, au fur et à mesure de la reconnaissance de leurs qualités de « citoyens expatriés susceptibles de soutenir la croissance économique nationale par leurs flux financiers en direction des villages de départ des travailleurs » (Gary-Tounkara 2010 : 149).

En effet, peu à peu l'appellation « Maliens de l'extérieur » a remplacé le terme péjoratif « *Tiolos* ». Cette dynamique a été amorcée sous le régime militaire de Moussa Traoré, qui s'est inscrit dans la double posture de valorisation et de maintien de la figure menaçante des migrants. Ce phénomène s'est particulièrement opéré dans le contexte d'émigration des jeunes en provenance de zones rurales. Le régime de Moussa Traoré a mené une campagne politique de sensibilisation concernant le potentiel impact négatif de l'émigration des jeunes ruraux sur la production agricole. En parallèle, une logique soupçonneuse du régime militaire a émergé vis-à-vis des associations villageoises de développement, qui se sont multipliées en France avec la loi de 1901. Les membres de ces groupements ont fait l'objet de pressions exercées par les administrateurs qui les confrontaient à d'énormes difficultés dans la mise en œuvre de leurs actions dans les villages d'origine. Ces contraintes administratives reposaient en réalité sur une paranoïa du régime qui voyait à travers la figure des militants associatifs de potentiels opposants politiques qu'il fallait contrôler (Daum & Leguay 2005). Cette représentation particulière n'a pas complètement disparu et continue d'exister dans le discours des migrants à l'encontre de leurs autorités locales.

Enfin, le début des années 1990 a représenté un tournant décisif en faveur de la prise en compte politique du rôle des migrants maliens, avec l'instauration du multipartisme et du pluralisme politique. Les différents gouvernants politiques ont montré une réelle volonté d'institutionnaliser les différents aspects liés à la réalité de l'immigration. Cette politique d'attention et de lien a constitué une rupture vis-à-vis de la méfiance et de l'indifférence manifestées à l'encontre des segments éparpillés de la nation (Dufoix 2010 : 17). Les questions concernant la migration étaient auparavant gérées par un seul organe du ministère des Affaires étrangères, nommé la Délégation générale des Maliens de l'extérieur (DGME) créée en 2000. Cette institution était l'unique cellule chargée de s'occuper de la gestion des Maliens vivant hors du pays. L'intérêt de l'État malien pour la migration a progressivement évolué, avec la création d'un ministère délégué en 2002, puis d'un ministère à plein titre en 2004, portant la dénomination de Ministère des Maliens de l'extérieur. Les principales missions qui lui ont été attribuées sont : le développement de la politique nationale en matière de protection des Maliens de l'extérieur, la défense de leurs intérêts, la valorisation du capital humain et financier de la diaspora. À côté de ces organes gouvernementaux orientés vers les migrants maliens, d'autres institutions initiées par les bailleurs de fonds se sont développées lors du mandat du président Amadou Toumani Touré.

Parallèlement à cette dynamique de restructuration administrative et de foisonnement d'institutions en charge des Maliens de l'extérieur, le président Amadou Toumani Touré a porté une attention particulière aux investissements et aux remises générées par les ressortissants maliens de France. Conforté par l'importance de ces remises, il s'est définitivement opposé en 2009, au terme d'une résistance longue de plusieurs années[1], au projet de coopération bilatérale franco-malien sur les migrations, à travers son refus de signer les accords de réadmission français. Les principales raisons du refus malien évoquées par les représentants de l'État ont été « la prise en compte des intérêts des compatriotes maliens en France »[2] et la crainte « d'avoir toute la diaspora malienne sur le dos »[3]. Enfin, cette décision a permis de montrer l'intérêt des administrateurs du régime d'Amadou Toumani Touré pour les Maliens de l'extérieur et pour la manne financière qu'ils ont injectée dans le développement de certaines régions comme Kayes (Soukouna 2012).

Après avoir défini le rôle de l'État et les logiques qui sous-tendent l'évolution des politiques d'attention vis-à-vis des migrants au Mali, un changement d'échelle s'impose afin de cerner les types de rapports établis entre les migrants et leurs autorités locales.

La participation politique des migrants dans la région de Kayes en question : entre opposition et soupçons d'ingérence

La convention tripartite de coopération décentralisée entre les Conseils régionaux de Kayes et d'Île-de-France et la Coordination des associations de migrants de Kayes (Caderkaf) a été signée le 31 mars 2010 dans le but de formaliser le partenariat établi entre ces acteurs pour la mise en œuvre des actions de développement de la région de Kayes[4]. Au cours de notre enquête sur cette configuration partenariale, les autorités de Kayes ont plutôt adopté de la résistance vis-à-vis des migrants. Leur positionnement a d'abord été mis en évidence par les autorités du Conseil régional d'Île-de-France et par les migrants de la Caderkaf, puis elle a été vérifiée auprès des autorités du Conseil régional de Kayes. Deux principales logiques ont découlé des différents raisonnements qui ont permis, d'une part, de cerner les facteurs d'opposition entre les migrants et les autorités de Kayes et, d'autre part, ils ont mis en lumière la crainte d'une ingérence des migrants dans les affaires locales. On retrouve notamment ce dernier argument parmi les

---

1. .Selon Bassirou Diarra, le comité franco malien de coopération s'est retrouvé dès ses débuts en 2002 à discuter des modalités de gestion des flux migratoires.
2. .Entretien avec Bassirou Diarra, conseiller technique du président Amadou Toumani Touré sur la migration, rencontré à Bamako en avril 2011.
3. .Entretien avec Bassirou Diarra.
4. .Assemblée régionale de Kayes, Caderkaf, « Convention entre l'Assemblée régionale de Kayes et la Coordination des associations de développement des cercles de la région de Kayes en France CADERKAF », Kayes, 2010, p. 3.

motifs de résistance des autorités régionales concernant la participation des associations de migrants à leur coopération décentralisée.

Les facteurs d'opposition entre migrants et élus locaux

Face à la reconnaissance de la Caderkaf comme structure associative de représentation régionale des migrants de Kayes et au projet des responsables du Conseil régional d'Île-de-France de l'inclure dans leur partenariat de coopération décentralisée avec la région de Kayes, c'est une première réaction d'opposition qui a émané du Conseil régional de Kayes.

> « Oui il y a eu un intérêt exprimé, mais de là à signer avec la région de Kayes… J'ai eu des échos selon lesquels ça a été douloureux pour la région de Kayes. La région de Kayes ne voulait pas cette ingérence »[5].

Les propos de cette autorité du Conseil régional d'Île-de-France permettent de voir à quel point l'idée d'associer les migrants au dispositif de coopération n'a pas été facilement acceptée par les autorités de Kayes.

Pourtant, en amont des premières élections communales de 1999, les migrants figuraient déjà parmi les acteurs investis dans le développement local à Kayes. Ce cadre d'initiatives entre l'État central et le pouvoir local traditionnel manquait. Il a été comblé par les associations de ressortissants à travers leurs nombreux investissements, ce qui explique pourquoi ils ont été concertés sur leurs territoires de vie dans les foyers, au consulat ou à l'ambassade malienne en France, au moment de la mise en œuvre de la décentralisation au Mali (Lima 2003 : 214). Néanmoins, cette implication des migrants n'a pas été sans provoquer, dans leurs relations établies avec les autorités locales élues, des tensions qui se sont particulièrement exprimées dans la coexistence de ces différents acteurs au sein d'un cadre d'intervention commun à Kayes.

En effet, selon Stéphanie Lima, l'émergence d'un nouveau contexte de communalisation à la suite des premières élections municipales en 1999 a créé un cadre, obligeant les migrants et leurs autorités à s'écouter et à collaborer. Cette logique a d'abord impliqué la hiérarchisation des rapports entre migrants et autorités : « la question du devenir des migrants dans ce nouveau contexte qui, bien que les migrants disent souvent « avoir fait la décentralisation » eux-mêmes pendant longtemps, les place sous la tutelle du Conseil communal » (Lima 2003 : 17). Elle a donc eu des effets, qui ont transformé les modes d'interventions des associations de migrants

---

5. .Homme de la quarantaine, rencontré en janvier 2013. Nous avons anonymisé l'enquêté, suite à sa demande. Durée d'entretien : 1 h.

dans leur région d'origine, désormais placée sous l'autorité de nouveaux élus et de nouvelles réglementations, avec notamment l'élaboration des programmes de développement communaux au début des années 2000. En effet, au moment de leur élection pour un mandat de cinq ans, les pouvoirs transférés par l'État aux communes concernaient des domaines dans lesquels les migrants s'étaient déjà investis. Parmi eux, l'éducation de base, la santé communautaire, l'hydraulique villageoise et les pistes rurales (Daum & Leguay 2005 : 111). Il a fallu créer un cadre de concertation locale réunissant les migrants et leurs autorités. Malgré cela, comme nous l'a indiqué un ancien sous-préfet et chef d'arrondissement de la commune de Tambacara, leurs relations traduisaient souvent des mésententes à l'origine d'oppositions entre élus et migrants dans la mise en œuvre des projets des associations.

En effet, avec l'arrivée des nouvelles autorités, les migrants ont été contraints de déléguer la gestion des infrastructures qu'ils ont créées, notamment les centres de santé communautaires (CSCOM) et les écoles. Néanmoins les aspects matériels, tels que l'entretien et la maintenance de ces structures ont été confiés aux associations de migrants (Daum & Leguay 2005 : 111). Face à cela, c'est la faiblesse des moyens mis à la disposition des équipements sociaux construits qui a été dénoncée par les migrants. Ces confrontations entre migrants et autorités aboutissaient généralement à des négociations qui montrent finalement comment les migrants et leurs élus sont parvenus à composer au moyen de compromis face au choc des communes et des associations, toutes deux définies comme des instances d'initiatives collectives (Daum & Leguay 2005 : 112).

Par ailleurs, en ce qui concerne les migrants, un second argument a été mobilisé pour expliquer les tensions existantes avec les autorités locales. Il traduit le rapport de rivalités politiques entre les migrants et les élus à Kayes.

Le rôle des migrants comme opposants politiques locaux en question

En effet, lors des premières élections communales de 1999, certains migrants de retour à Kayes ont été élus maires, puis ont par la suite remporté les voix des populations de leurs communes d'origine lors des élections de 2004 (Daum & Leguay 2005 : 112). Au cours de nos entretiens, l'exemple de l'élu Moussa Cissé, qui a participé à la création de la commune de Maréna Diombougou, est celui qui est le plus souvent revenu. En effet, il s'agit d'un migrant malien de France qui est retourné à Kayes en 1987, mandaté par les membres de son association en tant que salarié pour la gestion et l'animation du centre de santé créé (Lévy

2003 : 253). Son association nommée Diama Djigui est à l'époque l'une des premières à avoir mis en place des activités intervillageoises de développement regroupant au début quatre villages. Leurs réalisations ont été nombreuses et importantes [6] de manière à favoriser un fort ancrage de l'association dans la vie des villages (Lévy 2003 : 254). Lors des concertations de découpage communal à Kayes, une entente s'est créée entre ces différents villages qui se sont ralliés à quatre autres villages limitrophes [7], ce qui a finalement permis de créer la commune de Maréna Diombougou [8]. Moussa Cissé, du fait de son investissement en tant que technicien de développement dans la commune, a acquis une certaine influence lui permettant de se présenter aux premières élections communales de 1999. Au terme d'oppositions internes au sein de l'association Diama Djigui, notamment entre « deux modes de gestion du pouvoir néopatrimonial et développementiste » (Lévy 2003 : 258), Moussa Cissé est finalement parvenu, grâce à sa popularité auprès des populations, à briguer un mandat de maire, puis de député. Cette trajectoire particulière montre comment les frontières peuvent être floues entre le profil de migrant et celui de responsable local. Par ailleurs, les bailleurs de fonds sont également venus impulser la politique de valorisation des migrants auprès des autorités maliennes.

Une participation des migrants à une "coopération décentralisée" initiée par les bailleurs français

En dépit des différents rapports d'oppositions et de rivalités évoqués précédemment, le refus des autorités régionales de Kayes concernant la formalisation des rapports de coopération avec les migrants a été expliqué en fonction d'autres logiques. D'abord dans la gestion du développement, ces acteurs ont collaboré, en étant soucieux de drainer les programmes de développement des bailleurs de fonds vers la région de Kayes. C'est également autour de ces activités qu'une proximité s'est établie entre eux, permettant ainsi de mettre de côté les logiques concurrentielles au profit de la captation des ressources du développement. Avec la décentralisation, les migrants ont été associés au cadre d'élaboration des plans de

---

6. .L'un des premiers projets de grande ampleur a été initié dans les villages en 1993 en collaboration avec une ONG du Nord. Il s'agissait d'un programme de développement intégré planifié sur trois ans et disposant d'un budget de 3,2 millions de FF.
7. .Qui sont Diataya, Salamou, Niamiga et Banaya. Cités par M. Totté *et al.*, *La décentralisation en Afrique de l'ouest*, *op. cit*, p. 255.
8. .Regroupant environ 15 000 habitants.

développement social, économique et culturel (PDSEC) [9] des communes à Kayes, à partir de 1999. Selon un leader associatif de Yélimané, cela a consisté à participer à la définition du plan de développement communal.

> « [Pour] Ces programmes, le maire et son équipe consultent la population en disant voilà, dans les trois ans ou dans les un an ce que nous voulons faire. Et ils nous demandaient nos avis ici aussi, ça a trouvé que nous aussi on avait déjà avancé, puisqu'on avait déjà nos priorités et on les envoyait. On les confrontait, on prenait des priorités qui restent dans la besace de la mairie, les PDSEC sont bâtis à partir de là » [10].

C'est donc une alliance qui a été établie entre migrants et autorités maliennes autour des questions de développement local. La volonté des migrants de renforcer leur rôle auprès des autorités françaises et maliennes s'est concrétisée avec la création de la Caderkaf. Cependant, cette vision diffère de celle des autorités de Kayes qui, selon un représentant de la Caderkaf, ont vu l'ouverture de la coopération décentralisée aux migrants comme une forme d'ingérence.

> « Au début, lorsqu'on avait voulu créer la coordination, Kayes était réticent. [...] Ils nous l'ont dit directement, on veut créer la Caderkaf pour venir leur empêcher de faire ce qu'ils doivent faire. Pour eux, on est directement des concurrents. On leur a fait comprendre que la Caderkaf ne se crée pas pour poser des obstacles à la région, au contraire, nous, nous venons en appui de ce que vous décidez, de ce que vous voulez faire et si possible si nous pouvons enrichir vos réflexions, nous sommes là pour ça. Nous sommes un appui, et non un empêcheur. Au début, c'était tendu, parce qu'ils ont mal apprécié quand même. Le jour où on a signé la convention [de partenariat] lors du comité mixte, on voyait que la délégation de Kayes était sur la défensive » [11].

À côté de l'avis de ce leader associatif, les autorités du Conseil régional de Kayes ont justifié leurs réactions en exprimant leur crainte des éventuels effets de la formalisation des relations de partenariat avec les migrants.

> « Pour l'intégration de la Caderkaf, il fallait faire une délibération. Au contraire, nous avons toujours pensé qu'on devait avoir des représentants là-bas. (…). Même aujourd'hui, il y a des divergences, des difficultés, des petites incompréhensions entre la Caderkaf et

---

9. .Programme établi sur une période de cinq ans et prévoyant la réalisation d'infrastructures sociales de base pour la fourniture des services de base aux populations locales.
10. .D. C., président de l'association des ressortissants du cercle de Yélimané. rencontré le 9 janvier 2014 dans la région parisienne.
11. .Entretien avec un membre du bureau exécutif de la Caderkaf, rencontré le 21 janvier 2014, dans la région parisienne.

nous. Nous, nous estimons que les migrants sont compliqués et difficiles. Au départ, on ne savait pas que c'était difficile (...). Ce qu'on peut savoir dans un cadre formel, ce n'est jamais pareil dans l'informel, c'est-à-dire de l'amitié, des connaissances. Les migrants, quand tu es Malien et que tu pars en France, tu es chouchouté. Mais à partir du moment où ça devient un partenariat formel, ce n'est plus forcément le parent qui vient. Au départ, il n'y a pas eu de réticence en fait. Il y a eu de la lenteur et il y aura toujours de la lenteur ici »[12].

Cette autorité a invoqué le motif de la lourdeur bureaucratique de l'administration pour expliquer la réticence des élus de Kayes concernant la signature de la convention tripartite de coopération avec les migrants. En parallèle, il a mis en évidence les représentations négatives concernant la nature formelle des relations avec les migrants. Elles ont principalement traduit la complexité et les difficultés que ces relations impliquent pour les autorités régionales. Les objectifs de la convention tripartite permettent de mieux comprendre cette vision des autorités de Kayes. En effet, cette convention place dans un rapport partenarial d'égal à égal les migrants de la Caderkaf, les autorités de Kayes et de la région Île-de-France. Les termes de l'accord tripartite de coopération impliquent notamment d' « associer pleine-ment la Coordination des associations de développement des cercles de la région de Kayes en France aux échanges et prises de décisions sur les orien-tations futures de la coopération décentralisée entre les deux régions »[13].

À côté de cette crainte concernant la participation des migrants à la prise de décisions, les raisons des réticences de Kayes ont été expliquées par une autorité malienne selon lequel elles seraient fondées sur les craintes d'une ingérence des migrants vis-à-vis du dispositif régional de coopération décentralisée.

« Ça se comprend parfaitement. C'est-à-dire que ça, c'est quand même... Le Conseil régional est une institution. La manière dont la coopération est dite par les textes de loi, c'est une coopération entre institutions. Le fait d'accepter, c'est par la volonté des deux institutions qu'on va accepter une association de loi 1901 qui n'est pas une institution et surtout d'aller à la signature d'une convention tripartite. En réalité, c'était là le problème, c'était des questions de texte. L'autre aspect aussi, c'est cette réappropriation de la chose parce que le Conseil régional pour un premier temps, moi quand je venais en 2011, c'était le problème. Le Conseil régional, disait la région Île-de-France, c'est notre partenariat,

---

12. .F. S., secrétaire général du Conseil régional de Kayes, rencontré le 22 décembre 2014, à Kayes.
13. .Comité mixte de coopération, Paris, 2-3 mars 2011.

on n'a pas besoin d'avoir quelqu'un d'autre sur le partenariat…, ni d'impliquer quelqu'un d'autre sur le partenariat »[14].

La demande française d'ouverture de la coopération décentralisée aux associations de migrants a donc été considérée par les autorités de Kayes comme une forme d'intrusion dans leur coopération. Elle a également permis de voir la nature du rapport de domination entre autorités, avec notamment les élus de Kayes qui ont dû faire face à l'injonction de participation des migrants.

Par ailleurs, la vision des migrants concernant les réticences des autorités de Kayes a plutôt mis en lumière une volonté de contournement d'acteurs susceptibles de contrôler les modes de gestion des financements de la coopération.

« Parce que Kayes savait très bien qu'à un moment donné la région [Île-de-France] avait commencé à douter. Ça, c'est entre nous. La région avait commencé… même aujourd'hui la région doute même de la gestion financière allouée à la région de Kayes. Comme ils n'ont pas de preuves palpables et que des fois, ils ont du mal à comprendre même les contours de la gestion budgétaire de Kayes. Donc, des fois si ça ne va pas, ils nous font appel et nous directement on peut faire pression sur nos confrères là-bas qui eux, parce qu'en essayant de faire des choses, ils se doutent un peu et voilà »[15].

Selon ces propos, les réticences des autorités de Kayes sont fondées sur la crainte de contrôle de la coopération de la part du partenaire français par le biais des migrants. Cette question traduit une éventuelle intermédiation des migrants au profit des autorités maliennes. L'éventualité apparaît dans le discours des autorités françaises comme un moyen de régulation et de contrôle de la coopération avec Kayes.

« La posture de la Caderkaf nous a plu du fait qu'ils sont vraiment citoyens sur le double espace, contribuables quasiment sur le double espace, et du coup ils ont une posture et une légitimité différente de nous, région Île-de-France et Conseil régional de Kayes. C'est comme citoyen qu'ils comptent et ils peuvent demander des comptes concernant l'utilisation de l'argent public de la région Île-de-France, son efficacité par rapport à tout ce qui a été délibéré en faveur de la région de Kayes. Et aussi, ils ont cette légitimité de demander des comptes au Conseil régional de Kayes. J'ai observé que ça fait beaucoup bouger les choses. Parce que nous, on est dans une posture un peu diplomatique

---

14. .Entretien avec G. C., chargé de mission au Conseil régional de Kayes, rencontré le 22 décembre 2014 à Kayes.
15. .Un représentant associatif de Kayes en France. Nous avons anonymisé l'enquêté conformément à sa demande.

alors qu'ils sont beaucoup plus chauds, les membres de la Caderkaf. Ça dynamise énormément le partenariat. Si on a une difficulté sur un projet, on peut être sûrs qu'à son niveau la Caderkaf va faire bouger les lignes »[16].

Les migrants sont évoqués ici comme un groupe d'influence vis-à-vis des autorités de Kayes, du fait de leur capacité à leur demander des comptes contrairement aux autorités françaises. Ces dernières ont en effet vu au travers de la participation des migrants à leur coopération le moyen de leur déléguer le rôle de contrôle des autorités de la région d'origine, mais aussi de justification de l'utilité de l'action française de coopération décentralisée dans cette région.

Face à une telle logique, il est à présent utile de s'interroger sur les principales raisons qui ont incité Kayes à signer la convention tripartite de coopération et dans quelle mesure, malgré cette décision, des tensions subsistent toujours entre autorités et migrants.

Entre méfiance et marginalisation des migrants dans la coopération

Les tensions apparues dans les rapports entre les migrants et les autorités de Kayes ne se sont pas complètement dissipées à la suite de la mise en œuvre de la convention tripartite de coopération décentralisée. Afin d'expliquer les formes qu'elles ont prises et les conflits qu'elles créent entre migrants et autorités, nous étudions l'écart existant entre le contenu et les conditions de mise en œuvre de la convention. L'étude de l'écart existant entre le contenu et les conditions de mise en œuvre de la convention permet de comprendre les rapports de conflits créés entre les différents acteurs. On observe plus spécifiquement la « réaffirmation de la volonté de l'Assemblée régionale de Kayes[17] de créer et de maintenir des liens de partenariat féconds fondés sur la responsabilisation et la confiance réciproques »[18]. Néanmoins, l'étude des interactions entre migrants et autorités n'a pas permis d'instaurer une logique de confiance réciproque. C'est plutôt le manque de confiance entre les différents partenaires qui a été constaté par les uns et les autres. Selon un responsable du Conseil régional de Kayes :

« La Caderkaf pense qu'on ne les associe pas trop, qu'ils ne sont pas informés de ce que nous faisons, qu'on n'a pas un discours cohérent, qu'on est lents dans la mise en œuvre

---

16. .A. D., Chargé de mission au Conseil régional d'Île-de-France, rencontré le 23 décembre 2014 à Kayes.
17. .(Ex-Conseil régional), depuis la loi du 23 janvier 2012 qui a remplacé les assemblées par les Conseils régionaux en les dotant de nouvelles prérogatives.
18. .Conseil régional d'Île-de-France, « Conseil régional d'Île-de-France, "Région Île-de-France-Mali, 1993-2013. 20 ans d'aide au développement perspectives de partenariat en sortie de crise" », *op. cit*, p. 1.

de certaines actions. Nous, nous pensons que la Caderkaf est dans la mesquinerie, dans les petits détails, bon pour moi, c'est vraiment des incompréhensions de collaboration de départ. La Caderkaf souhaite que, si on part en mission, que ça ne soit pas la région Île-de-France qui les informe, que ça soit nous-mêmes qui les informions. Il y a des petites choses de ce genre qui peuvent les choquer. Moi, je leur ai dit : on est dans un partenariat à trois, peu importe celui qui vous informe. Ça, c'est les petits détails. Bon après, on a les gros détails où la Caderkaf estime que dans le fonctionnement de certaines actions nous avons été lents, laxistes, ce qui est en partie vrai que nous n'avons pas joué notre rôle, ce qui est aussi vrai par moments. C'est ça les difficultés que nous avons avec la Caderkaf »[19].

Ces propos permettent de voir les perceptions négatives des migrants et des autorités concernant le fonctionnement de leur relation partenariale. Ils traduisent des reproches de laxisme faits par les migrants vis-à-vis des autorités de Kayes. À côté, ces dernières ont souligné le comportement envahissant des migrants. Ces griefs montrent principalement le type de pressions exercées par les migrants à l'égard des autorités maliennes afin qu'elles leur rendent compte de leur politique. Nous l'avons notamment observé dans les modes de sollicitation des autorités par les leaders associatifs de la Caderkaf.

« Là, tous les jours, je suis derrière Bandiougou[20], je l'appelle. Il est à Bamako, je l'appelle, il est à Kayes, je l'appelle : je t'avais envoyé un tel document, il n'est pas encore fait, je vais l'avoir quel jour ? Quand ? Comment ? Donc finalement, il a vu, quand on a eu le projet des trente centres de santé communautaire (CSCOM), comme d'habitude, parce que quand on fait la cartographie de la région dans le processus même de la coopération décentralisée, tu verras toi même qu'il y a des cercles qui n'ont rien gagné ! (…). Donc j'ai dit à Bandiougou, votre façon de fonctionner, en tout cas avec moi, c'est jamais ! Quand on se bat, on se bat ensemble. Quand on a un fruit, on le partage équitablement. Quand on a eu les trente CSCOM, ils avaient réparti comme d'habitude. Quand j'en ai eu écho, j'ai appelé Bandiougou. Je lui ai dit, je viens de me rendre compte que les trente CSCOM ont été répartis de la façon suivante. En tant que président de la Caderkaf, je m'y oppose ! Vous allez répartir entre les sept cercles équitablement. Sinon je vais bloquer le contrat. Si je ne signe pas, tu sais très bien qu'il ne passera pas. Donc à partir de là, ils ont compris »[21].

---

19. .D. T., un représentant du Conseil régional de Kayes, rencontré le 22 décembre 2014 à Kayes.
20. .Président du Conseil régional de Kayes.
21. .Entretien avec un leader associatif membre de la Caderkaf, homme de la cinquantaine, rencontré en janvier 2014, dans la région parisienne.

Le rapport de force entre migrants et autorités, décrit par ce leader associatif, fait référence à la remise en cause par les migrants du choix initial des communes bénéficiaires d'un projet d'électrification des trente centres de santé dont la maîtrise d'ouvrage a été confiée aux autorités de Kayes. Il permet de cerner le ton de rappel à l'ordre des autorités par les migrants face à certaines pratiques jugées inégalitaires. Dans ce cas-ci, le reproche fait aux autorités concernait le manque de représentativité de l'ensemble des cercles de la région dans le projet de coopération décentralisée. La nature des pressions exercées par les membres de la Caderkaf vis-à-vis des autorités traduit donc, dans ce cas précis, la revendication d'une égalité de traitement entre les différents cercles de Kayes. De même, l'origine de cette accusation des migrants a été justifiée comme le résultat d'un clientélisme des gouvernants locaux en faveur de certains cercles :

> « Avant, ils se basaient sur la représentativité des gens présents dans le Conseil régional. Il y a des cercles qui sont mal représentés parce qu'au siège là-bas, il n'y a pas tout le monde, il y a seulement quelques cercles qui sont représentés. Donc, quand les projets viennent, chacun défend son cercle ! Donc les gens qui n'ont pas de représentants ne gagneront rien. Mais c'est ce que j'ai dit, il faut arrêter cette pratique. Qu'on soit là ou pas, quand on a quelque chose, il faut le répartir pour que chacun ait un petit peu quand même »[22].

Ce discours met en lumière l'accusation des migrants concernant des pratiques clientélistes dans la gestion des projets de développement par les élus du Conseil régional de Kayes. Les membres de l'institution gèrent par le biais de leurs délibérations les actions de coopération et le choix des zones d'exécution des projets de développement dans les différents cercles de la région. Ils sont un nombre de vingt-cinq autorités élues au suffrage universel indirect par les Conseils de cercle de Kayes. Néanmoins, ce mode d'élection ne garantit pas l'équilibre entre les différents représentants de cercles de la région. Leurs délibérations sont par la suite mises en œuvre par trois membres de l'exécutif composé du président actuel, affilié au parti politique ADEMA, et de deux vice-présidents (ADEMA et URD). C'est l'absence d'impartialité des membres de l'institution régionale par rapport aux circonscriptions qu'ils ont administrées qui apparaît spécifiquement dans la critique des migrants.

En réponse à cela, une autorité du Conseil régional a considéré la posture critique des migrants comme le résultat du peu de connaissance et de familiarité des migrants vis-à-vis des actions menées par les représentants politiques de Kayes.

> « Après les discours cohérents que nous n'avons pas, c'est que, quand le président part, il a un discours, quand moi je pars, j'ai un autre discours, quand un autre collègue part

---

22. .Entretien avec un leader associatif, *ibid*.

il a un autre discours, ça fait que la Caderkaf est perdue. Elle ne sait pas trop quel est le bon discours »[23].

Ce manque de cohérence dans les différents discours des autorités du Conseil régional aurait donc, en partie, contribué à créer des tensions dans les relations établies avec les migrants. Ce serait notamment l'une des raisons pour lesquelles leurs rapports ont pris un ton conflictuel, suite à la mise à l'écart de la Caderkaf lors de la signature de certaines conventions, comme le projet en faveur des populations déplacées du Nord à Kayes[24]. Ce projet de coopération décentralisée a été défini en 2013 à destination des réfugiés du Nord du Mali venus à Kayes. Cependant, il a été mis en œuvre dans un esprit de partenariat bilatéral impliquant uniquement les autorités françaises et maliennes. Les membres de la Caderkaf ont interprété cette action comme le résultat du mépris du Conseil régional de Kayes à l'égard des migrants. Toutefois, comme nous l'avons constaté, cette action se justifie plutôt par la faible contribution financière des migrants au projet.

Les difficultés de cofinancement des projets de coopération décentralisée par la Caderkaf

Les autorités du Conseil régional d'Île-de-France ont financé ce projet à hauteur de 40 000 euros (financements extérieurs compris) en demandant aux deux autres parties (Conseil régional de Kayes et Caderkaf) de financer à deux une quote-part équivalente à un quart[25] du financement total. Comme l'affirment les représentants la Caderkaf, ils ont fait face à de réelles difficultés dans la collecte de leur part de contribution financière auprès des associations membres. Ils sont finalement parvenus à obtenir environ un tiers[26] du financement qui leur était demandé. À côté de cela, les autorités de Kayes ont pu répondre à la demande des autorités françaises en engageant un financement atteignant presque le montant total réclamé aux deux parties[27].

---

23. .Employé du Conseil régional de Kayes, homme de la quarantaine. Nous avons anonymisé cette autorité suite à sa demande. Entretien réalisé en décembre 2014 à Kayes.
24. .Il a spécifiquement pour objectif de venir en appui à 3 426 personnes provenant des régions de Gao, Tombouctou et Kidal.
25. .10 000 euros.
26. .La Caderkaf a collecté 1 829,82 euros. D'après nos dernières informations, Cette somme n'a toujours pas été remise aux autorités.
27. .Le montant du financement de Kayes s'est élevé à 7 610 euros.

Suite à cela, les autorités maliennes et françaises ont simplement déconsidéré la participation des migrants dans la mise en œuvre du projet de coopération décentralisée en faveur des populations du Nord. En effet, lors de la signature de l'accord d'exécution de ce projet à Kayes, malgré la présence d'un représentant de la Caderkaf, les deux Conseils régionaux ont été les uniques signataires de la convention de projet de coopération. Cette scène a été dénoncée par les membres de la Caderkaf comme allant à l'encontre même des dispositions de leur accord tripartite de coopération décentralisée. En réaction à ces accusations, les différentes autorités régionales ont justifié la situation comme le résultat d'un simple oubli des migrants. Pourtant, nous avons constaté l'absence des migrants dans la mise en œuvre du projet qui a été réalisé sans la contribution financière de la Caderkaf. L'insuffisance de l'investissement financier des migrants s'est donc révélée déterminante, dans ce cas particulier, dans la marginalisation de leur participation auprès des autorités régionales françaises et maliennes.

Conclusion

Contrairement à la politique nationale de valorisation des Maliens de l'extérieur, la reconnaissance politique des migrants au sein des administrations locales se caractérise par sa complexité. Dans le cas de la région de Kayes, la participation des associations de migrants à la coopération décentralisée a résulté des pressions extérieures exercées par les autorités du Conseil régional d'Île-de-France et de l'intérêt porté à l'engagement financier des migrants originaires de Kayes. Les réticences des autorités régionales maliennes ont été justifiées par le refus d'une ingérence des migrants dans leur coopération décentralisée. À l'inverse, les migrants l'expliquent par les relations de rivalités et de méfiance maintenues avec les autorités de leur région d'origine. C'est donc sur la base de ces différents griefs que la convention tripartite de coopération décentralisée a été mise en œuvre, sans pour autant répondre à ses objectifs de créer un rapport de confiance entre autorités et migrants. En réalité, cette relation tire sa complexité de la délégitimation du rôle et de l'engagement politique des migrants à Kayes. En effet, les responsables de la région sont impliqués dans des procédés de dépolitisation de leur participation qui, même formalisé, donne lieu à des rapports non exempts de tensions, d'indifférence et de conflits entre partenaires.

Ces réactions d'autorités locales montrent que, loin d'être homogènes, les modes de traitement locaux et nationaux de la migration font l'objet de différences marquées par des stratégies développées en faveur du contrôle de la coopération internationale. En outre, le fonctionnement de cette configuration partenariale révèle l'intérêt croissant des associations de migrants pour une dimension participative de la coopération internationale. La mise en place d'une représentation associative régionale a permis aux migrants d'avoir accès au dispositif de coopération décentralisée de la région d'Île-de-France. Cette avancée paraît symbolique dans le contexte sociopolitique des années 1970 en France, où rien ne garantissait le statut partenarial accordé par les pouvoirs locaux aux migrants maliens. En effet, cette période a été plutôt marquée par un climat d'affrontements entre pouvoirs publics locaux et immigrés des pays anciennement colonisés (Palomares 2008 : 59). Elle s'est caractérisée par une opposition des mouvements associatifs de revendication des droits pour les immigrés (Hmed 2007 : 59) à la prolifération de mesures restrictives à l'encontre de l'immigration en provenance de ces pays (Quiminal 1997 : 75).

Par ailleurs, cette évolution ne se résume pas seulement à l'activisme déployé par les migrants maliens auprès de leurs autorités locales. Elle s'inscrit dans l'histoire de l'émergence d'une politique internationale d'intérêt local auprès des collectivités françaises, désireuses de trouver des solutions à des problèmes locaux identifiés, comme l'intégration et le rapport aux migrants de leurs territoires. Dans la région Île-de-France, les associations de migrants subsahariens ont été majoritairement concernées par cette attention politique locale. C'est le cas notamment de certaines coopérations décentralisées initiées en réaction à la présence des migrants sur certains territoires de la région. Parmi elles, figurent des coopérations ayant déjà fait l'objet de travaux comme Boully (Mauritanie) et Aubervilliers, Matam (Sénégal) et les Yvelines, Figuig (Algérie) et la Seine Saint-Denis. Ces coopérations partagent la particularité d'avoir amorcé une participation citoyenne présentée par les élus comme une voie vers l'intégration (Lacroix 2005 : 224).

Toutefois, contrairement à cette dernière logique, les motifs de participation des associations de migrants ont été le plus souvent exprimés en fonction du simple désir d'établir une relation avec les bailleurs de fonds de la coopération française. Ces derniers sont vus comme un moyen de renforcer leurs activités menées en direction des zones d'origine. Enfin, l'alliance entre les différents acteurs montre une configuration partenariale façonnée par des stratégies, représentations et intérêts divergents.

Bibliographie

Assemblée régionale de Kayes, Caderkaf, 2010, Convention entre l'Assemblée régionale de Kayes et la Coordination des associations de développement des cercles de la région de Kayes en France Caderkaf », Kayes.

Daum Christophe, Le Guay Céline, 2005, « Le Mali, sa démocratisation et ses émigrés », *Hommes et migrations*, 1256, numéro thématique sur *"Les migrants et la démocratie dans les pays d'origine"*, pp. 102-114.

Dufoix Stéphane, 2010, « Introduction. Un pont par-dessus la porte. Extraterritorialisation et transétatisation des identifications nationales », *in* Stéphane Dufoix, Carine Guerassimoff &

Anne de Tinguy (dir.), *Loin des yeux, près du cœur. Les États et leurs expatriés*, Paris, Presses de Sciences Po, pp. 15-57.

Gary-Tounkara Daouda, 2010, « Encadrement et contrôle des migrants par le régime militaire au Mali (1968-1991) », *in* S. Stéphane Dufoix, Carine Guerassimoff & Anne de Tinguy (dir.), *Loin des yeux, près du cœur. Les États et leurs expatriés*, Paris, Presses de Sciences Po, pp. 147-162.

Hmed Choukri, 2007, « Contester une institution dans le cas d'une mobilisation improbable. La "grève des loyers" dans les foyers Sonacotra dans les années 1970 », *Sociétés contemporaines*, 65, pp. 55-81.

Lacroix Thomas, 2005, *Les réseaux marocains du développement : géographie du transnational et politiques du territorial*, Paris, Presses de Sciences Po.

Lévy Pierre Guillaume, 2003, « Associations de développement, chefferies villageoises et décentralisation. Le cas exemplaire de la commune de Maréna Diombougou (région de Kayes, Mali). La difficile confrontation entre élus, chefferies traditionnelles et leaders d'associations ? », *in* Marc Totté, Tarik Dahou & René Billaz (dir.), *La décentralisation en Afrique de l'ouest : entre politique et développement*, Paris, Karthala, pp. 251-276.

Lima Stéphanie, 2003, *Découpage entre espaces et territoire : la fin des limites ? La fabrique des territoires communaux dans la région de Kayes, Mali*, Poitiers, thèse de doctorat en géographie.

Lima Stéphanie, 2005a, « Les espaces associatifs face aux communes rurales : recompositions spatiales, émergence des acteurs locaux et nouvelles perspectives pour le développement dans la région de Kayes (Mali) », *in* Mohamed Charef et Patrick Gonin (dir.), *Emigrés-immigrés dans le développement local*, Agadir (Maroc), éditions Sud-Contact, pp. 279-309, consulté sur halshs-00610187.

Lima Stéphanie, 2005b, « Découpage entre espace et territoire : la fin des limites ? La fabrique des territoires dans la région de Kayes », *Annuaire des collectivités locales*, 25, 1, numéro thémathique "Le financement des politiques locales", pp. 609-617.

Mann Gregory, 2015, *From Empires to NGOs in the West African Sahel, The Road to Nongovernmentality*, New York, Cambridge University Press [coll. "African Studies"], 304 p.

Palomares Élise, 2008, « Contester le racisme en mode mineur », *Sociétés contemporaines*, 70, 2, pp. 45-69.

Quiminal Catherine, 1997, « Familles immigrées entre deux espaces », *in* Didier Fassin, Alain Morice & Catherine Quiminal (dir.), *Les lois de l'inhospitalité. Les politiques de l'immigration à l'épreuve des sans-papiers*, Paris, La Découverte, pp. 70-81.

Rillon Ophélie, 2010, « Corps rebelles : la mode des jeunes urbains dans les années 1960-1970 au Mali », *Genèses*, 81, pp. 64-83. DOI : 10.3917/gen.081.0064. URL : http://www.cairn.info/revue-geneses-2010-4-page-64.htm.

Soukouna Sadio, 2012, « L'échec d'une coopération franco malienne sur les migrations : les logiques du refus malien de signer », Recueil Alexandries, Collections Masters, avril 2012, url de reference : http://www.reseau-terra.eu/article1238.html, 176 p.

Totté Marc, Dahou Tarik, Billaz René (dir.), 2003, *La décentralisation en Afrique de l'ouest. Entre politique et développement*, Paris, Karthala.

Zobel Clemens, 2005, « Décentralisation, espaces participatifs et l'idée de l'indigénisation de l'État africain : le cas des communes maliennes », *Afrique Développement*, 29, 2, pp. 1-25.

8. Professional integration of African migrant doctors in France

ANGÈLE FLORA MENDY

Policies that attract highly-skilled migrants have been increasingly promoted within the Organisation for Economic Co-operation and Development (OECD) countries (OECD 2008; 2010) with governments implementing specific procedures to attract and facilitate their mobility (Czaika & Toma 2015). However, professions are not treated equally when it comes to welcoming highly-skilled migrants (Czaika & de Haas 2013). The medical profession as a protected market is one example: in the United States (US), Brenton *et al.* (2013: 1) show how establishing occupational licensing regulations work as protectionist barriers to migrant competition. In Switzerland non-EU/EEA doctors can practice medicine in the public hospitals only under strictly controlled conditions and for a finite period of training time (Mendy 2014). In France doctors with a non-EU/EEA degree have a status with less professional prerogatives. The non-EU/EEA doctors, called *Praticiens à diplôme hors Union Européenne (PADHUE)*, are the subject of ongoing debate. They are tolerated but not fully accepted within the medical profession and are hired to fill medical staff shortages in specialties and locations where French doctors do not want to practice (Mendy 2016). The situation in France can be traced back to the Code of Public Health, which defines the status of a doctor and the conditions of medical practice. It legally differentiates between medical graduates from France and EU/EEA countries and foreign doctors with non-EU/EEA degrees. By definition practitioners with non-EU/EEA degrees are divided into three subgroups. Firstly, those who originally arrived for professional or academic reasons and remained in France once their initial official reasons for staying concluded, and who work in France under the conditions fixed by the French Code of Public Health. Secondly, those who studied medicine in France.[1] For these first two categories,

---

1. .Although not the same curriculum as French students because they are accepted within the eight per cent quota dedicated to foreign students in medicine, while French students are selected through the

migrants are supposed to return to their countries of origin once their study or specialisation is finished. However, if they wish to stay and practice medicine in France they must successfully complete the Authorisation Procedure Exercise (PAE)² to obtain assistant practitioner status, which only gives them limited rights as a doctor. Finally, those who fail the PAE represent the third category. Officially they are not permitted to practice, although many found in this group are practicing medicine.

Despite occupying numerous positions and contributing to the functioning of public hospitals (Cash & Ulmann 2008; Cottereau 2012; CNOM 2013) the status and salary of doctors with a non-EU/EEA degree are lower than doctors with French or EU/EEA certification. This situation is very often the subject of social conflict between their unions and the French governments seeking to limit their recruitment. Since the 1980s, and despite several attempts at reform, French authorities have failed to limit the recruitment of non-EU/EAA doctors. The Government's inability to limit the flows of non-EU/EEA doctors has been the subject of often impassioned debate in public discourse and encounters a certain opposition and hostility from the medical profession corporation, with limited agreement on either side. The only point of consensus among researchers interested in the issue of non-EU/EEA doctors in France is it is of a complexing and puzzling nature (Deplaude 2009; 2011; Coufinhal & Mousquès 2001a; Le Breton Levillois 2007).

Based on the path dependency approach (David 1985; Pierson 1996), which attaches great importance to historical factors as key explanations, and the empirical data gathered from field research, this analysis aims at understanding what makes the French case specific in recruiting non-EU/ EEA doctors and why it remains unresolved, despite numerous attempts at reform. This chapter argues that the situation of non-EU/EEA doctors in France derives from a complex historical process of interaction between standards settled in the past, particularly the historical power of medical corporatism represented by the French College of Physicians, and the unexpected long-term effects of the hospital reforms of 1958 and the 1980s, coupled with budgetary pressures.

---

numerus clausus examination. Only students whose score equal to or better than those French students at the bottom of the required ranking are successful candidates (Cash & Ulmann 2008: 55).

2. .The *Procédure de validation des acquis* takes place in three stages. A theoretical and practical examination in the form of hospital practice in a public institution for three years under the responsibility of a chief physician; a transition to a licensing commission may issue a temporary or permanent authorisation, registration with the College of Physicians and pending the approval of the practice of medicine. During the procedure for authorisation to practice, medical doctors outside the EU have the following status. They are hospital physicians, assistant or associated assistant when they prepare their theoretical and practical examination; a result of the authorisation procedure, they get the status of assistant practitioner.

After presenting the methodology, the theoretical framework and the status and characteristics of non-EU/EEA doctors in France, this chapter will review the three key explanations mentioned previously to better understand the issues which restrict non-EU/EEA doctors professionally integrating into the French health system.

I. Methodology

This chapter is based on research undertaken on the international migration of Doctors with African degrees in the United Kingdom (UK), France and Switzerland. The data utilised in this chapter was collected during the French case study (Paris 2006). The case study involved 15 semi-structured interviews with doctors with African degrees, interviews with the union of doctors with non-EU/EEA degrees, and finally the employee responsible for the recruitment of foreign health personnel in the Ministry of Health. Doctors with African degrees who were interviewed presented three different profiles: (1) they had done their medical studies in France – selected from a quota of eight per cent of foreign students; (2) they were doctors who had completed part of their training in Africa but completed and qualified in France, and finally (3) those who had graduated in medicine from an African university and obtained the title of doctor with the right to practice medicine in their country of origin. The age range was between 34 and 56 years, and the doctors interviewed were selected primarily through the 'snowball' technique using the African university networks. This presented a limitation in terms of the gender distribution in the sample and therefore differences in male and female careers have not been a singular analysis. In addition to interviews, a review of literature was conducted and discussions forums dealing with the employment of foreign doctors were analysed.[3] The

---

3. .The first article is published by France 24, '*Foreign doctors, second-rate practitioners in France.*' Wednesday, June 18, 2008. In the article Geraldine Desqueyroux-Quidu explains that, to cope with the shortage of doctors, France is forced to recruit foreign doctors. She highlights the fact that the PADHUE face not only the problems of wages but also integration. Their practice of medicine is limited in public hospitals where they are placed under supervision of a department head. This is the reason why they are catergorised as 'second-rate practitioners.' The second article published by TF1 News, '*Swirls on the free installation of foreign doctors*' February 12, 2009, gives an account of the reactions to the vote in the Senate, which offered the opportunity to non-EU foreign doctors trained in France to open a free consulting room. A decision which caused hostile reactions in the French medical public, especially from the College of Physicians and the union of private practitioners. The spokesman of the College of Physicians interviewed by TF1 said that he is concerned, by the cases of foreign doctors 'completing' only their basic training, which in comparison to a French degree is, he considers, 'insufficient'. The third article published by the newspaper *Liberation*, "Foreign doctors: We are exploited and thrown away" March 4,

scientific interest of these discussion forums lies in the fact that contributions are numerous and anonymous, as a result participants in these forums do not censor their views. On this point, most of the statements reviewed confirmed the results of the interviews and the literature review. From a scientific standpoint, an important factor to consider in the analysis of blogs or readers' mails or views as empirical material is to take into consideration the context in which they occurred: in what context, for what purpose and if possible, who wrote it, and for whom it was written. When analysed in this manner speech can be used in sociological analysis alongside an interview, provided you avoid making it tell more than it can say. But, from a metho-dological point of view, the precautions are not very different from those prevailing in the use of conventional materials such as qualitative interviews.

A. The path dependence approach as an analytical frameworkB. The non-EU/EEA doctors in France: status and characteristics

From a historical perspective, the path dependency approach helps to explain the structuring of french medical profession. It can be used to clarify how the unexpected long-term effects of french hospital reforms of 1958 created budgetary pressures, which constrained, until now, the employment of non-EU/EEA doctors. Briefly, the concept of path dependency is an essential element of the theory of institutional change. It has led to several disciplinary interpretations (cf. Greener 2005; Sewell 1996; Thelen 1999; Merrien 1990; North 1990; Mahoney 2001; Pierson 2000; Steinmo 2001) and it is borrowed from the work of the economic historian Paul David (1985)[4]. It highlights the fact that an optimal decision taken at a given time can have long-term dependencies and constraints accompanied by sub-optimal effects, and that technological or economic development does not necessarily lead to the most efficiencies. A classic example of 'lock-in' technology is that of the typewriter keyboard (David 1985). The assumption here is that when a track is followed it becomes irreversible, even if it would lead to sub-optimal outcomes

2009, follows a demonstration organised by the PADHUE where they highlight their difficulties to practice medicine in France, including the compulsory medical exam, which they consider 'grossly' selective for obtaining diploma equivalence. The article is illustrated with a picture of foreign doctors demonstrating in front of the Ministry of Health. On the signs, we can read 'Stop Modern Slavery in hospitals'.

4. The QWERTY system was invented to slacken the typing speed at a time when too much speed had the effect of locking the keys. Even if the problem does not arise today, new keyboards on the market, although technically optimal, are not used (Merrien 1990).

(Thelen 1999: 385). In the new institutionalism perspective, this means that institutions[5] do not easily change (Immergut 1998; Pierson 1996; Steinmo 2001). Even if the institutional structure is not satisfactory, it becomes very difficult to change the rules. Indeed, the cost of uncertainty, which involves a new institutional structure sometimes makes actors unwilling to change the structure (Shepsle 1986; Steinmo 2001). According to Mahoney (2000) there are three common and converging points of analyses using the path dependency: First, they all involve a study of causal processes highly sensitive to events that occurred in the past within a global historical order. Secondly, the logic of the path dependence process implies that past historical events are contingent outcomes, which cannot be explained on the basis of past events or initial conditions. Finally, once the historical contingent events take place, the sequences of path dependence are marked by relatively deterministic causal models or what can be called inertia. When using the path dependency approach to explain medical migration some limitations are apparent, which prevent it from being used to completely interpret the non-EU/EEA issue in France. In fact, as a theoretical framework, it becomes insufficient to explain further transformations, which have occurred surrounding the issue of non-EU/EEA doctors, namely the impact of negotiations and various reforms undertaken by the French government. To address these limitations, we also consider the policy change perspective (Kingdon 1984; Steinmo, Thelen & Longstreth 1992; Joppke 2007; Schmidt & Radaelli 2005; Streeck & Thelen 2005), which allows us to interpret the impact of reforms on the medical profession and how they maintain non-EU/EEA doctors in an inferior professional position.

B. The non-EU/EEA doctors in France: status and characteristics

According to the Code of Public Health, for a doctor to officially practice medicine in France they must meet three cumulative conditions laid down in Article L.4111-1 in the Code of Health (Deau 2006): (1) 'Having the nationality as stipulated in the text; (2) Be a holder of diplomas under Article 4131-1 of the Code of Public Health; (3) Be registered in the College of Physicians' (CNOM 2012b).

Considering the statues under which non-EU/EEA doctors are working within the French health system, we can distinguish two groups. The first category, and the most important, is

---

5. The definition of institutions, as envisaged in the institutionalism perspective, is that institutions are not the passive recipient of social demands (classes, groups, preferences) or a result of their actions, but they have a fundamental effect on political and social events by influencing actors, and the way in which they define their interests and identities (Mahoney 2000; North 1990; 1991; Pierson 2000; Steinmo 2001). In other words, institutions are not neutral arenas; they distribute power unequally between groups and social workers and promote or limit collective capacity of action (Merrien 2002).

composed of those who are not recognised fully as doctors, meaning they are not permitted to be included on the list of the College of Physicians, and can only practice in public health institutions if they are formally under the supervision of a doctor with a French degree. Among them, we can distinguish: Contract Assistant Practitioners (CAP) and those working under various statues – attached practitioner associates, associate assistants, acting as intern 'Faisant fonction d'Interne' – within the hospital system. They have all been granted the right to practice in public hospitals. The second category which has been called the 'unauthorised'[6] refers to the non-EU/EEA doctors who are unable to get integrated into the hospital medical profession via authorisation procedures but, nevertheless continue to practice medicine through subterfuge used knowingly by hospital administrations (Couffinhal & Mousquès 2001a; Le Breton-Lerouvillois 2007). This last group practice medicine, recognised by all the stakeholders of the system, although they have no formal right to practice.

Officially, there is no consensus surrounding the number of non-EU/EEA doctors (Cash & Ulmann 2008) practicing in the French health system. According to the database of the College of Physicians, in 2013, 92.2 per cent of physicians in France are doctors with a French diploma, who meet all of the criteria within the French medical curriculum (CNOM 2013: 109). European and non-EU/EEA graduates represented 7.8 per cent of all doctors registered by the College of Physicians. This represents, in terms of numbers, 21,111 graduates, with 9,642 from EU/EEA countries and 11,469 from non-EU/EEA countries (CNOM, 2013:109). Within the non-EU/EEA staff, 66.3 per cent have obtained their degrees at a university in the Maghreb, with the majority from Algeria (40 per cent) (CNOM 2013). The top ten countries where non-EU/EEA doctors originate from, recorded by the College of Physicians, is Algeria (40 per cent), Syria (11 per cent), Morocco (10.5 per cent), Tunisia (4.8 per cent), Madagascar (3.9 per cent), Lebanon (3.6 per cent), Federation of Russia (2.3 per cent), Argentina (2.2 per cent), Egypt (1.8 per cent), Senegal (1.6 per cent) (CNOM 2013:111). In fact, most of the non-EU/EEA doctors are French citizens who acquired French nationality during their stay, or French citizens who have been trained outside of the EU/EEA countries. The data from the College of Physician is often challenged by the non-EU/EEA doctors' unions as a majority of them are not recognised by the College of Physicians and consequently do not appear in their database. In 2008, one of the non-EU/EEA unions – Federation of Health Practitioners – estimated non-EU/EEA doctors to number 17,000 in France (Cottereau 2012a: 1). It has been estimated that 63.5 per cent of foreign doctors with non-French diplomas work primarily in the public sector, in rural areas which face a shortage of medical professionals, while 46 per cent of doctors with French diplomas primarily practice

---

6. .It particularly deals with those who are 'denied to sit the examination for Certificate of Clinical and Therapeutic Synthesis' those who fail the examination for Contract Assistant Practitioners, those who are in specialties non-validated by consultation commissions, practitioners who are graduate doctors but registered as students.

in the private sector where they have the ability to supplement their State salary by charging private rates (CNOM 2013: 117).

II. Employment and professional integration of doctors with non-EU/EEA degrees: between corporatist refusal and necessities

The employment of doctors with non-EU/EEA degrees in France provides a remarkable illustration of the path dependence approach. Understood in the context of this analysis and briefly summarised, this means that the inherited institutional health system is the result of some fundamental moments that punctuate the history of medicine and the medical profession in France. In France, the issue is not foreign doctors, but that of doctors with foreign degrees. Following this logic, the situation of doctors with non-EU/EEA degrees lies at the confluence of two forces: first, building a corporatist legitimacy over the years by the *numerus clausus* examination in medicine and secondly, the budgetary pressures that result in difficult to fill places being given to doctors with non-EU/EEA degrees in the French hospital system.

A. The construction of medical corporatism in France: Medical profession as closed labour market

First of all, the medical profession in France is officially known and defined as corporatist (Dubar 1996; Hassenteufeul 1997) and a closed labour market (Paradeise 1984; Immergut 1992). It is institutionalised as such on a legal basis by the State. Among the characteristics shared by a corporatist and closed marked organisations, which can be seen in the medical profession, is a tendency to protect and defend the interests of their members and hostility towards reform. Following Paradeise's (1984) broader definition, closed labour markets are defined as those social spaces where the allocation of the labour force to employment is subject to impersonal rules of recruitment and promotion. Markets are so-called closed because they feed off themselves at the lowest pyramids in each grade level, with the senior positions being filled by internal proposal. The main common characteristic of a closed market is the protection of workers they employ against competition on the open labour market and more broadly, against competition between colleagues: 'the characteristic of these markets is the existence of a "super-rule" that articulates the interests of workers and buyers of the workforce using procedures that are beyond the laws of the free market.' (Paradeise 1984: 357).

1. The imprint of the past

The current situation regarding the recruitment of non-EU/EEA doctors in France has been caused by the structure of the medical profession, the role of the government in the health sector, the selective employment route into the field (Freidson 1985; Hassenteufeul 1997; Herzlich et al. 1993), and budgetary pressures (Immergut 1992). First and foremost, from the early twentieth century, French doctors have succeeded in frustrating attempts to incorporate the profession into a binding national health insurance system (Ferro 1985; Leonard 1981). In 1927 they adopted the *Charter of the Liberal Medicine*,[7] which involved the creation of a professional corporation with extensive powers (Hassenteufeul 1997: 18). According to Hassenteufeul neither the *Social Insurance Laws* of 1928 and 1930, nor the implementation of social security after 1945 succeeded in questioning their professional prerogatives and powers over the practice of the profession. Hassenteufeul stressed that by the end of the 1920s, in a context where xenophobia and anti-Semitism were rising, professional associations of French doctors launched a campaign to defend the principle that the medical profession should be reserved for French doctors.

The corporatist ideology of the French Action, 'l'Action française' gradually penetrated the medical profession over a period of 20 years. It became the dominant public discourse of the profession, whose main spokesmen gathered in 1929 within the corporatist medical group and whose words were inspired by the far right. Xenophobia, in the sense of Deplaude (2011),[8] was fuelled by the dramatisation of the large number of foreign students who passed their medical degree. In addition, risks to the income of the profession, particularly reflected the rejection of foreign doctors who were considered as a threat to the morality of the job (Hassenteufeul 1997). As written by Henri Nahum:

> From the years 1920 to 1930, the number of doctors increased. Medical unions and Deans of medicine were alarmed by this plethora: when we hardly expect new medical advances, it surpasses by far the needs of the population and the risk of impoverishing the medical profession. This plethora is mainly attributed to the 'invasion of these wogs',

---

7. .The 1927 Charter is composed of seven principles: the free choice of doctor by the patient; absolute respect of professional secrecy; right to fees for any patient treated; direct payment of fees by the patient (refusal of third party) and fees freely determined by the doctor - called principle of the direct agreement between the doctor and the patient; therapeutic freedom and prescription; control of patients by the cash-desks, doctors by the union and the medical arbitration committee – refusal of any control of doctors by cash-desks; union representation in the cash-desks.
8. .Inspired by Miles & Brown (2003), Deplaude (2011: 189) defines xenophobia 'as on the one hand the act of categorising individuals according to their real or perceived nationality and, secondly, to assign negative characteristics to groups thus constituting or presenting them as a threat to other groups.'

accused of incompetence, and a lack of ethics and complete ignorance of French traditions (Nahum 2008: 42).

In fact, the College of Physicians continues to defend the idea of an institution responsible for keeping the principles of morality, integrity, and dedication necessary for the practice of medicine and observation of rules laid down by the Code of Ethics. The Ambruster Act, which remains in force and imposes three restrictive conditions to the practice of medicine in France: French nationality, the possession of a French diploma and registration with the College of Physicians. The only exception was the introduction of the Individual License to Practice Act 1972 which established the granting of individual licenses to practice to foreign doctors (Couffinhal & Mousquès 2001a).

2. The role of certifying and excluding from medical training: the French numerus clausus

The exclusion of foreign doctors was further strengthened with the adoption of the *numerus clausus* examination in 1971, which was introduced by Simone Veil. In general, the term *numerus clausus*, is an entrance examination which students take to be admitted onto a particular course, mainly in regulated professions, with the highest scoring students taking course places (Hardy-Dubernet & Faure 2006).

In France, the first year of medicine is marked by lectures and at the end of the first year an exam provides access to the second year, or not if the student does not pass, and marks the end of the first year of undergraduate medical studies.[9] The *numerus clausus* plays a key role in structuring the French medical profession as a 'closed profession' (Dubar 1996; Paradeise 1984; Seguestrin 1985) and consists of ranking candidates, with the numbers admitted fixed by regulation. It has two fundamental characteristics: first, it is reserved only for French students and therefore foreign students cannot, by its very definition, sit this selective examination; second, it is based on a quota system for entry into the second year. The number of positions offered is very low compared to the number of students registered in medical school.[10] Unlike other established admissions procedures implemented in different European countries, this procedure ignores student motivation and previous social experience, instead it takes the form of multiple selected questions (MSQs) on scientific issues (Hardy-Durbernet & Faure 2006: 15).

---

9. .A reform of the medical training has been in force since September 2010. We now speak of First Year of Medicine Studies (PACES) and General Medical Sciences Training Diploma (DFGSM) (ANEMF 2014).
10. .Deplaude (2009) provides a historical analysis of political and administrative issues of the *numerus clausus* in France thanks to a thorough search of administrative records.

The preparation for *numerus clausus* competition for the young students requires a considerable workload. As Verdoot, points out, the *numerus clausus* is synonymous with 'anxiety' for students who undergo it. Verdoot describes it metaphorically as a source of 'nervous tension before the results, a vague and distant future, the fear of the wall, the uncertainty for further studies.' (2000: 1). However, success in the exam demonstrates within the medical profession and more broadly within French society, the quality of French medicine and the value of its practitioners. For the large majority of the French social body, the *numerus clausus* examination is the only legitimate form of selection, with the dominant view being that justice and fairness require that jobs within the French medical profession should be reserved for those who have succeeded in this difficult rite of passage (Deau 2006; Hardy-Dubernet & Faure 2006; Deplaude 2011). Symbolically, the *numerus clausus* examination demonstrates an important distinction of competence between doctors with French degrees and doctors with foreign degrees, labelling those lacking the *numerus clausus* as illegitimate doctors.

The social construction of a competent doctor versus the less competent doctor (Dubar 1996: 18) is imposed with a crystallisation of historically stubborn prejudices, either they are objective or subjective, implicit or explicit. Generally, such prejudices tend to be rooted in the views of public opinion (Dodson & Oelofse 2000:126) and are often replicated ironically by the media (Pinel 2006; Mouataarif 2006; Desqueuroux-Quidu 2008; Piquemal 2009; Piganeau 2011). Non-EU/EEA doctors therefore, see themselves confined to occupy a constricted position on the outskirts of a profession whose interests are jealously preserved through political advocacy of the corporation (Hassenteufel 1997; Immergut 1992; Seguestrin 1985). In comparative analysis, the highly elitist medical training and the idea that training in France is of superior quality, explains the low opinion of the non-EU/EEA medical workforce (CNOM 2013). However, this is only one of the key explanations of the problem of foreign doctors. To understand the overall logic of the French healthcare system, it is important to take into account the effects of modernisation in the hospital sector undertaken by the Hospital Reform 1958 (Cash & Ulmann 2008).

B. Unexpected long-term effects of the 1958 and the 1980s hospital reforms

At the beginning of the Fifth Republic, the French government began an ambitious reform of the hospital sector: the 1958 Debré reform (Haroum 1969). This reform upset both the relationship between private practice and the hospital sector, as well as medical training it created new hierarchies and new requirements. After the 1958 reform, all students who had crossed the threshold of their second year of study were to be trained within hospitals through an internship. An internship in a hospital was possible after an examination, which allowed students to hold paid positions in hospitals during the duration of their postgraduate medical courses. In this system, all medical students have access, at the end of the seventh year, to the grade of Doctor of Medicine after defending their thesis. This title also allows everyone to practice general medicine. Specialisation is done in two ways: either by an internship in a hospital, the only means of access to surgical specialties, or by the Certificate of Specialized Studies (CSS), (Hardy- Dubernet & Faure 2006: 11).

The establishment of a hospitals' elite and the adverse effects of the 1982 reform

Internships for a specialty were established by the Law of 31 December 1982. With the internship specialty and intern positions dependent on national legislation, while positions for the CSS were left to the discretion of the Faculty (CNOM 2012). Doctors in CSS positions received no pay and have no official position in the hospital where they practice their internship. Regulating the access to specialties allowed the government to limit the number of positions in any given specialty. However, the 1982 reform failed in its ambition to upgrade general medicine as it still could not attract the best medical students (Hardy-Dubernet & Faure 2006: 12). This reform was eventually seen to have negative impacts and was abolished in 2004 and replaced with the National Classifying Competitions (NCC). The NCC officially became the sole and mandatory passage of all medical students in France (Hardy-Dubernet & Faure 2006). This series of measures led to a lower number of students and French graduate doctors in hospitals, which caused a drastic shortage of personnel.

The 1980s brought a transformation of political ideology in France, which was influenced by international political thought regarding the reduction of state based welfare. Control of health expenditure became an important issue after the failure of several attempts to restructure the sector (Cash & Ulmann 2008: 61; Merrien, Parchet & Kernen 2005: 345-347). According to the expectations of this period, reducing the number of doctors would also lead to a reduction in medical prescriptions and therefore significant savings in social security payments. This solution, which at the time gained unanimity among many actors, was quickly challenged by the Deans of Medicine Faculties and the College of Physicians (Cash & Ulmann 2008: 61).

The 1958 hospital reforms thus set a hierarchy and rigid separation between the noblest hospital functions and private practice, which is less worthy but relatively independent. It also created new needs, which were difficult to meet in the framework of existing hierarchies and budgetary constraints. This contradiction led to the unintended consequence of the need to recruit graduates from outside the EU/EEA. Moreover, Xavier Deau, former President of the French College of Physicians, emphasised that the *'numerus clausus* imposed on French students (...) is one of the aetiologies of the massive influx of foreign students since the 1990s.' (Deau 2006: 2).

C. Difficulties in responding to the needs

Despite the intent to reduce hospital expenditure the reforms of public hospitals led to an increased medicalisation of hospitals, which has resulted in a higher requirement for doctors (Cash & Ulmann 2008; Couffinhal & Mousquès 2001a). The greater need for doctors can no longer be filled through the usual channel of medical students who have passed the internship. The declining number of doctors graduating through the French system has led hospitals to employ, in important proportions, doctors with foreign degrees. This policy is easy to implement as many doctors from the Maghreb and the Middle East settle in France for both financial and political reasons. Controlling the influx of doctors with non-EU/EEA degrees and, through the principles of the law, for deploying them where French doctors do not want to practice is a political and strategic choice legally established (Deplaude 2011). This policy is also implemented in a context of social protection deficit (Merrien, Parchet & Kernen 2005: 347).

State prerogatives: governments between the needs to rationalise and budget constraints

From the 1990s onwards, successive governments have tried to rationalise the employment of doctors with non-EU/EEA degrees in hospitals without putting an end to jobs considered essential to the functioning of hospitals. As early as 1991, the French government intended to correct the situation by restricting recruitment opportunities of non-EU/EEA doctors. The 1991 Act stopped the recruitment of non-EU/EEA doctors but it did not consider the actual impact this would have. Indeed, it quickly became apparent that hospitals would cease to function without this labour force. At the same time, the government's measure to reduce the recruitment of non-EU/EEA doctors encountered resistance from the non-EU/EEA Unions who denounced these measures and requested that non-EU/EEA doctors be officially recognised on a par with their French counterparts. This was an impossible request for the French Government to satisfy for two main reasons. First, it would require a significant budgetary increase in an ideologially and economically hostile environment. Second, it would mean the Government would have to contend with opposition from the French doctors' union who are strongly opposed to the recognition of non-EU/EEA doctors and their requests for similar rights to French doctors.

Finally, what the French Government did, was to postpone indefinitely the date of the implementation of the measures from the 1991 Act. In 1994, the debate was revived but without any effect on fulfillment of the 1991 Act. The year 1995 marked the culmination of the reformists' will. On February 4 1995, the Weil Act, executed in a context of fiscal crisis and xenophobic tensions, was presented as a law for the integration of doctors with non-EU/EEA degrees into public hospitals. The 1995 law was divided into two parts: first, the law created a new examination for a additional status called CAP. Unlike other hospital doctors, CAPs are not permanent but contractual. However, faced with the implementation difficulties the Act was repealed in 1997. In 1999 a new status of doctors with a foreign degree were integrated into the law on universal health coverage. The Bernard Kouchner law (1999) meant access to the practice of general medicine was expanded by increasing the annual quota. Permission to practice general medicine was given to non- EU/EEA doctors practicing for over six years in hospitals. However, the Kouchner Act (1999) fixed the deadline of integration to happen by 2001, and at the same time prohibited the recruitment of any new graduates from outside the EU after 1999.

Nevertheless, it appears that the vision of French authorities to rationalise non-EU/EEA doctors has been defeated by different stakeholders. The first difficulty is that the demand for doctors in hospitals remains high. Due to budgetary constraints hospitals cannot afford to lose non-EU/EEA doctors as French doctors cost more to employ. Second, the College of Physicians have refused to recognise non-EU/EEA doctors to be at the same professional competency as French doctors. Third non-EU/EEA doctors and their unions consider the above proposals insufficient as they do not take into account their requests.

D. The interests of actors in the heart of the controversy

The analysis of the interviews conducted in Paris, as well as the literature review and discussion forums that follow the articles published on the situation of doctors with non-EU/EEA degrees in France, reveal much about the interests of the actors involved. All three sources highlight the same three factors which fuel the controversy surrounding the professional integration of doctors with non-EU/EEA degrees: the *numerus clausus* examination and the failure to obtain a French diploma, working conditions and the non-recognition of qualifications. Beyond these points mentioned, the data also showed that discrimination of non-EU/EEA doctors is widespread. They persist in open discussions and, as we mentioned previously, are replicated by the media.

The speeches by the French authorities, whether administrative or from the College of Physicians, officially build on the basis of the French legislation and more broadly, on the ethics of development that wants non-EU/EEA doctors to return to their countries of origin to treat their own (Deau 2006). According to the health authorities, the laws are clear on the situation of doctors with non-EU/EEA degrees. For the official in charge of the medical profession in the Ministry of Health (October 2006), the legal procedure for non-EU/EEA doctors has no ambiguity in its formulation, contrary to what their unions say. If his explanations brought nothing new in regard to what the legal procedure provides, he did present, through his explanations, a greater understanding of what doctors with non-EU/EEA degrees could expect. Indeed, he said, the latter must not delude themselves about their actual status even after validation of their authorisation to practice, which is merely a certificate, valid only in France and not considered a diploma.

Yet, the discourse of French authorities contrasts with several attempts to find solutions and alternatives to the non-EU/EEA doctors, as well as to mark a break with the political choices of the past. Therefore, from a political logic, the difficulty in changing the rules, can lead the political and administrative actors to consider 'pragmatic rules' (Bailey 1971, cited by Deplaude 2009). These pragmatic rules consist of postponing deadlines until there is a more favourable and less sensitive time to address the union's demands.[11] According to Deplaude:

> The pragmatic rules consist in presenting the problems and the answers given to them in publicly acceptable terms. Finally, they consist in gaining time, that is to say, trying to delay the adoption of the most politically risky decisions at a more convenient time, and then implementing them progressively according to changing circumstances and political power relations (Deplaude 2009: 20).

As to the issue of doctors with non-EU/EEA degrees, the constraints of providing them with official recognition goes beyond finding a convenient time. It would also require the means to negotiate with doctors with French degrees and the professional organisations which represent them, who are a significant pressure group within French society. This logic can also be seen in the official position of the French Government, which reinforces the superior positions of doctors with French degrees and defends their interests, which is again mirrored by official declarations from the French College of Physicians.

Firstly, the vast majority of doctors with a French degree, considers it a legitimate norm that a dualisation operates within the French healthcare system. For some, foreign doctors who have not been submitted to the *numerus clausus* and the selective training requirements cannot be recognised as full doctors. Full doctors are said to be those who have passed the *numerus clausus* examination, and therefore there are serious doubts about the competence of doctors with non-EU/EEA degrees particularly those who come from Africa.

---

11. .Deplaude, has shown how the establishment and implementation of the *numerus clausus* of Medicine, in France in the 1970s, has created some of these pragmatic rules (Deplaude 2009: 20). This purely political logic explains why so many students have continued to be welcomed into medical school several years after the implementation of the *numerus clausus*, which has contributed to an unprecedented population growth of the medical profession in France.

Secondly, through analysis of official statements given by the College of Physicians, as a corporatist organisation, it can be seen that their rhetoric matches that of the French Government. Briefly summarised, the dominant and official position of the French government, is that employment priority should be given to French doctors, and then European doctors. However, employers have to be careful vis-à-vis doctors from new EU countries (Bulgaria, Romania) as their medical qualifications have also been questioned. Finally, there should be a limited acceptance of doctors with non-EU/EEA degrees because, for ethical reasons, they should return to their countries of origin to help their own populations once they complete their training. This return will be both beneficial to their countries as well as to the French students who will find jobs:

> Is it not a way of depriving these people of their doctors and the country of their elite? Is it not a way for our university to live vicariously at the expense of foreign universities? Is it not a way of depriving our children of desirable access to university to train them for a profession which, moreover, has real needs? (Prof. Jean Langlois, President of CNOM, BOM, No. 15, May 2003).

Presently, the College of Physicians has not denied that it has needed to fill a personal deficit with non-EU/EEA doctors, despite the reservations mentioned. From this point of view, if the choice is between European doctors and non-EU/EEA doctors, then the preference is for EU/EEA members. Moreover, European enlargement to Eastern countries poses many problems and requires a minimum guarantee of competence mainly because of heterogeneous paths:

> In France, we have a shortage of doctors in some areas. We are not going to deny those who knock on our doors when they offer all the guarantees of skills … but probably mechanisms should be put in place to regulate migration flows of the medical profession (Xavier Deau, BOM, No. 3, March 2006).

The African doctors, with non-EU/EEA degrees, that we met in Paris contest the official position. When they described their professional trajectories, they said they did not understand why they are not professionally integrated despite several years of practice in France. They all considered themselves victims of discrimination and said they had been shocked by the speeches which portray them as 'second-rate doctors' (Pinel 2006). Despite persistent prejudices against their training, doctors with non-EU/EEA degrees, state that they are as competent as their French colleagues (Piquemal 2009). The survey revealed that there is constant disillusionment among them as they are faced with a career as a 'blocked' professional, which is defined as 'a model in which the African graduate in medicine cannot undertake a professional career in conditions identical to those of national conditions. This model is characterised by high barriers to admission, non-recognition of diplomas, and a national/non-national dualism in the exercise of the profession.' (Mendy 2014: 48). They also specified that they did not find a significant difference between the medical training they received and that which is taught in France, as the medical teaching in African universities is designed based on the French model and is supported by numerous doctors and professors from France.

> The current procedure (…) is much more selective than any other hospital competition that exists in France (…) and I'm not talking about the three years of exploitation as a sub-doctor, (the one) who works more than colleagues to get the average, and often it is much more than three years. (D6 France, October 2006)

After developing the key explanations for understanding the situation of foreign doctors in France, and the issues related to the interests of different actors, I now turn to discuss the limitations of the path dependency approach in explaining the case of non-EU/EEA doctors in France.

III. The theoretical limits of path dependency to explain the policy reforms

In short, the path dependency approach helped explain how the issue of doctors with non-EU/EEA degrees in France have been impacted by the historical structuring of the French health system. However, it can not theoretically explain how the reforms, with regards to the issue of the professional integration of foreign doctors, occur in France (Steinmo, Thelen & Longstreth 1992; Pierson 2000).

In fact, the situation of foreign doctors is not subject to an inherent determinism. The labour negotiations and the various public reforms implemented since the 1980s and 1990s allowed the regularisation of a large number of doctors with non-EU/EEA degrees. Contemporary studies have recognised the failure of path dependency theories to account for social change. In many areas, there seems to be much less inertia than has previously been assumed (Mahoney 2000).

National policies, even when considered relatively stable and included in national heritages such as economic and social policies (Scharpf & Schmidt 2000) or migration policies in Europe (Joppke 2007), have suffered severe transformations that have erased their original features and lead them to a form a convergence. These transformations have been traditionally explained by theorists belonging to the school of historical neo-institutionalism as the result of 'critical junctures' or periods of 'third-order change' (Hall 1993), when public debates serve to reframe the issues and moments when a 'window of opportunity' (Kingdon 1984) opens and the search for a new policy program begins.

This type of explanation can account for fundamental change and a break with past policies under the influence of an altering frame of reference and the dominant discursive structure (Jobert & Muller 1987; Schmidt & Radaelli 2004). However, analysis has also shown that the majority of policy changes can be introduced over time and thus can be much more incremental. In *Beyond Continuity*, Streeck & Thelen (2005) sketch a systematic theory of policy change, where one of the most powerful aspects is a critique of the 'punctuated equilibrium model' based on the assumption that long episodes of institutional inertia follow rare 'critical junctures' during which exogenous shocks provoke massive path-departing institutional transformations. Although they do not reject the concepts of critical junctures and path dependence, they convincingly argue that most forms of policy change occur outside such episodes, and that they often take an incremental form.

When we look at the situation of foreign doctors in France, in light of recent work on social change, two significant results appear. First, it is undeniable that the French medical system has undergone a series of transformations unthinkable in the strict sense of the path dependence approach, characterised by the 'inertia' (Mahoney 2000). These transformations fit perfectly with the logic of 'institutional layering' analysed by Streek & Thelen (2005). Indeed, in the context of the Europeanisation of public policies, European doctors, who have not been subjected to the *numerus clausus*, had to be accepted as legitimate doctors in France. The aging French population and the inadequate number of physicians trained in the 1970s and 1980s, forced France to recruit foreign doctors and to increase the quota of restricted intake. Finally, to meet the needs, and in the context of limited public budgets, many non-EU/EEA doctors could practice medicine within the hospital system, but very rarely in private practice. The creation of the hospital sector combined with the pressures and employment needs, alongside the public financial crisis has also led to the recruitment of doctors with non-EU/EEA degrees that are not recognised as doctors by the College of Physicians.

Second, even though there is a series of transformations, there is no change to the overall paradigm. Non-EU/EEA doctors are not considered legitimate doctors even if they have the qualifications of physicians, which are legitimate in their country and are recognised in other countries (e.g. the UK). In France, it remains that they may engage only in subordinate roles. Significantly, the recruitment policies for non-EU/EEA doctors continue to highlight the impact of the past and reveal a considerable persistence of prejudices that some authors, such as Mbembe (2005a; 2005b) stressed when they talked about colonial practices. Indeed, in colonial times, foreign doctors coming from colonies could only occupy some medical auxiliary functions. Certainly, the combined pressures of the needs of the health system, their inability to recruit French or European doctors to unattractive jobs, and non-EU/EEA doctors seeking recognition of their rights, led to repeated attempts of their integration into the medical profession. But these attempts face the strength of deep-rooted prejudice in the French medical profession and elites, much more than in French society as a whole.

In this sense, the institutional systems are more than just a legal system. As pointed out by James, March & Olsen (1989; 1996), institutions are a relatively enduring collection of rules and organised practices, embedded in structures of meaning. The rules may change incrementally, but the structures provided create inertia. For example, in the context of the practice of medicine, discussion forums of French doctors that we have analysed show the existence of a deep-rooted 'colonial' attitude to African doctors and a view that their degree qualifications are insufficient. In France, even as the medical profession diversifies and opens its doors to a few foreign doctors (CNOM 2013) non-EU/EEA doctors must continually organise social movements (strikes, demonstrations) to be admitted into the French medical system.

Conclusion

This paper has shown that, when the French governments justifies the unequal treatment given to the professional integration of non-EU/EEA doctors, it invokes three main reasons. The specific status of medical profession as a 'closure market' (Paradeise 1984), the preference for the EU/EEA workers and, the ethical reasons, meaning the development arguments which assert it is unethical to recruit health professional from poor countries. The ethical argument is predominantly used by the French government in justifying their refusal to recognise non-EU/EEA doctors. Yet, the functioning of public hospitals in France is based mainly on the contribution of these doctors, who are often 'undocumented' (Lochak 1995), according to the definition within the French Code of Public Health. This paper has gone beyond the political controversy and has shown the role played by institutional legacies. It is through these combined perverse effects of policies, reforms and privileged status that the French dilemma in recruiting foreign physicians is to be understood.

Two significant theoretical findings have also been underlined. First, in the issues of non-EU/EEA doctors, the French medical system has undergone transformations which are unthinkable in the strict sense of path dependency approach: an opening of the medical profession to foreign physicians in the context of the Europeanisation of public policy, acceptance of non-EU/EEA doctors in a context of medical shortage and budgetary pressures. Second, even though reforms have been done, there is no change to the overall paradigm. The recruitment policies for non-EU/EEA doctors continue to highlight the imprint of the past (Merrien 1990) and reveal a significant persistence of prejudices (Deplaude 2011). At the same time, the opening-up of the EU (Rea 2013) tends to restrict the possibilities for non-EU/EEA doctors to practice in France. Indeed, as far as recruitment is concerned, France is increasingly finding alternatives to physicians from new member countries of the EU. The officials of the French College of Physicians continue to draw on the dominant ethical discourse which denounces the medical migration from developing countries, even though the rhetoric is out of step with the realities of most developed countries, in which medicine is a protected profession from an institutional point of view and closed by its internal functioning (Mendy 2016; Peterson *et al.* 2013). In addition, recent reports on medical demography in France (CNOM 2013; 2014) reveal that more and more French students are bypassing the *numerus clausus*, doctors are studying in other countries such as Belgium, then returning to work in France. Confirmation of these trends may further contribute to the marginalisation of non-EU/EEA doctors.

Bibliography

Association Nationale des étudiants en Médicine de France (ANEMF), 2014, www.anemf.org. Accessed January.

Bailey Frederik G., 1971, *Les règles du jeu politiques. Étude anthropologique*, Paris, PUF.

Berland Yvon et al., 2006, *Mission "Démographie médicale hospitalière"*, Paris, Ministère de la Santé et des solidarités, République française, septembre, http://www.ladocumentationfrancaise.fr/rapports-publics/064000845/index.shtml.

Cash Roland, Ulmann Philippe, 2008, *Projet OCDE sur la migration des professionnels de santé. Le cas de la France*, Paris, OECD Health Working Papers 36.

Conseil National de l'Ordre des Médecins, 2012, Les médecins de nationalité européenne et extra-européenne. Situation au 1er janvier 2012, Paris, CNOM.

Conseil National de l'Ordre des Médecins, 2012a), Diplômes ouvrant droit a l'exercice de la médecine en France. Autorisations ministérielles d'exercice, Paris, CNOM, septembre.

Conseil National de l'Ordre des Médecins, 2012b, Nationalité ouvrant droit à l'exercice de la médecine en France, Paris, CNOM, septembre.

Conseil National de l'Ordre des Médecins, 2012c, Conditions légales d'exercice de la médecine en France, Paris, CNOM, septembre.

Conseil National de l'Ordre des Médecins, 2013, *Atlas de la démographie médicale en France. Situation au 1er janvier 2013*, Paris, CNOM.

Cottereau Victoire, 2012, *Les PADHUE (Praticiens à diplôme hors Union Européenne) dans les hôpitaux publics de la région Poitou-Charentes*, 7 p. Université de Poitiers, IAAT Poitou-Charentes.

Couffinhal Agnès, Mousquès Julien, 2001a, « Les médecins diplômés hors de France : statuts et caractéristiques », *Questions d'économie de la santé 45*, Paris, Centre de recherche, d'étude et de Documentation en économie de la santé (CREDES), décembre.

—, 2001b, « La démographie médicale française : état des lieux », *Questions d'économie de la santé 44*, Paris, Centre de recherche, d'étude et de Documentation en économie de la santé (CREDES), décembre.

Czaika Mathias, de Haas Hein, 2013, *The Globalization of Migration. Has the World Really Become More Migratory?*, Working Papers 68, April, DEMIG Project Paper 14, Oxford, International Migration Institute.

—, 2014, T*he Effects of Visa Policies on International Migration Dynamics*, Working Papers 89, April, DEMIG Project Paper 18, Oxford, International Migration Institute.

Czaika Mathias, Sorona Toma, 2015, *Path-Dependency in International Mobility of Academics*, Working Papers n°108, Oxford, International Migration Institute, February.

David Paul, 1985, "Clio and the Economics of QUERTY," *American Economic Review 75*, pp. 332–337.

Deau Xavier, 2006, *Étude de la problématique des PADHUE (Praticiens à diplôme hors union européenne)*, Paris, CNOM, avril.

Deplaude Marc-Olivier, 2009, « Instituer la "sélection" dans les facultés de médecine. Genèse et mise en œuvre du *numerus clausus* de médecine dans les années 68 », *Revue d'histoire de la protection sociale,* 2009-1, *2*, pp. 78-100.

—, 2011, Une xénophobie d'état ? "Les médecins étrangers" en France (1945-2006), *Politix 95*, pp. 189-213.

Desqueuroux-Quidu Géraldine. 18.06.2008. Les médecins étrangers, praticiens de seconde zone en France, *France24*, http//www.france24.com/fr/20080618-medecins-etrangers-praticiens-seconde-zone-france-reporters (06.04.2009).

Dobson Melinda, Oelofse Catherine, 2000, "Shades of Xenophobia: In-Migrants and Immigrants in Mizamoyethu, Cape Town," *Canadian Journal of African Studies / Revue canadienne des études africaines 34,* 1, pp. 124-148.

Dubar Claude, 1996, *La socialisation, construction des identités sociales et professionnelles*, Paris, Armand Colin.

Ferret Alexandre, 2012, « La médecine française a elle aussi ses sans-papiers ! », *Le Point.fr.* 31.01.2012.

Ferro Michel, 1985, « Les paradoxes du médecin », *Prospectives et Santé 34*, pp. 9-12.

Freidson Eliot, 1984, *La profession médicale*, Paris, Payot.

Greener Ian, 2005, "The Potential of Path Dependence in Political Studies," *Politics 25*, 1, pp. 62-72.

Hall Peter A. Taylor Rosemary, 1996, "Political Science and the Three New Institutionalisms, "*Political Studies 44*, pp. 936-957.

Hall Peter, 1993, "Policy Paradigms, Social Learning, and State: The Case of Economic Policymaking in Britain," *Comparative Politics 25*, 3, pp. 275-296.

Hardy-Dubernet Anne Chantal, Faure Yann, 2006, *Le choix d'une vie... étude sociologique des choix des étudiants de médecine à l'issue des épreuves classantes nationales 2005*, Paris, Direction de la recherche, des études, de l'évaluation et des statistiques (DRESS), Série études, n° 66, décembre.

Haroum Jamous, 1969, *Sociologie de la décision. La réforme des études médicales et des structures hospitalières,* Paris, éditions du CNRS.

Hassenteufeul Patrick, 1997, *Les médecins face à l'état. Une comparaison européenne*, Paris, Presses de la Fondation des Sciences Politiques.

Herzlich Claudine *et al.*, 1993, *Cinquante ans d'exercice de la médecine en France. Carrières et pratiques des médecins français 1930-1980*, Paris, éditions de l'INSERM – Doin.

Immergut Ellen M., 1992, *Health Politics. Interests and Institutions in Western Europe*, New York, Cambridge University Press.

—, 1998, "The Theoretical Core of the New Institutionalism," *Politics & Society 26*, 1, pp. 5-34.

Jobert Bruno, Muller Pierre, 1987, *L'état en action. Politiques publiques et corporatismes*, Paris, PUF.

Joppke Christian, 2007, "Transformation of Immigrant Integration, Civic Integration and Antidiscrimination in the Netherlands, France, and Germany," *World Politics 59*, 2, pp. 243-273.

Kingdon John W., 1984). *Agendas, Alternatives and Public Policies*. Boston, Little Brown and Company.

Le Breton-Lerouvillois Gwenaëlle, 2007, *Les médecins de nationalité européenne et extra-européenne en France,* Paris, CNOM.

Mahoney James, 2000, "Path Dependence in Historical Sociology," *Theory and Society 4*, pp. 507-448.

Mahoney James, 2001, "Path-dependent Explanations of Regime Change: Central America in Comparative Perspective," *Studies in Comparative International Development 36*, 1, pp. 111-141.

March James, Olsen Johan P., 1989, *Rediscovering Institutions: The Organizational Basis of Politics*, New York, Free Press/Macmillan.

—, 1996, "Institutional Perspectives on Political Institutions," *Governance: An International Journal of Policy and Administration 9*, 3, pp. 247-264.

Mbembe Achille, 2005a, « La république désœuvrée : la France à l'ère post-coloniale », *Le Débat, 137*, pp. 159-175.

—, 2005b, « La République et l'impensé de la race », *in* Pascal Blanchard, Nicolas Bancel & Sandrine Lemaire (éd.), *La fracture coloniale. La société française au prisme des héritages coloniaux,* Paris, La Découverte, pp. 143-158.

Mendy Angèle Flora, 2014, "La carrière du médecin africain en Europe : être médecin avec un diplôme africain au Royaume-Uni, en France et en Suisse," *Swiss Journal of Sociology 40*, 1, pp. 47-71.

—, 2016, *être médecin africain en Europe*, Paris, Karthala.

Merrien François-Xavier, 1990, « état et politiques sociales : contribution à une théorie "néo-institutionnaliste" », *Sociologie du travail 32*, 3, pp. 267-294.

—, 2000, « La restructuration des États-providence : "sentier de dépendance", ou tournant néo-libéral ? Une interprétation néo-institutionnaliste », *Recherche sociologique 31*, 2, pp. 29-44.

—, 2002, « états-providence en devenir. Une relecture critique des recherches récentes », *Revue française de sociologie 43*, 2, pp. 211-242.

Merrien François-Xavier, Parchet Raphaël, Kernen Antoine, 2005, *L'état social. Une perspective internationale,* Paris, Armand Colin.

Miles Robert, Brown Malcolm, 2003, *Racism*, London, Routledge. Second Edition.

Mouataarif Yasrine, 2006, « S.O.S médecins étrangers: contrats précaires, salaires injustes, carrières bloquées. Ils sont aujourd'hui plusieurs à exercer dans les hôpitaux publics sans que leurs compétences soient reconnues », *Jeune Afrique*, 18 avril 2006, http://www.jeuneafrique.com/Article/LIN16046sosmdsregna0/ (consulté le 6 avril 2009).

Nahum Henri, 2008, « L'éviction des médecins juifs dans la France de Vichy », *Archives Juives 41*, 1, pp. 41-58.

North Douglass C., 1990, *Institutions, Institutional Change and Economic Performance*, Cambridge, Cambridge University Press.

—, 1991, "Institutions," *Journal of Economic Perspectives 5*, 1, pp. 97-112.

OECD, 2008, *The Looming Crisis in the Health Workforce: How Can OECD Countries Respond?*, OECD Health Policy Studies.

OECD/WHO, 2010, *International Migration of Health Workers. Improving International Co-Operation to Address the Global Health Workforce Crisis*, Paris, OECD.

Paradeise Catherine, 1984, « La marine marchande : un marché du travail fermé ? », *Revue française de sociologie 25*, 3, pp. 352-375.

—, 1988, « Les professions comme marchés du travail fermés », *Sociologie et sociétés 20*, 2, pp. 9-21.

Pierson Paul, 1996, "The Path to European Integration: A Historical Institutionalist Analysis," *Comparative Political Studies 29*, 2, pp. 123-163.

—, 2000, "Increasing Returns, Path Dependence, and the Study of Politics," *American Political Science Review 94*, 2, pp. 251-267.

Pinel Fabienne, 2006, 21.04.2006. Les médecins "étrangers" exploités par la France. Précarité, exploitation, discrimination : petit scandale au quotidien, *Afrik.com,* http://www.afrik.com/article9744.html (consulté le 6 avril 2009).

Piquemal Marie 2009, « Médecins étrangers : "On nous exploite et on nous jette" », *Libération*, 4 mars 2009 http://www.liberation.fr/societe/0101472779-medecins-etrangers-on-nous-exploite-et-on-nous-jette (consulté le 6 avril 2009).

Peterson Brenton, Pandya Sonal S., Leblang David, 2013, *Doctors with Borders: Ocupational Licensing as an Implicit Barrier to High Skill Migration*, University of Virginia, Department of Politics, 25 p.

Rea Andrea, 2013, « Les nouvelles figures du travailleur immigré : fragmentation des statuts d'emploi et européanisation des migrations, » *Revue européenne des migrations Internationales 29*, 2, pp. 15-35.

Rufin Jean-Christophe, 2008, *Un léopard sur le garrot. Chroniques d'un médecin nomade*, Paris, Gallimard.

Scharpf Fritz W., Schmidt Vivien A. (eds.), 2000, *Welfare and Work in the Open Economy*, London, Oxford University Press.

Seguestrin Denis, 1985, *Le phénomène corporatiste. Essai sur l'avenir des systèmes professionnels fermés en France*, Paris, Fayard.

Sewell William H., 1996, "Three Temporalities: Toward an Eventful Sociology," *in* Terrance J. Mc Donald (ed.), *The Historic Turn in the Human Sciences*, Ann Arbor, University of Michigan Press, pp. 245-280.

Shepsle Kenneth A., 1986, "Institutional Equilibrium and Equilibrium Institutions," *in* Herbert Weisenberg (ed.), *Political Science: The Science of Politics*, New York, Agathon Press, pp. 51-82.

Schmidt Vivien A., Radaelli Claudio M., 2004, "Policy Change and Discourse in Europe: Conceptual and Methodological Issues," *West European Politics*, 27, 2, pp. 183-210.

Steinmo Sven, 2001, "The New Institutionalism," *in* Barry Clark & Joe Foweraker (eds.), *The Encyclopedia of Democratic Thought*, Routledge, Taylor & Francis.

Steinmo Sven, Thelen Kathleen, Longstreth Frank (eds.), 1992, *Structuring Politics: Historical Institutionalism in Comparative Analysis*, New York, Cambridge University Press.

Streeck Wolfgang, 1992, *Social Institutions and Welfare State Restructuring: The Impact of Institutions on Social Policy Change in Developed Democracies*, Newbury Park, CA, Sage Publications.

Streek Wolfgang Thelen Kathleen (eds.), 2005, *Beyond Continuity. Institutional Change in Advanced Political Economies,* Oxford, Oxford University Press.

Thelen Kathleen 1999, "Historical Institutionalism in Comparative Politics," *Annual Review of Political Science 2*, pp. 369-404. https://doi.org/10.1146/annurev.polisci.2.1.369

Verdoot Pierre, 2000, « Le retour du Barnum », *La Savate*, n° 226. 6 novembre.

9. Transferts de fonds des migrants et dynamiques socioéconomiques dans la communauté urbaine de Tchintabaraden (Niger)

HAMIDOU MANOU NABARA

Les études sur les migrations sont innombrables, mais abordent peu, du moins de manière frontale, la question de l'« argent de la migration » (Chort & Dia 2013). Les connaissances sur ce phénomène étaient issues, le plus souvent, des données macroéconomiques produites par des institutions internationales. Toutefois, au cours des dernières années, les transferts de fonds des migrants vers leur pays d'origine suscitent, au regard de leur importance croissante, un regain d'intérêt de la part des chercheurs en sciences sociales. Par exemple selon les estimations de la Banque mondiale, les envois de fonds réalisés par les migrants à destination des pays en développement ont plus que doublé entre 2002 et 2007, passant de 305 milliards de dollars US en 2008 et de 317,2 en 2009. Ces transferts sont en constante augmentation depuis plusieurs années et représentent aujourd'hui un flux financier considérable, souvent supérieur à l'Aide publique au développement (APD) et parfois équivalent aux investissements directs étrangers (Direction nationale de la BECEAO pour le Niger 2013).

En Afrique subsaharienne, les transferts ont connu une accélération constante durant les dernières années et représentent une importante source de financement extérieur, voire le premier poste d'entrée de devises pour certains pays (Savina 2004).

Le Niger, pays sahélo-saharien enclavé, est un vaste territoire de l'Afrique de l'Ouest occupant une position charnière entre, d'une part, l'Afrique du Nord et l'Afrique de l'Ouest et, d'autre part, entre cette dernière et l'Afrique centrale. De ce fait, il occupe une position stratégique et a été longtemps un carrefour et un espace de transit du commerce transsaharien. Aujourd'hui encore, il connaît d'intenses mouvements de personnes, en particulier l'émigration et le transit de nombreux migrants subsahariens en direction du Maghreb. Pays à forte émigration, les transferts de fonds des migrants sont relativement importants, mais peu organisés et difficiles à estimer. Selon la BECEAO Direction nationale-Niger (2013), qui a mené une étude à leur sujet, quelque 43,6 milliards de francs CFA ont été reçus au Niger en 2012. Même si ces montants, comparés à ceux des pays voisins tels le Mali et le Burkina Faso, sont modestes, ils sont assez significatifs, surtout quand on sait qu'une part non négligeable de ces envois passe par les circuits informels et se trouve généralement peu prise en compte dans les estimations.

Les chiffres, impressionnants au premier regard, ont poussé à la fois décideurs et chercheurs à s'interroger sur la contribution des transferts au développement des pays d'origine. Deux points de vue analytiques et théoriques se sont développés en réponse à ce questionnement. Certains auteurs soutiennent que les transferts constituent une véritable source de revenus pour les familles des migrants restées au pays, une source d'entrée de devises significative au niveau macro-économique (Banque mondiale 2003 ; Savina 2004) et surtout une importante contribution au développement de ces pays, car ils permettent d'équilibrer les balances de paiement, de promouvoir l'investissement des migrants et la création d'entreprises (Wanner 2008 ; Bennafla *et al.* 2007 ; Petit & Hamelin 2004). D'autres auteurs estiment que les transferts développent une mentalité d'assistés dans les localités d'origine des migrants, bloquent les initiatives locales, créent une dépendance vis-à-vis des revenus de la migration et réduisent le travail des ménages bénéficiaires (Fall 2003 ; Auroi 2008), et, en plus, ils ne sont pas toujours investis dans des activités productives (Alessandro 2008 ; Fall 2003).

Sans entrer dans ces débats encore irrésolus (Savina 2004) et sans prendre position sur l'approche la meilleure – étant donné que toutes deux sont fondées sur des travaux empiriques et des postulats théoriques valables, et surtout qu'elles se relativisent plus qu'elles ne se contredisent –, nous essayons de dépasser ces deux positions en étudiant les transformations sociales et économiques que les transferts induisent dans les zones d'origine des migrants. Les chiffres ne sont qu'une mise en contexte, car, comme le notent Chort et Dia (2013 : 4) : « Les chercheurs en sciences sociales s'attachent moins à déterminer quels sont les montants en jeu qu'à comprendre les logiques à l'œuvre dans cette circulation de l'argent [des migrants] ». Il est donc important, au-delà des chiffres, d'analyser les logiques des transferts des migrants et leurs impacts dans les sociétés d'origine, aspects peu étudiés, dont le présent article tente de traiter.

Il s'agit donc d'effectuer une lecture complémentaire des impacts des transferts de fonds des migrants en se questionnant sur le déroulé de ces opérations, les acteurs autour de l' « argent de la migration » et les dynamiques socio-économiques qu'ils engendrent au niveau local. L'originalité de l'approche réside ici dans la volonté de dépasser les approches "macro", qui abordent la question en termes génériques et généraux de contribution ou non des transferts au développement des pays d'origine des migrants. Cette contribution explique ainsi comment les transferts des migrants sont saisis comme domaine d'affaires par des commerçants et en quoi ils favorisent l'émergence d'autres acteurs informels qui s'investissent dans ces opérations. Elle tentera de démontrer, par ailleurs, en quoi les transferts ont renforcé les liens entre les commerçants, les familles des migrants et suscité l'émergence de nouveaux modes de solvabilité dans le système d'échanges commerciaux, avec notamment le fait d'avoir un migrant considéré comme « gage » de solvabilité pour les ménages et comme garantie pour les commerçants qui offrent plus facilement des produits à crédit ou des prêts d'argent à ces ménages.

Aspects méthodologiques

Cette étude est issue de recherches sur les migrations internationales à Tchintabaraden, menées dans le cadre d'un mémoire de master recherche en sociologie. Elle capitalise les données recueillies sur le terrain en mars 2013 et janvier 2014 et des informations complémentaires collectées lors d'une mission en juin 2015 à travers des entretiens informels.

L'approche qualitative a été privilégiée, afin de saisir les parcours des migrants, les activités exercées en migration, les revenus et leur gestion, ainsi que les mécanismes utilisés pour les transferts et leur gestion par les ménages bénéficiaires, et enfin pour comprendre le déroulement des opérations de transfert. Ainsi, les différents acteurs, constitués en groupes stratégiques [1], ont été interviewés à travers des entretiens semi-directifs (36), des études de cas et des observations sur le terrain. Le principal critère de sélection des enquêtés a été la pertinence par rapport au thème de la recherche. Ainsi, les autorités locales, les responsables de projets et les ONG travaillant pour les migrants, les migrants de retour de la Libye, les chefs de ménages, les opérateurs des transferts et des transporteurs ont été interrogés. Nous avons retenu des hommes en majorité (31, soit 86,11 %) et cinq femmes seulement. Cette inégale représentation des sexes dans notre échantillon s'explique par le contexte socioculturel nigérien : d'abord l'émigration nigérienne en Libye est essentiellement masculine (Grégoire 2010 ; Niger Horizons 2014) ; ensuite le fait que très peu de femmes dirigent des ménages réduit les chances de pouvoir interviewer des femmes et, enfin, celles-ci occupent peu des postes de responsabilité, en particulier comme autorité locale, notamment en milieu rural nigérien.

L'enquête de terrain a été menée dans la commune de Tchintabaraden (Centre-ouest du Niger), une zone sujette à d'importants flux migratoires, surtout vers le Maghreb, où les ressources tirées de la migration sont très importantes dans l'économie des ménages (Manou Nabara 2014). Les conflits en Libye, en Côte d'Ivoire et au Nigeria ont forcé beaucoup de migrants de cette commune à retourner au pays, ce qui a entraîné une baisse des transferts de fonds et a mis en évidence le degré de dépendance de la population par rapport aux

---

1. .Pour plus de détails sur l'expression « groupes stratégiques », lire Bierschenk et Olivier de Sardan (1998) ; Olivier de Sardan (2003).

« ressources de la migration ». C'était donc un « laboratoire », un terrain fructueux pour comprendre les dynamiques autours des transferts de fonds des migrants.

Aperçu sur les migrations internationales dans la commune

Une zone à forte émigration aux causes multiples...

Située dans la région de Tahoua (centre ouest du Niger), la commune urbaine de Tchintabaraden couvre une superficie de 14 054 km² et compte une population estimée à 79 889 habitants en 2012 (INS 2014). Les principales activités économiques sont, par ordre d'importance : l'élevage, le commerce, l'agriculture et l'artisanat.

L'élevage est la principale activité économique. La commune fait partie de la zone pastorale du Niger. Avec un climat de type sahélo-saharien marqué par une faible pluviométrie (298,5 mm par an, en moyenne), la zone a été frappée par des chocs et crises répétitives, comme les sécheresses des années 1974, 1984, 2004, 2010, des crises pastorales et alimentaires, ainsi que les effets de la rébellion armée des années 1990 (Mounkaila 2014). Ces faits ont rythmé l'intensité des migrations internationales dans la zone.

Ces migrations se structurent autour de deux principaux systèmes migratoires. Le premier et le plus important est orienté vers l'Afrique du Nord, avec pour principale destination la Libye et l'Algérie. Le second, moins important, est orienté vers des pays ouest-africains (en particulier le Nigeria, le Mali et la Cote d'Ivoire) et des pays d'Afrique centrale (le Cameroun et la Centrafrique surtout). Tous ces mouvements sont animés par des hommes dont l'âge est compris entre 20 et 45 ans et qui sont des ethnies Touaregs et Arabes, majoritaires dans la commune. Par ailleurs, il faut souligner l'existence et le développement des migrations féminines et d'importantes migrations familiales, comme en témoigne G.Z., un passeur des migrants interviewé :

> « Hommes et femmes partent tous ici. Quand ça chauffe pour toi, tu prends ta femme et tes enfants, ou alors si tu t'installes bien en Libye, tu leur envoies de l'argent pour te rejoindre... tu peux aussi prendre tes parents, [...]. Si ce n'est la crise en Libye, ici à Tchintabaraden, on va en Libye comme on part au marché ». (G.Z, passeur de migrants, le 11 janvier 2014 à Tchintabaraden).

Ces migrations se structurent autour de deux principaux systèmes migratoires. Le premier et le plus important est orienté vers l'Afrique du Nord, avec pour principale destination la Libye et l'Algérie. Le second, moins important, est orienté vers des pays ouest-africains (en particulier le

Nigeria, le Mali et la Cote d'Ivoire) et des pays d'Afrique centrale (le Cameroun et la Centrafrique surtout). Tous ces mouvements sont animés par des hommes dont l'âge est compris entre 20 et 45 ans et qui sont des ethnies Touaregs et Arabes, majoritaires dans la commune. Par ailleurs, il faut souligner l'existence et le développement des migrations féminines et d'importantes migrations familiales, comme en témoigne G.Z., un passeur des migrants interviewé :

> « Hommes et femmes partent tous ici. Quand ça chauffe pour toi, tu prends ta femme et tes enfants, ou alors si tu t'installes bien en Libye, tu leur envoies de l'argent pour te rejoindre… tu peux aussi prendre tes parents, […]. Si ce n'est la crise en Libye, ici à Tchintabaraden, on va en Libye comme on part au marché ». (G.Z, passeur de migrants, le 11 janvier 2014 à Tchintabaraden).

Localisation du terrain de l'étude et principaux flux migratoires internationaux à partir de Tchintabaraden

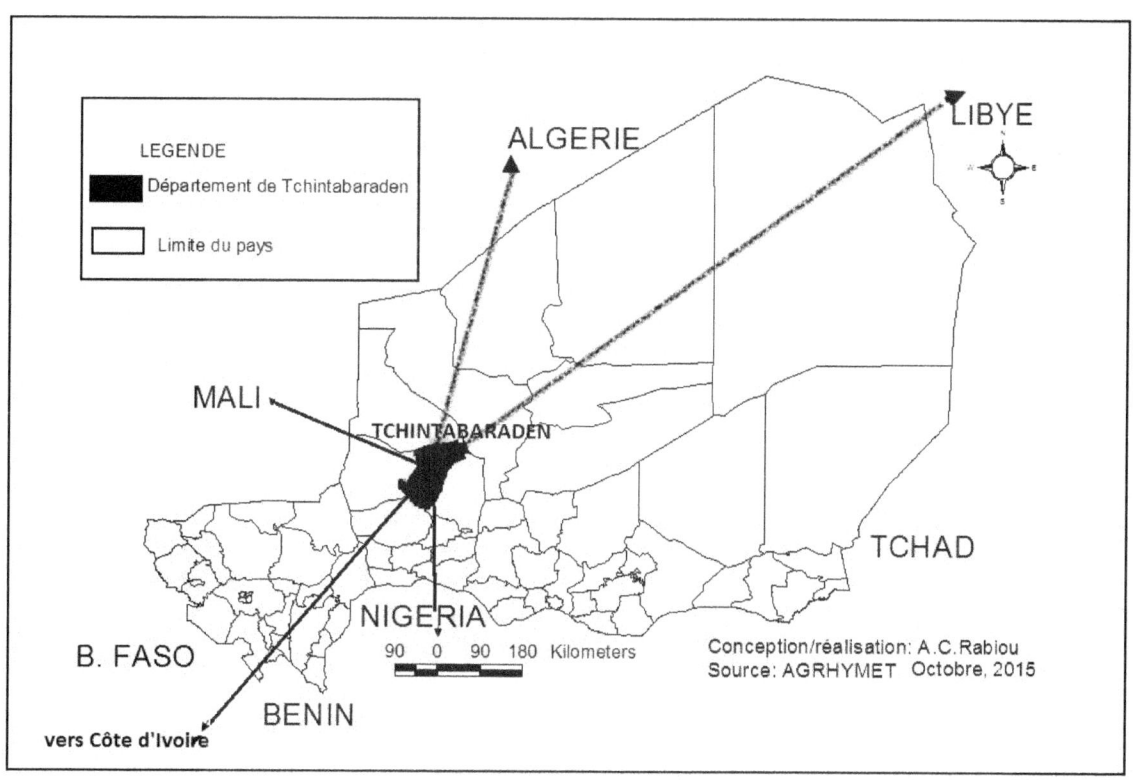

Source : données AGHRYMET / Carte d'A.C. Rabiou, adaptée par l'auteur.

Les migrations font partie du mode de vie des populations, comme c'est le cas en général au Sahel depuis que les crises écologiques rendent aléatoires les productions agricoles (Gado 1993). Elles se caractérisent à la fois par leur circularité et leur durée plus ou moins longue. Ainsi, alors qu'elles sont de courte durée vers l'Algérie, elles sont de longue durée en Libye, avec des temps de séjour aléatoires, variant d'un à cinq ans.

Par ailleurs, Tchintabaraden, à l'image d'Agadez, est une importante zone de transit des migrants, moins connue, pour beaucoup de migrants nigériens et subsahariens en direction du Maghreb, non seulement du fait de sa position géographique au confluent de trois frontières (Niger-Mali, Niger-Algérie et Niger-Libye), mais aussi et surtout de l'existence d'un réseau multi-acteurs fonctionnel (recruteurs, transporteurs, passeurs, logeurs…) ayant des connections en Libye et en Algérie (Manou Nabara 2014).

… aux destinations peu diversifiées…

Le système migratoire de la commune a la particularité de n'avoir pas de destinations très diversifiées. La plupart des migrants de la commune ont une forte préférence pour la Libye, mais s'orientent aussi volontiers vers l'Algérie. Selon des sources locales rapportées par H. Mounkaila (2012), 80 % des Touaregs et des Arabes, majoritaires dans la commune, choisissent la Libye, et 20 % seulement l'Algérie. Qu'est-ce qui explique ce choix ou cette préférence du premier pays ?

L'histoire des migrations internationales vers la Libye à partir de Tchintabaraden s'inscrit dans le schéma global des migrations subsahariennes vers ce pays, dont l'intensification remonte aux années 1960. La migration vers la Libye est cependant un phénomène plus ancien, longtemps rythmé par le commerce caravanier transsaharien (CEDEAO-CSAO 2006). Ces migrations s'expliquent donc par des raisons historiques, mais aussi géographiques, économiques et sociales.

Les facteurs économiques sont, entre autres, les opportunités de travail offertes en Algérie et en Libye pour des travaux non qualifiés que les nationaux libyens dédaignent accomplir (Grégoire 2010) et dont la rémunération est jugée satisfaisante par les migrants. Aussi, estiment les migrants, contrairement à d'autres pays comme le Nigeria ou la Côte d'Ivoire, où les migrants doivent avoir un fonds pour démarrer une activité, en Libye ils peuvent partir les mains vides, souvent même sur crédit, mais ils parviennent, en quelques mois, à atteindre leurs objectifs. Les principaux secteurs d'activités des migrants en Libye regroupent des emplois peu qualifiés, pour des revenus variant de 50 000 à 500 000 FCFA par mois. Un migrant explique une stratégie parfois utilisée, consistant à faire croire aux parents et jeunes laissés sur place

« qu'en Libye y a l'argent, on ramasse seulement ».

> « Déjà on quitte parce que ça ne va pas. Quand on arrive en Libye, on cherche un prêt de 100 000 F par exemple, auprès des ressortissants ou amis qui sont déjà là-bas. Comme il y a la solidarité, ils nous donnent sans problème et on envoie ça directement à la maison. À Tchinta, ils voient qu'on a déjà envoyé une telle somme en une semaine, ce qui incite les jeunes à partir. Ils pensent qu'il y a l'argent là-bas, on ramasse juste ». (Entretien avec I.O., migrant de retour de Libye, le 16 janvier 2014 à Tchintabaraden).

Au titre des facteurs historiques, politiques et sociaux, on peut noter les crises pastorales des années 1970 et 1980 au cours desquelles des familles entières de Touaregs et d'Arabes nigériens ont fui et se sont ainsi retrouvées en Libye et en Algérie (Grégoire 2010), les relations difficiles que la zone entretenait avec l'État central du Niger et qui s'expliquaient par diverses raisons[2], le changement de discours de Kadhafi, qui passe du panarabisme au panafricanisme à partir de 1998 (Pliez 2000) et ses appels aux jeunes sahéliens pour rejoindre la légion islamique, qui ont amené plusieurs jeunes et cadres du département de Tchintabaraden à fuir pour rejoindre la Libye. L'existence d'un réseau diasporique dans le sud algérien et libyen avait favorisé « l'intégration » de beaucoup de Touaregs et Arabes nigériens originaires de cette région dans le système politique et social libyen (Mounkaila 2014), ce qui facilite les migrations actuelles vers ce pays et l'intégration des nouveaux arrivants. La théorie des réseaux, soutenant que les migrations sont des processus auto-entretenus, qui trouvent dans leurs mobiles et réseaux les ressources de leur reproduction (Piché 2013 ; Fall & Cissé 2007 ; Bredeloup 2010) montre ici toute sa pertinence.

Enfin, la forte tradition migratoire dans la zone se traduit par la perception de la migration comme un signe de maturité du jeune. Un responsable communal explique que, pour la population, « si tu ne vas pas là-bas [en Libye], c'est comme si tu ne connais nulle part ». Elle est fortement valorisée et perçue comme un rite d'initiation, au point que le jeune non migrant est traité d'« incapable » ou de « peureux ». Il s'est ainsi développé, chez les jeunes, l'idée qu'il faut avoir émigré vers la Libye pour démontrer qu'on est « mature ».

---

2. .La question touareg (volonté de créer un État touareg) et la rébellion touareg des années 1990 dont la zone fut le point de départ. Par ailleurs, dans la tentative de coup d'État contre le régime du général Kountché en 1976, deux ressortissants de Tchintabaraden auraient été impliqués. Ces événements ont suscité la méfiance de l'État face à cette zone, où étaient nommés des préfets militaires (Mohamadou 2005).

…et qui reçoit d'importants transferts de fonds

Ces migrations vers la Libye représentent un enjeu économique important pour la commune, car les importants transferts qui les accompagnent constituent une ressource importante pour les ménages et l'économie locale. Les propos des migrants et des responsables de la commune expliquent et confirment l'importance de cet apport financier de la migration à la communauté d'origine :

> « Il n'y a rien à faire ici, on a plus d'animaux et l'agriculture ne peut pas être pratiquée. Donc on est obligé de partir en Libye où on trouve du travail et où on peut gagner de l'argent. En Libye, tant qu'on n'est pas fainéant on gagne » (A.W., entretien le 16 janvier 2014 à Tchintabaraden).

> « La migration constitue le premier grenier de la population de Tchintabaraden… Beaucoup de familles dépendent de la Libye, de la Côte d'Ivoire. La migration est leur seul espoir… » (Entretien avec le secrétaire général de la mairie de Tchintabaraden, le 23 janvier 2014 à Tahoua).

Ainsi, il ressort des entretiens menés que quasiment tous les migrants en Libye transfèrent de l'argent à leurs familles restées à Tchintabaraden, et, en général, plusieurs fois dans l'année. Les montants par envoi varient selon les revenus des migrants et vont de 50 000 à 200 000 FCFA. Ainsi, des millions de FCFA sont envoyés et retirés chaque semaine, généralement les jours du marché, qui y est hebdomadaire et s'anime le samedi et le dimanches. On peut souligner, à partir du registre d'un des opérateurs, que les montants reçus par semaine ne sont pas négligeables.

Tableau 1. Montant des transferts d'argent par I.I., opérateur de transferts

Semaines	*Montant (F CFA)*
Semaine du 18 janvier 2014	9 000 000
Semaine du 11 janvier 2014	13 040 000
Semaine du 25 décembre 2013	5 000 000
Total	27 040 000

Source : Registre d'I. I. consulté le 18 janvier 2014 au marché de Tchintabaraden.

Mounkaila (2014) a également dressé un tableau de ce type d'opérations en 2012. On y constate également que des fonds notables ont été envoyés, soit une somme de 27 040 000 F CFA en trois semaines, qui a transité par un seul des sept opérateurs locaux. Ces informations illustrent bien l'importance de la circulation de l'argent dans la commune, liée aux migrations en Libye et engendrant des transformations socioéconomiques remarquables.

Transferts de fonds des migrants et transformations socio-économiques

Les transferts s'opèrent aussi bien de manière formelle qu'informelle et peuvent aussi mixer les deux modes. Les transferts formels sont rares dans la commune. Ce sont surtout des opérateurs non officiels qui assurent les opérations, certains de manière totalement informelle, d'autres utilisant, à certains stades, des circuits formels. Le développement de ces mécanismes a eu des impacts sur les activités et échanges socioéconomiques.

L'argent de la migration et l'émergence d'opérateurs spécialisés : de l'insuffisance du formel au développement de l'informel

Les canaux utilisés pour les transferts de fonds des migrants connaissent une évolution remarquable au Niger. Allant de l'envoi à travers les migrants circulaires de retour en passant par la poste et les banques, aujourd'hui les opérations se font par des opérateurs informels qui se sont investis et opèrent à tous les niveaux. La téléphonie mobile est mise à contribution pour gérer tout le processus : « aujourd'hui tout se règle avec le téléphone », affirme un enquêté. Loin de mettre fin aux mécanismes formels, les procédés informels les intègrent et les utilisent même parfois, et, on assiste à une diversification des mécanismes de transfert, donnant aux migrants le choix entre plusieurs circuits et y créant des mécanismes hybrides. Pour comprendre cette évolution, il est nécessaire d'examiner les services formels existants ainsi que leur capacité à satisfaire les migrants.

Les canaux formels des transferts comprennent les dépôts ou virements bancaires, les transferts bancaires, le mandat postal et les institutions spécialisées de transferts (Western Union, Money Gram...). Mais ceux-ci restent limités par la lourdeur et la longueur du processus, la faible couverture géographique (notamment en milieu rural), les coûts élevés et l'inaccessibilité des banques pour la majorité des migrants (Mounkaila *et al.* 2010). Le mandat postal, lui, a perdu de sa crédibilité, car il est rarement payé dans de bonnes conditions ; il fait l'objet d'une désaffection liée au retard dans le paiement des mandats et aux difficultés apportées par les postes émettrices à honorer la compensation (Robin 1996 ; Fall 2003). Ces difficultés liées aux mécanismes formels ont conduit au développement de l'informel.

En effet, derrière la formalisation progressive des transferts au Niger, en particulier dans la région de Tahoua (Mounkaila *et al.* 2010), se cache le travail informel qui commence à partir de « l'arrivée de l'argent » au pays par les circuits formels, mais aussi les opérations en amont depuis le pays d'installation des migrants. En effet, ce n'est pas seulement dans ces pays que des opérateurs collectent les fonds des migrants pour l'envoi par des circuits formels, avec des frais de commission pour eux, mais aussi, à partir de l'arrivée de l'argent au Niger, que commence un travail informel, assuré par des intermédiaires et des commerçants qui se chargent de « desservir » les zones reculées et les villages. Par ailleurs, malgré cette formalisation, l'informel reste important, puisqu'il capte 40,5 % des transferts reçus au Niger (BCEAO 2013). Ces transferts informels transitent généralement par des migrants circulaires de retour, soit des voyageurs (chauffeurs, commerçants ou hommes d'affaires ayant séjourné dans le pays d'installation du migrant), soit des opérateurs informels ayant des correspondants à tous les niveaux pour leurs transactions.

Sujette à d'importants flux migratoires, surtout vers la Libye, la zone de Tchintabaraden reçoit d'importants transferts, comme nous l'avons noté, et les ressources de la migration sont très importantes dans l'économie locale et les revenus des ménages. Les transferts constituent, localement, un marché informel que les insuffisances du canal formel ont contribué à développer, tantôt indépendamment, tantôt en utilisant les voies formelles.

Le réseau bancaire est peu utilisé par les migrants de Tchintabaraden parce qu'en général ils sont en situation irrégulière en Libye, ce qui les dissuade d'ouvrir un compte bancaire. La poste reste peu utilisée malgré l'existence d'un bureau dans la ville. Si, en général, on observe une utilisation croissante des services internationaux de transfert d'argent (Western Union, Money Gram…), qui disposent d'un système plus fiable et dont les procédures sont plus rapides (Barro *et al.* 2003), les migrants installés en Libye y ont peu recours, car ces services exigent, selon eux, des pièces d'identité comme un passeport dont ils ne disposent pas. En plus, les représentations locales de ces services sont basées à Tahoua (à près de 165 kilomètres de Tchintabaraden), où le bénéficiaire doit se rendre pour récupérer l'envoi. Cette option est difficile, car les frais de transports aller-retour s'élèvent au minimum à 10 000 FCFA. Un chef de ménage, bénéficiaire des transferts de son fils basé en Libye, témoigne :

> « Mon fils est actuellement en Libye. Il m'envoie de l'argent au moins chaque trois mois. Avant il m'envoie à Tahoua et je pars récupérer, mais je lui ai suggéré qu'il y a quelqu'un ici qui fait ça. Parce que quand je pars à Tahoua je dépense au moins 12 000 F, donc

mieux vaux économiser ça. Il a bien compris, et maintenant il m'appelle juste et me dit d'aller chez untel récupérer tel montant, il a tout réglé. Tu vois maintenant surtout quand on est coincé, on a même des difficultés à obtenir les 12 000 F pour aller à Tahoua ». (Entretien avec Z.E., chef de ménage et chef de quartier à Tchintabaraden, le 12 janvier 2014).

Par ailleurs un migrant explique :

« En Libye je n'ai pas de papiers, les banques n'acceptent pas qu'on ouvre un compte et en plus on a peur. On ne veut pas garder l'argent avec nous. Donc dès qu'on accumule un peu, on envoie à la maison… Western Union exige un passeport et nous on l'a pas. Donc on va chez nos frères qui assurent les transferts pour envoyer. On les connaît et ils connaissent nos familles… même nos parents préfèrent cette option, car ils n'ont plus besoin d'aller à Tahoua ». (Entretien avec A.S. à Tchintabaraden, ex-migrant et chef de quartier, le 12 janvier 2014).

Pour ces raisons, les migrants de Tchintabaraden préfèrent l'usage des circuits informels.

Les transferts de fonds à Tchintabaraden : de l'usage exclusif des circuits informels à la combinaison du formel et de l'informel

Les transferts d'argent des migrants à Tchintabaraden s'opèrent soit sur un mode totalement informel, soit selon un mode combinant le formel et l'informel. Les transferts totalement formels sont rares, mais il arrive que les bénéficiaires des transferts récupèrent directement eux-mêmes les envois au niveau de la structure formelle de transfert (à Tahoua, ville où sont implantés les banques et les services de transferts formels), comme le confirme le passage suivant d'un chef de ménage :

« […] lorsqu'on est coincé, on fait appel à nos enfants qui sont en Libye. On leur explique la situation. Ils ne tardent pas à réagir et parfois sur le champ il peut te dire d'aller à Tahoua récupérer l'argent à Western Union demain. » (A.W., entretien à Tchintabaraden, le 14 janvier 2014).

Les circuits exclusivement informels

Les formes de transferts exclusivement informelles sont au nombre de deux : l'envoi à travers un migrant de retour et celui par des commerçants de la localité qui se ravitaillent et/ou exportent des produits en Libye ou leurs correspondants sur place. Lorsque le migrant rapatrie lui-même son argent, il peut soit le transporter en liquide, soit acheter des produits à revendre une fois au Niger. Ces modes ont longtemps existé malgré les risques (douane, risque de détournement, braquage en route, notamment avec la rébellion des années 1990 et 2000).

Pour les transferts opérés par des commerçants, ces derniers procèdent à la collecte des fonds à transférer en précisant le montant de leur commission (variable, sans montant fixe, mais ne dépassant pas, en général, 10 % des sommes à envoyer). À partir de là, le commerçant peut procéder de deux manières : soit il appelle son représentant à Tchintabaraden pour lui demander de remettre aux différents bénéficiaires les sommes ou alors il se ravitaille et au retour « rembourse » les bénéficiaires. Cette dernière procédure n'est pas bien appréciée par les bénéficiaires, car elle peut prendre du temps.

Ce système est de plus en plus abandonné vu les risques qu'il comporte, mais aussi avec l'émergence d'autres options plus rassurantes.

Les circuits combinant formel et formel

C'est le système le plus utilisé localement, notamment parce qu'il présente un caractère rassurant. L'opérateur en Libye collecte les fonds, prend les noms des expéditeurs et celui des bénéficiaires, éventuellement leurs contacts. Ensuite il envoie, par Western Union, l'argent à son correspondant qui va à Tahoua pour le récupérer et procéder à la distribution aux bénéficiaires. Les correspondants ont des registres sur lequel ils enregistrent toutes les opérations : dates, montant total reçu par semaines, noms et prénoms des expéditeurs, pays de provenance, noms et prénoms des bénéficiaires et montants. Le migrant informe le destinataire de l'envoi et lui indique le lieu de retrait de la somme envoyée.

La combinaison des circuits formels et informels s'effectue dans un registre de complémentarité. L'informel intervient en amont et en aval des circuits : collecte de fonds auprès des migrants, transferts par un canal officiel, retrait et distribution aux bénéficiaires par des opérateurs informels. Cette combinaison intelligente s'appuie non seulement sur l'intermédiation des commerçants, mais aussi des opérateurs qui s'adonnent exclusivement à cette activité et jouent le rôle d'acteurs relais entre, d'une part, les migrants et les banques ou les sociétés de transferts et, d'autre part, entre celles-ci et les bénéficiaires. Fort utilisé, ce mode est très apprécié par les bénéficiaires qui n'ont plus à se déplacer sur Tahoua ainsi qu'à se munir d'une carte d'identité comme l'exigent les banques ou les sociétés de transfert. Les représentants des opérateurs de transfert en Libye ne sont pas payés localement, mais peuvent être gratifiés par les bénéficiaires. Le bénéfice issu des opérations est partagé entre l'opérateur et son correspondant en Libye ou localement. C'est généralement les jours du marché de Tchintabaraden (samedi et dimanche) que les activités de transfert sont intenses.

Les opérateurs locaux : une élite économique hétérogène

Au niveau de Tchintabaraden, on dénombre plus de sept opérateurs des transferts des migrants. Si dans leur majorité ils sont des commerçants (quatre sont commerçants, un chef de village et deux anciens migrants), on note que les opérations de transferts prennent de plus en plus une importance dans leurs affaires. Du reste, comme les opérations s'effectuent le plus les deux jours du marché, ils peuvent donc s'occuper de leur commerce les autres jours. C'est pourquoi, il est apparu nécessaire aux opérateurs de transferts d'ouvrir des boutiques avec les produits généralement consommés par les bénéficiaires des transferts, ce qui peut renforcer les liens et les échanges. D'ailleurs certains migrants, sachant que l'opérateur fait du commerce, donnent aux opérateurs la liste des produits qui sont à remettre directement aux destinataires et dont le prix correspond au montant envoyé.

Ces opérateurs ont en commun un système d'organisation identique. Le correspondant en Libye doit être une personne en règle (disposant de papiers), qui peut utiliser éventuellement la banque et les services internationaux de transfert d'argent comme Western Union.

L'absence d'agences bancaires à Tchintabaraden et d'autres structures de transferts[3] renforce les activités des opérateurs informels. Les transferts ont donc ouvert un marché qui a favorisé l'émergence de nouveaux acteurs et le renforcement de ceux déjà existants (les commerçants locaux).

> « Il y a des commerçants qui font les transferts ici … Ils ont des représentants en Libye à qui on donne l'argent et qui à leur tour les appellent pour leur demander de procéder à la distribution. Les gens viennent les jours de marché pour les retraits. Il y a aussi ceux qui le font uniquement les jours du marché, ce ne sont pas des commerçants. Je connais au moins sept ». (entretien avec I.T., le 14 janvier 2014 à Tchintabaraden).

L'argent de la migration, au-delà de ses impacts sur les conditions de vie des ménages, participe ainsi à la reconfiguration de l'arène économique et commerciale locale, avec des acteurs déjà existants et d'autres émergents, tous saisissant les transferts des migrants comme

---

3. .Hormis la poste et les structures nationales, le Bureau nigérien d'intermédiation financière BNIF-Afuwa, ouvert en 2012 à Tchintabaraden, et Al-Izza opèrent le transfert d'argent.

un domaine d'affaires. Voici le profil d'un opérateur des transferts de fonds des migrants à Tchintabaraden, tel qu'il l'a décrit lui-même :

> « Je suis opérateur spécialisé dans les transferts depuis plus 2010. Je suis chef du village d'Amatagh (50 km de Tchintabaraden) et j'ai 52 ans.
>
> Pour les opérations de transfert, j'ai un correspondant en Libye qui est mon propre frère. Il collecte les fonds chaque semaine et me les envoie à Tahoua, via Western Union, ou à travers les chauffeurs qui reviennent de la Libye. Je suis enregistré au service des impôts et je paie une taxe globale de 187 500 F/an. Le chiffre d'affaires est estimé à 150 000 000 de francs CFA/an.
>
> J'ai une boutique, une calculatrice, un registre, une table, des chaises et bancs et deux stylos (noir et rouge, le second permettant de cocher les opérations effectuées) pour le travail. J'ai reçu un cours d'alphabétisation en tamashek et j'écris tous les renseignements dans cette langue. Mais je fais les calculs en chiffres français.
>
> Nous partageons le bénéfice mensuel avec mon frère basé en Libye, mais je ne peux pas estimer la somme qui me revient, car elle fluctue. Pour les opérations des transferts, je prélève 1 000 FCFA sur chaque 10 000 FCFA ». (Entretien avec Idineb Iltine, opérateur des transferts, le 18 janvier 2014 au marché de Tchintabaraden).

Dynamiques des échanges socioéconomiques et commerciaux

Les transferts des migrants n'ont pas seulement favorisé l'émergence d'une élite économique spécialisée. Ils ont aussi redynamisé l'économie et modifié quelque peu le système d'échanges local. Ainsi, les transferts jouent un rôle important dans l'économie locale. Ils développent des commerces conférant dans l'économie de la zone un rôle important à Tchintabaraden, qui y a le plus grand marché, et favorisent le développement d'autres secteurs comme le petit commerce et le commerce transfrontalier. Ils redynamisent aussi le marché du bétail avec des migrants qui essaient de constituer ou de reconstituer leur cheptel avec l'argent de la migration.

Les dépenses auxquelles sont consacrés les transferts ont également renforcé les liens des familles bénéficiaires et la confiance entre elles. En effet, comme l'on souligné beaucoup de travaux, les fonds transférés par les migrants sont, le plus souvent, utilisés par les ménages pour la consommation et les dépenses courantes. Ils servent d'abord et avant tout à soutenir la famille à la fois dans le domaine alimentaire, l'équipement en biens de consommation courante (radio, télé, etc.), la prise en charge de la santé, de la scolarité des enfants, les obligations socioreligieuses (mariage, baptême, funérailles, mais surtout le pèlerinage à la Mecque), l'habillement, etc. L'argent des migrants constitue aussi un appoint de poids, particulièrement dans les situations de crise (De Haan & Rogaly 2002 ; Lachaud 2002 ; Hamani 2008), parce qu'il représente une assurance non seulement en cas de mauvaise récolte ou de crise alimentaire [4], mais aussi pour la prévention d'autres risques (Grubert 2002). Cette utilisation orientée vers la consommation et se traduisant en général par un approvisionnement « local » à Tchintabaraden, a créé des nouvelles relations en modifiant le système d'échanges locaux, notamment entre les commerçants et les familles ayant des migrants.

Les transferts des migrants ont contribué à (re)structurer les échanges entre les commerçants et les familles des migrants. Avoir un parent en migration devient ainsi un « gage de solvabilité » (Hamani 2008) et représente une clé pour faciliter l'accès au crédit, car les commerçants sont plus enclins à consentir des avances à ces familles. Si des facteurs comme la confiance et la parenté interviennent dans l'acceptation d'offrir, le constat du « concret », c'est-à-dire la perception que les migrants « ont de l'argent » et « peuvent rembourser » y joue tout aussi, tel qu'il ressort des entretiens avec les commerçants.

> « Les gens me sollicitent pour des prêts lorsqu'ils sont coïncés, ils disent de leur donner en attendant l'envoi de leur enfant qui est en Libye. J'ai l'habitude de donner des sacs de riz, du mil ou d'autres vivres... je leur donne car on voit les migrants envoyer beaucoup d'argent, surtout ceux qui sont en Libye, ils ont de l'argent et l'envoient pour éviter qu'on le leur arrache là-bas ». (Entretien avec S.A, entretien le 15 janvier 2014).

Le migrant peut demander au commerçant local, par téléphone, de donner directement des produits à sa famille et ce cas a lieu lorsque le migrant en donne l'instruction pour « ...éviter que l'argent de ne soit gaspillé....et que quelques jours après on revient vers toi ». (Entretien avec O.A. migrant de retour, le 14 janvier 2014).

Les nouvelles technologies de l'information et de la communication, notamment le téléphone portable, sont venu renforcer les transformations des opérations des transferts et les contacts entre les migrants et leurs familles sont donc facilités pour exposer les problèmes et chercher à leur trouver une solution. Les opérateurs des transferts et les commerçants peuvent avancer ainsi des produits ou de l'argent aux familles sur « simple coup de fil » du migrant sachant en retour qu'il suffit d'un « coup de fil » au migrant pour qu'ils soient remboursés.

Le « revers de la médaille »

Les transferts de fonds des migrants contribuent, d'une manière reconnue et indiscutable, à la réduction de la pauvreté des ménages ruraux et renforcent leur capacité à répondre aux

---

4. Voir l'analyse d'Oumarou Hamani (2008), sur la contribution des migrants dans la gestion de la crise alimentaire de 2004-2005 au Niger, dans un article paru dans *Afrique contemporaine* n° 225.

chocs et crises. Ils peuvent redynamiser l'économie locale, grâce aux entrées de liquidités et à la circulation de l'argent. Ils peuvent aussi servir à investir pour préparer la réinsertion du migrant à son retour de migration et, dans des cas rares, à monter de petites entreprises : par exemple, à Tchintabaraden, un chef de quartier a été aidé par son fils en Libye à monter une entreprise familiale de fabrication du pain. Mais au-delà de ces aspects positifs, les transferts peuvent avoir des effets pervers. Ils développent une mentalité d'assistés chez les populations bénéficiaires, ce qui peut bloquer les initiatives locales. Plusieurs travaux sur d'autres terrains l'ont d'ailleurs relevé et cela se constate à Tchintabaraden, où les populations face aux crises et contraintes économiques locales, envisagent plus la migration comme réponse. Avec les retours contraints des migrants du fait de la crise en Libye, l'État et ses partenaires ont mis en œuvre plusieurs projets pour appuyer la réinsertion de ces migrants en vue de les fixer. Mais plusieurs d'entre eux ont regagné la Libye, malgré le contexte toujours instable ; d'autres ont même utilisé les fonds d'appui qu'ils ont reçus pour financer le nouveau départ. Ainsi, loin de retenir les migrants, ces projets les ont même aidés à repartir.

> « Les gens repartent et affirment préférer mourir à la quête de quoi nourrir leurs familles que de mourir lâchement de faim au milieu de celles-ci ». (Secrétaire général de la mairie de Tchintabaraden, le 23 janvier 2014).

Aussi, malgré les fonds qu'ils accumulent, les migrants n'ont pas monté de véritables projets de réinsertion et, comme les jeunes en témoignent, lorsqu'ils reviennent, ils « gaspillent » toutes leurs économies pour se trouver obligés de regagner l'étranger. Le retour est, en effet, un moment de démonstration de la réussite, donc de dépenses ostentatoires et, au bout de deux mois, le jeune migrant est sans ressources et s'endette alors pour repartir. Ainsi se construit un « cercle vicieux » de la migration.

Par ailleurs, d'autres problèmes liés aux migrations, qui ont fait l'objet d'études sur d'autres terrains, mais que nous n'avons pas pu examiner dans notre travail, méritent d'être mentionnés : il s'agit en particulier de la déscolarisation des jeunes pour migrer, du renchérissement du coût de la vie à causes des transferts, pénalisant les familles pauvres qui n'en reçoivent pas (Zongo 2009).

Conclusion

Si la migration renvoie au départ d'une personne ou d'un groupe de personnes d'une contrée vers une autre pour une période donnée et pouvant avoir diverses causes, elle ne signifie pas rupture totale avec les milieux de départ. Les transferts de fonds qui s'en suivent permettent aux migrants d'être des acteurs économiques importants, tant au sein de leurs ménages que de leurs communautés. Ces transferts restructurent les solidarités familiales grâce aux mécanismes sociaux d'entraide, de dette, de don (Spittler 1993, cité par Hamani 2008).

L'originalité de l'approche retenue dans cette étude réside dans la volonté de dépasser les approches "macro" qui abordent la question des transferts de fonds des migrants en termes génériques et généraux de contribution ou non des transferts au développement des pays d'origine. Elle a permis ainsi de comprendre comment les transferts des migrants sont saisis comme domaine d'affaire par des commerçants et l'émergence d'autres acteurs informels qui s'investissent dans ces opérations.

Les transferts de fonds des migrants constituent à Tchintabaraden une importante source de revenus pour les ménages, qui l'inscrivent d'ailleurs dans leurs stratégies de survie face aux contraintes économiques locales. Au plan structurel, ils ont favorisé l'émergence d'un marché avec des acteurs opérant de façon informelle ou combinant le formel et l'informel. L'utilisation faite de ces transferts, en général dans la consommation des ménages, et leur régularité ont créé des rapports privilégiés entre commerçants et familles ayant des migrants en Libye. Mais au-delà de ces aspects et des éléments positifs qui les accompagnent, on relève quelques aspects négatifs, qui ne sont que le revers de la médaille : les transferts bloquent les initiatives locales, développent une dépendance chez les bénéficiaires qui ne songent pas à d'autres alternatives face aux contraintes économiques locales.

Ce papier a tenté de contribuer à la compréhension et à l'approfondissement de questions théoriques, sur les impacts des migrations internationales, qui ont reçu des réponses longtemps restées contradictoires. L'approche développée ici a permis d'approfondir certaines hypothèses avancées par les approches macroscopiques ou holistiques, quant à l'impact des migrations ou des transferts de fonds qui les accompagnent, tout en relativisant certains points de vue sur la question de la contribution des transferts au développement, par exemple. Nous avons cependant voulu démontrer ainsi la complémentarité des deux approches pour la compréhension des migrations et de leurs impacts, la première donnant des analyses globales et la seconde proposant des illustrations dans des contextes particuliers.

Une piste de recherche qui émerge consiste à examiner la question des transferts sociaux, allant au-delà des transferts monétaires et comprenant toutes les compétences, attitudes et pratiques nouvelles « rapportées » par les migrants dans leurs localités d'origine, ainsi que les dynamiques sociales qu'ils peuvent engendrer, éventuellement leur impact dans l'investissement des fonds envoyés par les migrants dans des secteurs productifs. La question théorique de la relation entre migration et développement et celle de l'impact des migrations ou des transferts des migrants reviendront ici en force et pourraient être alimentées par des études documentées à propos de l'impact de la migration sur le développement socio-économique.

Bibliographie

Auroi C., 2008, « La contribution des migrants au développement local en Amérique Latine », *in* Denise Efionayi-Mäder, Alessandro Monsutti, Gérard Perroulaz, Catherine Schümperli Younossian (dir), *2008, Migration et développement : un mariage arrangé, Annuaire suisse de politique de développement*, 27, 2, Institut de Hautes études Internationales et du Développement (IHEID), pp. 133-153.

Banque Mondiale, 2003, *Global Development Finance. Striving for Stability in Development Finance*, Washington DC, Banque mondiale.

Barro I. *et al.*, 2003, *étude sur le transfert d'argent des émigrés au Sénégal et les services de transfert en microfinance*, Rapport final, Genève, BIT.

BCEAO-Direction nationale pour le Niger, 2013, *Enquête sur les envois de fonds des travailleurs migrants au Niger,* Rapport final.

Bennafla Karine, Pagès-El Karaoui, Sammartin Olivier, 2007, *Géopolitique du Maghreb et du Moyen-Orient*, Paris, éditions Sedes, collection "Impulsion".

Bierschenk Thomas, Olivier de Sardan Jean-Pierre (eds), 1998, *Les pouvoirs aux villages : le Bénin rural entre démocratisation et décentralisation*, Paris, Karthala.

Bredeloup Sylvie, 2010, *Quand l'essor des solidarités circonstancielles renseigne sur la transformation des réseaux migratoires*, Dakar, African Migrations Workshop: The Contribution of African Research to Migration Theory.

CEDEAO / CSAO – OCDE, 2006, *Atlas de l'intégration régionale en Afrique de l'Ouest : les migrations*, Abuja – Paris, CEDEAO / CSAO – OCDE (Organisation for Economic Co-operation and Development).

Chort Isabelle, Dia Hamidou, 2013, « L'argent des migrations : les finances individuelles sous l'objectif des sciences sociales », *Autrepart, 67-68*, 2013-4, pp. 3-12.

Direction Nationale de la BCEAO pour le Niger, 2013, *Enquête sur les envois de fonds des travailleurs migrants au Niger*, Rapport final, avril 2013.

Fall Abdou Salam, 2003, *Enjeux et défis de la migration internationale de travail ouest-africaine*, Genève, BIT, Cahiers des migrations internationales, 51 p.

Fall Abdou Salam, Cissé Rokhaya, 2007, *Migrations internationales et pauvreté en Afrique de l'Ouest*, Document de travail n° 5, Chronic Poverty Research Centre, Dakar, Institut Fondamental d'Afrique Noire, Université de Dakar, 26 p.

Gado Alpha Boureima, 1993, *Une histoire des famines au Sahel*, Paris, L'Harmattan.

Grégoire Emmanuel, 2010, *Touaregs du Niger : le destin d'un mythe*, Paris, Karthala (nouvelle édition).

Grubert F., 2002, "Do Migrants Insure Those Who Stay Behind? Evidence from the Kayes Area (Western Mali)," *Oxford Development Studies*, 30, 3, pp. 267-287.

Haan Arjan De, Rogaly B., 2002, "Migrant Workers and Their Role in Rural Change," *Journal of Development Studies*, 38, 2, pp. 37-58.

Hamani Oumarou, 2008, « Le rôle des ressortissants et des migrants à Bambey face à la crise », *Afrique contemporaine*, 225, 1, pp. 199-216.

INS – Institut national de la Statistique, 2014, *Présentation des résultats définitifs du Quatrième recensement général de la population et de l'habitat (RGP/H) de 2012*, Niamey, Niger, Ministre des Finances.

Lachaud Jean-Pierre, 2002, « Envois de fonds, inégalité et pauvreté au Burkina Faso », *Revue Tiers Monde*, 160, pp. 793-827.

Manou Nabara Hamidou, 2014, *Migration de retour, stratégie de réinsertion et changement social dans la commune urbaine de Tchintabaraden*, Université Abdou Moumouni de Niamey, FLSH/Département de sociologie, mémoire de master en sociologie.

Mohamadou Abdoulaye, 2005, *Les pouvoirs locaux dans la commune de Tchintabaraden*, Niamey-Parakou, LASDEL, études et travaux n° 32, 33 p.

Mounkaila Harouna, 2012, La gouvernance locale à l'épreuve des retours des migrants de la Libye : cas de la Commune urbaine de Tchintabaraden, communication à la 5ème session de l'Université d'été du LASDEL, septembre 2012, Niamey.

—, 2014, Les risques liés aux retours des migrants de Libye dans la commune urbaine de Tchintabaraden (Niger), manuscrit non publié.

Mounkaila Harouna, Amadou Boureima, Boyer Florence, Garba A., 2010, « Circulations migratoires et envoi de fonds dans la région de Tahoua (Niger) », *Le courrier des sciences sociales*, 7, Abidjan, pp. 55-68.

Niger Horizons (Bureau d'études), 2014, *étude en vue de l'élaboration d'une politique nationale en matière de migration*. Version finale.

Olivier de Sardan Jean-Pierre, 2003, *L'enquête socio-anthropologique de terrain : synthèse méthodologique et recommandation à usage des étudiants*, Niamey-Parakou, LASDEL, études et Travaux, n° 13, 59 p..

Petit Véronique, Hamelin Philippe, 2004, *Terres d'abondance. Transferts et retour des migrants internationaux*, Paris, Centre Population et Développement (CEPED), Chronique n° 48, 4 p.

Piché Victor, 2013, « Les fondements des théories migratoires contemporaines », in Victor Piché (éd.), *Les théories de la migration*, Paris, INED (Collection Les Manuels, Série des Textes Fondamentaux), pp. 15-60.

Pliez Olivier, 2000, « Le Sahara libyen dans les nouvelles configurations migratoires », *Revue européenne des migrations internationales*, 16, 3, pp. 165-181.

Robin Nelly, 1996, « Transferts, investissements et lieux de fixation des émigrés sénégalais », in E. Ma Mung (dir.), *Mobilités et investissements des émigrés : Maroc, Tunisie, Turquie, Sénégal*, Paris, L'Harmattan, pp. 249-64.

Savina Ammassari, 2004, *Gestion des migrations et politiques de développement : optimiser les bénéfices de la migration internationale en Afrique de l'Ouest,* Genève, BIT, Cahiers des migrations internationales.

Spittler Gerd, 1993, *Les Touaregs face aux sécheresses et aux famines,* Paris, Karthala.

Wanner Philippe, 2008, « L'apport des migrants au développement : une perspective économique », *in* Efionayi-Mäder *et al.* (dir.), *Migration et développement : un mariage arrangé, Annuaire suisse de politique de développement*, 27, 2, IHEID, pp. 121-131.

Zongo Mahamadou, 2009, « *L'italian Dream* : côté cour. L'impact des transferts financiers des émigrés Bissa en Italie sur les villages de départ dans la province du Boulgou au Burkina Faso », *Annales de l'université de Ouagadougou – série A*, *8*, pp. 397-419.

10. Envois de fonds des migrations à destination du Cameroun : Profil des acteurs et conséquences sur le bien-être des bénéficiaires

ERIC STÈVE TAMO MBOUYOU ET ASTADJAM YAOUBA

L'amplification du phénomène migratoire a suscité un intérêt vif auprès des chercheurs et des hommes politiques au cours des dernières années, surtout dans le contexte actuel de fermeture des frontières et de régulation des flux par le biais des politiques sélectives des pays d'accueil. Sous l'effet de divers facteurs, les flux mondiaux s'intensifient, et, malgré la forte attention accordée aux migrations vers les pays du Nord, force est de constater que « près de la moitié des échanges migratoires s'effectue dans le Sud » (Gabas *et al.* 2007). Les migrants quittent généralement leur pays d'origine en quête d'un avenir meilleur et ces mouvements s'accompagnent le plus souvent d'envois de fonds vers les zones de départ.

Nonobstant les crises économiques et sociales auxquelles sont confrontés les pays d'accueil, les difficultés d'insertion des migrants à l'arrivée et la précarité des emplois qu'ils occupent, les envois de fonds vers les pays en développement connaissent un volume croissant. D'après la Banque mondiale (2016), les fonds transférés par les migrants à destination de leur pays d'origine s'élevaient en 2015 à 581,6 milliards de dollars dont 431,6 milliards (soit 74 %) à destination des pays en développement (Banque mondiale, 2016). Dans certains pays, le montant de ces envois dépasse l'aide publique au développement reçue. D'après S. Gupta *et al.* (2007), entre 2000 et 2005, les envois vers l'Afrique subsaharienne ont augmenté de plus de 55 %, atteignant près de 7 milliards de dollars. En outre, il est avéré que ces flux sont sous-comptabilisés, car de nombreux envois passent par des canaux informels (Freund & Spatafora 2005).

Les études réalisées dans dans divers pays d'Afrique subsaharienne, fondées sur les données relatives aux ménages, donnent des indications sur l'utilisation de ces sommes. À la base, ce sont des transferts privés intra-familiaux / intracommunautaires de revenus, qui répondent directement à la préoccupation essentielle de l'Afrique subsaharienne : la pauvreté (Gupta *et al.* 2007).

Au Cameroun, l'émigration internationale est importante, propulsée par les technologies d'information et de communication, en constante amélioration. Le nombre d'émigrants camerounais en 2000 était estimé à 170 363 personnes (DRC 2007), avec pour principales destinations la France, suivie du Gabon, du Nigeria, et des États-Unis (carte 1). Ce pays d'Afrique centrale compte une population relativement jeune. La crise du milieu des années 1980, qui a frappé la quasi-totalité des pays en voie de développement, a eu un impact lourd sur tous ses secteurs de l'économie camerounaise. En particulier, le marché de l'emploi a connu de profonds bouleversements. Les travailleurs ont été victimes de compressions massives, aussi bien dans le secteur public que privé. Le secteur informel, principal refuge de cette masse de désœuvrés, a pris des proportions jamais égalées par le passé. Toutes les couches de la population et aussi bien les femmes que les hommes s'y retrouvent. La proportion de la population en âge de travailler effectivement présente sur le marché du travail est de 56,9 %, alors que le reste n'exerce aucune activité. Le chômage, au sens du BIT, est un phénomène davantage urbain que rural, affectant 8,1 % des individus en milieu urbain contre 1,4 % en zone rurale. Les jeunes et les femmes sont les sous-populations les plus touchés par le phénomène (INS 2011).

Face à cette dégradation des conditions d'existence, l'émigration est perçue par de nombreuses personnes en manque de perspectives comme une stratégie de survie permettant de faire face aux problèmes de précarité, de chômage, d'emploi mal rémunéré, bref aux incertitudes de l'économie locale, ce qui n'est pas sans conséquences.

Principaux pays de destination d'émigrants au départ du Cameroun en 2000
(Effectifs en milliers)

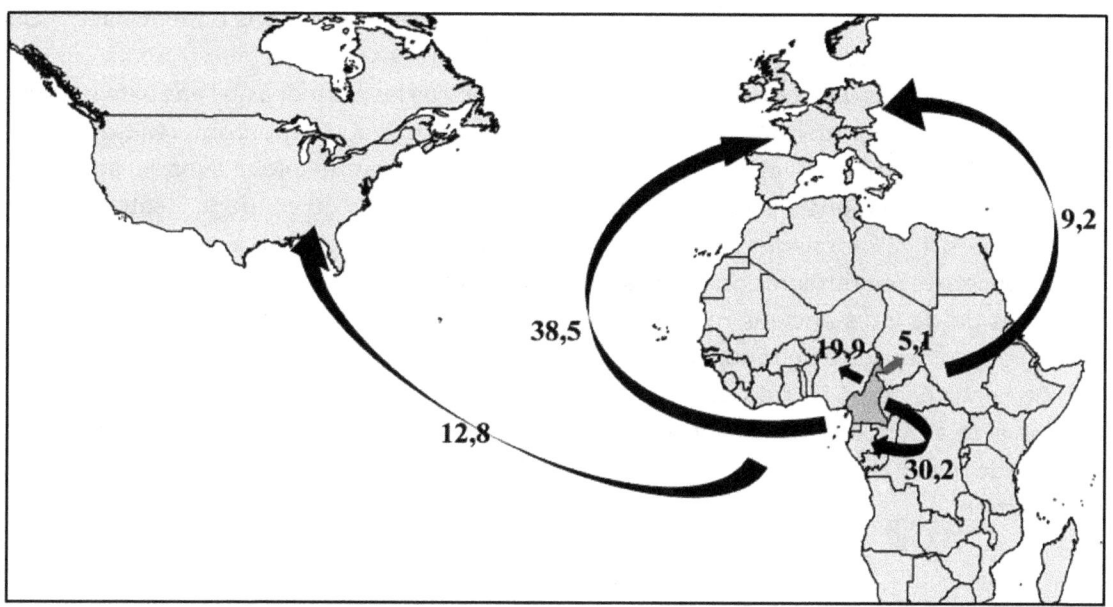

Source: Development Research Centre on Migration, Globalisation and Poverty (2007)
Adaptation : Eric Stève Tamo Mbouyou & Astadjam Yaouba

Les retombées de cette émigration sont de plus en plus perceptibles, parce que les envois de fonds à destination du Cameroun n'ont pratiquement pas cessé de croître, passant de 11 millions de dollars US en 2000, à 103 millions en 2004 et 167 millions en 2008. Les études montrent que ces envois de fonds des migrants à leur famille d'origine servent à l'entretien de cette dernière. En général, ils sont destinés à la prise en charge des frais médicaux et de scolarisation, au paiement du loyer, ou encore à l'achat de biens de consommation courante (Kamdem 2007 ; Zourkaléini *et al.* 2013).

Compte tenu de l'importance de cette source de revenus additionnels pour les ménages africains, et camerounais en particulier, malgré le contexte actuel de fermeture des frontières et de régulation des flux par le biais des politiques sélectives des pays d'accueil, il importe de s'interroger sur le profil de ces migrants qui soutiennent les flux observés, sur les caractéristiques des populations bénéficiaires, ainsi que sur l'impact de ces fonds sur le bien-être de ces dernières. Ce questionnement est essentiel pour un pays comme le Cameroun qui, à l'opposé de pays ayant un niveau de développement assez proche, comme le Sénégal, tarde à véritablement optimiser le phénomène migratoire à travers l'établissement de programmes d'incitation aux transferts et de valorisation de ces fonds.

La présente recherche se propose ainsi de répondre aux questions suivantes. Quelles sont les caractéristiques des migrants qui opèrent des transferts de fonds à destination de leur famille restée au pays ? Quelles sont les caractéristiques des populations bénéficiaires ? Quel est l'impact de ces fonds sur le bien-être de ces populations ?

Pour répondre à ces questions, la présente étude mobilise les données de l'enquête nationale sur "L'impact des migrations Sud-Sud sur le développement au Cameroun", réalisée en 2012 par l'Institut de formation et de recherche démographiques (IFORD) avec le soutien de l'Organisation internationale pour les migrations (OMI). À partir d'un sondage aléatoire stratifié à deux degrés, 1 235 ménages ont été tirés sur l'ensemble du territoire parmi lesquels 453 étaient concernés par l'émigration internationale, car ils avaient connu le départ pour l'étranger d'au moins un de leurs anciens membres entre 2002 et 2012, soit un total de 592 émigrants. La mesure des transferts de fonds a porté sur une période donnée (les douze mois précédant l'enquête) et a concerné les ménages avec émigrant(s).

Une analyse descriptive de ces données a donné les résultats ici présentés, qui permettent de décrire et de mieux comprendre le phénomène migratoire et son impact sur le développement du Cameroun.

I. Caractéristiques des migrants qui transfèrent des fonds au Cameroun

Typologie des pays de provenance des envois monétaires

Plusieurs termes seront utilisés ici pour désigner une même réalité : envois monétaires, envois de fonds, transferts de fonds, transferts monétaires et transferts d'argent.

Les envois de fonds sont des échanges inter-individuels mettant en relation deux entités géographiques, en l'occurrence deux pays. Ils désignent les biens en numéraire envoyés par le migrant à destination de son ménage d'origine.

Les transferts d'argent vers le Cameroun proviennent majoritairement des principaux pays de destination des migrants au départ du Cameroun, à savoir : la France, l'Allemagne et l'Italie, pour les migrations Sud-Nord ; la Guinée Equatoriale et le Gabon, dans le cas de migrations Sud-Sud. Au-delà de la simple proximité géographique du Cameroun avec certains de ces pays, de longues relations historiques et culturelles avec d'autres qui expliqueraient le choix de ces destinations, on observe à travers la fréquence d'envoi que des motivations d'ordre économique sous-tendraient encore plus le choix de ces pays. Cela peut se vérifier également au niveau même des volumes monétaires : sur les 148 millions de dollars transférés vers le Cameroun en 2010, un peu plus du tiers provenait de la France, le reste provenant par ordre de grandeur des États-Unis, du Gabon et de l'Allemagne, d'après les évaluations de la Banque mondiale (2011).

Les hommes et les migrants âgés de 30 à 40 ans

Les hommes plus que les femmes effectuent des transferts monétaires au profit de leur ménage d'origine et les adultes, précisément les 30-39 ans, sont les plus concernés.

Le résultat concernant le genre est peu conforme à la littérature sur le sujet, qui montre que les femmes ont une plus grande propension à envoyer de l'argent à leur famille restée au pays, car leurs rôles sociaux les rendent davantage sensibles au devoir de soutenir la famille, comme a d'ailleurs pu l'établir Mangalu (2010) dans le cas du Congo. Ce qui n'est pas le cas des hommes, guidés le plus souvent par des intérêts personnels (De la Brière *et al.* 2002 ; Lerch 2006).

Ainsi que le démontre une étude sur la migration des femmes et les transferts de fonds, dans les années 1970, les femmes ont émigré pour rejoindre leurs époux, dans le cadre du rapprochement familial, ou l'ont fait soit avec leur époux pour la recherche de meilleures conditions de vie, soit dans le but de procurer de l'argent aux membres de leurs familles restés au pays. De plus en plus, les femmes ont émigré sur décision personnelle, qui peut être prise à la suite d'un divorce ou dans le souci de leur autonomisation économique. L'émigration offre à ces femmes l'occasion de disposer de ressources financières substantielles pour subvenir à leurs propres besoins, à ceux de leurs enfants restés au pays (paiement des frais liés à leur éducation), aider la famille en prenant en charge les soins de santé des membres, les dépenses de logement et les frais de nourriture (Suarez 2013). Cela fait que les femmes sont plus nombreuses à faire des transferts d'argent quand elles émigrent.

Mais d'autres résultats, notamment ceux issus de l'exploitation des données de l'enquête *Living Standards Measurement Study* (LSMS 2003), ont montré que dans le cas de l'Albanie, ceux qui font des *remittances*, sont en majorité des hommes (Morice & Potot 2010).

S'agissant de l'âge, il convient de souligner que ces envois de fonds, qui durent toute la période active, diminuent progressivement vers l'âge de la retraite.

Ce constat converge avec celui de l'Enquête "Migration et transferts de fonds au Sénégal", dont le rapport indique que l'apport des migrants aux transferts augmente avec l'âge, jusqu'à la tranche d'âge 51-55 ans, qui est catégorie à partir de laquelle la proportion dans les effectifs diminue (CRES & Banque mondiale 2009 ; ainsi que Diagne & Rakotonarivo 2010).

Les plus instruits et les actifs économiquement occupés

Il ressort des analyses concernant le Cameroun, que les migrants les plus instruits – c'est-à-dire ceux de niveau secondaire ou plus – effectuent le plus d'envois. Ce résultat est contraire à ceux de J. Durand *et al.* (1996), R. Jelili & M. Jellal (2002), qui concluent à une influence négative de la formation du capital humain sur la propension du migrant à opérer un transfert en direction de sa famille restée au pays, du fait d'une rupture de liens consécutive à l'assimilation progressive à travers l'éducation reçue par le migrant dans son pays d'accueil.

Au Cameroun, l'émigration hautement qualifiée est importante : en 2000, 17 % de la population camerounaise ayant un niveau d'enseignement supérieur a émigré. Sur la période 1995-2005, 46 % des médecins et 19 % des infirmiers camerounais ont émigré dans des pays sélectionnés. Selon l'Ordre des médecins du Cameroun, 4 200 médecins camerounais, en majorité des spécialistes, exercent à l'étranger (OIM 2009). Cela peut permettre de comprendre pourquoi ceux qui transfèrent de l'argent se retrouvent parmi les plus instruits.

Il convient de souligner que certains envois de fonds correspondent au paiement d'une « dette morale », dans la mesure où les frais transférés seraient une façon pour le migrant de rembourser à ses parents les frais de scolarité qu'ils ont supportés pour son éducation et son instruction. C'est ce que certains auteurs nomment les "motifs de coassurance". Il s'agit d'une stratégie efficace adoptée par la famille : une partie de la famille est envoyée à l'étranger pour travailler et l'autre demeure au village. En cas de diminution du revenu de ceux qui n'ont pas migré (mauvaises récoltes, fluctuations des prix, maladie, etc.), la famille peut profiter des envois de ceux qui ont migré. En effet, il s'agit d'un arrangement contractuel implicite entre le migrant et sa famille (Bouoiyour 2011). La propension des envois, de même que le volume des fonds transférés seront donc d'autant plus importants que le niveau d'instruction du migrant est élevé (Rempel & Lobdell 1978 ; Diagne & Rakotonarivo 2010).

La situation quant à l'activité est tout aussi importante, car les envois sont surtout le fait de migrants économiquement occupés, alors que les chômeurs et les inactifs en font moins. En effet, 62,8 % des actifs occupés ont transféré de l'argent à leurs familles, contre 57,1 % des chômeurs et 46,0 % des inactifs. Ce résultat suggère l'importance d'une source de revenus pour les migrants désireux de transférer de l'argent à leurs familles.

Des données empiriques concernant le Botswana corroborent cet argument. Une augmentation de 1 % du salaire d'un émigré entraîne, toutes choses égales par ailleurs, une augmentation du montant des transferts allant de 0,25 % pour les bas salaires à 0,73 % pour les salaires élevés (Straubhaar & Vădean 2006). A. Diagne & A. Rakotonarivo (2010) trouvent également que deux tiers des migrants qui sont occupés dans une activité rémunératrice ont transféré des biens ou de l'argent, contre seulement 38 % des non-occupés.

De véritables flux s'observent à partir de la troisième année de séjour du migrant

D'après nos résultats, les premières années de séjour dans le pays de destination sont peu propices aux transferts d'argent. Ce n'est qu'à partir de la troisième année qu'on observe de véritables flux qui vont en croissant jusqu'à la septième année. Cette observation semble logique, puisque les premières années correspondent à la période d'installation et d'intégration du migrant dans son pays d'accueil. Mais au-delà des sept premières années, donc à partir de la huitième, la fréquence des envois diminue, ce qui pourrait indiquer le début d'une rupture progressive des liens entre le migrant et sa famille d'origine, comme le suggère le modèle assimilationniste.

Des études ont pu montrer que plus les migrants séjournent longtemps dans leur pays d'accueil, mieux ils sont payés. Ils pourraient donc – à condition de le vouloir ! – transférer davantage d'argent. Le montant des transferts augmente probablement dans un premier temps, puis diminue à mesure que le séjour se prolonge, ce qui amène à conclure à l'existence d'une durée de séjour optimale pour maximiser les flux de transferts, dans une équation qui compense l'amoindrissement des liens par un accroissement de la capacité de gagner de l'argent (Straubhaar & Vădean 2006).

II. Caractéristiques des ménages bénéficiaires

Les ménages dirigés par une femme, un jeune ou une personne âgée

Les ménages dirigés par une femme bénéficient le plus de transferts monétaires, de même que les ménages dirigés soit par un jeune, soit par une personne âgée. On observe, en effet, une relation en forme de U entre l'âge du chef de ménage et la réception d'un transfert : le pourcentage de bénéficiaires baisse progressivement jusqu'au groupe d'âge 40-49 ans, au-delà duquel on observe une reprise à la hausse. Cela démontre que la réception de transferts internationaux reste bel et bien majoritairement un phénomène de groupes socialement vulnérables, c'est-à-dire les femmes, les jeunes et les personnes âgées. Ce qui n'est pas le cas des adultes qui jouissent en général d'une autonomie qu'ils tirent de leur activité. Des résultats similaires ont été trouvé en contexte malien, où « Les transferts privés reçus bénéficient plus aux ménages dont le chef est une femme » (UNICEF 2008). Pour ce qui est de l'âge du bénéficiaire, un des résultats standards de la littérature sur la migration est que les personnes âgées reçoivent le plus souvent des transferts d'argent. Au Niger par exemple, les ménages dirigés par une personne âgée (65 ans et plus) reçoivent plus de transferts que les autres (INS-PNUD 2009). Au Sénégal, l'enquête MAFE (Migrations between Africa and Europe) de 2008 a permis de constater que les plus jeunes et les plus âgés sont également plus nombreux à en bénéficier (Diagne & Rakotonarivo 2010).

Les ménages bénéficiaires

Les ménages dont le chef n'exerce aucune activité économique bénéficient le plus de transferts, ce qui leur permet de faire face aux difficultés encourues sur le marché du travail local. Au Sénégal, on a aussi noté que les ménages dirigés par les personnes occupées, ayant donc un revenu lié à cette occupation, ont une plus faible probabilité de recevoir des transferts que les personnes qui ne travaillent pas (Diagne & Rakotonarivo 2010).

Par ailleurs, ces bénéficiaires se recrutent aussi bien dans les ménages très pauvres que chez les plus aisés. Cependant, il importe de faire observer ici que la distribution des sommes perçues n'est pas identique quand on passe des très pauvres aux pauvres. Les ménages très pauvres reçoivent non seulement plus de transferts, mais également des montants plus élevés que les ménages pauvres. Ce qui accréditerait l'idée d'une convergence de revenus entre ces deux groupes. Or, la distribution des sommes perçues est quasi-identique quand on passe des pauvres aux moyens, ce qui n'est pas de nature à permettre une convergence de revenus entre ces groupes. Cette idée d'une non-convergence de revenus pourrait également être admise lors du passage de très pauvres à riches (du fait du statu quo observé dans la distribution des sommes perçues au cours de ce passage), et même durant le passage des moyens aux riches (du fait d'une distribution des sommes perçues à l'avantage des ménages riches, notamment pour ce qui est des montants élevés).

Ces résultats sont donc, somme toute, contraires aux attentes théoriques qui voudraient que la situation de pauvreté relative du ménage soit un facteur essentiel dans l'explication de l'envoi de fonds : l'envoi par le ménage d'un ou plusieurs de ses membres à l'étranger vise également une amélioration relative du même revenu par rapport aux autres ménages du groupe pris pour référence. « Si dans une communauté le revenu des ménages aisés s'accroît alors que celui des ménages pauvres reste inchangé, la frustration relative de ces derniers s'accroît et, en conséquence, leur tendance à participer à la migration internationale augmente » (Zlotnik 2003 : 58).

Les ménages avec plus d'un émigrant

En ce qui concerne les caractéristiques migratoires, le nombre d'émigrants au départ du ménage joue un rôle essentiel dans la réception de fonds par le ménage. Plus il en compte, plus ses chances de bénéficier de fonds en retour sont élevées. L'étude d'A. Diagne & A. Rakotonarivo (2010) a relevé que le nombre de migrants du ménage est positivement lié à la probabilité de recevoir des transferts, quelle qu'en soit la nature. Plus le ménage a de migrants, plus grandes sont ses chances de bénéficier de remises.

III. Impacts des transferts d'argent sur le bien-être des bénéficiaires

Utilisations par les ménages des fonds reçus

Dans la littérature, il existe au moins trois points de vue sur la manière dont les transferts sont utilisés et sur leur impact sur le développement économique.

Le premier est donné par des auteurs soutenant que les transferts de fonds entraînent des changements de comportement, car les ménages orientent leurs dépenses vers des biens de consommation plutôt que vers l'épargne ou l'investissement. Cela risque de créer une situation de dépendance, poussant les ménages récipiendaires à utiliser ces fonds comme substituts à d'autres sources de revenus. Ces analyses se limitent cependant à des études non comparatives de l'usage des transferts qui ignorent le caractère fongible des revenus et les impacts indirects de la migration sur la communauté entière.

Le second, et probablement le plus répandu, est que ces fonds sont justement fongibles et sont dépensés à la marge, comme toute autre source de revenu. Leur contribution au développement est par conséquent identique à celle des autres sources de revenu. Ainsi, un franc de revenu provenant des transferts est traité par le ménage exactement comme un franc de revenu salarial.

Le troisième enfin considère les transferts comme un revenu transitoire. Les ménages ont par conséquent tendance à les dépenser essentiellement pour l'achat de biens d'investissement – en capital à la fois humain et physique – plutôt que dans l'achat de biens de consommation, et cela pourrait contribuer au développement économiques (Meka'a 2015).

Pour le cas du Cameroun, les données indiquent que, quel que soit le montant reçu des migrants, les ménages consacrent d'abord cet argent aux dépenses de consommation courante, à savoir la nourriture, les soins de santé, les vêtements (93 %). Viennent ensuite l'investissement productif (16 %) et, très faiblement, l'épargne (8 %), l'immobilier (6 %) et l'investissement social (4 %).

Concernant la consommation courante, les dépenses sont quasiment les mêmes, indépendamment du montant. Cependant, lorsque la somme perçue est supérieure ou égale à 300 000 F CFA, elle est beaucoup plus affectée à l'investissement, à l'épargne et à l'immobilier.

Impact sur la pauvreté et les inégalités de revenu

En considérant les envois de fonds comme des substituts potentiels[1] des gains produits localement par le ménage en absence de migration, les envois de fonds améliorent significativement le bien-être des bénéficiaires. Ils permettent une baisse de 32,1 % de l'incidence de la pauvreté[2], qui passe de 40,8 % à 27,7 %. Par ailleurs, la distance entre les pauvres et le seuil de pauvreté diminue très légèrement en présence des transferts. Cela signifie que les sommes reçues restent assez insuffisantes.

En ce qui concerne l'impact des transferts de fonds sur les inégalités de revenu, on constate que leur présence tend à les renforcer. Seuls les ménages non pauvres, précisément ceux des 4e et 5e quintiles les plus riches en tirent un réel profit avec une amélioration de leur bien-être respectif, quasiment au-delà de 50 %. Ce résultat se vérifie également au niveau de l'indice de Gini dont la valeur croît de 0,45 à 0,76, soit une hausse de 68,9 % en présence des transferts, qui traduit une exacerbation de ces inégalités. Ce résultat s'explique bien par le profil des ménages bénéficiaires dressé précédemment, à savoir que, parmi les principaux bénéficiaires, figurent en bonne place les ménages riches, ce qui n'est pas de nature à permettre une convergence de revenus avec les plus pauvres.

Certains chercheurs comme D. Ahlburg (1996), E. Taylor & T.J. Wyatt (1996) et E. Taylor (1999) ont trouvé des arguments pour confirmer l'hypothèse selon laquelle les transferts de fonds ont un effet de péréquation sur la répartition du revenu au royaume de Tonga et au Mexique. Pour les ménages tongans, par exemple, l'indice de Gini du revenu total a baissé, passant de 0,37 à 0,34 avec la réception de l'argent transféré. En revanche, d'autres études montrent que

---

1. .Cette partie présente uniquement les résultats de la recherche d'E. Tamo (2014), qui porte sur les « Envois de fonds des migrants, pauvreté et inégalités de revenu au Cameroun », et qui utilise la même source de données que cette recherche sur les « Envois de fonds des migrants à destination du Cameroun. Profil des acteurs et conséquences sur le bien-être des bénéficiaires ». Les aspects méthodologiques ayant permis d'aboutir à ces résultats ne sont pas exposés ici : seuls sont présentés quelques résultats. Les deux travaux ont été menés par le même auteur, dans un même contexte, sur une même thématique (des transferts financiers), mais avec des problématiques distinctes.
2. .Pourcentage de ménages vivant en-dessous du seuil de pauvreté.

les transferts ont accentué les inégalités mesurées par l'indice de Gini. L'une des principales raisons de cet état de fait est que les familles aisées sont plus à même de payer les frais liés aux migrations internationales que les autres. Ainsi, les données recueillies en Égypte montrent qu'en dépit de la réduction de la pauvreté (parce qu'un nombre important de ménages pauvres bénéficient effectivement de l'argent transféré), les transferts de fonds ont fait augmenter l'inégalité de revenu (Adams 1991). Aux Philippines, pendant les années 1980, les transferts ont contribué à l'augmentation de 7,5 % de l'inégalité du revenu rural en dépit de la part modeste qu'occupent les transferts dans le revenu des ménages (Rodriguez 1998). Des données d'enquête sur les ménages pakistanais révèlent que les groupes ayant le niveau de revenu le plus élevé sont aussi ceux qui profitent le plus des transferts opérés par les émigrés (Adams 1998 ; Straubhaar & Vădean 2006).

Conclusion

Il ressort de cette étude que les envois de fonds permettent aux ménages camerounais de répondre aux difficultés économiques qu'ils rencontrent. Les migrants exerçant une activité économique dans le pays de destination sont ceux qui envoient le plus d'argent à leurs familles restées au pays. Comme la migration est une stratégie familiale, toutes les couches de la population bénéficient des transferts migratoires : les ménages pauvres comme ceux qui sont riches. Les bénéficiaires des envois des migrants se retrouvent principalement chez les plus jeunes et les personnes âgées, ainsi qu'au sein des ménages dont le chef n'exerce aucune activité économique. Les ménages qui ont plus d'un émigrant à l'étranger ont aussi plus de possibilités de recevoir de l'argent. Plus de la moitié des ménages recevant de l'argent de la part des migrants consacrent ces ressources aux dépenses courantes. L'investissement social et l'immobilier occupent les derniers rangs dans les utilisations de ces fonds. Les ménages bénéficiaires de montants élevés (supérieurs à 300 000 F) sont ceux qui font davantage d'investissements productifs, d'épargne, d'achats de maisons ou de terrains (immobiliers), et d'investissement dans le domaine social.

Ces constats amènent à conclure que les envois de fonds contribuent à réduire la pauvreté des populations camerounaises, à travers l'amélioration du bien-être des familles, quoique des inégalités de revenu entre riches et pauvres persistent. Les études menées par l'OIM au Cameroun en 2009 aboutissent aux mêmes résultats, à savoir que « les migrations ont un impact sur l'économie nationale. […] les transferts de fonds effectués par les émigrés camerounais permettent notamment de lutter contre la pauvreté » (OIM 2009). En outre, ils permettent de stimuler l'activité économique du pays, en constituant une solution alternative aux crédits et autres modes de financement, et favorisent la mise sur pied d'activités génératrices de revenus. On peut également relever l'impact bénéfique de ces fonds sur le marché du travail. L'accroissement des envois a entraîné l'expansion du système bancaire et donc une multiplication des banques et des compagnies de transfert d'argent, générant ainsi la création de milliers d'emplois (OIM 2009).

Mais, il importe de noter que ces transferts de fonds ne peuvent pas remplacer les politiques de développement, de création d'emplois et de renforcement de l'économie locale. Ils ne se substituent pas aux flux publics, tels que l'aide publique au développement (APD) ciblée sur les groupes les plus pauvres de la société, l'allègement de la dette ou l'investissement direct à l'étranger (IDE) dans le secteur privé (OIM 2011).

Les ressources issues de la migration semblent d'abord constituer une aide pour la vie ou même la survie quotidienne des ménages au Cameroun et leur contribution à la satisfaction de leurs besoins s'avère importante.

La situation paraît loin des hypothèses posant les transferts comme une source de revenu susceptible de financer des investissements dans les pays d'origine. La part qui y est consacrée semble marginale.

Par ailleurs, il importe d'attirer l'attention sur le fait que ces transferts monétaires peuvent également créer des liens de dépendance susceptibles de diminuer les efforts de production des bénéficiaires.

Bibliographie

Adams Richard H. Jr., 1991, *The Effects of International Remittances on Poverty, Inequality, and Development in Rural Egypt*, Washington, International Food Policy Research Institute, Research Report no 86, 2-90 p.

—, 1998, "Remittances, Investment, and Rural Asset Accumulation in Pakistan," *Economic Development and Cultural Change*, 47, October, pp. 155-173.

Ahlburg Dennis, 1996, "Remittances and the Income Distribution in Tonga," *Population Research and Policy Review*, 15, 4, pp. 391-400.

Banque mondiale, 2011, *World Development Indicators*, [en ligne], disponible sur www.siteresources.worlbank.org/DATASTATISTICS/Resources/wdi_ebook.pdf

Bouoiyour Jamal, 2011, *étude économétrique sur les déterminants des transferts de fonds des ressortissants marocains à l'étranger*, Programme de recherche sur la migration internationale des Marocains, Association marocaine d'études et de recherches sur les migrations, 31 p.

de la Brière Bénédicte *et al.*, 2002, "The Roles of Destination, Gender, and Household Composition in Explaining Remittances: An Analysis for the Dominican Sierra," *Journal of Development Economics,* 68, 2, pp. 309-328.

CRES (Consortium pour la recherche économique et sociale) et Banque mondiale, 2009, *Enquête Migration et Transferts de fonds au Sénégal*, [en ligne], www.microdata.worlbank.org/index.php/catalog/534/download/15037, consulté le 12 août 2016.

DRC (Development Research Centre on Migration, Globalisation and Poverty), 2007, *Global Migrant Origin Database*, University of Sussex, [online] http://www.migrationdrc.org/research/typesofmigration/global_migrant_origin_database.html [consulté le 22 mars 2013].

Diagne Alioune, Rakotonarivo Andonirina, 2010, *Les transferts des migrants sénégalais vers la région de Dakar : ampleur et déterminants*, MAFE Working Paper, n° 9, 22 p.

Durand Jorge *et al.*, 1996, "International Migration and Development in Mexican Communities," *Demography,* 33, 2, pp. 249-264.

FIDA [Fonds international de développement agricole], 2010, « Travailleurs migrants et transferts de fonds vers l'Afrique : marchés, environnement porteur et perspectives des transferts de fonds, », in ADA, *XIVème Midi de la microfinance – La microfinance au service des migrants*, Luxembourg, ADA, pp. 9-26 [en ligne], disponible sur : http://www.ifad.org/remittances, consulté le 12 mai 2015.

Freund Caroline, Spatafora Nikola, 2005, *Remittances: Transaction Costs, Determinants, and Informal Flows*, Washington, World Bank Policy Research Working Paper 3704, 42 p.

Gabas Jean-Jacques, Coussy Jean (dir.), 2007, *Rapport sur les migrations. « Migrations internationales – Une option de sortie par défaut ? »*, Rapport confidentiel dans le cadre du programme RuralStruc, présenté par l'atelier international « Banque Mondiale » de Sciences-Po 2006/2007, 193 p.

Gupta Sanjeev, Pattillo Catherine, Wagh Smita, 2007, « L'impact bénéfique des envois de fonds sur l'Afrique », *Finances & développement,* 44, 2, pp. 40-43.

INS (Institut national de la Statistique), 2011, *Deuxième enquête sur l'emploi et le secteur informel au Cameroun (EESI 2) 2010. Phase 1. Enquête sur l'emploi. Rapport principal*, Yaoundé, INS, xxii-131 p.

INS (Institut national de la Statistique Niger) – PNUD, 2009, *Impact des transferts sur la réduction de la pauvreté au Niger. Étude réalisée avec l'appui technique et financier du PNUD à travers le Programme Bonne Gouvernance et Croissance mieux répartie*, sl [Niamey], INS-PNUD, 54 p.

Jelili Riadh Ben, Jellal Mohamed, 2002, « Transferts des migrants tunisiens et qualification : théorie et évidence », *Revue d'analyse économique,* 78, 3, pp. 397-410

Kamdem Pierre, 2007, *Camerounais en Île-de-France : dynamiques migratoires et stratégies d'intégration socio-spatiale différenciées*, Paris, L'Harmattan, 313 p.

Lerch Mathias, Wanner Philippe, 2006, *Les transferts de fonds des migrants albanais : facteurs déterminant leur réception*, études du SFM (Swiss Forum for Migration and Population Studies) n° 45, Neuchâtel, University of Neuchâtel, 101 p.

Mangalu Mobhe Agbada, 2010, *Les transferts des émigrés congolais vers les ménages de la ville de Kinshasa : niveau et déterminants*, MAFE [Migrations Between Africa end Europe] Working Paper, n°10, 2-31 p.

Meka'a Cosmas Bernard, 2015, « Transferts de fonds des migrants et dépenses des ménages : application au cas du Cameroun », *Région et développement*, 41, pp. 201-230.

Morice Alain, Potot Swanie (dir.), 2010, *De l'ouvrier immigré au travailleur sans papiers. Les étrangers dans la modernisation du salariat*, Paris, Karthala, 336 p.

OIM, 2009, *Migration au Cameroun. Profil national 2009*, Genève, OIM, 121 p.

—, 2011, *Les transferts de fonds des migrants en Afrique, dans les Caraïbes et dans le Pacifique*, Genève, OIM, 32 p.

Rempel H., Lobdell R., 1978, "The Role of Urban-to-Rural Remittances in Rural Development," *Journal of Development Studies*, 14, 3, pp. 324-341.

Rodriguez Edgard, 1998, "International Migration and Income Distribution in the Philippines," *Economic Development and Cultural Change*, 46, 2, pp. 329-350.

Straubhaar Thomas, Vădean Florin P., 2006, « Les transferts de fonds internationaux des émigrés et leur rôle dans le développement », *in* OCDE, *Perspectives des migrations internationales 2006*, *in* OCDE, *Perspectives des migrations internationales 2006*, Rapport annuel du Système d'observation permanente des migrations internationales (SOPEMI), Paris, OCDE, pp. 149-174.

Suarez Nacho, 2013, *La migration des femmes et les transferts de fonds : cas du Cap Vert, de la Côte d'Ivoire, du Maroc et du Sénégal* [en ligne], https://www.fichier-pdf.fr/2013/04/11/la-migrations-des-femmes-et-les-transferts-de-fonds/, consulté le 27/8/2016.

Tamo Mbouyou Eric Stève, 2014, « Envois de fonds des migrants, pauvreté et inégalités de revenu au Cameroun », *Revue européenne des migrations internationales*, 30, 3-4, pp. 181-200.

Taylor Edward, 1999, "The New Economics of Labor Migration and the Role of Remittances," *International Migration*, 37, 1, pp. 63-86.

Taylor Edward, Wyatt T.J., 1996, "The Shadow Value of Migrant Remittances, Income and Inequality in a Household-farm Economy," *Journal of Development Studies*, 32, 6, pp. 899-912.

UNICEF, 2008, *Transferts de revenus et réduction de la pauvreté au Mali*, Rapport provisoire [Bamako], Observatoire du développement humain durable et de la lutte contre la pauvreté, 79 p.

Zlotnik Hania, 2003, « Théories sur les migrations internationales », *in* Graziella Caselli, Jacques Vallin et Guillaume Wunsch (dir.), *Démographie : analyse et synthèse. Les déterminants de la migration*, tome IV, Paris, INED, pp. 55-78.

Zourkaleini Younoussi et al., 2013, *Un regard vers le Sud : profil des migrants et impact des migrations sur le développement humain au Cameroun*, Rapport de recherche ACPOBS/2013/PUB12, Bruxelles, Observatoire ACP sur les migrations & Genève, Organisation internationale pour les migrations, 147 p.

Annexes

Tableau 1. Répartition des émigrants par pays d'origine des fonds

Pays d'origine	Nombre d'émigrants	Migrants ayant envoyé des fonds	
		Nombre	Pourcentage
Guinée Equatoriale	42	29	68,3
Italie	21	13	61,9
Allemagne	31	19	61,3
France	97	58	60,0
Belgique	21	12	57,1
Gabon	69	38	54,4
États-Unis	46	23	50,0
Tchad	26	10	38,5
Afrique du Sud	29	11	37,9
Nigeria	55	15	27,3
Autre	155	84	54,5
Ensemble	**592**	**311**	**52,6**

Source : Auteurs, à partir des données de IFORD 2012

Tableau 2. Répartition des émigrants par sexe et par âge

Variable	*Nombre d'émigrants*	*Migrants ayant envoyé des fonds*	
		Nombre	*Pourcentage*
Sexe			
Féminin	238	-116	48,9
Masculin	354	195	55,1
Âge			
Mois de 30 ans	261	104	39,7
30-39 ans	216	140	64,8
40-49 ans	75	44	58,1
50 ans ou plus	40	24	60,0
Ensemble	**592**	**311**	**52,6**

Source : Auteurs, à partir des données de IFORD 2012.

Tableau 3. Répartition des émigrants par niveau d'instruction et par situation d'activité

Variable	Nombre d'émigrants	Migrants ayant envoyé des fonds	
		Nombre	Pourcentage
Niveau d'instruction			
Sans niveau & primaire	133	52	39,2
Secondaire	309	176	56,8
Supérieur	144	80	55,9
Situation d'activité			
Inactif	340	156	46,0
Chômeur	56	32	57,1
Occupé	196	123	62,8
Ensemble	**592**	**311**	**52,6**

Source : Auteurs, à partir des données de IFORD 2012.

Tableau 4. Répartition des émigrants par durée de séjour dans le pays d'accueil

Variable	Nombre d'émigrants	Migrants ayant envoyé des fonds	
		Nombre	Pourcentage
Durée du séjour			
0-2 ans	163	67	41,3
3-5 ans	178	102	57,1
6-7 ans	87	54	62,1
8 ans ou plus	163	89	54,3
Ensemble	**592**	**311**	**52,6**

Source : Auteurs, à partir des données de IFORD 2012.

Tableau 5. Répartition des ménages bénéficiaires par sexe et âge du chef de ménage, et par la taille du ménage

Variable	Nombre d'émigrants	Migrants ayant envoyé des fonds	
		Nombre	Pourcentage
Sexe du chef de ménage			
Masculin	314	169	53,8
Féminin	139	91	65,5
Age du chef de ménage			
Mois de 30 ans	57	33	57,9
30-39 ans	83	42	50,6
40-49 ans	98	49	50,0
50-59 ans	106	63	59,4
60 ans ou plus	109	73	67,0
Taille du ménage			
1-3 individus	138	78	56,5
4-5 individus	165	103	62,4
6 individus ou plus	150	79	52,7
Ensemble	**453**	260	**57,4**

Source : Auteurs, à partir des données de IFORD 2012.

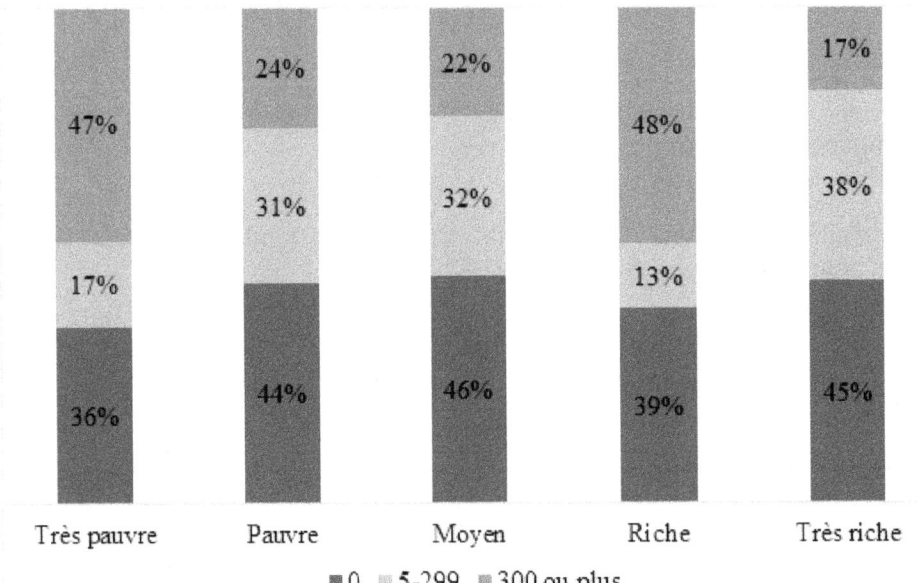

Graphique 1. Répartition du montant perçu (en milliers) selon le niveau de vie du ménage

Source : Auteurs, à partir des données de IFORD 2012.

Tableau 6. Répartition des ménages bénéficiaires par le niveau de vie du ménage et la situation d'activité du chef de ménage

Variable	Nombre d'émigrants	Migrants ayant envoyé des fonds Nombre	Pourcentage
Niveau de vie du ménage			
Très pauvre	104	67	64,4
Pauvre	45	25	55,6
Moyen	205	112	54,6
Riche	23	14	60,9
Très riche	76	42	55,3
Situation d'activité du chef de ménage			
Non occupé	158	105	66,5
Occupé	295	155	52,5
Ensemble	**453**	260	**57,4**

Source : Auteurs, à partir des données de IFORD 2012.

Tableau 7. Répartition des ménages bénéficiaires par le nombre d'émigrants au départ du ménage

Variable	Nombre d'émigrants	Migrants ayant envoyé des fonds Nombre	Pourcentage
Nombre d'émigrants			
Un émigrant	362	194	53,6
Plus d'un émigrant	91	66	72,5
Ensemble	**453**	260	**57,4**

Source : Auteurs, à partir des données de IFORD 2012.

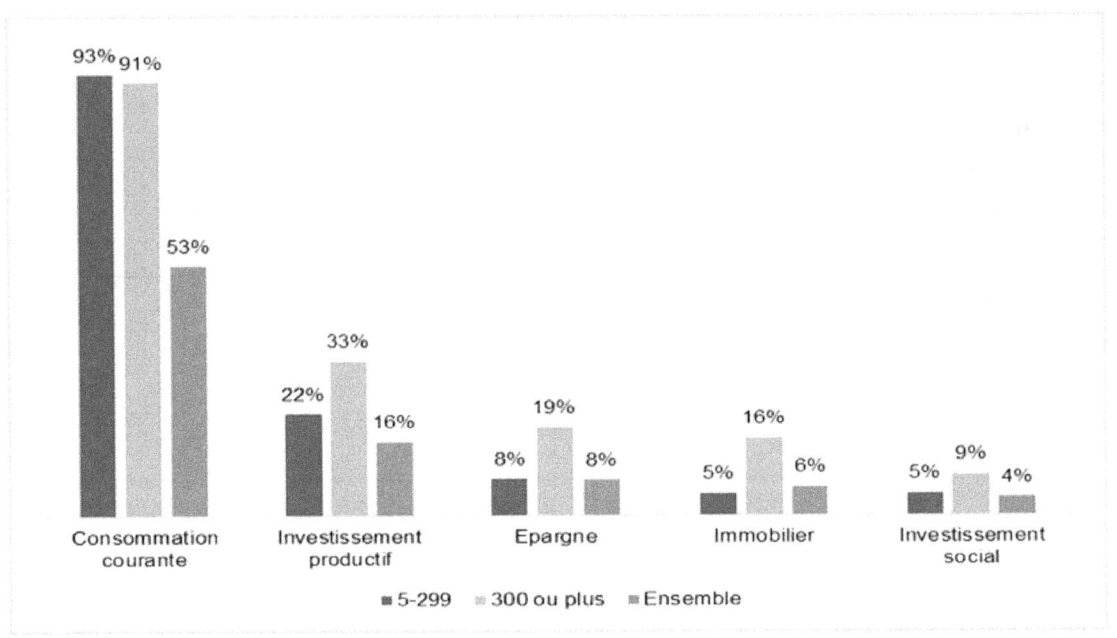

Graphique 2. Principaux usages faits des fonds reçus par les ménages bénéficiaires

Source : Auteurs, à partir des données de IFORD 2012.

Résumés / Abstracts

Chapitre 1. Pierre-Joseph LAURENT

Care giving et solidité de la "famille à distance". La migration capverdienne (Fogo) à Boston aux états-Unis

Cette contribution repose sur l'étude d'une famille impliquée dans la migration depuis trois générations. Ce cas emblématique de la famille capverdienne montre comment, en relation avec la politique migratoire américaine et plus particulière-ment la loi du regroupement familial, ces familles parviennent à s'adapter au cadre juridique américain en vue d'une installation aux États-Unis. La « famille à distance » repose sur un projet solide, cohérent et de long terme. Il équivaut à la possession d'un « capital migratoire » entretenu entre ses membres, qui doivent se le transmettre, d'une génération à l'autre, au regard de lois migratoires variant entre les pays d'accueil et de pratiques imbriquées entre l'officiel et l'officieux. Hautement désirable, une fois acquis, ce capital devient le bien le plus précieux d'une famille. Cependant, cette étude relève certaines limites de la notion de "soin à distance" (*care*) pour rendre pleinement compte des pratiques qui unissent, dans le temps et l'espace, les membres dispersés d'une famille.

Mots clés : Cap-Vert, migration, capital migratoire, famille à distance, diaspora, Boston, Fogo.

Care Giving and the Strength of the "Remote Family." The Cape Verde Migration (Fogo) in Boston (United States)

This contribution is based on the study of a family involved for three generations in migration. This emblematic case of the Cape Verdean family shows how, in relation to US migration policy and more particularly the law of family reunification, these families manage to adapt to the US law for a settlement in the United States. The "remote family" is based on a solid, coherent and long-term project. It is equivalent to the possession of a "migratory capital" maintained between its members who must transmit it, from one generation to the other, with respect to the migratory laws that vary from one host country to another and nested practices between the official and the officious. Highly desirable, once acquired, this capital becomes the most valuable asset of a family. With this presentation, this text will highlight some of the limits of the concept of "care at distance" to fully reflect the practices that unite the scattered members of a family in time and space.

Keywords: Cape-Verde; Migration; Migratory Capital; Remote Family; Diaspora, Boston, Fogo.

Chapitre 2. Marème NIANG NDIAYE

Espaces et liens de la migration. Figures de la famille sénégalaise à Barcelone

Ce chapitre s'inscrit dans un débat général sur les tensions existant entre l'identité familiale et les mutations sociales et sociétales engendrées par la migration internationale. Il explore la manière de "faire famille" au regard de l'éclatement et de l'éparpillement des lieux de vie des migrants. Fondée sur l'analyse de trajectoires de vie de Sénégalais résidant dans la Région Métropolitaine de Barcelone, et l'exploitation de vidéos et de la presse, cette contribution met en relief l'effet des contextes de migration sur les trajectoires migratoires et les recompositions des rapports de parenté dans une perspective transnationale. Elle examine la manière dont les familles transnationales sénégalaises réagissent face aux réalités structurelles et socio-économiques qui caractérisent les espaces migratoires.

Mots-clés : famille transnationale, Région Métropolitaine de Barcelone, Sénégalais, migrations internationales.

Spaces and Social Relationships of the Migration. Identity Frame of the Senegalese Family in Barcelona

This chapter is part of general debate on the tensions between family identity and the social and societal transformations about international migration. It explores how migrants "make family" to the prism of bursting and scattering of living spaces. Based on the analysis of the life trajectories of Senegalese residing in the Barcelona Metropolitan Area, completed by videos and press documents, this contribution highlights the effect of migration contexts on migratory trajectories and recompositions of kinship relations. Finally, it analyzes the way in which Senegalese transnational families react to contextual situations understood as both structural and socio-economic realities of the migratory spaces.

Keywords: Transnational Family; Barcelona Metropolitan Area; Senegalese; International Migration.

Chapitre 3. Saydou KOUDOUGU

La famille en migration : marginalisation des vieux migrants mossé au Ghana

Les migrations burkinabè au Ghana sont des plus anciennes migrations burkinabè vers l'extérieur. Dans la transformation de leur migration saisonnière en immigration de longue durée ou définitive, les immigrés mossé ont eu recours aux mariages mixtes, à la conversion à l'islam et à l'identification comme Ghanéen pour leur insertion au Ghana. Leur vie d'adulte se caractérise cependant par des pratiques familiales transnationales : circulation des parents et des biens entre fragments de la famille au Ghana et au Burkina Faso malgré des emplois subalternes. Les crises économiques entraînent une détérioration du statut social et économique des immigrés et un resserrement des liens de famille et des pratiques familiales de la solidarité autour des épouses à qui les enfants s'identifient au détriment de leurs pères qualifiés de "vieux" pour leur attachement à des systèmes de valeurs dits dépassés. On assiste à une marginalisation familiale du "vieux" migrant mossé au Ghana et au Burkina Faso où il fait l'expérience de la disqualification sociale à son retour. Il s'en dégage un sentiment transnational d'inutilité sociale du vieux migrant et un double désenchantement. Dans sa famille au Ghana et au Burkina Faso, le vieux migrant incarne aujourd'hui la figure de « l'homme marginal ».

Mots clés : Burkina Faso, Ghana, immigrations, pratique transnationale, solidarité familiale, marginalisation, disqualification sociale.

Family in Migration: Marginalization of Old Mosse Migrants in Ghana

Transforming their individual and seasonal migration into long-term or permanent, mossé immigrants used mixed marriages, conversion to Islam and identification as Ghanaian for their insertion. They develop transnational family practices in their adult live despite their menial jobs. The economic crises in Ghana from 1970 had as consequences the deterioration of the economic and social status of immigrants and the tightening of family ties and family solidarity practices around wives to whom children identify themselves in detriment of their fathers. There is a marginalization of the old migrant in his family in Ghana and Burkina Faso, where he experienced the social disqualification on his return. It exudes a transnational feeling of social uselessness of the old migrant and a double disenchantment. In his family in Ghana and Burkina Faso, the old migrant today embodies the figure of the "marginal man."

Keywords: Burkina Faso; Ghana; Immigration; Transnational Practices; Family Solidarity; Marginalization; Social Disqualification.

Chapitre 4. Bassirou MALAM SOULEY

La féminisation des flux migratoires du Centre-est du Niger vers l'Algérie

Dans le département de Kantché au Niger Centre-Est, la migration des femmes accompagnées d'enfants vers l'Algérie prend une ampleur sans cesse croissante. Les raisons sont nombreuses et évoluent suivant les années et les circonstances. Toutefois elles sont essentiellement liées à certains facteurs déterminants, au nombre desquels on compte la forte pression démographique, l'insécurité alimentaire, le déclin des anciennes destinations migratoires et l'effet d'entrainement. Ainsi, depuis plusieurs décennies la population de Kantché connaît une augmentation sans cesse croissante qui entraîne une importante pression sur les ressources disponibles. Les terres cultivables sont surexploitées et les populations confrontées à une insécurité alimentaire chronique sont obligées de se déplacer. En raison de la proximité géographique et culturelle, le Nigeria constituait leur première destination migratoire. Depuis quelques années, l'avènement de la secte islamique Boko Haram au Nord de ce pays affecte profondément cet équilibre et oblige les femmes accompagnées d'enfants à s'aventurer en masse vers l'Algérie. Pour ces dernières, il s'agit de trouver de nouvelles opportunités afin d'aider leurs parents et réaliser les rêves de leurs vies, car elles perdent tout espoir d'un avenir radieux à Kantché. L'image que véhiculent les anciennes migrantes de retour, perçues comme des modèles de réussite, influence leur décision de partir. Mais le voyage vers l'Algérie est long, difficile et souvent tragique. Une fois à destination, la majorité d'entre elles s'adonnent à la mendicité. Certaines sont employées comme domestiques dans les concessions, tandis que d'autres se prostituent. Ces différents métiers leur permettent de survivre et de réaliser de petites économies qu'elles envoient périodiquement à leurs familles en attendant leur retour ou leur rapatriement.

Mots clés : Migration, femmes, déterminants, Niger, Algérie

The Feminization of Migration Flows from Center-East of Niger to Algeria

In the department of Kantché in East-Central Niger, the migration of women accompanied by their offspring to Algeria takes an ever-increasing scale. The reasons for this migration are numerous and evolve depending on the year and circumstances. However, these reasons are mainly related to key factors such as, an overwhelming population pressure, food insecurity, the decline of ancient migratory destinations, and the effect of the image of the returned migrants on those who stay at home. Thus, the population of Kantché has experienced an ever increasing population for several decades. This increase in population leads to a large population pressure on the available resources. The arable land is overused and people, who are facing chronic food insecurity, are forced to migrate. Due to the geographical and cultural proximity, Nigeria was their first migration destination. In recent years, the advent of the Islamic sect, Boko Haram, in the north of this country, has deeply affected this balance resulting in a change of destination. Many women and their children venture out in huge numbers to Algeria. The objective of these women is to find new opportunities in order to help their parents and make the dreams of their lives come true as they become desperate about a bright future for Kantché. The image, portrayed by the returned migrants, who are seen as a model of success, influences these women's decision to leave the place. But the trip to Algeria is long, difficult and often perilous. Once there, the majority of the migrants engage themselves in begging. Some of them are employed as domestic workers in households while others turn to prostitution. These various occupations help them to survive and make some small savings, which they periodically send back home to their families until their return or deportation.

Keywords: Migration; Women; Determinants; Niger; Algeria.

Chapitre 5. Amadou SARR DIOP

Critique de l'approche des processus migratoires : Louga, un contexte révélateur

La plupart des modèles d'analyse des dynamiques migratoires en Afrique se polarisent sur les déterminants économiques, souvent appréhendés comme les vérita-bles facteurs explicatifs du phénomène. Les autres déterminants en jeu ne sont pas pris en compte. L'objet de cette étude est de réévaluer les postures courantes pour proposer une approche des dynamiques migratoires sous un angle multifactoriel, comme un processus où se déclinent des initiatives populaires et solidaires, impliquant plusieurs acteurs dans des contextes différents. À partir d'une recherche en cours sur les impacts de l'émigration dans la région de Louga (Sénégal), cette contribution propose une approche des dynamiques migratoires sous le prisme des logiques communautaires, parentales, pour mettre en exergue la conjonction de fac-teurs qui y interagissent. Il s'agit de voir comment, à partir des constructions et des (re)constructions identitaires, naissent des formes de solidarité sur lesquelles se développent des types de réseaux villageois, confrériques, ethniques, familiaux qui contribuent à favoriser et à faciliter l'émigration, dont les dividendes sont doublement réinvestis dans les dynamiques solidaires, tant à l'échelle familiale que communautaire.

Mots clés : paradigmes, migration, dynamiques migratoires, communauté.

Assessment of Migration Process: Louga as a Revealing Context

On the reflections related to migration dynamics in Africa, most of the explanatory models focus on economic determinants, often understood as the real explanatory factors of the phenomenon. The other determinants involved are not taken into account. This research aims to re-evaluate current approaches to propose migration dynamics analysis from a multifactorial window, as a kind of process in which popular and solidarity-based initiatives, involving several actors in different contexts, take shape. Based on an ongoing research on the impacts of emigration in the region of Louga (Senegal), this contribution examines migration dynamics under the prism of community and parental logic, to highlight the conjunction of factors that interact with it. It question how, starting from the identities constructions and (re)constructions, various forms of solidarity contribute to favor and facilitate the emigration, whose dividends are doubly reinvested in solidarity dynamics, both at family and community level.

Keywords: Paradigms; Migration; Migratory Dynamics; Community.

Chapitre 6. John O. IGUE

Diaspora béninoise et développement national

La migration au Bénin est un vieux débat en raison du rôle que ce pays a joué dans la traite des esclaves d'une part, et dans la consolidation de la colonisation française en Afrique de l'Ouest et du Centre. De ces deux phénomènes, a résulté une importante implantation béninoise dans le monde. Celle-ci constitue un atout considérable pour le pays en raison du manque de ressources naturelles de développement. Comment cette ressource est-elle exploitée pour devenir un véritable levier de développement ? Telle est la problématique de cette contribution structurée autour de quatre idées majeures : l'importance de la diaspora béninoise dans le monde, son niveau organsiationnel, ses principaux secteurs d'activités et les mesures prises pour sa meilleure participation au développement.

Mots clés : Bénin, diaspora, migration, développement.

Beninois Diaspora and National Development

Migration is an old debate in Benin Republic due to its role during the slave trave on the one hand and for the consolidation of French colonization in West and Central Africa. These two phenomena have been enlarging the Beninese presence in the world. This is a considerable asset for the country because of the lack of natural resources for development. Around four major ideas, this contribution explore how this resource is exploited to become true levers of development. The four cornerstones are: the importance of the Beninese diaspora in the world, its organizational level, its main sectors of activity and the major measures taken for its better participation to the development process.

Keywords: Benin; Diaspora; Migration; Development.

Chapitre 7. Sadio SOUKOUNA

Gouvernance locale au Mali et participation des migrants à la coopération décentralisée

Au Mali, les associations de migrants ont influencé le processus de la décentralisation, bien que les élus locaux n'aient pas mené de politique spécifique en faveur des migrants. Récemment, les autorités de Kayes ont exprimé, malgré un temps long d'activités de collaboration informelle avec les migrants ressortissants, une certaine résistance concernant la formalisation de leurs relations de coopération décentralisée. Cette réaction a été particulièrement observée lors de la signature de la convention tripartite de coopération décentralisée entre le Conseil régional d'Île-de-France, le Conseil régional de Kayes et la Coordination des associations de ressortissants des cercles de Kayes en France. Cette contribution analyse les différents modes de prise en compte des migrants par les régimes politiques maliens. Ce contexte particulier éclaire l'évolution des politiques administrées en direction des migrants au Mali et leurs répercussions sur l'échelle locale. Il permet également de questionner les réactions d'opposition d'autorités régionales maliennes vis-à-vis de la participation politique des migrants et montre comment ces différents éléments génèrent des difficultés d'inclusion des migrants dans des dispositifs politiques à l'échelle locale.

Mots clés : gouvernance locale, développement, participation, coopération décentralisée, Mali.

Local Governance in Mali and Contribution of Migrants to Decentralized Cooperation

In Mali, migrants organizations have influenced the decentralization process but the elected local authorities did not carry out a specific policy for migrants. Recently, they have been reluctant to formalize their relationships with them. This could be clearly observed during the signature of cooperation agreement between the regional council of Île-de-France, Kayes region and the organization of malian migrants originated from Kayes. However, in Kayes unlike the state migrants have invested in development. In this contribution we are questioning the reasons for this resistance and its determinants. This study is interesting in pointing up the issue of migrant's treatment of various forms by the political regimes in Mali. This particular context highlights the development of policies towards migrants and their impact in the local scale. This paper aims to consider the difficulties associated to migrant's political participation in Mali.

Keywords: Local Governance; Development; Participation; Decentralized Cooperation, Mali

Chapitre 8. Angèle Flora MENDY

Professional Integration of African Migrant Doctors in France

Based on a literature review and empirical data collected from African migrant doctors and health experts, this chapter shows that the French medical profession remains the most controversial in terms of the professional integration of non-EU/EEA doctors. The analysis reveals that these institutional constraints derive from a complex historical process of interaction between standards set in the past, particularly the power of medical corporatism, the unexpected long-term effects of French hospital reforms and budgetary pressures. The conclusion is that the opening-up of the European Union, in terms of possibilities to recruit health workers, tends to restrict the residual place of non-EU/EEA doctors within the health system.

Keywords: African Doctors; France; Health System; Policy Legacies; Path Dependency.

Intégration professionnelle des médecins migrants africains en France

Partant d'une revue de la littérature ainsi que d'entretiens réalisés auprès des médecins africains migrants et des experts de la santé en France, cette recherche montre que la profession médicale française reste la plus controversée en termes d'intégration professionnelle des médecins migrants non membres de l'Union européenne / Espace économique européen. Notre analyse révèle que ces contraintes institutionnelles résultent d'un processus historique complexe d'interaction entre les normes établies dans le passé, en particulier le pouvoir historique du corporatisme médical, les effets inattendus à long terme des réformes hospitalières françaises de 1958 et les pressions budgétaires. La conclusion est que l'ouverture de l'Union européenne, en termes de possibilités de recrutement de personnel de santé non-européen, tend à restreindre l'accès et l'intégration de ces médecins dans le système de santé et donc à ne leur accorder qu'une place résiduelle.

Mots-clés: médecins africains, France, héritages politiques, sentier de dépendance.

Chapitre 9. Hamidou MANOU NABARA

Transferts de fonds des migrants et dynamiques socio-économiques dans la communauté urbaine de Tchintabaraden (Niger)

Les migrations et les transferts de fonds qui les accompagnent suscitent, depuis quelques années, un intérêt particulier chez les chercheurs et les décideurs. Les institutions internationales étaient à l'avant-garde de cet intérêt et de la production des données en la matière. L'importance des sommes envoyées, qui dépasse parfois l'Aide Publique au Développement (APD), a fait questionner leur possible contribution au développement des pays d'origine des migrants. Les réponses des chercheurs à cette question se sont structurées autour de deux approches, l'une soutenant positivement cette contribution et l'autre l'aspect inverse. Sans rentrer dans ces débats, tout en soulignant leur importance, cette contribution s'intéresse aux dynamiques sociales et économiques liées aux transferts de fonds dans les localités d'origine des migrants. À partir du cas de la commune de Tchintabaraden (centre-ouest du Niger), une localité sujette à d'importants flux migratoires vers la Libye et recevant d'importantes sommes transférées par les migrants, ce travail explique comment les transferts des migrants sont saisis comme domaine d'affaire par des commerçants et ont favorisé l'émergence d'autres acteurs informels qui s'investissent dans les opérations des transferts d'argent des migrants. La contribution montre également en quoi les transferts ont renforcé les liens entre les commerçants et les familles des migrants à travers l'émergence de nouveaux modes de solvabilité dans le système d'échanges commerciaux, avec notamment le fait d'avoir un migrant considéré comme « gage » de solvabilité pour les ménages, comme garantie pour les commerçants qui offrent plus facilement des produits à crédits ou des prêts d'argent à ces ménages.

Mots clés : Niger, Tchintabaraden, migrants, transferts de fonds, dynamiques socioéconomiques.

Remittances and Socio-economic Dynamics in the Urban Community of Tchintabaraden (Niger)

Over the past few years, migrants remittances raise interest among social scientists. The constant increase and the importance of the remittances have raised questions about their possible contribution to the development of migrants' countries of origin, eliciting controversial answers. This contribution goes beyond these debates by questioning the social and economic dynamics associated with migrant remittances. Based on the case of Tchintabaraden (Niger), a district that experiences high level of emigration to Libya and receives important remittances from migrants, this contribution explains how these funds are seized by traders and how they promote the emergence of informal actors who invest in these operations. The contribution then shows how remittances, while allowing migrants to be socio-economic actors despite their absence, reinforce the links between traders and families of migrants. Having a migrant abroad becomes a guarantee of access to credit or products of local traders.

Keywords: Niger; Tchintabaraden; Migrants; Remittances; Socioeconomic Dynamics.

Chapitre 10. Eric Stève TAMO MBOUYOU

Envois de fonds des migrants à destination du Cameroun. Profil des acteurs et conséquences sur le bien-être des bénéficiaires

L'identification des facteurs explicatifs des envois de fonds des migrants à destination du Cameroun constitue le principal objectif qui sous-tend cette étude. La revue de la littérature enseigne fort à propos que ces facteurs sont à rechercher non seulement du côté du migrant lui-même, mais également du côté du ménage dont il est originaire. Du côté du migrant, les facteurs explicatifs de l'envoi de fonds sont, en ce qui concerne l'envoi proprement dit, le pays d'accueil, l'âge, le niveau d'instruction, la situation d'activité et la durée du séjour du migrant. Du côté du ménage, les facteurs de réception sont le niveau de vie du ménage et le nombre d'émigrants. En considérant les envois de fonds comme étant des substituts potentiels des gains produits localement par le ménage en absence de migration, ces fonds améliorent significativement le bien-être des bénéficiaires, grâce notamment aux gains de consommation qu'ils génèrent. Ils permettent une réduction de l'incidence de la pauvreté. Cependant, comme seuls les ménages les plus aisés en bénéficient le plus, cela a pour conséquence un renforcement des inégalités.

Mots clés : migration internationale, envois de fonds, Cameroun.

Remittances Sending to Cameroon. Actors Profiles and Effects on the Well-being of Beneficiaries

The identification of factors explaining remittances from migrants to Cameroon is the main objective behind this study. The review of the literature teaches us about that these factors are found not only on the side of the migrants themselves, but also on the side of the household in which it originated. On the migrant, the factors explaining remittances are: Regarding sending, the country of destination, age, educational level, employment status and duration of stay of the migrant. Concerning reception, these factors are the well-being of the household and the number of emigrants. Considering remittances as potential substitutes gains generated locally by the household in the absence of migration, these funds significantly improve the well-being of beneficiaries and reduce the incidence of poverty. However, only the wealthiest households benefit most. This has resulted in greater inequality.

Keywords: International migration; Remittances; Cameroon.

Les contributeurs / Contributors

Les éditeurs / Editors

Elieth P. EYEBIYI : Docteur en Sociologie Anthropologie et PhD en Etudes urbaines, diplômé des Universités du Bénin et du Québec (Canada), Elieth Eyebiyi est enseignant chercheur et Coordonnateur du Programme MIGDEVRI au LASDEL Bénin/Niger. Précédemment Visiting Research Fellow à l'Institute of Advanced Study de Princeton, au Swedish Collegium, à l'Ecole des Hautes Etudes en Sciences Sociales de Paris, chercheur à l'Institut historique allemand de Paris et IsoLomso Fellow à Stellenbosch, il est spécialiste des questions de gouvernance politique et des télécommunications, mobilités, développement et informalité. Ses travaux actuels questionnent la production de l'informalité dans les espaces frontaliers ouest-africains, les mobilités étudiantes Sud-Sud et la place du genre dans le nexus migration et développement. Lauréat du Prix du Rayonnement international de l'Institut national de la recherche scientifique de l'Université du Québec en 2018 et Edinburgh Catalyst Fellowship en 2019. Auteur de plusieurs ouvrages dont le prochain porte sur les mobilités intra-africaines des médecins.

Angèle Flora MENDY : Docteure ès-Sciences sociales de l'Université de Lausanne, diplômée des Universités de Genève et de Saint-Louis du Sénégal, Angèle Mendy est sociologue, enseignante chercheure à l'Université de Lausanne. Précédemment Visiting Research Fellow à l'International Migration Institute (IMI) de l'Université d'Oxford, elle est spécialiste des migrations, des mobilités des professionnels de santé, des politiques de santé publique internationale et des interconnexions entre le Nord et le Sud dans le domaine de la santé. Ses travaux portent sur les carrières des médecins et infirmiers/infirmières africains en Europe et en Afrique. Sa thèse de doctorat a reçu le prix de la Conférence des Universités de Suisse occidentale et celui de la Faculté des sciences sociales et politiques de l'UNIL. Angèle Mendy est l'auteur de l'ouvrage Être médecin africain en Europe publié aux éditions Karthala en 2016.

Les auteurs

John O. IGUE : Géographe, ancien ministre et directeur du Laboratoire d'analyse régionale et d'expertise sociale (LARES) au Bénin et ancien directeur de l'Institut de l'Afrique de l'Ouest (Cap-Vert) il a été professeur dans plusieurs universités de renom. Ses travaux portent sur l'intégration régionale, l'économie informelle et la diaspora béninoise. Il est auteur et co-auteur de nombreux ouvrages de référence.

Saydou KOUDOUGOU : Doctorant en sociologie, Université de Ouaga I Professeur Joseph Ki-Zerbo, membre du Laboratoire Mixte International MOVIDA. Ancien lauréat des bourses de résidence MIGDEVRI au Lasdel Bénin. Ses travaux concernent la famille "mosse" en migration au Ghana.

Pierre-Joseph LAURENT : Membre du Laboratoire d'anthropologie prospective de l'Université catholique de Louvain. Après des recherches menées au Burkina Faso, il s'est tourné vers la société créole du Cap-Vert. Il est notamment l'auteur des ouvrages *Les pentecôtistes du Burkina Faso. Mariage, pouvoir et guérison* (Karthala), *Beautés imaginaires. Anthropologie du corps et de la parenté* (Éditions Academia), *Amours pragmatiques. Familles, migrations et sexualité au Cap-Vert aujourd'hui* (Karthala).

Bassirou MALAM SOULEY : Géographe, Enseignant-chercheur à l'Université de Zinder (Niger). Ancien lauréat des bourses de résidence MIGDEVRI au Lasdel Bénin. Ses travaux portent sur la féminisation des migrations du Niger vers l'Algérie.

Hamidou MANOU NABARA : Doctorant à l'Université Ouaga 1 Professeur Joseph Ki-Zerbo. Assistant de Recherche au Lasdel Niger et membre du *Think Tank* "économie politique et gouvernance autonome" (EPGA). Ses travaux concernent les transferts de fonds des migrants au Niger.

Marème NIANG NDIAYE : Docteure en géographie et chercheuse associée au laboratoire ART-DEV de l'Université de Montpellier 3. Ancienne lauréate des bourses de résidence MIGDEVRI au Lasdel Bénin. Ses travaux interrogent les stratégies familiales des migrants sénégalais en Espagne. A codirigé *Les sentiers du développement, de l'art à la manière* paru en 2018 aux Presses universitaires de la Méditerranée.

Amadou SARR DIOP : Enseignant-chercheur à l'Université Cheikh Anta Diop de Dakar, maître de conférences en sociologie. Coordinateur du "Groupe interdisciplinaire de recherche sur l'éducation et les savoirs" (GIRES). Membre du comité scientifique de MIGDEVRI. Auteur de l'ouvrage *Les théories africanistes du développement. Entre déconstruction et travers idéologiques.*

Sadio SOUKOUNA : Docteure en science politique, Université Paris 1 / IMAF. Membre de l'UMR Développement & Sociétés, elle poursuit des travaux sur la participation politique des migrants en contexte de décentralisation au Mali.

Eric Stève TAMO MBOUYOU : Démographe, chercheur associé à la Cellule d'Appui à la Recherche et à l'Enseignement des Institutions francophones d'Afrique (CARE-IFA/UIESP). Ses recherches concernent les transferts de fonds des migrants camerounais vers leur pays d'origine.

Astadjam YAOUBA : Démographe, doctorante à l'Université de Yaoundé I (Cameroun). Ancienne lauréate des bourses de résidence MIGDEVRI au Lasdel Bénin. Ses travaux s'intéressent aux trajectoires migratoires de ressortissants ouest-africains ainsi qu'aux modalités de leur intégration au Cameroun.

www.ingramcontent.com/pod-product-compliance
Lightning Source LLC
Chambersburg PA
CBHW080214040426
42333CB00044B/2654